LEE YOUNG-DO

DIE LEGENDE VOM TRÄNENVOGEL

Erster Roman

Das Buch

In einer einsamen Taverne am Rand einer Wüste treffen drei Abenteurer aufeinander. Tinahan ist ein Lekon, ein drei Meter großer gefiederter Krieger mit dem Kopf eines Hahns, dessen Eisenspeer niemals sein Ziel verfehlt. Der Dokebi Bihyung hingegen beherrscht das Feuer: Er kann es jederzeit herbeirufen und den Flammen jede Form und jede Temperatur verleihen. Unter der Führung des Menschen Kaygon Draka sollen sie in den Süden reisen und dort einen Naga retten – schaffen sie es nicht, so heißt es, droht der Untergang der Welt. Nagas leben still wie Geister in Städten aus totem Marmor, die im undurchdringlichen Urwald von Kiboren versteckt sind, isoliert von den drei Völkern des Nordens. Sie schneiden sich die Herzen heraus, um unsterblich zu werden. Aber kann ein Wesen ohne Herz wirklich der Retter der Welt sein?

In Korea millionenfach verkauft und erfolgreicher als *Game of Thrones* und *The Witcher* – mit DIE LEGENDE VOM TRÄNENVOGEL hat Lee Young-do Fantasy-Geschichte geschrieben.

Die große Saga DIE LEGENDE VOM TRÄNENVOGEL in vier Bänden:

Das Blut der Herzlosen
Der träumende Krieger
Der Feuergeist
Die Suche nach dem König

Der Autor

LEE YOUNG-DO, geboren 1972, studierte Koreanische Sprache und Literatur an der Kyungnam University. Seinen ersten Roman veröffentlichte er zunächst in Fortsetzungen im Internet, ehe er 1998 in Korea als Buch publiziert wurde und den Aufstieg des Autors zum Fantasy-Superstar einläutete. Seither hat Lee Young-do mehrere Romanserien veröffentlicht, darunter DIE LEGENDE VOM TRÄNENVOGEL, sein wichtigstes und erfolgreichstes Werk, das derzeit als Videospiel adaptiert wird. Lee Young-do lebt mit seiner Familie in Masan an der koreanischen Südküste.

LEE YOUNG-DO

DIE LEGENDE VOM TRÄNEN VOGEL

Erster Roman

DAS BLUT DER HERZLOSEN

Aus dem Koreanischen
von Hyuk-Sook Kim und
Manfred Selzer

HEYNE ‹

Titel der Originalausgabe:

눈물을 마시는 새 1: 〈심장을 적출하는 나가

This book is published with the support of the
Literature Translation Institute of Korea (LTI Korea).

Penguin Random House Verlagsgruppe FSC® N001967

4. Auflage

Deutsche Erstausgabe 04/2024
Redaktion: Bella Locke
Copyright © 2003 by Lee Young-do
Copyright des Nachworts © 2024
by Hyuk-Sook Kim und Manfred Selzer
Copyright © 2024 dieser Ausgabe und der Übersetzung
by Wilhelm Heyne Verlag, München,
in der Penguin Random House Verlagsgruppe GmbH,
Neumarkter Straße 28, 81673 München
produktsicherheit@penguinrandomhouse.de
(Vorstehende Angaben sind zugleich
Pflichtinformationen nach GPSR)

Published in arrangement with Lee Young-do
c/o Minumin Publishing Co., Ltd.,
and Casanovas & Lynch Literary Agency
Originally published in Korea by GoldenBough Publishing Co., Ltd
Printed in Germany
Umschlaggestaltung: Der gute Punkt, München
Cover Design, Illustration and Map by Yi Suyeon
Satz: Schaber Datentechnik, Austria
Druck und Bindung: GGP Media GmbH, Pößneck

ISBN 978-3-453-27441-9

INHALT

Der Zorn der Drachen, der den Himmel in
Brand setzte, war in Vergessenheit geraten,
und die Grabstelen der Prinzen
waren unter Sand verschwunden.
Niemand dachte mehr an diese Dinge.
Das Überleben war eine triviale
Angelegenheit geworden.

Zu dieser Zeit
wanderte ein Mann durch die Wüste …

ERSTER TEIL

DER
RETTUNGSTRUPP

Nur zu dritt kann man gegen einen antreten.

– ALTES SPRICHWORT

Im Morgengrauen näherte sich ein Mann der Letzten Taverne. Es war normal, dass Reisende nachts durch die Punten-Wüste wanderten und erst bei Tagesanbruch ihr Lager aufschlugen oder die Taverne erreichten, deren Name nicht angemessener hätte sein können.

Der Wirt beobachtete den Mann schon seit einer Stunde. Gewöhnlich entdeckte er einen Reisenden viel früher, denn in der Wüste gab es nichts, das ihm die Sicht nehmen konnte. Nicht einmal die Sanddünen waren ein ernstes Hindernis, denn die Letzte Taverne nahm das gesamte, vierzig Meter durchmessende Plateau eines gut dreißig Meter hohen Felsens ein. Von diesem außergewöhnlichen Standort aus entdeckte der Wirt Reisende oft bereits Stunden, bevor sie sein Gasthaus erreichten. Meistens kamen sie von Norden, Westen oder Osten, übernachteten bei ihm und reisten dann nach Osten, Westen oder Norden weiter.

Aber dieser Mann kam aus dem Süden. Aus dieser Richtung kam nie jemand, und so hatte der Wirt den Mann auch erst entdeckt, als er schon so nah war, dass er nur noch eine Stunde bis zur Letzten Taverne brauchen würde.

Wahrscheinlich hatte er sich verlaufen, und hätte er die Lichter der Letzten Taverne nicht gesehen, hätte er das Gasthaus wohl verfehlt, vermutete der Wirt, als er dem Mann

11

zusah, wie er die verbliebene Distanz langsam, aber stetig reduzierte. Gelegentlich ließ der Wirt gelangweilt seinen Blick schweifen und schaute in eine andere Richtung, aber es war kein weiterer Reisender zu sehen.

Als die ersten Blauschimmer den schwarzen Wüstenhimmel, der wie ein solider Körper wirkte, durchdrangen, war die Silhouette des Mannes deutlich größer geworden. In etwa zehn Minuten würde er ankommen, schätzte der Wirt, und erhob sich, um einen Krug Wasser und eine Trinkschale für seinen Gast bereitzustellen. Beim Aufstehen erhaschte er aus den Augenwinkeln einen Blick auf etwas Seltsames. Er setzte sich wieder und sah mit gerunzelter Stirn erneut zu dem Reisenden hinunter. Dem Mann folgte eine schwarze, immer wieder unterbrochene Linie, die bis zum Horizont reichte. Je heller der Himmel wurde, desto deutlicher war sie zu sehen. Der Wirt legte den Kopf schief und kniff die Augen zusammen.

Schleift der etwas Schweres hinter sich her? Hmm … Der Wind ist nicht sonderlich stark, und es wird immer heller. Wenn der tatsächlich etwas hinter sich herziehen sollte, müsste es bereits Schatten werfen. Vielleicht ist sein Kamel zusammengebrochen, und er muss seine Sachen selbst tragen?

Der Wirt versuchte, genauer zu erkennen, was der Reisende hinter sich herzog, aber dessen weiter, wetterfester Mantel, der ihm bis zu den Knien reichte, verdeckte es.

Erst als sich die Landschaft noch deutlicher aus dem Morgengrauen herausschälte und die Farben kräftiger wurden, erkannte der Wirt, dass er mit seiner Vermutung gründlich danebengelegen hatte. Die Linie, die der Mann hinter sich in den Sand malte, war die Spur einer Flüssigkeit. Es war kein Wasser – niemand würde das absichtlich auslaufen lassen. Die Flüssigkeit, die selbst der trockene Sand nicht vollständig aufsaugen konnte, war dunkelrotes Blut.

»Seid gegrüßt! Ist alles in Ordnung mit Euch?«

Der Wanderer, der Mund und Nase mit einem großen Tuch bedeckt hatte, sah auf, als er die Stimme hörte. Er musterte den Wirt, der auf einer kleinen Düne stand, führte seine Hand zur Schulter, zum Griff des Schwertes, das er auf dem Rücken trug, und fragte schroff: »Wer bist du?«

»Ich bin der Wirt der Letzten Taverne. Seid Ihr dorthin unterwegs?«

Die Erklärung schien den Reisenden nicht zu beruhigen. Misstrauisch ließ er seine Hand weiter auf dem Schwertgriff ruhen. »Keinen Schritt näher! Bist du unbewaffnet?«

»Ich bin kein Bandit, falls Ihr das befürchtet. Welcher Räuber würde schon so durch die Wüste wandern, ohne Waffe und Kamel? Ich bin, wie gesagt, der Besitzer der Letzten Taverne. Ich habe Euch schon eine Weile beobachtet und bin Euch nun entgegengekommen, um zu helfen.«

»Wobei wollt Ihr mir denn helfen, Wirt? Doch bestimmt nicht dabei, den Weg zum Gasthaus zu finden.«

Der Wirt spähte möglichst unauffällig hinter den Fremden. Aus der Nähe betrachtet, gab es keinen Zweifel mehr: die dunkelrote Linie war eindeutig aus Blut. Hier war etwas ganz und gar nicht in Ordnung, davon war der Wirt überzeugt.

Der Blick des Reisenden folgte dem des Wirtes, und nun schien sich der Mann etwas zu entspannen.

»Ach, das da?«, fragte er kopfschüttelnd. »Das braucht Euch nicht zu kümmern.«

»Ihr blutet so stark, dass Ihr eine breite Spur im Sand hinterlasst, und das ist alles, was Ihr dazu zu sagen habt? Dass mich das nicht zu kümmern braucht?«

»Das ist nicht mein Blut.«

Irritiert umrundete der Wirt den Mann. Der hielt ihn nicht davon ab, ja, er drehte sich nicht einmal um.

Der Reisende zog einen Sack hinter sich her, so groß, dass man ohne Weiteres zwei erwachsene Menschen hätte hineinstecken können, und dunkelrot von Blut gefärbt. Erschrocken hob der Wirt den Blick zum Nacken des Mannes und sah den großen Schwertgriff, der aus dem Mantelkragen herausragte.

Ein Mann mit einem riesigen Schwert, der einen Sack hinter sich herzieht, aus dem Blut sickert!

»Was ist in dem Sack?«, fragte der Wirt, am ganzen Körper zitternd und mit einem panischen Unterton in der Stimme.

»Wie ich schon sagte, das braucht Euch nicht zu kümmern.«

»Aber das ist doch Blut!«

»Kein menschliches Blut«, antwortete der Mann knapp, ließ den Wirt stehen und setzte seinen Weg fort.

Der Sack war schwer, denn er hinterließ eine tiefe Spur im Sand. Der Wirt starrte dem Reisenden eine Weile hinterher, dann setzte auch er sich zügig in Bewegung. Er überholte den Mann und sagte: »Ich gehe voraus und bereite alles für Euch vor.«

Der Reisende antwortete nicht. Auf dem Weg zurück dachte der Wirt nur an eines: Wo hatte er eigentlich sein Langschwert? Es wollte ihm einfach nicht einfallen. Er konnte sich nicht einmal daran erinnern, wann er es zuletzt in die Hand genommen hatte. Kaum war er die steinerne Treppe zum Plateau hinaufgestiegen, weckte er seine Familie. Wenn der Fremde Ärger machte, würde er jede Hilfe brauchen können, die er kriegen konnte.

Seine Frau trat schlaftrunken aus dem Schlafzimmer, doch als er sie fragte, wo das Schwert sei, blickte sie ihn nur verwirrt an und wollte wissen, was geschehen war. Zum Glück wusste sein Sohn Motti, der kurz darauf aus seinem Zimmer kam, wo es war, und rannte sofort los, um es zu holen. Nachdem der Wirt seine Frau, die noch immer eine Erklärung forderte, in die Küche geschickt – ja, sie regelrecht hineingestoßen – hatte, stellte er eine Trinkschale und einen Krug mit Wasser auf einen der Tische.

Beinahe im selben Moment hatte der Wanderer den Felsen erklommen und betrat die Taverne. Er sah sich kurz um und ging dann zu dem Tisch mit dem Wasserkrug. Der schreckliche Sack, den er immer noch hinter sich her schleifte, hinterließ Blutflecken auf dem Boden, was dem Wirt gar nicht gefiel. Missmutig beobachtete er den Gast auf seinem Weg durch die Stube, sah wortlos zu, wie er seinen Mantel auszog, ihn über einen Stuhl hängte, seinen Rucksack absetzte und erneut nach dem Schwert griff.

Für einen Moment vergaß der Wirt den blutigen Sack. So ein Schwert hatte er noch nie gesehen. Das Heft war etwa dreißig Zentimeter lang, und daran befand sich eine ebenso lange Parierstange – gerade lang genug für die zwei nebeneinander angebrachten, riesigen Klingen, die gut einen Meter zwanzig maßen. Sie erinnerten an Zwillinge, die an den Beinen zusammengewachsen waren. Dieses bizarre Doppelklingenschwert hing an einer einzigartigen Halterung. Am oberen Brustbereich trug der Mann ein komplexes Geschirr aus Lederriemen und Metallringen. An seiner linken Schulter war ein runder Schutz befestigt, und am Rücken, ein wenig unterhalb des Nackens, ein Metallhaken, an dem das Doppelklingenschwert hing.

Der Mann legte seine Waffe auf den Tisch und setzte sich. Als er das Tuch löste, mit dem er Mund und Nase bedeckt hatte, kam Motti mit dem Schwert zurück. Glücklicherweise schätzte er die Situation richtig ein und versteckte es schnell

15

hinter seinem Rücken. Auf einen Blick seines Vaters hin zog er sich in eine dunkle Ecke zurück.

Der Wirt ging langsam auf den Wanderer zu. »Könnt Ihr mir erklären, was in dem Sack ist?«

Das schwarze Haar, verklumpt von Schweiß und Sand, fiel dem Reisenden über die Schultern. Er hatte sich seit Tagen nicht rasiert, ein dichter Bart bedeckte sein Gesicht. »Ihr habt gesagt, das hier sei die Letzte Taverne?«

Seine Frage überraschte den Wirt. »Ja, das ist sie. Man nennt sie so, weil es südlich von hier kein anderes Gasthaus mehr gibt.«

»Ja, das ist mir aufgefallen.«

Der Wirt machte große Augen. »Soll das ein Scherz sein? Ihr wollt doch nicht ernsthaft behaupten, dass Ihr aus dem Süden kommt?«

»Doch, genau das will ich.«

Der Wirt hätte ihm eher geglaubt, wenn der Mann gesagt hätte, er sei vom Himmel gefallen.

»Aber ... Im Süden gibt es nichts.«

»Doch. Dort liegt Kiboren.«

»Kiboren? Ja, *das* liegt allerdings dort. Unzählige Bäume und verdammt viele Tiere. Und die Nagas leben da. Wie ich schon sagte: Dort gibt es nichts«, erklärte der Wirt und lachte höhnisch auf.

Der Mann betrachtete den Wirt mit ausdruckslosem Gesicht und sagte dann etwas völlig Unerwartetes: »Gebt mir den Brief.«

»Wie bitte?«

»Wenn das hier die Letzte Taverne ist, solltet Ihr einen Brief für Kaygon Draka haben.«

Der Wirt machte wieder große Augen. Er bewahrte in der Tat einen Brief auf. Vor einigen Wochen war ein Mönch namens Orenol vom Großtempel Hainsha im Norden in die Letzte Taverne gekommen. Bei seiner Ankunft war er halb tot gewesen, und er musste sich mehrere Tage erholen, bis er wieder so weit zu Kräften gekommen war, um in den Norden zurückzukehren. Er hatte dem Wirt einen Brief mit der Bitte anvertraut, er möge ihn Kaygon Draka geben.

Der Wirt wollte den Brief schon holen, besann sich in letzter Sekunde jedoch eines Besseren. »Beantwortet mir zuerst meine Frage. Was ist in dem Sack? Und kommt Ihr wirklich aus dem Süden? Aus Kiboren?«

Kaygon Draka hob den Wasserkrug an. Der Wirt sagte schnell: »Zwei Kupferlinge pro Schale. Das Wasser hier ist teuer. Meine Geschäfte laufen nur, weil ich Wasser anbieten kann.«

Kaygon füllte seine Trinkschale, ehe er antwortete: »Ich bin aus dem Süden gekommen, weil ich die Punten-Wüste auf einem kürzeren Weg durchqueren wollte. Ich komme von Karabora. Von dort bin ich nach Süden gelaufen, bis ich Kiboren erreicht habe. Dann bin ich erst nach Westen abgebogen, dann nach Norden, bis ich Euer Gasthaus erreicht habe.«

Der Wirt schnaubte. Die Wegbeschreibung stimmte. Karabora befand sich am östlichen Rand der Punten-Wüste und war mehr als zweihundert Kilometer von der Taverne entfernt. Wollte man die lange Wüstendurchquerung vermeiden, musste man einen Umweg nach Süden machen, wie es der Wanderer geschildert hatte. Die Strecke vom südlichen Ende der Wüste bis zum Gasthaus betrug lediglich fünfzig Kilometer. Der Haken daran war, dass man rund zweihundert Kilometer durch den Dschungel von Kiboren laufen musste, in dem es nur so von Nagas wimmelte! Selbst eine lange Seereise wäre sicherer als ein Vorstoß in diesen Dschungel.

17

»Was ich in diesem Sack habe, habe ich während dieser Reise für mich beansprucht«, fuhr Kaygon fort. »Macht ihn auf. Dann werdet Ihr mir glauben, dass ich aus dem Süden komme.«

Der Wirt zögerte, schaute zwischen Kaygon, der mit dem zwei Kupferlinge teuren Wasser seinen Durst stillte, und seinem blutigen Sack hin und her. Schließlich öffnete er vorsichtig den Sack.

Als er sah, was darin lag, stieß er einen Schrei aus, der so laut war, dass seine Frau in der Küche vor Schreck unsanft auf ihren Hintern fiel.

Selbst ein Himmelsfisch, der höher flog als jeder Vogel, könnte den Erdboden in Kiboren nicht ausmachen. Dichter Urwald erstreckte sich bis zum Horizont. Dunkle Wolken hingen, Hitze in sich tragend, schwer am Himmel, so tief, dass sie die Baumkronen zu streifen schienen. Die Bäume in Kiboren, die nie eine Axtklinge gesehen hatten, waren alt, gigantisch und heimtückisch. Ihre Äste, die über Jahrhunderte vor sich hingewachsen waren, lagen chaotisch in- und aufeinander, als hielten sie sich bis in alle Ewigkeit an den Händen. Sie bogen sich unter dem Gewicht des vertrockneten Laubs, das auf ihnen lastete. Bei starkem Wind stiegen Blätter aus der Waldkrone in den Himmel auf.

Die kolossalsten der Bäume konnten fallen, wenn sie starben, aber die kleineren hingen in den wirr ineinandergeflochtenen Ästen und blieben als ihre eigenen Grabsteine stehen. Viele tote Bäume lehnten schräg an ihren Brüdern. So hatte sich unter dem grünen Meer der Baumkronen ein Labyrinth gebildet, das aus der Luft nicht einmal zu erahnen war. Seine vertikalen, horizontalen und diagonalen Ebenen waren so sehr miteinander verwoben, dass sich sogar Vögel darin verirrten. Während dieses Labyrinth, das der Wahnvorstellung eines Geisteskranken hätte entstammen können, weiter anwuchs, wand es sich, verfaulte, gab vor, noch am Leben zu sein, und brach gelegentlich mit einem Knacken in sich zusammen, wobei zerbröckelnde Rinde und tote Blätter in alle Richtungen davonflogen. Aber die meisten Tage verbrachte Kiboren, die Dunkelheit am Boden unter dem grünen Schleier eingesperrt, in Stille.

Im Zentrum dieses Dschungels stand die Stadt der Unbarmherzigkeit. Selbst die Lekons, mächtige gefiederte Krieger mit Hahnenköpfen, wurden von einem Schauer übermannt, wenn sie den Namen aussprachen; selbst die Dokebis, die stets fröhlichen Feuerbändiger, lächelten nicht mehr, wenn sie den Namen in den Mund nahmen. Die Menschen, die Meister im Fabulieren, hatten sie »Stadt der Stille« getauft.

Die Stadt der Unbarmherzigkeit kümmerte all das nicht. Sie war eine der größten unter allen großen Errungenschaften und brauchte weder Lobgesang noch Verwünschungen, um sich ihrer Einzigartigkeit bewusst zu sein.

Ihr wahrer Name lautete Hatengrazu.

Sie lag wie eine kleine, einsame weiße Insel im grünen, sich ins Unendliche erstreckenden Dschungel von Kiboren. Tatsächlich aber war die Stadt so gewaltig, dass selbst der Herzturm in ihrem Zentrum, der zweihundert Meter in den Himmel emporragte, nicht besonders hoch wirkte. Links und rechts entlang der schnurgeraden Hauptstraße standen majestätische Paläste, deren würdevolle Fassaden miteinander um die Wette prahlten, und die weitläufigen Plätze, noch prächtiger als die Gebäude, waren mit der Kriegsbeute geschmückt, die die Nagas in unzähligen Schlachten errungen hatten. Die anderen Naga-Städte hatten eben-

19

falls hohe Herztürme und wunderschöne Architektur, aber sie waren nur Nachahmungen der großartigen Stadt Hatengrazu.

Wie alle Naga-Städte unterschied sich auch Hatengrazu in zweierlei Hinsicht stark von den Städten anderer Völker: In ihr war kein Geräusch zu hören, und es gab kein Licht, das die Dunkelheit vertrieb. Zwischen den weißen Reihen aus Säulen, Galerien und Plätzen kamen und gingen die Nagas so geräuschlos wie Gespenster. Nirgendwo hörte man eine Stimme oder ein Lied.

Deswegen war Hwarit Makerow regelrecht schockiert, als sein Freund Ryun Pey den Mund öffnete und laut fragte: »Wie fühlt es sich wohl an, mit einem Herzen zu leben?«

Obwohl das Hörvermögen der Nagas so schlecht ist, dass sie es nicht bemerken würden, wenn eine Legion lauthals lachender Dokebis hinter ihnen hermarschierte, verstand Hwarit wegen der ungewöhnlichen Stille in Hatengrazu die Worte seines Freundes. Er war so irritiert, dass ihm nicht einmal in den Sinn kam, Ryun wegen dieser Unhöflichkeit zurechtzuweisen.

[Mit einem Herzen leben? Das bedeutet, Tag für Tag mit Angst vor dem Sterben zu leben.]

Ryun spürte Hwarits Fassungslosigkeit in dem Nirm. Um seinen Freund nicht weiter zu verärgern, hielt er den Mund geschlossen und nirmte: [Kann es nicht auch das Gefühl sein, jeden Tag am Leben zu sein?] Dabei legte er die rechte Hand auf seine Brust, über sein Herz. Hätte Hwarit dasselbe getan, hätte er seinen Herzschlag spüren können. Doch für Hwarit war das eine viel zu beschämende Geste.

[Ryun, das würdest du doch auch nicht vor anderen Nagas machen, oder?]

[Vor anderen? Was machen?]

[Du würdest deine Hand nicht einfach so auf deine Brust legen. Tu das nicht! Das ist unhöflich], nirmte Hwarit und fügte beschwichtigend hinzu: [Wie auch immer, in zehn Tagen wirst du solche Gesten ohnehin sein lassen.]

Ryun ließ seine Hand wieder sinken. Dann drehte er sich um und schaute vom Balkon des Pey-Anwesens hinüber zum Zentrum von Hatengrazu. Dort ragte der Herzturm in den Himmel, viele Male höher als die höchsten Gebäude der Stadt. Bei seinem Anblick empfand er eine Mischung aus Abscheu und Angst. Seine Hände, die das Balkongeländer umklammerten, zitterten leicht.

Ryun Pey und Hwarit Makerow waren mit ihren zweiundzwanzig Jahren gleich alt und galten gemäß der Naga-Tradition noch nicht als Erwachsene. Aber in zehn Tagen, wenn der Shanaga-Stern hinter den Mond gewandert war, würden sie in den Herzturm zitiert werden. Dort würde man ihnen die Brust aufschneiden und ihre Herzen herausnehmen.

[Mir gefällt das nicht, Hwarit.]

[Du hast absolut keinen Grund, dich unwohl zu fühlen, Ryun. Kein einziger Naga ist je bei der Herzentnahmezeremonie gestorben. Die Geschichten über Unfälle oder die ein oder zwei Nagas, die in den Herzturm gehen und nie wieder herauskommen – das sind Schauergeschichten, mit denen die Erwachsenen den Kindern Angst einjagen.]

Trotz des fürsorglichen Nirms verfinsterte sich Ryuns Gesicht.

[Ich habe keine Angst davor, dass während der Zeremonie etwas schieflaufen könnte. Mein Herz wird entnommen. Mit dieser Tatsache kann ich mich nicht anfreunden.]

Hwarit war überrascht. [Warum? Ryun, willst du nirmen, dass du die Unsterblichkeit nicht willst?]

[Genau genommen ist es ja keine Unsterblichkeit.]

[Dann nenne es eben eine halbe Unsterblichkeit. Ist das denn keine große Sache für dich? Du brauchst die Angriffe deiner Feinde nicht mehr zu fürchten, egal welcher Art. Das halte ich für keine Kleinigkeit.]

[Feinde? Wo sind denn die Feinde der Nagas? Südlich der Grenzlinie haben wir keine mehr. Und wir gehen sicherlich nicht nach Norden. Wo also sind diese Feinde, die uns angeblich bedrohen?], forderte Ryun aufgeregt.

Hwarit blieb ruhig. [Selbstverständlich gehen wir nicht nach Norden in die kalten Länder. Aber die warmblütigen Ungläubigen könnten nach Süden marschieren. Sie essen Getreide, deswegen vermehren sie sich so stark. Wir hingegen können unsere Zahl nicht so einfach erhöhen. Unser unsterblicher Körper ist die einzige Waffe, mit der wir uns vor den Ungläubigen schützen können.]

»Wie, sie kommen nach Süden?«, schrie Ryun, erneut mit der Stimme und so laut wie ein wütender Himmelsfisch. »Wie denn, bitte? Ihre Pferde sind nicht in der Lage, in unserem Wald auch nur einen einzigen Schritt zu machen. Selbst die gigantischen Lekons mit ihren starken Körpern würden nicht durch das Blätterdach kommen! Noch dazu können diese Ungläubigen keine Wärme sehen. Warum also sollten sie es wagen, unseren Wald zu betreten? Oder besitzen sie etwa die Fähigkeit, zu verhindern, dass die Nacht hereinbricht?«

Hwarit war beleidigt, weil Ryun sich so benahm, als hätte er einen Ungläubigen vor sich. Dennoch riss er sich zusammen und nirmte sanft: [Was ist mit den Dokebis?]

Der Name des größten Feindes der Nagas brachte Ryun zum Schweigen. Ein Naga hatte weder Angst vor Menschen, die auf Pferden ritten und Getreide aßen, noch vor Lekons, die angeblich Felsen brachen und am Himmel flogen. Aber Dokebis waren eine andere Geschichte.

Hwarit wiederholte die Fakten, die jeder Naga kannte: [Dokebi schlägt Naga, heißt es. Wir können zwischen den Dokebis und ihrer vermaledeiten Flamme nicht unterscheiden. Sie können zwar genauso wenig wie alle anderen Ungläubigen Wärme sehen, aber uns ergeht es nicht besser, weil wir sie auch nicht sehen können. Außerdem kann die Dokebi-Flamme unseren wunderschönen Dschungel innerhalb eines Augenblicks in Schutt und Asche verwandeln. Denk an die Insel Peshiron und die Akinsrow-Schlucht.]

[Das waren Ausnahmen. Dokebis mögen keinen Krieg. Sie würden nur dann einen anzetteln, wenn sie ihn für einen unglaublich amüsanten Streich hielten.]

[Wäre das denn so unvorstellbar? Ich glaube nicht. Ich weiß nicht, ob Dokebis Grenzen bei ihren Streichen ziehen. Wenn ich eines Tages die Nachricht erhalten würde, dass die Welt untergeht, würde ich denken: Oh Himmel! Es musste ja so kommen, wahrscheinlich hat ein unbeherrschter Dokebi riesigen Mist gebaut!]

Ryun lächelte. [Ich kenne auch ein paar Witze über Dokebis, Hwarit. Sie sind das Einzige, was ich über sie weiß. Nie habe ich gehört, dass sie bedrohlich seien. Klar sind sie die Einzigen, die uns blenden können, aber zugleich sind sie auch die einzigen Ungläubigen, die nicht das geringste Interesse am Krieg haben. So gesehen können auch Dokebis nicht der Grund sein, warum wir ohne Herz leben müssen.]

[In der großen, weiten Welt dort draußen kann es Feinde geben, die wir noch gar nicht kennen.]

[Ja, klar, natürlich. Wir haben Feinde], nirmte Ryun und schrie dann mit hasserfüllter Stimme: »Genau dort drüben!« Er deutete direkt auf den Herzturm.

Hwarit verzog das Gesicht. Er hatte sehr viel Verständnis für Ryun, aber die Rücksichtslosigkeit und Unhöflichkeit, die er gerade an den Tag legte, überstieg selbst für seine Verhältnisse jedes Maß.

[Ryun, nicht mit der Stimme, bitte. Und der Herzturm darf auch nicht Ziel solcher Respektlosigkeit sein.]

Ryun senkte zwar seine Hand, erwiderte jedoch nichts. Hwarit fühlte sich plötzlich wie ein ungebetener Gast. Er unterdrückte sein Unbehagen und versuchte, das Thema zu wechseln, indem er sinnloses Zeug plauderte, aber Ryun reagierte nicht darauf. Letztendlich beschloss er, Ryun mit dem zu konfrontieren, was dieser schweigend andeutete.

[Willst du etwa nirmen, dass du dir das Herz nicht herausnehmen lassen willst?]

Ryun nirmte nach wie vor nichts, aber die Schuppen an seinem Körper rieben aneinander und erzeugten ein unheilvolles Geräusch. Hwarit sah ihn betrübt an.

[Das kann doch nicht wirklich dein Wunsch sein, oder?]

[Und wenn es so wäre? Was würden sie tun?]

[Das ist unmöglich], nirmte Hwarit voller Verzweiflung.

[Sei ehrlich, bitte. Du bist Novize und weißt Bescheid. Was machen die Hüter mit einem Naga, der darauf besteht, sein Herz bis an sein Lebensende zu behalten? Wird es ihm mit Gewalt entnommen?]

[Nein. Die Hüter machen nichts. Ich kenne einige Fälle, in denen keine Herzentnahmezeremonie durchgeführt werden konnte. Besondere Umstände verhinderten das bei einigen Nagas, als sie zweiundzwanzig wurden.]

[Was ist aus ihnen geworden?]

[Die Frauen konnten unter dem Schutz ihrer Familie ein Jahr warten und dann problemlos ihr Herz entnehmen lassen.]

[Und die Männer?]

[Sie mussten um ihr Leben kämpfen und bis zur nächsten Zeremonie untertauchen. Aber kein einziger hat es geschafft. Alle wurden ermordet.]

[Ermordet? Von wem?]

[Ryun, tu nicht so, als ob du das nicht wüsstest. Du warst doch derjenige, der genirmt hat, dass kein Ungläubiger über die Grenzlinie nach Süden kommen kann. Was glaubst du also, von wem?], nirmte Hwarit. [Sie alle wurden von Nagas ermordet!]

Wieder rieben Ryuns Schuppen rasselnd aneinander. Hwarit setzte sich. Auf dem Tisch vor ihm lag die Schachtel mit den Delikatessen, die er seinem Freund mitgebracht hatte, doch ihm war der Appetit vergangen. Er betrachtete sie geistesabwesend und nirmte: [Ryun, in zehn Tagen wird das Haus Pey dich nicht mehr beschützen, weil du dann ein freier Mann bist. Allerdings gibt es einen großen Unterschied zwischen einem freien Mann und freier Beute. Wenn du dein Herz entfernen lässt, werden die Frauen dich als Mann anerkennen, aber wenn du dein Herz behältst, bist du bloß ein Bie-Naga. Du wirst verfolgt, getötet und ...]

Hwarit richtete seinen Blick auf Ryun, streckte die Hand aus und hielt sie einen Moment über der Schachtel, ehe er blitzschnell hineingriff. Als er sie wieder herausnahm, hielt er eine große Ratte fest umklammert. Die Ratte quietschte verzweifelt. Hwarit ignorierte ihr Strampeln, sah Ryun weiterhin unverwandt an und nirmte: [... du wirst gefressen werden.]

Mit versteinertem Gesicht sah Ryun Pey zu, wie Hwarit die Ratte zum Mund führte und zubiss. Unter dem Geräusch brechender Knochen verstummte das Quietschen der Ratte.

Nordwestlich des Kidschun-Gebirges lag der Berg Baiso. Es war bitterkalt und windig. Die Sonne, die ihre Strahlen stolz zur Schau stellte, schien ihre Energie verloren und sich in einen leblosen, über den Himmel wandernden Feuerklumpen verwandelt zu haben. Dunkelgrüner Wald bedeckte den gesamten Berg, so dicht, dass es einem den Atem raubte.

Durch dieses Grün ging ein Wanderer den Kamm des Berges entlang. Sein robuster Wanderstock und seine dicke Kleidung unterschieden sich nicht von denen anderer Reisender, aber sein Kopf war kahl rasiert, denn er war ein Mönch. Als solcher fiel er in dieser Gegend des Kidschun-Gebirges auf, wo es weder ein Dorf noch einen Tempel gab.

Es sah jedoch nicht so aus, als hätte der Mönch sich verlaufen. Zielstrebig suchte er sich einen Weg hinunter ins Tal. Er wollte zu den Hütten, die in einer windgeschützten Senke neben dem Bach, der den Talboden entlangfloss, standen. Sie waren klein und einfach, wie Goldgräber oder Jäger sie bauen würden.

Mit einem Mal verfinsterte sich der Himmel. Verwundert blickte der Mönch auf. Hatte sich eine Wolke vor die Sonne geschoben? Urplötzlich blies ihm ein Windstoß in den Rücken, so heftig, dass er nach vorne geschleudert wurde. Zum Glück landete er in einigen Büschen, die seinen Sturz bremsten, sonst wäre er bis ins Tal hinuntergerollt. Er keuchte erschrocken und schaute erneut zum Himmel auf. Dann verwandelte sich sein Schreck in tiefstes Erstaunen.

Hinter dem Gipfel des Baiso schob sich ein gigantischer Himmelsfisch hervor.

Seine Brustflossen waren so groß, dass man sie mit einem Blick nicht erfassen konnte. Sein Maul schien, als könne es Berge verschlingen, und seine Augen, von denen Tausende um das Maul herum saßen, leuchteten in allen Farben. Der

Mönch konnte dem Himmelsfisch unmöglich direkt in diese Augen sehen, also ließ er seinen Blick weiter den riesigen Körper entlang wandern – und stieß einen lauten Ruf aus, als er etwas entdeckte, worüber er schon so viel gehört hatte.

Er sah eingestürzte Türme und Mauern, Säulenreihen und kuppelförmige Dächer, die im Sonnenlicht glänzten. Sie waren weit weniger luxuriös, als sie in den Geschichten beschrieben wurden. Die Säulen waren nicht mit Juwelen besetzt, die Dächer nicht mit Gold überzogen, doch sie reflektierten das Licht so stark, dass der Mönch verstand, warum das niedere Verlangen der Menschen diese Beschreibungen hervorgebracht hatte. Die uralte Stadt auf dem Rücken des Himmelsfisches war unter mehreren Schichten tonnenschwerer Zeit eingestürzt. Es leuchteten weder glänzende Steine noch goldenes Metall, sondern die sich stets weiter aufstauende Zeit. Dem Mönch stiegen Tränen in die Augen.

Er war so versunken in den Anblick des riesigen Fisches und der Ruinen auf seinem Rücken, dass er den Lärm in der Talsohle erst spät bemerkte. Er setzte sich auf und richtete widerwillig den Blick nach unten. Was er dort sah, verwirrte und besorgte ihn zugleich.

In der Talsohle standen drei Pferde, angespannt wie bei einer Kutsche. Ein Reiter saß auf dem mittleren Tier. Doch am Geschirr war kein Wagen befestigt, sondern fünf lange, dicke Seile, an deren Enden Personen angebunden waren. Sie trugen etwas auf dem Rücken, von dem der Mönch gehört, es aber noch nie gesehen hatte: überdimensionale rautenförmige Drachen, Hunderte Male größer als gewöhnliche Kinderspielzeuge. Der Mönch stöhnte auf, als ihm klar wurde, wozu die Pferde nötig waren.

In diesem Augenblick ertönte ein Signal, das der Mönch nicht hören konnte. Die Pferde galoppierten los. Sie preschten in die Richtung, in die der Wind im Tal am günstigsten blies. Die Seile strafften sich, und auf einmal stiegen die Drachen hoch in die Luft. Doch wie wollten die Flieger sie kontrollieren? Da entdeckte der Mönch, dass an jedem Drachen ein weiteres Seil hing, das mit riesigen, fest im Boden verankerten Rollen verbunden war. Sie hatten wirklich an alles gedacht: Die Pferde ließen die Drachen in die Luft steigen, gesteuert wurden sie dann mit diesen Rollen.

Die Drachenreiter zogen ihre Dolche und kappten die Verbindungsseile zu den Pferden. Sogleich stiegen sie noch höher hinauf – sie wollten zum Himmelsfisch! Obwohl der Mönch ihre Chancen als gering einschätzte, wurde er von ihrem Abenteuergeist angesteckt, sodass er seine Fäuste ballte und sie wortlos anfeuerte.

Da bemerkte er, dass mit einem der Drachen etwas nicht stimmte. Im Vergleich zu den anderen vier flog dieser nicht weiter hinauf, sondern flatterte unruhig umher. War da etwas schiefgelaufen? Tatsächlich, das Seil, das den Drachen mit den Pferden verband, war noch intakt – der Drachenreiter hatte das falsche durchgeschnitten! Seine Kameraden rannten aufgebracht umher und schrien so laut, dass ihre Stimmen bis zu dem Mönch hinaufdrangen. Der Drachen stieg mit ungeheurer Kraft empor, es schien, als könnte er jeden Moment die Pferde und ihren entsetzlich fluchenden Reiter mit sich in die Luft reißen. Ehe es so weit kommen konnte, fasste der Reiter einen schweren Entschluss und zog seinen Dolch erneut.

»Nein!«, schrie der Mönch, obwohl ihn niemand im Tal hören konnte. Sobald der Reiter die Leine durchtrennt hatte, schoss er in den Himmel. Der Mönch sprang auf, den Blick fest auf den Drachen gerichtet, der zum Spielball des Windes geworden war. Der Mönch hatte großes Mitleid mit dem mutigen Drachenreiter. Er musste Todesängste durchleben!

Als würde er von unsichtbarer Hand hinuntergedrückt, taumelte der Drachen schließlich zu dem Bergkamm hinab, auf dem der Mönch stand. Als er mit einem lauten Knacken und Krachen aufprallte, wandte der Mönch eilig den Blick ab. Dann rannte er auf die Absturzstelle zu, so schnell er konnte. Während er über abgebrochene Äste und Zweige sprang, machte er sich innerlich auf den schrecklichen Anblick gefasst, der sich ihm gleich bieten würde. Doch als er beim Drachen ankam, erstarrte er. Damit hatte er nicht gerechnet.

Inmitten eines Haufens aus abgebrochenen Ästen, Blättern und den Fetzen des Drachens kämpfte sein Reiter mit den Seilen um seinen Körper und stieß dabei entsetzliche Verwünschungen auf alles aus, was ihm gerade ins Auge fiel. Dass er noch am Leben war, glich einem Wunder. Auch wenn der Drachen den Fall gebremst hatte, war seine Aufprallgeschwindigkeit immer noch so hoch gewesen, dass der Drachenreiter hätte zermalmt werden müssen.

Erst als er sich aus den Überresten seines Fluggeräts hervorgekämpft hatte, sah der Mönch, dass er ein Lekon war, fast drei Meter groß, der Körper mit weißen Federn bedeckt. Seinen Hahnenkopf zierte ein gewaltiger Schnabel. Von Weitem hatte der Mönch nicht erkannt, wie groß Drachen und Reiter tatsächlich waren. Mit zitternder Stimme und vor Aufregung schlotternden Knien fragte er: »Ge... geht es Euch gut?«

Der Lekon drehte das Gesicht mit dem furchterregenden Schnabel blitzschnell zu dem Mönch um.

»Wer bist du? Bist du hier, um dich über mich lustig zu machen?«

»Ich bin hierhergeeilt, weil ich Euren Absturz beobachtet habe. Seid Ihr verletzt?«

»Nein, nein, verdammt, ich bin nicht verletzt! Zufrieden?«

Langsam schien die Wut des Lekons verraucht, er wurde etwas ruhiger.

»Beeindruckend! Ihr habt einen derart schlimmen Sturz unverletzt überstanden! Wärt Ihr kein Lekon, wärt Ihr garantiert gestorben.«

Der Lekon klapperte mit dem Schnabel, was einem höhnischen Lachen entsprach. Ehrfürchtig ließ der Mönch seinen Blick über den gefiederten Körper schweifen. Anscheinend hatte der Lekon mehrere Wunden an Armen und Beinen, seine Federn waren stellenweise mit Blut getränkt, aber er schien sich keine ernsthafte Verletzung zugezogen zu haben. Der Mönch unterdrückte das Bedürfnis, ihn abzutasten. Der Lekon kümmerte sich nicht darum, dass er so eingehend betrachtet wurde, sondern schaute zu den vier Drachen hinauf, die noch in der Luft waren. Der Mönch tat es ihm gleich.

Sie näherten sich dem Himmelsfisch.

»Ja, noch ein bisschen weiter! Weiter, ein bisschen noch! O *Göttin, die niedriger steht als alle anderen,* erhöre mich! Lasst mehr Seil nach, ihr verdammten Arschlöcher!«, schrie der Lekon und stampfte mit dem krallenbewehrten Fuß auf.

Aber das Glück blieb den Drachenreitern fern. Etwa einhundert Meter weit fern, um genau zu sein.

Die Seile liefen vor dem Himmelsfisch aus. Die Flieger kreuzten in der Luft, und der Himmelsfisch ließ sie alle unter sich zurück und flog an ihnen vorbei. Die Leute im Tal mussten eine Entscheidung treffen, bevor die Drachenreiter in Gefahr gerieten. Sie spulten die Seile auf.

Als der Lekon das sah, schrie er: »Nein!« Er raufte sich den Hahnenkamm und ließ sich verzweifelt zu Boden fallen.

»Es war ein mutiger Plan. Ich war davon überzeugt, dass er gelingen würde. Wäre der Himmelsfisch nur ein bisschen niedriger geflogen, hättet ihr es sicherlich geschafft.«

Der Lekon schien die tröstenden Worte des Mönchs nicht zu hören. Er starrte der Schwanzflosse des Himmelsfisches nach, der in aller Ruhe auf die andere Seite des Tals flog und die Drachen nicht einmal zu bemerken schien. Seit dem Beginn seines einsamen Flugs vor Tausenden von Jahren hätte der Himmelsfisch heute wieder irdischen Geschöpfen begegnen können, doch es war an einhundert lausigen Metern gescheitert. Den Himmelsfisch schien das ganz und gar nicht zu berühren. Mit einer Aura vollkommener Gleichgültigkeit verschwand er langsam hinter dem nächsten Berg. Es würden Stunden vergehen, bis er vollständig hinter den Horizont getaucht war.

Zutiefst bewegt drehte sich der Mönch zu dem Lekon um. Der stand auf und klopfte sich die Federn ab. Er schaute zu seinem zerstörten Drachen, grummelte etwas und schrie auf einmal voller Wut: »Robs! Na warte, dir dreh ich den Hals um! Nur einhundert lächerliche Meter haben gefehlt!«

Der Mönch wusste nicht, wer Robs war, aber wenn er den Zorn eines Lekons auf sich gezogen hatte, stand er bereits mit einem Bein im Grab. Er wollte etwas sagen, um den Lekon aufzuhalten, doch dieser rannte schon mit so großen Schritten den Berghang hinunter, dass er zu fliegen schien. Dem Mönch blieb nichts anderes übrig, als ihm so schnell er konnte hinterherzusprinten.

Als er völlig außer Atem im Tal ankam, stellte er fest, dass die Lage wesentlich weniger ernst war, als er befürchtet hatte. Der Lekon schimpfte mit einer haarigen Person, die wohl Robs sein musste. Doch Robs war kein bisschen eingeschüchtert. Im Gegenteil, er brachte den Lekon in die Defensive.

»Du bist ein beschissener Anführer! Die Leine wäre mehr als lang genug gewesen, wenn du nicht alle damit wahnsinnig gemacht hättest, dass du auch fliegen willst! Nur wegen deiner bescheuerten Sturheit haben wir dich hochsteigen lassen, und was machst du? Du schneidest das falsche Seil durch und zerstörst den Drachen!«

Der Mönch machte große Augen. Solche Worte an einen Lekon zu richten, konnte sich eigentlich nur ein anderer Lekon erlauben – doch dann erkannte er, dass Robs kein gewöhnlicher Mensch war.

»Verdammt! Ich war halt aufgeregt«, entgegnete der Lekon verlegen. »Die Vorstellung, dass ich endlich auf einem Himmelsfisch landen würde, war so unglaublich berauschend, und deswegen ... Äh, meinst du, dass wir auch gescheitert wären, wenn ich das richtige Seil durchgeschnitten hätte? Die anderen Drachen sind ja auch nicht bis zum Himmelsfisch hochgekommen!«

»Genau deswegen hättest du von Anfang an nicht darauf bestehen sollen, selbst mitzufliegen! Wir alle haben dir davon abgeraten! Allein deine Sturheit ist schuld daran, dass die Leine zu kurz war! Die anderen Seile waren nicht lang genug, weil wir dich Schwachkopf mitfliegen lassen mussten!«

Der Lekon schnaubte, konnte aber auf diesen Vorwurf nichts erwidern. Den Personen, die sich um ihn herum versammelt hatten, entkam ein Kichern – sie hatten längst gewusst, dass das Gespräch so verlaufen würde. Keiner von ihnen schien sich ernsthafte Sorgen um Robs' Leben zu machen.

Da entdeckte Robs den Mönch. »Oho! Ein Kuttenträger? Was willst du denn hier?«

Diese unverschämte Frage verärgerte den Mönch nicht – schließlich hatte er keinen Menschen vor sich, auch wenn

Robs wie einer aussah. Höflich legte er seine Handflächen aneinander und antwortete: »Mein Name ist Orenol. Ich bin hier, weil ich mit dem Lekon Tinahan sprechen muss.«

Der Lekon blinzelte überrascht. »Was meinst du damit?«

»Ich bin gekommen, um mich mit dem Anführer der Bewohner dieses Tals zu treffen, dem Lekon Tinahan. Und ich glaube, dass Ihr Tinahan seid.«

»Ja, ich bin Tinahan, aber warum willst du dich mit mir treffen?«

»Ich bin vom Großtempel Hainsha.«

Tinahans Kamm versteifte sich. Robs sagte hastig: »Oh, Ihr seid vom Großtempel. Darf ich Euch in meine Hütte bitten?«

Orenol entging nicht, dass Robs' Haltung plötzlich anders war. »Habt Ihr Euch jetzt in einen Menschen verwandelt?«

»Wie bitte? Ach so, nein, in einen Dokebi. Wäre Euch ein Kimm, äh, ein Mensch angenehmer?«

Orenol nickte dem Dokebi mit einem Lächeln zu. »Ihr könnt natürlich machen, was Euch gefällt, aber mich würde es etwas weniger verwirren, wenn Ihr die Seele eines Menschen in den Vordergrund treten lassen würdet, da Ihr auch die Gestalt eines Menschen habt.«

Robs war ein Seelenwandler. Das hatte Orenol erkannt, als er den Streit zwischen ihm und Tinahan beobachtet hatte. Ein Mensch hätte es niemals gewagt, einen Lekon derartig anzugehen. Eine Person hingegen, die mehrere Seelen in sich trug, konnte sich das schon erlauben. Die Seele, die Tinahan gegenübergetreten war, war die eines Lekons gewesen.

Robs, der Orenols Wunsch nachgekommen war und nun die Seele eines Menschen in den Vordergrund treten ließ, führte Tinahan und den Mönch zu einer der Hütten. Die anderen wollten ihnen folgen, doch der Seelenwandler schickte sie weg.

In der Hütte war es schmutzig und dunkel. Tinahan hob den Tisch, auf dem ein Haufen Werkzeuge und Gerümpel lag, an einer Ecke an und räumte so die Platte frei. Anschließend bot er Orenol einen Stuhl an. Robs kramte eine Flasche Schnaps und Trinkschalen aus einer Holzkiste hervor und stellte sie auf den Tisch, Orenol lehnte jedoch höflich ab. Robs zuckte mit den Schultern und räumte die Schalen wieder weg. Danach nahm er einen Schluck aus der Flasche und reichte sie Tinahan.

»Etwas anderes gibt es nicht. Wollt Ihr wenigstens eine Schale Wasser?«

»Nein danke, ich brauche nichts. Ich stehe noch unter dem Eindruck dieses erstaunlichen Schauspiels. Ich bin genau zur rechten Zeit gekommen.«

»Ihr hättet auch gesehen, wie wir Erfolg haben, wenn Tinahan nicht so stur gewesen wäre«, sagte Robs und warf dem Lekon einen bösen Blick zu.

Tinahan klapperte mit dem Schnabel. Danach herrschte für eine Weile Schweigen am Tisch, bis Tinahan es nicht mehr aushielt.

»Also gut. Du heißt Orenol, richtig? Orenol, wie viele Tage sind wir im Verzug?«

»Ein halbes Jahr.«

Tinahan blickte erschrocken zu Robs, der bleich wurde.

»Schon so lange ... Ach, wie die Zeit doch dahinrast«, sagte Robs. »Es tut mir sehr leid. Ich habe gar nicht gemerkt, wie schnell die Monate an diesem abgelegenen Ort vergehen. Ich hatte keinesfalls vor, das Geld nicht zurückzuzahlen.«

»Selbstverständlich nicht. Der Großtempel hat nie an Eurer Aufrichtigkeit gezweifelt. Wir dachten, dass ein Missverständnis vorliegen muss, und um es aufzuklären, bin ich hierhergekommen«, sagte Orenol und fügte mit einem entschuldigenden Lächeln hinzu: »Ich habe gehofft, mitzuerleben, wie Eure Bemühungen von Erfolg gekrönt werden.«

»Wir wären ja auch beinahe erfolgreich gewesen! Das hast du selbst gesehen!« Tinahan schlug auf den Tisch – und zertrümmerte das Möbelstück. Fassungslos sahen Mönch und Lekon auf die Holzteile hinunter, während Robs sich die Haare raufte und seufzte: »Du treibst uns noch komplett in den Ruin, scheiße noch mal!«

Tinahan ließ den Kopf hängen.

Nachdem er die Reste des Tisches, so gut es ging, zur Seite geschoben hatte, sagte Robs ruhig: »Ich sage es Euch ganz ehrlich. Im Moment sind wir nicht einmal in der Lage, die Zinsen zu zahlen, geschweige denn den Kredit. Wir hätten Euch diesen Tisch mitgeben können, aber unglücklicherweise hat unser hochgeschätzter Anführer ihn kaputt geschlagen. Doch unser Vorhaben wird gelingen. Ihr könnt es selbst bezeugen. Unser Plan ist perfekt.«

»Ja, das stimmt. Es war wirklich ein beeindruckendes Schauspiel. Auf dem Weg vom Großtempel hierher war ich skeptisch. Ich hielt es für Wahnsinn, auf den Rücken eines Himmelsfisches fliegen zu wollen. Aber jetzt glaube ich an Euch. Es sieht zwar gefährlich aus, aber Euer Plan ist Erfolg versprechend. Doch wie wollt Ihr vom Himmelsfisch wieder herunterkommen, nachdem es Euch gelungen ist, auf ihm zu landen?«

»Wir klettern an der Drachenleine hinunter. Wenn der Drachenreiter auf dem Himmelsfisch landet, wird das Seil unten an der Spule durchtrennt. So kommen die Drachenreiter wieder nach unten.«

Die wollen aus zweitausend Metern Höhe an einem Seil herunterklettern? Orenol bezweifelte, dass Robs und Tinahan jemals von Vernunft auch nur gehört hatten. Er selbst hätte das nicht einmal in seinen kühnsten Träumen gewagt. Um zu vermeiden, dass die Vorstellung, wie er an einem Seil von dort oben hinabstieg, in seinem Kopf allzu deutlich Gestalt annahm, wechselte er schnell das Thema.

»Nun gut. Aber noch ist es Euch nicht gelungen?«

»Wir werden es schaffen! Gebt uns bitte noch ein bisschen mehr Zeit! Was Ihr gerade erlebt habt, war sozusagen die Generalprobe. Genau, so muss man das sehen! Sowohl die Vorbereitungen als auch die Probe liegen hinter uns, also werden wir beim nächsten Mal mit Sicherheit erfolgreich sein!«

»Das würde mich für Euch freuen.«

Robs machte große Augen. »Heißt das, Ihr gebt uns tatsächlich mehr Zeit?«

Auch Tinahan schaute Orenol mit erwartungsvollem Blick an. Der Mönch nahm die Gebetskette von seinem Handgelenk, betastete die Perlen und fragte: »Wie lange müsste ich denn noch warten?«

Robs schaute verlegen. Nach langem Zögern antwortete er schließlich: »Wir benötigen etwa sechs Monate.«

Orenol starrte Robs direkt in die Augen, was den Dokebi erröten ließ.

»Ich muss also noch mal ein halbes Jahr warten?«

»Bis dahin haben wir es bestimmt geschafft. Wir haben sehr viel über die Route der Himmelsfische herausgefunden. Moment, wir haben alles aufgezeichnet.«

Robs angelte einen dicken Wälzer mit Pergamentseiten von einem Bücherstapel in einer Ecke der Hütte. Es war offenbar sehr oft darin geblättert worden, denn alle vier Ecken waren stark abgegriffen. Orenol wurde von den Zahlen und Symbolen, mit denen er überschüttet wurde, ganz schwindlig. Er verstand kein Wort, begriff aber, worauf es hinauslief: Der Seelenwandler war mehr als zuversichtlich, dass in den nächsten sechs Monaten sieben Himmelsfische am Baiso-Tal vorbeifliegen würden, wovon zwei auf einer passenden Höhe wären.

»Die anderen fünf sind wesentlich größer. Wir konnten bisher nicht herausfinden, warum, aber je größer sie sind, desto höher fliegen sie. Natürlich befinden sich auf dem Rücken eines großen Himmelsfisches noch beeindruckendere Ruinen, aber es bis in diese Höhe zu schaffen, ist nicht so einfach. Selbst im Baiso-Tal, in dem der günstigste Wind weht, ist es unmöglich, bis dort hochzukommen. Nur die kleinen wie der, der heute am Tal vorbeigeflogen ist ...« – an dieser Stelle entkam Orenol ein überraschtes Keuchen – »... sind auf einer Höhe, die wir mit den Drachen erreichen können. Wir müssen auf diese kleineren warten, und dazu benötigen wir noch mindestens sechs Monate.«

»Ich danke Euch für die Erklärung. Auch wenn ich grundsätzlich an Euer Vorhaben glaube, mache ich mir doch ein wenig Sorgen.«

Robs' Augen blitzten auf. »Sorgen? Warum denn das?« Plötzlich schob sich die Lekon-Seele in den Vordergrund, und er fuhr in barschem Ton fort: »Hast du Bedenken wegen unserer Vorhersagen?«

Orenol antwortete vorsichtig: »Um Himmels willen, nein. Ich habe heute zum ersten Mal einen Himmelsfisch gesehen. Selbstverständlich glaube ich Euren Vorhersagen. Meine Sorge gilt Euch und Euren Männern. Ihr habt gesagt, dass Ihr nicht einmal die Zinsen zahlen könnt. Wie wollt Ihr dann die nächsten sechs Monate hier überleben?«

Robs schlug mit einem Seufzen das Buch zu. Tinahan runzelte die Stirn und ergriff das Wort: »Verdammt noch mal, sicher wird das eine schwere Zeit für uns. Aber wir werden das überstehen. Auf dem Baiso gibt es genug Essbares, von dem wir leben können. Wir werden sechs Monate durchhalten, egal wie. Also mach dir keine Sorgen deswegen. Du musst nur die Frist für die Rückzahlung verlängern.«

Orenol blieb skeptisch. »Ihr seid ganz schön viele und habt auch noch Pferde.«

»Trotzdem, wir schaffen das. Richtig, wir haben Pferde. Mit denen können wir Felder pflügen, wenn es wirklich nötig sein sollte.«

»Und was, wenn in sechs Monaten alle verhungert oder davongelaufen sind? Dann sieht der Großtempel das Geld, das er Euch geliehen hat, nie wieder.«

»Das wird nicht geschehen! Ich werde auf dem Rücken eines Himmelsfisches landen, komme, was da wolle, hörst du?«

Orenol verstummte und betastete erneut seine Gebetskette. Das ging Tinahan auf die Nerven, aber er besaß genug Verstand, es sich nicht anmerken zu lassen. Robs hingegen wollte sich am liebsten die Ohren zuhalten, weil er befürchtete, der junge Mönch würde den Plan für unrealistisch halten und ihre Ausrüstung pfänden.

Schließlich meinte Orenol: »Ich mache Euch ein Angebot.«

»Was für ein Angebot?«

»Der Großtempel braucht einen Lekon.«

»Einen Lekon?«

»Genau. Deshalb möchten wir, dass Ihr einen Auftrag für uns übernehmt, Tinahan. Wenn Ihr etwas für uns tut, erlässt Euch der Großtempel alle Schulden und leiht Euch zusätzlich das Geld, das Ihr für die nächsten sechs Monate braucht.«

Tinahan und Robs wechselten begeisterte Blicke. Der Seelenwandler wandte sich als Erster wieder an Orenol: »Was für ein Auftrag soll das sein, wenn ich fragen darf?«

»Ah, seid Ihr nun wieder ein Mensch? Es tut mir leid, aber die Einzelheiten kann ich nur demjenigen anvertrauen, der den Auftrag ausführt. Was ich allerdings jetzt schon sagen kann, ist, dass die Mission etwa vier Monate in Anspruch nehmen wird und sehr gefährlich ist.«

Robs hatte den Eindruck, dass Orenol den letzten Teil direkt an Tinahan gerichtet hatte. Kein Lekon rannte vor einer gefährlichen Mission davon. Wie erwartet, erwiderte Tinahan voller Geringschätzung: »Na, wie gefährlich kann es schon sein?«

Orenol sah Tinahan besorgt an. Er hatte seine Warnung ernst gemeint.

»Ich weiß nicht, ob ich diese Lekon-Metapher richtig verwende, aber der Auftrag ist so gefährlich wie ein Sturz ins Wasser.«

Tinahans Kamm sträubte sich.

Als die Menschen, der Legende zufolge, die Abenddämmerung durch Kerzen und Lampen vom Übergang zur Nacht zu einem festen Teil des Tages machten, verlor sie ihren Platz in der Ordnung und irrte umher. Es war ein Dokebi, der die herumirrende Dämmerung wieder in die Nacht hineinführte. So gewann er Mutter Nacht für sich, und so konnte er auch die fünf Töchter der Nacht erobern: Verwirrung, Verlockung, Gefangenschaft, Verschleierung und Traum. Mit ihrer Hilfe bauten die Dokebis ein gigantisches

Schloss, das sie Zumunnuri, also Tausend Welten, nannten.

Verlockung bestimmte das Äußere des Schlosses und verlieh ihm ein würdevolles Antlitz. Verwirrung gestaltete das Innere. Gefangenschaft baute unzählige Labyrinthe, Irrgärten und Fallen, während Verschleierung Geheimgänge, Geheimtüren und Geheimcodes hinzufügte. Es ist jedoch nicht überliefert, welchen Einfluss die jüngste Tochter der Nacht auf den Schlossbau hatte. Diese Tochter, Traum, war völlig anders als ihre älteren Schwestern. Traum war zwar die Essenz der Nacht, doch sie hatte zugleich eine Eigenschaft, die denen der Nacht entgegengesetzt ist. Nacht verbirgt, versteckt und bedeckt. Traum offenbart, entdeckt und enthüllt – Eigenschaften, die dem Tag zugeschrieben werden. Und doch manifestiert sich Traum nicht am helllichten Tag, sondern, ganz wie die Sterne, nur in der Dunkelheit der Nacht.

Auch ohne die rätselhafte Beteiligung Traums zu kennen, war Zumunnuri ein mysteriöses Gebäude. Einzig und allein dem jeweiligen Schlossherrn war bekannt, aus wie vielen Stockwerken es bestand, wie viele Zimmer, wie viele Gänge und wie viele Treppen es gab. Regelmäßige Besucher wussten beispielsweise, dass der vierte Stock des Hauptgebäudes nur über den siebten zu erreichen war, oder dass man zum großen Speisesaal gelangte, wenn man dreimal rechts abbog, egal, wo im Schloss man sich befand. Die meisten wussten auch, dass man unsanft mit dem Hintern voran mitten in der Bibliothek landete, wenn man auf der Spitze des Ostturms stand und sich zweimal links um die eigene Achse drehte. An den Landeplatz der Besucher hatten die bisherigen Schlossherren, je nach Laune, mal Kissen gelegt, Eisennägel verstreut oder eine brennende Kerze gestellt. Letzteres war ein typischer Dokebi-Scherz, denn eine Kerze würde nur die Kleidung etwas ansengen. Die Eisennägel waren höchstwahrscheinlich ein Gerücht, denn sie passten nicht zum Charakter der Dokebis. Was davon nun stimmte, blieb ein Geheimnis.

Sabin Hasuon, der Kommandant der Schlosswache von Zumunnuri, stand auf der Spitze des Ostturms und blickte melancholisch in den schwarzen Himmel. Er war auf dem Weg in die Bibliothek und hatte kurz zuvor Bauh Moridol, den derzeitigen Schlossherrn, gesehen, der mit einem Eimer voll Käferkot vorbeigelaufen war.

Eigentlich war es die Aufgabe von Bihyung Slabl, Bauh Moridols Diener, mit dem Hintern voran in der Bibliothek zu landen, aber der Kommandant hatte eine dringende Nachricht, die er persönlich überbringen musste. Seufzend drehte er sich zweimal um die eigene Achse. Binnen eines Lidschlags änderte sich die Umgebung, und er landete unsanft auf dem harten Boden der Bibliothek.

Etwas verwirrt stand er auf. Auf dem Boden lag nichts. Sich den Hintern abklopfend, blickte Sabin zum Schreibtisch des Schlossherrn.

Bauh Moridol, der elfte Schlossherr von Zumunnuri, stand am Fenster und hielt eine Blumenkelle in der Hand. Zu seinen Füßen stand der Eimer, und auf der Fensterbank waren einige Blumentöpfe. Sabin atmete erleichtert aus.

»Habt Ihr gut geträumt, mein Herr? Habt Ihr den Käferkot als Dünger mitgebracht?«

»Wozu sonst?«

»Ach, ich dachte, dass Ihr ihn vielleicht auf dem Boden verteilt ...«

»Psst!«, zischte der Schlossherr.

Sabin entschuldigte sich in Gedanken bei dem nächsten Besucher. Gleichzeitig machte er im Geiste eine Liste mit

Personen, denen er mitteilen würde, dass der Schlossherr sie gerufen habe, und verlor sich in diesem Gedankenspiel, bis Bauh Moridol ihn ungeduldig fragte: »Und, was ist dein Anliegen?«

»Ach ja, mein Herr. Kann es sein, dass das Problem nicht der Dünger, sondern das mangelnde Sonnenlicht ist? In der Bibliothek ist es ziemlich dunkel.«

»Dein Anliegen!«

Sabin lächelte amüsiert. Der Schlossherr konnte es kaum erwarten, ihn wieder wegzuschicken! Sabin entschied sich zu kooperieren. Er zog einen Stuhl zu sich heran und setzte sich.

»Ein Käfer hat eine Nachricht der Kimms für Euch gebracht, die ihr Haar gnadenlos kahl rasieren.«

»Oh, meinst du die Kimms, die sich Mönche nennen? Aber warum überbringst du sie mir? Wo steckt Bihyung?«

Sabin zuckte mit den Schultern. »Die Kimms wollten es so. Ihr kennt sie doch und wisst, wie sie Sachen handhaben, die sie für wichtig halten.«

»Wie handhaben sie die denn?«

»Sie denken, dass möglichst wenige Leute den Inhalt einer bedeutenden Nachricht erfahren sollten.«

»Ach, wirklich?«

»Das ist meine Theorie. Die Kimms scheinen zu glauben, dass die Bedeutsamkeit einer wichtigen Angelegenheit nur aufrechterhalten bleibt, wenn möglichst wenige Leute davon wissen. Eine überaus erstaunliche Vorstellung, nicht wahr? Denn je mehr Leute Bescheid wissen, desto mehr können doch helfen.«

»Es könnte auch mehr Störenfriede herbeirufen.«

»Wer würde schon bei einer wirklich wichtigen Sache stören? Nur ein Verrückter.«

»Die Kimms machen sich viele unnötige Gedanken, deswegen sind sie so, wie sie sind. Lass uns einfach bei ihrem Spiel mitmachen, wenn sie es so wollen. Wir behalten ihre Nachricht für uns. Wie lautet die Botschaft?«

»Die Kimms bitten darum, ihnen einen Dokebi zu senden.«

»Wozu?«

»Sie stellen eine Gruppe zusammen, die nach Süden über die Grenze reisen und einen Naga retten soll. Sie wollen, dass ein Dokebi an diesem Rettungstrupp beteiligt ist.«

Bauh Moridol starrte den Kommandanten an. Er wusste, dass dieser den lieben langen Tag darüber nachdachte, wie er ihn am besten auf den Arm nehmen konnte. Zugleich wusste Bauh Moridol auch, dass Sabin Hasuon ihn respektierte und daher bei Weitem nicht jede Gelegenheit nutzte. So hatten beide ihren Spaß: der Kommandant mit seinen Streichen und der Schlossherr damit, ihm Vorlagen zu liefern und dann zuzusehen, wie Sabin bei der Auswahl der perfekten Gelegenheit in einen inneren Konflikt geriet. Aber was der Kommandant gerade gesagt hatte, war kein Scherz.

»Heißt das, dass die Kimms einen Naga nach Norden bringen wollen? Aber wieso?«

»Das weiß ich nicht. Den Grund haben sie nicht genannt. Auch das gehört wohl zu ihrer Geheimniskrämerei.«

»Ist auch geheim, wer die anderen Mitglieder des Rettungstrupps sind?«

»O nein, das haben sie erzählt. Nur zu dritt kann man gegen einen bestehen. Die Kimms scheinen diesem alten Sprichwort zu folgen, denn es gehören ein Kimm und ein Lekon zum Trupp, heißt es.«

»Interessant. Was bekommen wir dafür?«

»Sie bieten uns zweihundert Goldstücke an.«

»Das ist ja großartig! Da bekomme ich glatt Lust, selbst mitzugehen. Moment mal, warum ziehst du jetzt so ein Gesicht?«

»Ach, nichts. Sagen wir, dass es sich um den Gesichtsausdruck eines Kommandanten handelt, der sich überlegt, wem er bei der Wahl des nächsten Schlossherrn seine Stimme geben soll.«

Bauh Moridol brüllte so lange wütend herum, bis sein Kommandant mit sich zufrieden war, und sagte dann ernst: »Also gut, wen soll ich schicken?«

Sabin wirkte überrascht. »Wollt Ihr das wirklich tun? Es ist doch bloß ein alter Spruch, dass man nur zu dritt gegen einen bestehen könne. Dieser sogenannte Rettungstrupp wird restlos ausgelöscht werden, sobald er Kiborens Bäume auch nur aus der Ferne sieht. Ihr Vorhaben ist vollkommen aussichtslos.«

»Warum?«

»Weil sich niemand in Kiboren auskennt. Und mit den Nagas.«

»Der Kimm schon, nehme ich an.«

»Wie bitte?«

»Der Kimm des Rettungstrupps. Ich habe so eine Ahnung, wer er ist. Es gibt nur einen einzigen Kimm, der sich mit Nagas und Kiboren auskennt und so einen Rettungstrupp anführen könnte.«

»Und welcher Kimm sollte das sein?«

»Kaygon Draka.«

Sabin riss die Augen auf. Er kannte diesen Namen. Es war der legendäre Shirem-Kämpfer der Kimms, der vor ungefähr zwanzig Jahren gegen Dokebi-Ringkämpfer angetreten, am Ende als Sieger hervorgegangen und zur Legende geworden war.

»Ist er noch am Leben?«

»Ja, er lebt noch. Er wohnt nahe der Grenzlinie und ernährt sich von den Nagas, die er dort fängt.«

Sabin dachte erst, sein Herr gäbe einen Scherz zum Besten, doch Bauh Moridol meinte es ernst.

»Was meint Ihr damit, dass er sich von Nagas ernährt?«

»Er jagt Nagas und isst sie.«

Sabin tat so, also würde er ein Stück Fleisch zum Mund führen und kauen. Fragend sah er seinen Herrn an. Als dieser nickte, wurde Sabin bleich.

»Ist der verrückt?«

»Er kann jedenfalls gut kochen, heißt es.«

»Ah, ja ...«

Der Schlossherr verschränkte seine Hände über dem Knie und sagte so langsam, als wüsste er nicht, wie er beginnen sollte: »Kaygon hasst die Nagas. Er hasst sie so sehr, dass er sie restlos vernichten will. Wortwörtlich. Deswegen überfällt er Nagas, zerstückelt, kocht und isst sie.«

Sabin schluckte. »Er isst sie, weil er sie so sehr hasst, dass er sie auslöschen will? Das klingt eher nach einem Geisteskranken als nach jemandem, der konsequent zu seinem Wort steht. Meine Meinung.«

»Mag sein. Aber er hat seine Gründe. Du weißt, dass es schwierig ist, Nagas zu töten, weil sie kein Herz haben.«

»Na, klar doch. Deswegen kocht man sie! Damit sie sich nicht regenerieren können. Was soll man auch sonst machen? Aber muss man sie deswegen gleich essen?«

»Sonst wäre es ja Verschwendung.«

Kommandant Sabin starrte seinen Herrn an, als hätte er einen Verrückten vor sich. Der lächelte und winkte ab.

»Das war Kaygons Antwort, als ich ihn dasselbe gefragt habe wie du mich gerade. Aber er hat noch weitere Gründe.

Hm, warte mal.« Er öffnete eine Schublade an seinem Schreibtisch und kramte darin herum, bis er ein altes Pergament herauszog. »Das ist ein Brief, den er vor etwa sechs Jahren geschrieben hat. Lies.«

Sabin nahm den Brief entgegen.

Wie geht es Euch?
Für mich waren die Dinge eine Zeit lang sehr schwierig.
Wie Ihr wisst, ist es hier an diesem verödeten Ort in der
Nähe der Grenzlinie wesentlich einfacher, eine Waffe zu
bekommen als Feder und Pergament. Gestern ist mir
endlich ein fahrender Händler begegnet, der ein paar
Bögen hatte, weswegen es mir nun möglich ist, mich bei
Euch zu melden.
Ich habe darüber nachgedacht, was Ihr in Eurem
letzten Brief geschrieben habt. Doch ich kann mit dem,
was ich tue, nicht aufhören. Ja, ich esse nach wie vor
Nagas. Ich werde das nicht schrecklicher machen,
als es ist, aber ich will es auch nicht beschönigen.
Kennt Ihr die Geschichte der Kitalzer Jäger? Wenn ein
Jäger von einem Tiger gefressen wird, wird der Sohn des
Toten von den anderen Jägern adoptiert. Sie bringen
ihm ihre Techniken und Fähigkeiten bei. Wenn dieser
Sohn seine Ausbildung beendet hat, gehen die anderen
zusammen mit ihm auf Tigerjagd. Erlegen sie einen
Tiger, schneiden sie ihm den Bauch auf und entnehmen
die Leber. Und diese Leber lassen sie den Sohn essen.
Ich bin wie dieser Sohn, der überlebt hat, geehrter
Schlossherr.
Die Nagas haben alles verschlungen, was mir kostbar
und wichtig war, bis auf meinen Körper. Deswegen esse
ich sie. Es mag sein, dass ich irgendwann von ihnen

gegessen werde. Ich gebe mir Mühe, die Grenzlinie nicht
zu überschreiten, aber wenn ich einen Naga verfolge,
finde ich mich manchmal mitten im Dschungel wieder.
Immer wenn ich merke, dass ich meinen einzigen
Vorteil den Nagas gegenüber aufgegeben habe, geehrter
Schlossherr, fühle ich selbst in der Hitze des Dschungels,
die auf meiner Haut brennt, die Kälte, ganz wie die
Nagas. Hastig kehre ich dann nach Norden zurück,
aber nur ein paar Tage später finde ich mich erneut in
derselben misslichen Lage wieder.
Eines Tages, wenn ich mein Schwert nicht mehr
schwingen kann, werde ich sterben. Es spielt keine
Rolle, wenn Ihr das als den Tod eines Verrückten abtun
und mich vergessen würdet.
Ich denke, dass ich letztlich auch keine andere
Möglichkeit habe, außer verrückt zu werden.

Am Ende des Briefes stand anstatt einer Unterschrift eine seltsame Kritzelei. Der Schlossherr erklärte: »Es ist das Symbol der Kitalzer Jäger. Der Schwarze Löwe und der Drache.«

»Schwarzer Löwe und Drache?«

»Beide sind vor langer Zeit von den Nagas ausgerottet worden. In der Sprache der Kitalzer Jäger heißen sie Kaygon und Draka. Den Namen, den er verwendet, hat er von diesen Symbolen.«

»Dann ist Kaygon Draka nicht sein richtiger Name?«, fragte Sabin, während er seinem Herrn den Brief zurückgab.

»Nein, aber ich kann seinen wirklichen Namen nicht ohne seine Zustimmung preisgeben.«

Bauh Moridol legte den Brief wieder in die Schublade zurück und musterte den Kommandanten. »Und? Was denkst du?«

»Dieser Kaygon Draka rächt sich also an den Nagas gemäß der Tradition der Kitalzer Jäger, die vor Jahrhunderten vom Erdboden verschwunden sind? Den Erzfeind töten und essen?«

»Ja, so kann man es ausdrücken.«

»Was zum Teufel haben die Nagas diesem Kimm angetan, dass er diesen wahnsinnigen Rachefeldzug führt?«

»Entsetzliches.«

Sabin wartete darauf, dass Bauh Moridol fortfuhr, aber dieser schwieg. Sabin wollte es schon dabei bewenden lassen, aber dann sah er die verzerrten Gesichtszüge seines Herrn.

»Es war wahrlich entsetzlich.«

»Was ist geschehen?«, fragte Sabin vorsichtig.

Der Schlossherr, der sich in schmerzhaften Gedanken verloren hatte, schüttelte den Kopf. »So, wie ich seinen wahren Namen ohne seine Zustimmung nicht preisgeben kann, ist es mir auch nicht möglich, über seine Vergangenheit zu sprechen. Jedenfalls weißt du jetzt, dass er sich mit Nagas und Kiboren besser auskennt als jeder andere. Das Raubtier weiß viel über seine Beute.«

»Das mag sein, aber ich hätte lieber eine Versicherung, dass mein Gefährte bei Verstand ist, wenn ich ihn an einen so gefährlichen Ort begleite. Was, wenn dieser Kimm Nagas satthätte, weil er zu viele davon gegessen hat, und nun Dokebis auf seinem Speiseplan stehen?«

Sabin meinte es ernst, das wusste Bauh Moridol. Dennoch lachte er laut auf. »Du brauchst dir keine Sorgen zu machen. All seine Wut ist gegen die Nagas gerichtet. Niemand sonst kann ihn wütend machen.«

»Niemand sonst kann ihn wütend machen?«

»So ist es! Er schreibt, dass er nichts mehr hat, was man ihm noch nehmen kann. Die Nagas haben ihm alles, restlos alles geraubt. Es mag paradox klingen, aber für jeden außer einen Naga ist Kaygon die Person, bei der man sich am allersichersten fühlen kann. Weil niemand ihn wütend machen kann.«

»Das ist traurig.«

»Ja, es ist eine traurige Geschichte. Und auch eine wahre. Kaygon stellt für niemanden eine Gefahr dar, das kann ich garantieren.«

Sabin wollte sich nicht komplett auf die Garantie seines Herrn verlassen, konnte aber seinem Urteil auch nicht widersprechen. Eine Behauptung mit Logik zu widerlegen, gehörte zu den Dingen, die man beim Herrn von Zumunnuri gar nicht erst versuchen brauchte. Also kehrte Sabin zum eigentlichen Thema zurück.

»Wenn es an Kaygons Seite so sicher ist und er dreimal am Tag mit Nagas zu tun hat, wenn er seine Mahlzeiten einnimmt, dann gibt es wohl niemanden, der besser für einen Rettungstrupp nach Kiboren geeignet ist. Wollt Ihr also jemanden schicken?«

»Nur zu dritt kann man gegen einen bestehen. Es sind erst drei, wenn ein Dokebi dabei ist. Ja, ich werde jemanden senden.«

»Und wen?«

»Für eine solche Aufgabe gibt es niemanden, der besonders gut geeignet ist, oder? Kein einziger Dokebi weiß etwas über Nagas oder Kiboren. Deshalb sind alle gleich gut geeignet. Also brauche ich mir das auch nicht lange zu überlegen. Ich schicke den ersten Dokebi, der diesen Raum betritt.«

»Den ersten?«

»Genau.«

Wäre er außerhalb der Mauern von Zumunnuri gewesen, hätte Sabin Hasuon alle Vorschläge und Meinungen seines

Herrn höflich ignoriert, einfach weil sie von ihm stammten. Das war keine Illoyalität. Er wusste, dass der Schlossherr nicht unbedingt zu den Weisesten gehörte. Deswegen hatte er nicht weniger Respekt vor Bauh Moridol, was ihnen beiden sehr wohl bewusst war. Aber solange sie hier in Zumunnuri waren, waren die Worte des Schlossherrn Gesetz. Deswegen verlangte Sabin keine weitere Erklärung, sosehr er sich innerlich auch beklagen mochte.

»Wäre es in Ordnung, wenn ich hier warte? Ich fürchte, dass ich dieser unglückliche Dokebi werden könnte, wenn ich jetzt gehe.«

Der Schlossherr lachte herzlich. Und so warteten sie beide.

Sie mussten sich nicht lange in Geduld üben. Schon bald landete ein äußerst wütender Dokebi mitten in der Bibliothek auf seinem Hintern. Sobald er Sabin sah, schrie er ihn an: »Kommandant! Wollt Ihr mir etwa meinen Posten wegschnappen? Dann bin im Namen des *Gottes, der sich selbst tötet* ab heute ich der Kommandant! Einverstanden?«

Es war Bihyung Slabl, der Diener des Schlossherrn, ein junger Dokebi, der seine Arbeit liebte. Das war sein Unglück, dachte Sabin Hasuon und schüttelte den Kopf.

Der Schlossherr sagte kichernd: »Das wird schwierig. Weil du Mitglied eines Rettungstrupps werden wirst.«

Bihyung Slabl blinzelte. »Rettungstrupp?«

»Ja, ein Rettungstrupp. Du musst an einen Ort gehen, an den sich seit Jahrhunderten kein Dokebi mehr gewagt hat, und dort jemanden retten.«

ZWEITER TEIL

SILBERNE TRÄNEN

König Held sprach: »*Was? Ein Naga, der Tränen vergießt? Hör zu, ich gebe dir einen Rat. Schau das nächste Mal bei klarem Wetter hin. Dann wirst du bestimmt zu einer anderen Erkenntnis kommen als bei Regen.*«

– AUS: »KÖNIG HELD – WEDER HELD NOCH KÖNIG« VON PENSOIL

Ryun Pey lag auf einem Altar.
   Es herrschte vollkommene Dunkelheit. Er spürte den kalten Stein an seinem Rücken, aber abgesehen davon gab es keinen eindeutigen Beweis dafür, dass er wirklich da war. Während er sich umschaute, kam es Ryun so vor, als sei er zum Gegenstand eines Gemäldes geworden, das noch keinen Hintergrund hatte.

   Augenblicklich zuckte er zusammen. Malerei war, wie Gesang, ein Kulturgut, das bei den Nagas nicht existierte. Wegen ihres schlechten Gehörs interessierten sie sich nicht für Musik. Und bildende Kunst hatten sie nicht, weil ihr Sehvermögen phänomenal war. Nagas konnten Wärme sehen. Für sie war selbst das Meisterwerk des bedeutendsten menschlichen Malers nicht prächtiger als ein Stück Stoff derselben Größe. Die Farbpalette, die ein Naga sehen konnte, war sehr umfangreich, aber weil es weder kalte noch heiße Ölfarben gab, malten Nagas nicht.

   Es war also alles andere als natürlich, dass ein Naga sich vorstellte, Teil eines Gemäldes geworden zu sein. Wie er darauf gekommen war und wie er das Wissen um diese Kunst erworben hatte, durfte Ryun nicht unbedacht hinausnirmen. Es war ein Geheimnis, das ihn mit Scham erfüllte. Er schaute sich hastig um, um festzustellen, ob sein Nirm von irgendjemandem gelesen worden war.

Aus der Dunkelheit traten kalte Schatten, als hätten sie nur darauf gewartet.

Er konnte die Dolche sehen, die jene Schatten in den Händen hielten. Sie hatten eine noch kältere Farbe. Ryun schrie auf, aber das Geräusch hatte keine Wirkung auf die Schatten. Ihnen war keinerlei Unruhe anzumerken, als sie sich dem Steinaltar näherten. Ryun wollte schnell etwas nirmen, nachdem sein Schrei verklungen war, aber er konnte es nicht.

Bin ich etwa kein Naga?, fragte er sich und wollte seine Arme bewegen, musste aber feststellen, dass er mit Händen und Füßen an den Altar gefesselt war. Während er sich vergeblich wand und krümmte, umstellten die Schatten den Altar. Einer von ihnen zerriss Ryuns Hemd. Das Geräusch versetzte ihn in Panik. Er blickte auf seine entblößte Brust hinunter. Unter den harten Schuppen nahm er undeutlich sein pulsierendes Herz wahr. Es pochte heiß, nur deswegen konnte er es sehen. Er schaute die Wesen um den Altar an, entdeckte nur kalte Dunkelheit in ihren Körpern und begann am ganzen Leib zu zittern. Ihnen allen war das Herz entfernt worden.

Und jetzt wollten sie auch sein Herz herausnehmen.

»Halt! Ich bin kein Naga! Ihr irrt euch! Wenn ihr mein Herz herausnehmt, sterbe ich!«, schrie Ryun so laut, wie er nur konnte. So schlecht ihr Hörvermögen auch sein mochte, die Nagas mussten ihn gehört haben! Doch sie blieben vollkommen regungslos. Nein, einer von ihnen bewegte sich. Der Naga, der rechts von ihm stand, hob seinen Dolch. Die Klinge glänzte prachtvoll in der Dunkelheit, reflektierte die Wärme in allerlei Farben.

Als Ryun erneut schreien wollte, fuhr der Dolch erbarmungslos auf ihn nieder.

Es war nicht rot, wie die Ungläubigen behaupteten. Die heißen Blutstropfen, die in einer Fontäne aus ihm herausschossen, schillerten in allen möglichen Farben. Für einen kurzen Moment vergaß er die Schmerzen und betrachtete dieses Feuerwerk, das die Wärme, die seinen Körper verließ, vor ihm in die Lauft zauberte.

Unversehens streckte der Naga seine Hand aus. Ryun blieb die Luft weg, als er zusah, wie diese Hand, die nicht die seine war, in seine aufgeschnittene Brust griff. Etwas, das wie eine Flut aus Licht wirkte, strömte daraus hervor. Sein eigenes Blut.

Die wühlende Hand zog schließlich etwas aus seiner Brust, das wie ein brennendes Juwel aussah. Eine Aurora pulsierender Hitze strahlte in alle Richtungen. Es war sein Herz. Es pulsierte so heiß, dass es die Dunkelheit um sich herum verbrannte. In diesem herrlichen Licht konnte Ryun das Gesicht des Nagas erkennen, der ihm das Herz entfernt hatte.

Es war sein eigenes.

[Das ist ein vollkommen unsinniger Traum, Ryun. Erstens findet die Entnahmezeremonie nicht auf diese Art statt. Und zweitens lässt mich das Herz, das du beschrieben hast, an das der heißblütigen Ungläubigen denken. Du hast zu viel Fantasie. Aber ich muss zugeben, dass dein Traum etwas Geheimnisvolles an sich hat.]

Hwarit Makerow lächelte, als amüsierte ihn der Traum seines Freundes, doch Ryuns Miene blieb unverändert starr. Hwarits Lächeln verschwand.

[Verzeih. Es muss ein schrecklicher Traum gewesen sein. Es scheint, dass du dir wegen der Herzentnahme wesentlich größere Sorgen machst, als ich angenommen habe. Aber dein Traum ist nichts anderes als ein Fantasiegebilde, hervorgerufen durch deinen unruhigen Geist. Nur Dokebis glauben, dass einem Traum eine Bedeutung oder die Macht der Vorhersage innewohnt.]

[Auch Menschen glauben an Träume.]

[Ist das so? Mag sein, schließlich nehmen sie und die Dokebis sich nicht viel, wenn es um Dummheit geht.]

[Auch ich möchte daran glauben.]

Hwarit schloss seinen Geist und starrte seinen Freund resigniert an. Ihm fiel nichts ein, was er Ryun entgegnen konnte, weswegen er seine Aufmerksamkeit auf den Tisch richtete. Darauf lagen Ratten. Sie zitterten kaum merklich, waren aber unversehrt, und sie rannten auch nicht weg. Dieses Kunststück hatte Samo Pey, Ryuns zweite Schwester, vollbracht: Sie war eine Geistesbändigerin und konnte Tieren ihren Willen aufzwingen.

Der Name Samo Pey löste bei den Bewohnern von Hatengrazu zwiespältige Reaktionen aus. Positiv reagierten hauptsächlich die Männer. Das lag daran, dass Samo ihnen gegenüber nett und zuvorkommend war, ohne sie in ihr Bett locken zu wollen. Selbst Somero Makerow, Hwarits älteste Schwester, die sich durch einen sanften Charakter auszeichnete und Ehrlichkeit als eine hohe Tugend ansah, hatte dazu einmal genirmt: [Was haben die Männer von ihr, wenn sie nicht mit ihnen schläft? Das ist bloß Heuchelei.]

Die Frauen Hatengrazus reagierten negativ auf Samo, denn die Männer bevorzugten ihretwegen das Haus Pey, weil sie der Ansicht waren, dort ihre Tage unbekümmert und frei von der Anspannung, jederzeit ins Schlafzimmer gezerrt zu werden, verbringen zu können.

Hwarit nahm eine der warmen Ratten und fragte sich, ob Samo Peys merkwürdige Einstellung vielleicht ein Kompromiss war, den sie für sich gefunden hatte.

[Wie viele Männer wohnen jetzt im Haus Pey?]

[Acht, glaube ich.]

Hwarit nickte. In der Familie Pey gab es zwei Frauen, die momentan gebärfähig waren. Wenn ihnen acht Männer zur Verfügung standen, war die Wahrscheinlichkeit, dass sie schwanger würden, sehr hoch. Schon bald würden im Haus Pey noch mehr Mitglieder der nächsten Generation umherlaufen. Die Familie würde weiter gedeihen. Samo hatte den Freuden der Schwangerschaft und der Erziehung entsagt und dafür ihren Frieden und die Hochachtung ihrer Familie gewonnen.

[Acht also. Deine Entnahmezeremonie wird prächtig, Ryun. Es gibt nicht viele, die ihren Weg zum Herzturm in Begleitung von so vielen Männern antreten. Samo Pey ist wirklich beeindruckend. Was sie alles bewerkstelligt!]

[Ja, das denke ich auch. Schade, dass ich sie nur noch neun Tage sehen werde.]

Hwarit sah Ryun überrascht an. Seinen Freund bedrückte außer der Herzentnahme noch etwas anderes.

Ryun erhob sich. [Ich habe keinen Appetit. Gehst du nach dem Essen nach Hause?]

[Ja, das habe ich vor.]

[Dann verabschiede ich mich jetzt. Mach's gut.]

Bevor Hwarit etwas nirmen konnte, hatte Ryun den Speisesaal schon verlassen. Er überlegte kurz, ob er ihm folgen sollte, entschied sich aber dagegen. Er kannte den Charakter seines Freundes und wusste, dass es zum Streit kommen würde, falls er versuchte, ihn aufzuhalten.

Nach dem Essen suchte Hwarit Makerow seine Begleiter auf und erfuhr zu seinem Erstaunen, dass zwei von ihnen sich den Männern im Hause Pey anschließen wollten. Dusena, die Matriarchin der Makerows, würde vor Wut kochen. Hwarit konnte mit der Tatsache leben, dass sich die Anzahl seiner Begleiter halbiert hatte, aber angesichts des zu erwartenden Zorns seiner Matriarchin hatte er ein ungutes Gefühl. Im Haus Makerow gab es momentan fünf gebärfähige Frauen, aber lediglich vier Männer – und jetzt nur noch zwei. Dusena würde ihrem Sohn, der in neun Tagen nicht mehr zu ihrem Haus gehören würde, die Schuld daran geben.

Für eine Weile spielte Hwarit mit dem Gedanken, ebenfalls im Haus Pey zu bleiben. Einerseits wäre es gut, etwas Zeit mit seinem Freund zu verbringen und gemeinsam auf die Entnahmezeremonie zu warten. Das Haus Pey würde sich nicht sonderlich für ihn interessieren, da er ein Novize war. Nach der Zeremonie würde er ein Hüter werden, der sein Leben der Göttin widmete. Aber mit ihm würden noch zwei Männer ins Haus kommen, was die Familie Pey sicher freuen würde, auch wenn damit insgesamt zwölf Männer im Haus lebten.

Andererseits gäbe es dann im Haus Makerow keinen einzigen Mann mehr. Wohnten dort keine gebärfähigen Frauen, wäre das keine große Sache. Doch bei fünf Frauen war es eine Katastrophe. Hwarit konnte seiner Familie, die ihn zweiundzwanzig Jahre lang großgezogen hatte, unmöglich einen so großen Schaden zufügen.

Also verließ er mit seinen verbliebenen zwei Begleitern das Haus Pey.

Die Straßen in Hatengrazu waren still, wie jeden Tag seit der Gründung der Stadt. Natürlich hätte Hwarit das Genirme der Passanten vernehmen können, wenn er seinen Geist geöffnet hätte, aber er hielt ihn geschlossen, weil er ungestört seinen Gedanken nachhängen wollte.

In der Stille dachte er über Samo Pey nach. Eine Naga, die Jungfrau bleiben wollte. Das war ungewöhnlich, aber sie versprach dem Haus auch so reichlich Nachkommen. Naga-Männer kannten weder den Begriff Heimat noch Nostalgie, aber hätten sie sie gekannt, sie hätten sie mit jener Atmosphäre in Verbindung gebracht, die Samo im Haus Pey erzeugte: Die Männer blieben nicht mit dem Ziel, eine Frau zu schwängern, sondern verweilten mehrere Monate, während sie sich auf die nächste Wanderschaft vorbereiteten, und so war die Stimmung ruhig und unbekümmert – und das verleitete die Männer dazu, die Frauen des Hauses freiwillig aufzusuchen. Wenn sie dann wieder gingen, hinterließen sie umso mehr Kinder.

Urplötzlich durchbohrte ein scharfes Nirm Hwarits Geist. [Willst du etwa mit ihr schlafen?]

Hwarit schaute zur Seite. Einer seiner Begleiter betrachtete ihn.

[Hast du in meine Gedanken geschaut, Karu?], fragte Hwarit mürrisch.

[Sie waren offen. Du hast zu stark an Samo Pey gedacht.]

Hwarit überkam Scham.

[Es tut mir leid für dich, aber es gibt sogar gleich drei Gründe, warum du sie nicht haben kannst], nirmte Karu.

[Drei? Ich dachte, es gäbe nur einen Grund.]

[Erstens wirst du Hüter. Du wirst ein Bräutigam der *Göttin, die keine Fußspuren hinterlässt* und darfst keine Frau schwängern.]

[Das weiß ich. Und was sind die anderen zwei Gründe?]

[Samo Pey selbst würde dich ablehnen. Ihrem Willen wird Gehör geschenkt. Dank ihr können die anderen Frauen des Hauses problemlos Männer finden. Deswegen respektiert das Haus Pey ihren Wunsch, Jungfrau zu bleiben.]

[Und der dritte?]

[Der dritte Grund ist der, der nur uns bekannt ist.]

[Ja, ich weiß. Ich habe es nicht vergessen ...]

Karu hatte sich vor Kurzem gehäutet, deswegen war seine Haut jugendlich glatt. Aber eigentlich war er ein alter Naga, und aus seinem Nirm sprudelte die Tiefe seiner Erfahrung.

[Die Novizen werden automatisch Hüter, wenn die Herzentnahmezeremonie abgeschlossen ist, und danach können sie das nicht mehr ungeschehen machen. Deswegen geben viele direkt vor dieser Zeremonie ihren Novizenstatus auf. Einige kritisieren diese Entscheidung als Willensschwäche, aber ich gehöre nicht dazu. Es geht hier schließlich um ein ganz natürliches Gefühl. Allerdings ist es ein Problem, wenn deine Gefühle das Heft in die Hand nehmen und dich dazu verleiten, deine Stellung als Bräutigam der Göttin aufzugeben. Du hast doch nicht etwa deine Mission vergessen?]

[Nein, ich werde meine Mission niemals vergessen, Karu!] Hwarit gefiel es überhaupt nicht, dass er in Karus Augen so schwach erschien. [Ich bin bereit. Wie laufen die Vorbereitungen? Ist der Rettungstrupp zusammengestellt?]

[Ich denke, dass die Vorbereitungen so gut wie abgeschlossen sind.]

Hwarit überkam eine innere Unruhe, als er an den Rettungstrupp dachte, der sich aus verschiedenen Völkern zusammensetzte. Bei seiner Ausbildung zum Novizen hatte er einiges über sie gelernt, sodass er mehr über sie wusste als sein Freund Ryun. Aber zwischen Theorie und praktischer Erfahrung lagen Welten.

[Es wäre gut, wenn einer von uns dich bis an die Grenzlinie bringen würde], nirmte Karu, der Hwarits Unruhe gespürt hatte.

[Nein, du hast zu viel zu tun. Ich denke, ich sollte alleine gehen. Warum sollen die Mitglieder des Trupps bis ins für sie gefährliche Kiboren kommen, nur um mich über die Grenzlinie zu begleiten? Meinst du nicht auch, dass es sowohl für sie als auch für mich sicherer ist, wenn ich alleine über die Grenze gehe und erst im Norden zu ihnen stoße?]

Da mischte sich Swachi, der andere Begleiter, ein. [Hwarit, du glaubst anscheinend, dass die Grenze eine klare Linie ist wie eine Mauer oder ein Zaun, aber so ist es nicht. Zwischen unserer nördlichsten Stadt und der südlichsten Stadt der Ungläubigen ist die Grenzlinie am schmalsten. Und selbst dort ist sie mindestens zweihundert Kilometer breit. An anderen Stellen sind es sogar über fünfhundert.]

Hwarit verschlug es den Atem. [Und das nennt man *Linie*? Ein so breites Gebiet?]

[Ja, weil diese Linie durch die Temperatur bestimmt wird, und die ändert sich nicht nach ein paar Metern. Sie ändert sich sehr langsam über Hunderte Kilometer. Visgrazu wäre nie an einem so kalten Ort errichtet worden, wenn es dort kein Gold gäbe. Es wäre Unsinn, Hunderte Kilometer alleine durch eisig kaltes Land zu laufen. Selbst mit Sodrag ist dieser Marsch unmöglich alleine zu schaffen. Die Ungläubigen sind warmblütig, sie erstarren nicht, wenn sie nach Kiboren kommen. Deswegen müssen sie dich abholen. Verstehst du?]

[Ja, ich verstehe.]

[Gut. Übst du fleißig das Lied?]

[Es ist ziemlich gewöhnungsbedürftig. Das Singen, meine ich.]

»Sing mal was«, verlangte Karu plötzlich mit der Stimme.

Irritiert schaute Hwarit seine Begleiter an. Sie liefen eine große Straße entlang. Viele Nagas gingen an ihnen vorbei, und auch in den Gebäuden um sie herum mussten sich unzählige aufhalten. Hwarit wagte nicht, etwas mit der Stimme zu erwidern.

[Hier? Bist du verrückt geworden?]

»Hwarit, würde ich glauben, dass dein Lied die Aufmerksamkeit anderer Nagas auf sich zieht, hätte ich dich nicht dazu aufgefordert.«

[Aber ich muss doch erst im Dschungel singen. Dort zwitschern die Vögel, und auch die anderen Tiere machen Geräusche, deswegen kann ich da problemlos singen. Aber doch nicht mitten in Hatengrazu!]

»Hier ist es umso sicherer. Hier wird alles genirmt, und niemand achtet auf die Geräusche in der Umgebung. Ich rede gerade mit sehr lauter Stimme, aber keiner kümmert sich darum, oder?«

Hwarit schaute sich um und erkannte, dass Karu recht hatte. Er konnte ihn normal hören, was bedeutete, dass Karu fast schreien musste. Doch kein einziger Naga in der Nähe schien etwas zu bemerken.

Trotzdem konnte Hwarit nicht so einfach seinen Mund öffnen. Fremdartig, dekadent, eigenartig, unbehaglich, unangemessen – das war es, was Hwarit bei Liedern empfand. Noch nie hatte er beim Singen etwas Positives gespürt. Karu musste ihn mehrmals auffordern, bis er einige Laute von sich gab, die ansatzweise Ähnlichkeit mit einem Lied aufwiesen.

Danach war er noch erstaunter, dass wirklich niemand auf seinen Gesang aufmerksam geworden war. Plötzlich mutiger, hob Hwarit die Stimme, aber nicht einmal ein abschätziger Blick wurde ihm zuteil. Erfreut blickte er Karu an, der ihm zunickte. Hwarit fragte sich, ob sich so ein Dokebi fühlte, wenn er seinen Hut trug, der ihn unsichtbar machte. Egal, wie laut er sang, kein einziger Naga hörte Hwarits Lied.

In Wahrheit konnten die Nagas sein Lied durchaus hören, wenn auch nur sehr leise, aber sie schenkten ihm keine Aufmerksamkeit. Voll neu gefundenem Selbstvertrauen sang Hwa-rit noch lauter.

Swachi und Karu dachten bitter, wie gut es die anderen Nagas hatten, weil sie ihn nicht hören konnten.

Verwirrt lauschte Ryun dem Geräusch, das in der Ferne verschwand. Es war Hwarits Stimme, und sein Freund gab etwas vollkommen Irrsinniges von sich, als er durch die Straßen lief, und noch dazu mit einer eigenartigen Aussprache.

Verwesende Gliedmaßen? König? Was soll das bedeuten? Die Seele wird erweckt? Kopfschüttelnd dachte Ryun über das Gehörte nach, aber er konnte sich keinen Reim darauf machen. Je länger er zuhörte, desto verwirrter wurde er.

Musik ... Ein Lied!

Hwarit sang! Ryun sprang auf, umklammerte das Balkongeländer mit beiden Händen und lehnte sich möglichst weit über die Brüstung. Die singende Stimme hatte sich bereits entfernt. Schon wollte er Hwarit hinterherlaufen, hielt jedoch in der Bewegung inne. Für einen Naga, der sein Herz noch hatte, war es gefährlich, ohne Begleiter aus dem Haus zu gehen, weil er gejagt werden könnte. Natürlich lebten im Hause Pey viele Männer. Aber Ryun konnte sie nicht leiden und wollte sie nicht um einen Gefallen bitten. Er könnte seine Schwester oder seine Tante fragen, doch keine der beiden würde ihn begleiten.

[Darf ich reinkommen, Ryun?]

Ihm kam eine andere Idee. Es gab zumindest eine Person, die mit ihm aus dem Haus gehen würde. Jedoch konnte er sie nicht darum bitten. Er eilte in die Mitte des Zimmers und nirmte: [Ihr könnt eintreten.]

Die Tür ging auf. Er konnte nur ihre eleganten Füße sehen, weil er den Kopf gesenkt hielt. Sie kam langsam näher, blieb direkt vor ihm stehen. Er musste den Kopf möglichst tief senken, um ihr nicht direkt in die Augen zu sehen.

[Heb deinen Kopf, Ryun. Dir tut noch dein Nacken weh.]

Nun, da er die Erlaubnis erhalten hatte, hob er langsam den Kopf. Ein ihm allzu vertrautes Gesicht sah zu ihm auf. Augen, die stets leicht erschrocken zu blicken schienen, und darunter volle Lippen, an denen wie immer ein Lächeln hing, als hätte sie sich von der Welt distanziert.

Ryun öffnete bewusst seinen Geist. [Warum seid Ihr hier, Samo?]

[Ich habe gehört, dass Hwarit vor Kurzem aufgebrochen ist. Ich hatte gehofft, er würde etwas länger bleiben. Möchtest du, dass ich ihn zurückhole, wenn er noch nicht weit ist?]

Am liebsten hätte Ryun gesagt, dass das eine gute Idee war. Stattdessen nirmte er: [Nein, das ist nicht nötig.]

Samo nickte und setzte sich auf einen Stuhl. Ryun blieb stehen und wartete. Daraufhin nirmte sie verlegen: [Wartest du, bis ich dir nirme, dass du dich setzen kannst?]

[Natürlich.]

[Setz dich, Ryun Pey.]

Er nahm ebenfalls Platz. Samo betrachtete ihn mit einem unsicheren Gesichtsausdruck, als wisse sie nicht, was sie nirmen solle. Ryun kam ihr zu Hilfe.

[Ich bitte Euch, mich nicht Pey zu nennen.]

[Wie bitte? Was meinst du damit? Noch bist du ein Pey.]

[Nur noch neun Tage.]

[Bis dahin bist du ein Pey.]

Ryun signalisierte ihr, dass er nicht darüber nirmen wollte. Gleichzeitig bedeutete seine Geste, dass er als Mann selbstverständlich den Wünschen der Frau nachkommen würde. Das gefiel Samo nicht.

[Ich habe Hwarit eingeladen, Ryun.]

Er setzte ein gequältes Lächeln auf. [Glückwunsch zu Eurem Erfolg. Zwei Männer bleiben im Haus, richtig? Dusena wird eifersüchtig und sauer sein.]

Samo brauchte einen Moment, um zu verstehen, was er meinte. In ihrer Antwort schwang das Gefühl mit, dass sie sich ungerecht behandelt fühlte.

[Ryun, ich habe Hwarit nicht eingeladen, um den Makerows die Männer zu rauben.]

[Die hochverehrte Dusena Makerow wird das anders sehen, nehme ich an.]

[Was auch immer sie denken mag, was du genirmt hast, stimmt nicht. Ich hatte den Eindruck, dass du so kurz vor der Entnahmezeremonie viel zu unruhig bist, und dachte, dass es dir guttun würde, wenn du einen Freund bei dir hättest. Deswegen habe ich Hwarit eingeladen. Er hat mir zugestimmt. Wie konntest du ihn nach nur einem Tag schon wieder wegschicken? Bis zur Entnahmezeremonie hättest du doch noch Zeit mit ihm verbringen können.]

Ryun tat so, als hätte er seine Schwester missverstanden, und erwiderte: [Hätte ich ihn länger hier festgehalten, hättet Ihr auch noch die anderen zwei Männer rauben können. Es tut mir leid, dass ich nach meinem eigenen Willen gehandelt habe. Aber in diesem Fall könnte meiner unbedeutenden Meinung nach vielleicht eine erbitterte Fehde mit dem Haus Makerow ...]

[Ryun Pey!]

Er schloss seinen Geist. Samos Schuppen rieben aneinander und erzeugten einen scharfen Ton. Sie sah wütend aus, aber als sie ihren Geist öffnete, war ihr Nirm weniger von Wut als vielmehr von Traurigkeit gefärbt.

[Warum bist du so sarkastisch? Es bleibt uns nicht mehr viel Zeit, die wir zusammen verbringen können. Wie du selbst genirmt hast, sind es nur noch neun Tage. Warum sollen wir diese kostbare Zeit damit verschwenden, wütend aufeinander zu sein? Du versuchst, mir aus dem Weg zu gehen, und schickst sogar deinen Freund fort, den ich extra eingeladen habe. Ryun, was soll ich tun?]

[Ihr braucht gar nichts zu tun.]

[Wie bitte?]

[Ich nirmte, dass Ihr gar nichts zu tun braucht. Vergeudet Eure Zeit nicht mit einer Person, die in neun Tagen nicht mehr zum Haus Pey gehören wird.]

Auf Samos Gesicht zeichnete sich Entsetzen ab; sie starrte Ryun an und erkannte, dass er kaltherzig alle Verbindungen kappen wollte. Das war verständlich. Er würde den Namen Pey verlieren und nie wieder in dieses Haus zurückkehren. So gesehen war er bald kein Familienmitglied mehr. Allerdings hatte Samo gehofft, dass sie Freunde bleiben könnten, und sie war davon überzeugt gewesen, dass ihr Bruder sich das auch wünschte.

[Ryun, warum möchtest du, dass wir Fremde füreinander werden?]

Er betrachtete sie gedankenverloren, ließ den Kopf hängen und nirmte: [Samo ...]

[Ich warte.]

[Ich möchte kein Ersatz für ein Kind sein, das Ihr nicht haben werdet.]

Samo sprang so heftig von ihrem Stuhl auf, dass er mit einem lauten Krachen umfiel. Sie starrte ihren Bruder mit Funken sprühenden Augen an. Dieser blickte auf seine Knie und nirmte: [Wenn Ihr ein Kind wollt, solltet Ihr eines haben. Ihr solltet mit Tante und Schwester konkurrieren. Wenn Ihr das nicht wollt, wenn Ihr Angst davor habt, dann müsst Ihr den Wunsch nach einem eigenen Kind aufgeben. Einen Kompromiss gibt es nicht. Euer jüngerer Bruder kann nicht Euer Kindesersatz werden.]

[Wie ... wie kannst du es wagen, mir so etwas zu nirmen!]

Ihre Schuppen gaben ein furchterregendes Rasseln von sich. Niemand hatte sie je so zornig gesehen.

Ryun hatte zwar Angst, ließ seinen Geist aber weiter offen.

[Wenn Ihr Euch noch länger Zeit mit dem Kinderkriegen lasst, wird es schwierig für Euch. Eigentlich ist es bereits zu spät. Manche Frauen haben in Eurem Alter schon zwei oder drei Töchter. Beeilt Euch. Zum Glück gibt es in diesem Haus nun zehn Männer, daher wird es nicht schwer sein, schwanger zu ...]

Bevor er zu Ende nirmen konnte, verpasste Samo ihm eine heftige Ohrfeige. Er legte die Hand an die Wange und schaute überrascht zu ihr auf.

Aus ihren Augen floss eine silberne Flüssigkeit – die Flüssigkeit, die Nagas fast nie vergossen und von der andere Völker wegen ihrer erstaunlichen Farbe glaubten, dass ihr magische Eigenschaften innewohnten: Tränen. Obwohl sie nicht magisch waren, gewöhnlich waren sie auch nicht. Er nahm seine Hand von der Wange und betrachtete Samo mit leerem Blick.

Sie schien selbst überrascht zu sein, dass sie weinte. Ihre zitternden Finger strichen über ihre Augen. Sogleich glänzten sie silbern.

Ryun nirmte vorsichtig ihren Namen, doch Samo hatte ihren Geist vollständig verschlossen.

Auf einmal schüttelte sie ihre Hand so heftig, dass die blitzenden Tropfen durch das dunkle Zimmer flogen. Ryun konnte seinen Blick nicht davon abwenden. Die silbernen Linien durchschnitten die Luft und fielen zu Boden, wo die einzelnen Tropfen beim Aufkommen wie kleine Explosionen aufblitzten. In den Augen eines Nagas, der nicht nur das silberne Licht, sondern auch dessen Wärme sehen konnte, sahen sie tatsächlich wie Explosionen aus. Als Ryun sich wieder Samo zuwenden wollte, war sie nicht mehr im Raum. Stattdessen leuchteten ihre silbernen Tränen auf dem Boden, führten in einer geraden Spur bis zur Tür.

Obwohl Hwarit mit vier Männern das Haus verlassen hatte, aber nur mit zweien zurückkehrte, bestrafte Dusena Makerow ihn nicht. Nicht, weil er ihr Sohn war. Auch nicht aus Rücksicht auf die Familie, da sie nur noch wenig Zeit mit ihm verbringen würde und diese nicht von schlechten Erinnerungen getrübt werden sollte. Dusena Makerow war eine vorbildliche Naga-Matriarchin, die weit über derart kleinlichen Motiven stand. Sie beschimpfte Hwarit aufs Übelste und warf ihm grauenvolle Flüche an den Kopf, krümmte ihm jedoch keine Schuppe, weil er ein Novize war.

[Hör mir gut zu, du Dokebi! Du kannst dich glücklich schätzen, dass du kein Kind zeugen wirst! Du legst der Weiterführung meiner Familie Steine in den Weg, was schlimm genug ist, aber wenn du auch noch mit anderen Familien Kinder zeugen würdest, könnte ich darüber nicht hinwegsehen.]

Hwarit bewunderte die Weisheit seiner Mutter. Sie gab zu, dass sie ihrem Sohn, einem zukünftigen Hüter, gegenüber nicht gewalttätig werden durfte, stellte aber gleichzeitig klar, dass sie sich nicht dem Mann unterworfen hatte, der bald eine sehr hohe Machtposition in der Naga-Gesellschaft einnehmen würde, sondern dass sie gegenüber einem Mann, der keine Kinder zeugen konnte, ein Auge zugedrückt hatte. Hwarit setzte einen angemessen traurigen Blick auf. Er gab vor, untröstlich zu sein, dass er keine Kinder zeugen würde, womit er Dusena besänftigte.

Die Matriarchin war zufrieden, doch damit war Hwarits Tortur noch nicht beendet, denn es warteten noch drei Schwestern und zwei Tanten im gebärfähigen Alter darauf, dass sie an der Reihe waren, Gift und Galle zu speien. Zum Glück boten ihm Karu und Swachi an, ihn zu den Tanten zu begleiten. Somero, die älteste Schwester, besaß wie Dusena genug Urteilsvermögen, um ihrem Bruder keine Gewalt anzutun. Karindol, die alle Männer für zurückgeblieben hielt, machte Hwarit keine Vorwürfe, weil von einem dummen Mann nichts anderes zu erwarten war.

Doch Hwarit musste auch Vias Makerow gegenübertreten, wie ein einsamer Ritter, der sich einem Drachen zu stellen hatte.

[Wie alt bin ich?], nirmte sie.

Ihr Nirm fühlte sich an, als wollte sie Hwarits Geist verbrennen. Er spielte mit dem Gedanken, seinen Status als Novize auszunutzen und seinen Geist zu verschließen, unterließ es aber, weil das alles nur noch schlimmer gemacht hätte. Von daher antwortete er gehorsam: [Ihr seid vierunddreißig.]

[Richtig. Vierunddreißig. Ich bin seit zwölf Jahren eine erwachsene Frau!]

[Es war allein meine Nachlässigkeit. Vias, vergebt mir bitte.]

[Vergeben? Diesmal wäre endlich ich an der Reihe gewesen. Ich hätte mein eigenes Kind haben sollen! Aber du hast sogar gleich zwei Männer verloren! Glaubst du wirklich, dass ich das vergeben kann?]

Hwarit dachte, wie praktisch es wäre, wenn Karu oder Swachi mit Vias schlafen würde. Anders als Karindol oder Hwarit waren Vias und Somero keine leiblichen Kinder Dusenas. Somero war nicht nur die älteste Tochter des Hauses, sondern benahm sich auch stets angemessen und genoss daher die volle Gunst der Matriarchin. Vias hatte im Vergleich zu ihr nichts zu bieten. Deswegen klammerte sie sich so verzweifelt an den Wunsch nach eigenen Kindern.

Hwarit erinnerte sich an ein schreckliches Erlebnis, das er mit keinem Nirm zum Ausdruck bringen konnte. Es zeigte nur allzu deutlich, wie groß Vias' Kinderwunsch war. Um es schnell aus seinem Kopf zu bekommen, nirmte er vorsichtig: [Mir waren die Hände gebunden. Die Männer wollten im Haus Pey bleiben. Wie hätte ich sie denn dazu zwingen können, mit mir zurückzukommen?]

[Das wäre nicht passiert, wenn du nicht zu diesem Weibsstück gegangen wärst!]

Mit *Weibsstück* meinte Vias sicher nicht Matriarchin Jikeren Pey, sondern Samo.

[Vias, Ryun Pey ist mein Freund. Es ist doch zu erwarten, dass ich ihn besuche, wenn ihn vor der Entnahmezeremonie große Unruhe überkommt. Das ist schließlich auch meine Pflicht als Novize.]

[Du bist ebenso ein Mitglied des Hauses Makerow, und als solches ist es vor allem deine Pflicht, diese Männer zu beaufsichtigen! Es mögen nur noch neun Tage bis zu deiner Entnahmezeremonie sein, aber so lange bist du ein Makerow. Nur noch zwei Männer im Haus ... Deine Tanten werden sie nie wieder aus ihren Schlafzimmern lassen!]

Und du bekommst noch mehr Schwestern statt Kinder, dachte Hwarit schadenfroh. Für eine Frau, die weder Kinder hatte noch die älteste Tochter der Familie war, aber unbedingt Matriarchin werden wollte, waren mehr Schwestern wie der böse Streich eines Dokebis.

[Es gibt Frauen, die keine Kinder haben, aber wegen ihrer Tugend von den anderen Familienmitgliedern respektiert werden], nirmte Hwarit unbedacht.

Vias zuckte zusammen. Hwarit erschrak über seinen Sarkasmus, erinnerte sich dann allerdings daran, dass er ein Novize war und den Namen Makerow bald aufgeben würde. *Also gut*, dachte er, rief sich in Gedanken das Gesicht einer bestimmten Person vor Augen und öffnete anschließend seinen Geist.

Vias sendete ihm ein Nirm, so laut wie ein empörter Himmelsfisch. [Samo Pey?]

[Sie will keine Kinder, aber ich nehme an ... Nun ja, wenn sie sich welche wünschen würde, hätte sie wohl nicht die Schwierigkeiten damit, die Ihr habt.]

[Du Mistkerl!]

[Beschimpft mich nicht so leichtsinnig, Vias Makerow. Übrigens weise ich in aller Höflichkeit darauf hin, dass ich nicht länger wegen einer Sache, an der ich keine Schuld trage, angeschrien werden will. Ich bin zuallererst ein Novize und erst in zweiter Linie Euer jüngerer Bruder. Ich bin ein künftiger Bräutigam der *Göttin, die keine Fußspuren hinterlässt*. Ich bitte Euch, mich so zu behandeln, wie es meinem Status entspricht.]

Vias knurrte, als wollte sie jeden Moment auf Hwarit losgehen, aber das wagte sie nicht. Sie wusste genau, auf wessen Seite Matriarchin Dusena stehen würde, wenn sie zwischen ihrem Sohn, dem zukünftigen Hüter, und ihrer kinderlosen Tochter wählen müsste.

Um Hwarits Lippen, der die Gedanken seiner Schwester nicht lesen musste, um zu wissen, was in ihr vorging, spielte ein kühles Lächeln.

[Ich möchte Euch einen Rat als Novize geben, Vias. Kümmert Euch um Eure Tugend. Das könnt Ihr auch ohne einen Mann.]

Er erwartete, dass Vias explodierte, doch sie beherrschte sich. Stattdessen verzog sie das Gesicht wie ein Dokebi.

[Ich danke dir für den Rat, lieber Bruder. Als Gegenleistung gebe ich dir auch einen], nirmte sie. Und fügte dann mit der Stimme hinzu: »Nimm dich in Acht vor ihm.«

Sie ging und ließ ihn allein im Zimmer zurück. Hwarit stand regungslos da. Das erste Mal in seinem Leben hatte er Vias' Stimme gehört.

Was ihn jedoch noch mehr erstaunte, war ihre Botschaft. Sie hatte auf den Herzturm gezeigt. Am Tag zuvor hatte Ryun haargenau dieselbe Geste ausgeführt. Er hatte *gesagt*, dass im Herzturm der Feind war. Vias *sagte*, dass er sich vor dem Herzturm in Acht nehmen solle. Sein Freund und seine Schwester hatten mit ihren Stimmen, die Nagas so gut wie nie benutzten, etwas Ähnliches *gesagt*. Das konnte Hwarit nicht ignorieren.

Er begann, über den Herzturm nachzudenken.

Swachi wurde an der Schulter gerüttelt und drehte sich weg. Gestern war er mit Hwarit zu dessen Tante gegangen, um ihm zur Seite zu stehen, und hatte zum Dank die ganze Nacht in ihrem Bett leiden müssen. Er offenbarte der Person, die ihn so unsanft weckte, seinen Geist, um größtmögliches Mitleid hervorzurufen. Dennoch wurde er unbarmherzig weiter gerüttelt.

[Seid bitte nachsichtig. Ich habe so früh am Morgen noch keine Kraft dafür. Gestern Nacht war zu ...]

[Swachi, wach auf. Ich bin es! Und ich habe nicht vor, *das* von dir zu verlangen.]

Verwirrte drehte sich Swachi auf den Rücken, erkannte, dass er nicht von einer Makerow-Frau wach gerüttelt wurde, und atmete erleichtert auf.

[Hwarit? Oh, was für ein Glück! Verdammt, deine Tante hat mich letzte Nacht fast umgebracht.]

Hwarit setzte sich auf die Bettkante. [Es ist schon eine Weile her, dass sie ihr letztes Kind zur Welt gebracht hat.]

[Mag sein, aber sie wollte immer mehr und mehr ... Herrje, ich glaube, dass ich die nächsten Jahre eine Frau nicht einmal in der Nähe haben möchte. Was willst du eigentlich von mir?]

Swachi setzte sich sehr langsam auf, nicht nur wegen der Erschöpfung, sondern auch wegen der kühlen Temperaturen, die in der Morgendämmerung herrschten. Hwarit ahnte, wie es ihm gerade ging, deswegen zügelte er seine Ungeduld und wartete, bis Swachi sich gesammelt hatte.

[Die Entnahmezeremonie darf bei mir nicht durchgeführt werden.]

Swachi sah zu Karu hinüber, der völlig ausgelaugt neben ihm lag. Möglicherweise ging es seinem Leidensgenossen sogar noch schlechter als ihm. Er beschloss, ihn schlafen zu lassen, und nahm, seine Schmerzen unterdrückend, all seine geistige Kraft zusammen, um Hwarit mit einem Nirm zu beruhigen.

[Ist es wegen deinem Freund Ryun? Seine Unruhe hat dich anscheinend angesteckt. Hwarit, es kommt nur äußerst selten vor, dass ein Naga bei der Herzentnahme stirbt.]

[Darum geht es nicht.]

[Wenn du dir das Herz nicht herausnehmen lässt, kannst du Hatengrazu nicht verlassen. Und das bedeutet, dass du deinen Auftrag nicht erfüllen kannst. Du wirst in Kiboren nicht überleben! Warum nirmst du also plötzlich so was?]

[Gestern habe ich Vias verärgert. Sie war sehr wütend, und nur deswegen hat sie mir schließlich einen vielsagenden Hinweis gegeben. Sie wird mich umbringen.]

Mit einem Schlag war Swachi hellwach. Er vergewisserte sich, dass hinter der Tür keine Wärme zu sehen war, ehe er vorsichtig nirmte: [Bist du dir sicher?]

[Ich denke schon.]

[Warum sollte sie dich töten wollen?]

[Weil sie seit zwölf Jahren kein Kind bekommen kann.]

Swachi starrte Hwarit verwirrt an.

[Sie hat noch nie ein Kind zur Welt gebracht], fuhr Hwarit fort. [Deswegen wünscht sie sich leidenschaftlich einen Mann, und mich, ihren Bruder, der ihr niemals ein Kind zeugen wird, hasst sie zutiefst. Das ist Grund genug, mich zu töten.]

Swachi entdeckte eine eigenartige subtile Bedeutung in Hwarits Nirm.

[Äh, das ist eigentlich völlig unmöglich, dennoch muss ich dich das fragen. Hat sie von dir vielleicht ...?]

[Deine Vermutung ist korrekt, Swachi.]

[Oh, Himmel!] Ihm fiel nichts anderes dazu ein, darum nirmte er noch einmal: [Oh, Himmel!]

Hwarit lächelte traurig und nickte. [Ja, sie ist verrückt. Sie ist völlig besessen.]

[Hat sie ... *das* wirklich von dir verlangt?]

[Ich konnte sie nur davon abhalten, indem ich ihr klarmachte, dass sie den Fluch der Göttin auf sich zieht, wenn sie sich an einem Novizen vergeht.]

Swachi betrachtete Hwarit mit einem mitleidigen Blick. [Das ist entsetzlich. Nun gut, wie wäre es, wenn Karu und ich sie in ihrem Schlafzimmer aufsuchen würden? Wenn sie zufriedengestellt wird und das bekommt, was sie sich wünscht, würde sie ihren Hass auf dich dann vergessen?]

[Könnt ihr sie innerhalb von acht Tagen schwängern?]

[Wenn wir sie abwechselnd jeden Tag aufsuchen, wäre die Wahrscheinlichkeit, dass sie schwanger wird, hoch genug.]

[Das würde sie nicht wollen.]

[Was? Was meinst du damit? Hast du nicht gerade genirmt, dass sie Kinder will?]

[Ja, sie will Kinder, aber nur, weil sie Matriarchin werden möchte. Sie ist weder die leibliche Tochter der Matriarchin noch die älteste.]

[Verstehe. Du meinst, dass es nicht reicht, wenn sie eine Tochter bekommt.]

[Richtig. Wenn sie bloß eine Tochter gewollt hätte, hätte sie euch nicht einfach so den Tanten überlassen. Aber sie ist ehrgeizig, und genau deswegen würde sie nie etwas tun, das die anderen Frauen der Familie verärgert. Wenn ich recht habe, könnt ihr sie in den nächsten acht Tagen maximal ein- oder zweimal aufsuchen. Ob das reicht, damit sie schwanger wird? Ich glaube nicht.]

[Hast du eine Vermutung, wie sie dich umbringen könnte?]

[Sie hat mir genirmt, dass ich mich vor dem Herzturm in Acht nehmen solle. Wahrscheinlich wird es während der Entnahmezeremonie zu einem Zwischenfall kommen.]

Swachi konnte nur schwer glauben, was Hwarit ihm da mitteilte.

[Das kann nicht wahr sein. Willst du etwa andeuten, dass sie die Hüter bestechen wird? Nein, das ist unmöglich.]

[So etwas Absurdes habe ich nicht gemeint, Swachi. Ich weiß, dass die Hüter das nicht zulassen würden, schließlich bin ich Novize. Aber Vias ist eine hervorragende Apothekerin. Ich kann sie nicht leiden, aber an ihren Fähigkeiten zweifle ich nicht, sonst hätte ich nicht das Sodrag gestohlen, das sie hergestellt hat. Sie könnte ein Gift herstellen und es mir in den nächsten acht Tagen irgendwie einflößen.]

[Ein Gift, mit dem sie einen Zwischenfall während der Entnahmezeremonie herbeiführt? Wäre so etwas machbar?]

[Wer weiß? Aber anders kann ich mir ihre Warnung, dass ich mich vor dem Herzturm in Acht nehmen solle, nicht erklären. Ich bin mir sicher, dass dort etwas geschehen wird. Während der Entnahmezeremonie.]

[In Ordnung, Gift also. Dann solltest du in diesem Haus nichts mehr essen.]

[Wie soll das gehen?]

[Indem du mit uns außerhalb der Stadt isst. Karu ist ein geschickter Jäger. Du hast bisher nichts gegessen, das größer als eine Ratte ist, aber das ist nicht so schlimm für uns Nagas. Das wirst du so oder so tun müssen, wenn du erwachsen bist. Wir verlassen die Stadt, und du verspeist ein so großes Tier, dass du mühelos acht Tage davon zehren kannst.]

[Swachi, du glaubst doch nicht ernsthaft, dass ich noch mit euch aus dem Haus gehen darf? Bei den anderen bin ich mir nicht sicher, aber meine lieben Tanten werden mir das niemals erlauben.]

Mit einem Stöhnen verschloss Swachi seinen Geist. Hwarit wurde nervös. *Mist, worüber denke ich eigentlich noch nach? Die Entscheidung steht doch schon fest. Planänderung: Ich muss sofort fliehen.*

Nach einem Moment, der Hwarit wie eine halbe Ewigkeit vorkam, öffnete Swachi seinen Geist wieder.

[Hwarit, ich spüre deutlich, wie unruhig du bist, aber das alles sind nur Mutmaßungen.]

[Tatsächlich?], fragte Hwarit überrascht.

[Du hast keinen Beweis in der Hand, dass Vias dich töten will, und du weißt nicht einmal genau, wie sie das bewerkstelligen könnte. Natürlich hast du einen Verdacht, aber ich habe noch nie von so einem Gift gehört. Und ich gehe davon aus, dass auch du noch nie von so etwas gehört hast. Habe ich recht?]

Hwarit musste das bejahen. Swachi erhob sich und fing an, sich anzukleiden. Dabei nirmte er, als wäre es ihm gerade eingefallen: [Es gibt jedoch auch eine Deutung von Vias' Warnung, für die man kein so großartiges, mysteriöses Gift braucht.]

[Welche denn?]

[Wahrscheinlich wirst du es abstreiten, dennoch möchte ich dich fragen: Kann es sein, dass du jener beängstigenden Unruhe zum Opfer gefallen bist, die jeder Naga empfindet, der kurz vor der Entnahmezeremonie steht? Warte, antworte nicht sofort. Du willst sicher erwidern, dass du ein Novize und ein vollkommen rationaler Naga bist, der sich von so einem Unsinn nicht aus der Ruhe bringen lässt.]

Hwarit, der genau das hatte nirmen wollen, fluchte innerlich, sodass Swachi es nicht mitbekam.

Der fuhr fort: [So etwas wie ein vollkommen rationales Lebewesen gibt es nicht. Denk mal darüber nach. Du bist genauso unruhig wegen der Entnahmezeremonie wie dein Freund Ryun. Aber diese Unruhe zuzugeben, ist dir als Novize viel zu peinlich. Deshalb projizierst du den Grund für deine Angst auf deine Schwester. Du willst wahrscheinlich nirmen, dass du sofort, also noch vor der Entnahmezeremonie, von hier fliehen willst.]

[Swachi, Angst vor der Entnahme, so etwas habe ...]

[Moment. Beantworte mir zuerst noch eine Frage: Wenn Vias wirklich vorhätte, dich zu töten, warum hat sie das dann in den letzten zweiundzwanzig Jahren nicht getan? Genug Gelegenheit hätte sie dazu vermutlich gehabt.]

Er schmunzelte, während Hwarit ihn mit offenem Mund anstarrte und sich mühsam eine Antwort zurechtlegte.

[Ich glaube, dass sie sich erst gestern dazu entschlossen hat. Weil ich sie verärgert habe.]

[Hm. Ein bisher unkonkreter Hass hat sich ausgerechnet gestern in Mordlust verwandelt? Na ja, gut, warum nicht.

77

Es ist immer der letzte Tropfen, der das Fass zum Überlaufen bringt. Hast du dann auch eine Erklärung dafür, warum sie dich vor den höchsten Autoritäten der Stadt vergiften will?]

[Höchsten Autoritäten?]

[Die Hüter des Herzturms. Sie werden deinen Leichnam genau untersuchen, falls es zu einem Zwischenfall während der Entnahmezeremonie kommen sollte. Ich habe keine Ahnung, wie gut Vias' Fähigkeiten sind, aber wie sagt man so schön? Ich würde vor den Augen eines Dokebis nicht mit dem Feuer spielen.]

Hwarit hatte das Gefühl, dass es für ihn nichts mehr zu nirmen gab. Swachi ging zum Fenster, um sich in der Sonne aufzuwärmen, und nirmte weiter: [Ich will deine Sorge nicht als ungerechtfertigt abtun, Hwarit. Du kennst Vias besser als ich. Außerdem wäre unsere Mission in Gefahr, wenn auch nur das geringste Risiko für dich bestünde. Ich werde ernsthaft über das, was du genirmt hast, nachdenken, wobei ich ehrlich zugebe, dass du etwas widersinnig klingst. Ich schlage vor, dass Karu und ich Vias möglichst häufig aufsuchen. Wir geben uns Mühe, sie glücklich zu machen, und behalten sie zugleich im Auge. Und du suchst derweil nach einem stichhaltigeren Beweis für deine Vermutung. Aber sei bitte vorsichtig.]

Swachis Nirm war rational und logisch. Auf einmal kam sich Hwarit wie ein Idiot vor. Vielleicht hatte Swachi recht, und Hwarit glaubte nur deshalb, dass Vias ihn während der Entnahmezeremonie umbringen würde, weil er Angst davor hatte, dass ihm das Herz entnommen wurde. Je länger er darüber nachdachte, desto größer wurde seine Scham. *Meine Güte! Wie bin ich nur auf so etwas Lächerliches wie Gift gekommen?*

Letzten Endes stimmte er Swachis Vorschlag zu. Und beschloss gleichzeitig, wachsam zu bleiben.

Kaygon blickte auf die weiß brennende Punten-Wüste. Der Himmel über ihr war fast dunkelblau, was hier selten vorkam, denn um diese Farbe zu erzeugen, musste der Boden leicht feucht sein. Kaygon saß jedoch an einem Fenster, das nach Süden ging. Dort befand sich der feuchte Kiboren-Dschungel. Im Kontrast zu dem gespenstischen Weiß der Wüste wirkte der Himmel über der Letzten Taverne so dunkelblau, als wäre er krank.

Es klopfte an der Tür. Kaygon rief, dass man eintreten könne, und wartete. Die Tür ging auf und Schritte näherten sich. Erst dann wandte er den Kopf.

»Herr, darf ich das auf den Tisch stellen?«

Kaygon nickte. Motti, der Sohn des Wirts, stellte den Topf, den er mitgebracht hatte, ab. Anschließend sagte er ungefragt: »Meine Mutter wollte das nicht einmal anrühren. Bei meinem Vater sah es nicht anders aus. Deswegen bin ich gekommen.«

Er schaute wie ein Hündchen, das einen Stock zurückgebracht hatte. Statt ihn zu loben, legte Kaygon den Kopf leicht schief. Der Junge wurde nervös.

»Braucht Ihr noch etwas?«

»Nein, danke, Motti. Lass mich wieder alleine.«

Nach kurzem Zögern sagte Motti plötzlich: »Ach so, mein Vater hat mich beauftragt, Euch zu fragen, wie lange Ihr uns beehren wollt.«

»Nicht mehr lange. Ich warte auf einen Dokebi und einen Lekon. Sie werden bald eintreffen.«

Motti fiel kein anderes Gesprächsthema mehr ein, also ging er rasch aus dem Zimmer, wie jemand, der rausgeworfen worden war. Kaygon, wieder allein, blickte ruhig zum Topf auf dem Tisch. Er dachte über Mottis Verhalten nach.

Was für merkwürdige Geschöpfe Menschen doch waren. Es waren nicht einmal zwei Tage vergangen, seit Kaygon den

Besitzer der Taverne kennengelernt hatte, aber er wusste mittlerweile genau, was für ein Typ Mensch er war. Er war zäh, das war offensichtlich, schließlich lag sein Gasthaus am Rande einer Wüste, in der unzählige Bedrohungen lauerten. Er hatte seine Frau genötigt, dieses Gericht zu kochen, wobei sie sich wahrscheinlich zunächst weinend geweigert hatte, und dann seinen jungen Sohn beauftragt, es dem Gast zu bringen. Vielleicht hatte er es auch selbst gekocht. Aber es war sein Sohn Motti, der Kaygon das Essen aufs Zimmer gebracht hatte, und nicht er. Das hatte Kaygon nicht gewollt.

Mit einem tiefen Seufzen hob er den Deckel vom Topf und begann, das gekochte Naga-Fleisch zu verspeisen.

In Karabora hatte er ein ruhigeres Leben geführt. Die Küche seiner Hütte war größer als alle anderen Räume zusammengenommen. Sie war mit allerlei Messern, Sägen, Zangen, Hämmern, Mörsern und Spießen ausgestattet sowie mit einer Feuerstelle, über die er drei große, gusseiserne Töpfe hängen konnte. Zwei oder drei Tage jagte er im Süden Nagas aus den Spähtrupps, die wegen der Kälte geschwächt umhertaumelten, und kehrte dann zu seiner Hütte zurück, ohne dass ihm eine Menschenseele begegnete. In Karabora gab es weder einen Tavernenbesitzer, der beim Anblick seiner Beute panisch aufschrie, noch einen jungen, dummen Sohn, der wegen seiner noch unreifen Wertvorstellungen angesichts der Dinge, von denen er nichts verstand, Ehrfurcht empfand. Dort, in seiner ruhigen Hütte, zerstückelte er die Leichen der Nagas, kochte und aß sie. Es war ein friedliches Leben.

Doch die Tage idyllischen Gemetzels gingen jäh zu Ende, als der Großtempel Hainsha ihm eine Nachricht schickte, und nun wartete er in dieser seltsamen Taverne auf zwei Gefährten. Er warf den Knochen, an dem er gerade nagte, auf den Tisch und vergrub sein Gesicht in den Händen. In dem Brief, den Orenol ihm hinterlassen hatte, stand, dass seine Gefährten ein Dokebi und ein Lekon sein würden. Kaygon hatte keine Ahnung, wie er sich den beiden gegenüber verhalten sollte. Er konnte sich nicht einmal genau entsinnen, was sich unter Menschen geziemte.

Wie sind Dokebis so?

Er kramte mühevoll in seinen Erinnerungen. Erst fiel ihm nur ein einziges Ereignis ein: sein Sieg im Finale eines Shirem-Ringkampfes vor über zwanzig Jahren. Schlossherr Bauh Moridol höchstpersönlich war als Letzter gegen ihn angetreten, um zu verhindern, dass ein Kimm – genau, so nannten Dokebis die Menschen, erinnerte sich Kaygon jetzt – in der Schlussrunde als Sieger hervorging. Zu jenem Zeitpunkt hatte Kaygon es längst bereut, am Wettkampf teilgenommen zu haben. Andererseits hatte er die Runde nicht verlieren wollen. Als er sich an seine Gefühle erinnerte, war er überrascht. Damals war noch so etwas wie Siegeswille in ihm vorhanden gewesen. Wenn er an diese letzte Shirem-Runde dachte, fühlte es sich so an, als betrachte er nicht seine eigene Vergangenheit, sondern die eines Fremden.

War es ein Wurf über das Bein gewesen? Oder ein Beinhaken?, fragte er sich. *Was macht das schon für einen Unterschied. Ich habe die letzte Runde gewonnen, und das bedeutet, dass ich alle anderen geschlagen habe.*

Er hörte auf, über den Wettkampf nachzudenken. Es interessierte ihn nicht mehr.

Drei Stunden später würde er diese Entscheidung bereuen.

Bihyung Slabl war noch ziemlich weit von der Letzten Taverne entfernt, als der Wirt ihn entdeckte. Allerdings kam er nicht auf die Idee, dass Bihyung ein Reisender sein könnte, der unterwegs zu seiner Gaststätte war. Denn noch nie hatte er einen Gast empfangen, der aus dem Himmel angeflogen kam. Erst als der Besucher ganz nah war, erkannte er, dass es ein Dokebi war, der auf einem Käfer flog.

Der Käfer landete neben dem großen Felsen, auf dem die Taverne stand, und verursachte dabei einen starken Sandsturm. Als dieser sich wieder gelegt hatte, war der Dokebi bereits die Treppen im Felsen hinaufgestiegen. Er betrat das Gasthaus. Kaum hatte er den Wirt erblickt, sagte dieser: »Erster Stock, erstes Zimmer links.«

Bihyung spähte nach oben. Der mittlere Teil des Gasthauses war offen bis zum Dach, ein Balkon zog sich die Wände entlang, sodass man von unten die Zimmertüren sehen konnte. Bihyung lachte.

»Habt Ihr gut geträumt? Meinen Käfer könnt Ihr im Stall unterbringen. Ihr habt doch einen Stall?«

Der Wirt nickte nur. Daraufhin rannte Bihyung in den ersten Stock und riss die Zimmertür auf. Der Kimm sah ihn mit überraschten Augen an.

»Hast du gut geträumt? Wie hast du es damals geschafft, meinen Schlossherrn in den Sand zu werfen?«

»Guten Tag. Ich bin Kaygon Draka.«

Mensch und Dokebi starrten sich einen Moment lang verständnislos an. Kaygon hatte das Gefühl, dass er etwas Falsches gesagt hatte, aber er wusste nicht genau, was.

Man nennt doch zuerst seinen Namen, wenn man jemanden kennenlernt, oder? War das bei den Dokebis anders?

Auch Bihyung spürte, dass er etwas falsch gemacht hatte. Anders als Kaygon erkannte er seinen Fehler und lachte heiter auf.

»Oje, tut mir leid. Mein Name ist Bihyung Slabl. Du bist doch jetzt nicht etwa sauer auf mich?«

Kaygon wusste nicht, warum Bihyung lachte, sich entschuldigte und warum er sauer auf ihn sein sollte. Der Schweiß lief ihm den Rücken hinunter. Vorsichtig fragte er: »Vom Großtempel Hainsha, richtig?«

»Ja, richtig. Und du hast auf mich gewartet, richtig?«

»Ja, richtig.«

Stille.

»Äh, wie hast du meinen Schlossherrn denn nun in den Sand geworfen?«

»Es tut mir leid, aber ich kann mich nicht mehr erinnern, welche Technik ich damals angewendet habe.«

»Was? Es war ein Beinhaken! Es gibt keinen Dokebi, der das nicht weiß! Wie hast du es geschafft, jemanden, der seinen Oberkörper so tief nach vorne beugen kann wie mein Schlossherr, mit einem Beinhaken zu bezwingen? Warte mal, hast du gerade gesagt, dass du dich nicht mehr erinnern kannst? Wie geht das denn? Wäre ich als Sieger aus der letzten Runde hervorgegangen, würde ich bis an mein Lebensende von nichts anderem mehr sprechen. Und du hast das ernsthaft vergessen? Komplett? Wirklich? Dein letztes Wort?«

»Anscheinend, ja. Sieht so aus.«

Ungläubig musterte Bihyung sein Gegenüber. Kaygon fühlte sich unter seinem Blick unwohl und wühlte in seiner Erinnerung nach einer Antwort. Begegneten Dokebis den Dingen, die sie nicht verstanden, auch mit Ehrfurcht, so wie Motti? Auch daran konnte er sich nicht erinnern. Er bekam Kopfschmerzen. Mit zusammengepressten Lippen sah er Bihyung an.

Der Dokebi zuckte mit den Schultern, nahm seinen Rucksack ab und stellte ihn neben sich.

»Es mag sein, dass du das vergessen hast. Schließlich ist es zwanzig Jahre her, und wahrscheinlich liebst du Shirem nicht so sehr wie wir Dokebis?«

Kaygon war erleichtert. Allerdings machte ihm Bihyungs Sprechweise zu schaffen, weil der seine Sätze stets mit einem Fragezeichen beendete, obwohl sie nicht wie eine Frage formuliert waren.

»Apropos, wie alt bist du jetzt?«

Diesmal war es eine richtige Frage. Kaygon zögerte, dann schob er dem Dokebi einen Stuhl zu.

»Warum willst du das wissen?«

»Ich hatte erwartet, einen älteren Herrn anzutreffen, weil dieses Shirem-Turnier schon so lange her ist. Aber du siehst nicht wie ein alter Mann aus. Du warst damals noch sehr jung?«

Seine Sprechweise hat auch etwas Gutes an sich, dachte Kaygon und nahm sich vor, Bihyung entweder einfach zuzustimmen oder den Wortlaut der Nicht-Frage exakt beizubehalten.

»So ist es. Ich war damals noch sehr jung.«

Es funktionierte. Die Angst, einen Fehler zu machen, legte sich, und er war nicht mehr so angespannt. Während der Dokebi den Brief studierte, den Orenol in der Taverne hinterlassen hatte, musterte er Bihyung genauer. Nach und nach kehrten seine Erinnerungen an die Dokebis zurück.

Als Bihyung den Brief gelesen hatte, legte er ihn zurück auf den Tisch und neigte leicht den Kopf, als verstünde er etwas nicht.

»Hier steht nur das, was ich bereits weiß. Du und ich und der Lekon – er ist noch nicht angekommen? –, na ja, egal, wir drei sollen jedenfalls nach Kiboren wandern und dem Murun-Fluss folgen, bis wir einen Naga treffen, der singend den Fluss hinaufkommt. Den sollen wir zum Großtempel Hainsha begleiten. Es ist tatsächlich eine geniale Idee, ein Lied als Erkennungszeichen zu verwenden. Südlich der Grenzlinie können wahrscheinlich nur wir drei das Lied hören.

Und natürlich ist dieser Naga auch der Einzige, der dort singt. So kann es weder zu Verwechslungen kommen, noch besteht die Gefahr, dass man von anderen entdeckt wird. Wie auch immer, das ist alles?«

»Ja, das ist alles.«

Bihyung wackelte mit dem Kopf. Kaygon musterte ihn wachsam, weil er keine Ahnung hatte, was diese Geste ausdrücken sollte, aber ihr kam wohl keine besondere Bedeutung zu.

»Ich hätte gerne ein paar Dinge gewusst, die nicht in diesem Brief stehen. Ich denke, dem Lekon wird es genauso gehen. Zum Beispiel, was an diesem Naga so besonders ist, dass die Kimms ihn in ihren Tempel holen wollen?«

»Ich weiß nicht mehr als du und kann auch keine Vermutungen anstellen.«

»Würdest du mir dann vielleicht eine andere Frage beantworten? Ich habe gerade eben zum ersten Mal vom Murun-Fluss gehört. Kannst du diesen Fluss finden?«

»Ja, das kann ich. Der Peldori ist einer der wichtigsten Nebenflüsse des Murun.«

Kaygon war davon überzeugt, eine völlig ausreichende Antwort geliefert zu haben, bis er sah, dass der Dokebi ihn verdutzt anstarrte.

»Wir gelangen zum Murun, wenn wir den Peldori entlanggehen«, fügte er hinzu.

»Wo ist dieser Fluss, den du Peldori nennst?«

»Den erreichen wir innerhalb eines Tages, wenn wir die Wüste Richtung Süden durchquert haben. Deshalb hat der Tempel wahrscheinlich auch diese Taverne als Treffpunkt gewählt.«

»Aha! Du kennst dich südlich der Grenzlinie wirklich gut aus, nicht wahr?«

Kaygon nickte. »Ich nehme an, dass ich der *Lotse* bin.«

»Oh? Du sprichst das Wort so aus, als hätte es eine besondere Bedeutung?«

Kaygon bereute, dass er es erwähnt hatte. Er hatte keine Lust, es dem Dokebi zu erklären. Aber Bihyung starrte ihn so intensiv an, dass ihm die Augen fast aus dem Kopf sprangen. Schließlich gab er sich geschlagen.

»Kennst du die alte Prophezeiung, dass man nur zu dritt gegen einen bestehen kann?«

»Ja, die kenne ich. Besagt sie nicht, dass es vier auserwählte Völker auf der Welt gibt und drei davon zusammenarbeiten müssen, um gegen das vierte Volk bestehen zu können? Hm, wir sind Vertreter der drei Völker, die zusammenkommen, um einen Naga zu retten. Meinst du, dass das damit gemeint ist?«

»Genau, das meine ich. Allerdings gibt es zu dieser Prophezeiung noch eine etwas archaische Erläuterung. Wenn drei zusammenkommen, um gegen einen anzutreten, sollten unter den drei ein *Lotse*, ein *Zauberer* und ein *Verteidiger* sein. Ich gehe davon aus, dass du der Zauberer bist.«

»Hä? Obwohl ich gar nicht zaubern kann?«

»Zauberer bedeutet in diesem Fall ein Hofnarr oder Taschenspieler, der mit seinen Tricks Chaos in die Ordnung bringt, nicht dass er zaubern können muss. Außerdem sieht die Dokebi-Flamme in den Augen anderer wie Zauberei aus.«

»Heißt das dann, dass auch der Lotse nicht unbedingt die Person sein muss, die den Weg gut kennt?«

»Ja. Wahrscheinlich glauben die Mönche des Hainsha-Tempels, dass ich der Lotse sein soll, weil ich mich gut mit Nagas und Kiboren auskenne und deshalb am ehesten in der Lage bin, Entscheidungen zu treffen.«

»Dann muss der Lekon wohl der Verteidiger sein. Was macht der Verteidiger?«

Kaygon nickte. So wie ein Mensch den Entscheidungsfinder gab und ein Dokebi zum Trickser erwählt wurde, war ein Lekon als Verteidiger am besten geeignet.

Diese verdammten Mönche, die sich an einer alten Legende festklammern …

»Einfach gesagt, ist der Verteidiger ein Zerstörer, der alles vernichtet, was ihm im Weg steht. Das passt ganz gut zu einem Lekon.«

Zwei Stunden später sollte Bihyung Kaygons Worten zustimmen.

Lekons mochten keine Reisen durch die Wüste. Das war verständlich, denn ihr dichtes Gefieder speicherte zwar die Körperwärme und half ihnen dabei, Angriffe von Feinden abzuwehren, hatte jedoch den schwerwiegenden Nachteil, dass sie damit der Hitze nicht entkommen konnten. Wenn Lekons eine Wüste durchqueren mussten, taten sie das, so schnell sie konnten.

Deswegen erkannte der Wirt sofort, dass es sich bei dem Reisenden, der sich der Letzten Taverne unvorstellbar schnell näherte und dabei einen wahren Sandsturm hinter sich herzog, um einen Lekon handelte. Das brachte den Wirt jedoch nicht allzu sehr aus der Fassung, denn er hatte ja bereits seine Erfahrungen mit den anderen beiden außergewöhnlichen Reisenden gemacht. Der Lekon schien regelrecht zu fliegen und sprang mit wenigen Sätzen die Stufen der dreißig Meter hohen Klippe hinauf, als wolle er unterstreichen, dass er keine Lust hatte, sie einzeln zu nehmen. Er wurde erst langsamer, als er die Taverne erreichte. Vorsichtig bugsierte er seinen sieben Meter langen Eisenspeer durch die Tür.

Im Inneren schaute sich der Lekon kurz um, sah Kaygon und Bihyung beim Abendessen sitzen und ging direkt auf sie zu. Trotz des nach oben offenen Gastraums wirkte der drei Meter große Lekon mit seinem Eisenspeer, den man ohne Weiteres für eine Säule hätte halten können und den er bei jedem Schritt auf den Boden hämmerte, viel zu groß für die Taverne.

Bihyung bewunderte den Lekon unumwunden. Kaygon überkam ein leichter Anfall von Klaustrophobie – und erneut eine Unruhe. Die Begegnung mit dem Dokebi hatte er einigermaßen gut überstanden, aber er hatte keine Ahnung, wie er sich dem Lekon gegenüber zu verhalten hatte. Er verbarg seine Sorgen und betrachtete den Neuankömmling, der mit stampfenden Schritten auf den Tisch zukam.

Zu seinem Glück riss der Lekon ohne zu zögern den Schnabel auf: »Ein Dokebi und ein Mensch. Dann bin ich hier richtig.«

Bihyung übernahm das Reden. »Ich bin Bihyung Slabl, und das hier ist Kaygon Draka. Du bist auf Bitten des Hainsha-Tempels gekommen?«

»Ja«, antwortete der Lekon schlicht. Dann lehnte er den Eisenspeer ans Balkongeländer des ersten Stocks und setzte sich zu ihnen. Weil es keinen Stuhl gab, der für ein Wesen seiner Größe ausgelegt war, setzte er sich kurzerhand auf den Boden. Als Bihyung merkte, dass der Lekon selbst im Sitzen noch auf sie herunterschaute, wurde sein Lächeln noch breiter. Erst, als der Lekon erneut den Schnabel öffnete, verging ihm das Grinsen.

»Ich bin Tinahan. Ich habe ein Problem mit euch Dokebis.«

Das lag nicht an den Charakterschwächen oder den schlechten Angewohnheiten dieses Volkes. Sein Problem, erklärte Tinahan, bestünde einzig und allein darin, dass sich die Dokebis unter keinen Umständen einem Himmelsfisch nähern wollten. Bihyung fragte ihn, warum das ein Problem für ihn sei, und nachdem er Tinahans Antwort gehört hatte, rief er sichtlich erfreut aus: »Du bist also der Ausgräber der Himmelsfisch-Ruinen! Habe ich recht?«

Während er den Deckel des Weinfasses öffnete, das der Wirt gebracht hatte, antwortete Tinahan betrübt: »Ja. Und wenn ihr Dokebis mir geholfen hättet, wäre ich schon längst auf dem Rücken eines Himmelsfisches gelandet.«

»Aber was sollen wir denn machen? Unsere Käfer wollen sich den Himmelsfischen nicht nähern. Unter uns gibt es einige, die auch gerne wissen würden, was sich in den Ruinen dort oben befindet. Aber unsere Käfer tun nie, was man ihnen sagt. Selbst der besttrainierte Käfer macht sich aus dem Staub wie eine Maus, die eine Katze entdeckt hat, sobald er einen Himmelsfisch erblickt. Wusstest du das nicht?«

»Ich habe davon gehört. Ausprobiert habe ich es auch, weil ich es nicht glauben konnte. Die Käfer fliegen tatsächlich davon. Zur Hölle mit ihnen! Ihr habt den Käfern doch sogar die Gebärdensprache beigebracht! Wieso könnt ihr ihnen nicht auch beibringen, dass die Himmelsfische nicht aggressiv, sondern ausnehmend friedlich sind? Warum nicht, hm?«

»Und wie ist deiner Meinung nach das Sprichwort ›wie ein wütender Himmelsfisch‹ entstanden, wenn sie angeblich so friedlich sind?«

»Dieses lächerliche Sprichwort kann ich nicht mehr hören! Ich habe noch nie einen wütenden Himmelsfisch gesehen. Das ist eine schamlose Lüge, die von Idioten in die Welt gesetzt wurde, weil sie sich vor Himmelsfischen grundlos in die Hose machen. Nur weil er unglaublich groß ist ...«

»Nicht unbedingt«, ergriff Kaygon, der bisher geschwiegen hatte, plötzlich das Wort.

Bihyung und Tinahan blickten ihn an. Er erklärte nüchtern: »Es gab einst einen wütenden Himmelsfisch. Warum er wütend war, ist nicht überliefert, denn das Königreich, das ihn wütend gemacht hat, ist untergegangen.«

Tinahan schüttelte ungläubig den Kopf. »Ein Königreich? Du redest von der Zeit, in der es noch *Könige* gab? Muss eine ziemlich alte Geschichte sein.«

»Es ist ein Mythos aus der alten Zeit. Aber es hat sich definitiv zugetragen.«

»Wie kann man denn so einem alten Hut Glauben schenken? Man weiß nie, ob sich das nicht auch irgendwelche Schwachsinnigen aus den Fingern gesogen haben.«

»Du kannst das im Großtempel Hainsha nachprüfen. In der Bibliothek dort gibt es Aufzeichnungen, die die Mönche bis heute mit ihrem Leben schützen«, entgegnete Kaygon und wechselte das Thema. »Wenn wir schon beim Tempel sind, möchte ich gerne mit euch über unseren Zeitplan sprechen, sofern ihr nichts dagegen habt.«

Als Bihyung und Tinahan nickten, atmete er erleichtert auf. Er kramte die Worte hervor, an die er sich noch am besten erinnerte – Worte, die er von einem Toten hatte.

»Soweit ich weiß, können problemlos zwei Personen auf einem Käfer reiten, sofern sie keine Lekons sind. Tinahan, wenn du rennst, stehst du der Geschwindigkeit eines Käfers in nichts nach. Deswegen möchte ich vorschlagen, dass wir morgen tagsüber schlafen und bei Sonnenuntergang aufbrechen. Bihyung und ich werden auf dem Käfer fliegen, Tinahan wird rennen. So erreichen wir spätestens übermorgen die südliche Grenze der Punten-Wüste. Dort lassen wir den Käfer zurück, rasten und betreten anschließend Kiboren. Seid ihr damit einverstanden?«

»Es tut mir leid, dass ich dazwischenrede, Kaygon. Im Moment können Tinahan und ich dir nur zustimmen, egal, was du sagst. Offen gesagt weiß ich über Nagas lediglich, dass ihnen

90

das Herz herausgenommen wird, wenn sie erwachsen werden, und dass sie nicht sprechen, weil sie schlecht hören. Und dass es in Kiboren wahnsinnig viele Bäume gibt. Wie sieht es bei dir aus, Tinahan?«

Tinahan schloss den Schnabel und nickte verlegen.

Bihyung wandte sich wieder an Kaygon. »So sieht es also aus. Ich denke, dass du nicht bei jeder Einzelheit unsere Zustimmung einzuholen brauchst. Du scheinst am meisten über unser Ziel zu wissen. Wollen wir es also so handhaben, dass du uns Anweisungen erteilst und wir ihnen folgen? Hast du nicht ohnehin gesagt, dass du der Lotse bist?«

»Ja, in Ordnung. Aber die Dinge, die für unseren Auftrag von großer Wichtigkeit sind, müsst auch ihr beide wissen. Was wollt ihr machen, wenn ich in Kiboren ums Leben komme?«

»Das darf nicht passieren, aber wenn es doch geschehen sollte, würde ich alles um mich herum in Brand setzen und schleunigst zurück in den Norden fliehen. Wenn du sterben solltest, gäbe es nur noch uns beide. Zu zweit kann man nicht gegen einen antreten. Es müssen drei sein. So lautet doch die Prophezeiung?«

Kaygon seufzte. »Nun, ein bisschen mehr solltest du schon wissen. Es ist keine gute Idee, dein Talent in Kiboren zur Schau zu stellen, Bihyung. Nagas können Wärme sehen und werden das Feuer, das du legen willst, schnell erkennen. Damit kannst du vielleicht einen Naga-Spähtrupp für einen kurzen Moment in die Flucht schlagen, aber im Endeffekt trommelst du damit nur alle Nagas, die sich in einem Umkreis von drei Tagesreisen befinden, zusammen. Diese Baumliebhaber würden dir nie verzeihen, wenn du ihre Bäume in Brand steckst. Selbst dein Eisenspeer ist gegen die Nagas vollkommen nutzlos, Tinahan, wenn sie genug Sodrag einnehmen und sich auf dich stürzen.«

Lekons empfanden das Schmähen ihrer Waffe in der Regel als eine größere Beleidigung als das ihrer Person. Tinahan konnte aber nicht wütend auf Kaygon werden, weil er nur die Hälfte von dem, was er gesagt hatte, verstanden hatte. Also fragte er nach, was »Wärme sehen«, »Spähtrupp«, »Baumliebhaber« und »Sodrag« bedeuteten. Bihyungs Gesichtsausdruck verriet, dass er das ebenfalls gerne gewusst hätte.

Kaygon konnte es kaum fassen. Erst jetzt wurde ihm klar, dass der Norden und der Süden schon zu lange durch die Grenzlinie voneinander getrennt waren. Vor mehreren Jahrhunderten waren die Nagas in den Norden eingefallen, hatten ihren Eroberungsfeldzug aber wegen der niedrigen Temperaturen schnell aufgeben müssen. Damit hatte der Große Expansionskrieg geendet, und seit diesem Tag war die Welt zweigeteilt – in das Land der Nagas und das Land im Norden. Im Norden gab es Berge, Wildnis, Wüsten, Wälder und Felder, Gletscher und mehr. Im Süden gab es einzig und allein den Dschungel. Ein einziger, gigantischer Wald, der die Hälfte der Welt bedeckte.

Und so war das Land der Nagas für die meisten anderen Völker zu einer alten Legende geworden. Es war eine Ironie des Schicksals, dass der einzige Nicht-Naga, der etwas über sie wusste, der Mensch war, der sie am meisten hasste. Die weisen Mönche in Hainsha wussten das.

Das ist die Natur des Hasses.

»Warum weinst du?«

Bihyungs besorgte Stimme holte Kaygon in die Realität zurück. Er berührte seine Augen und spürte Feuchtigkeit. Tinahan, der es nicht ausstehen konnte, wenn jemand weinte, musterte ihn erbost. Kaygon wischte sich die Tränen weg.

»Ich weiß es nicht.«

»Ist dir etwas in den Sinn gekommen, das dich traurig gemacht hat?«

Er ging nicht auf die besorgten Worte des Dokebis ein, stattdessen beantwortete er Tinahans ursprüngliche Fragen.

»Die Nagas hören schlecht, dafür sehen sie äußerst gut. Selbst in stockdunkler Nacht erkennen sie Lebewesen wie uns, weil sie, wie gesagt, Wärme sehen können. Daher kommt auch das alte Sprichwort ›Dokebi schlägt Naga‹. Früher haben Dokebis nämlich Flammen in Form eines Menschen oder eines Tiers geschaffen und die Nagas damit getäuscht.«

Bihyung vergaß, dass sein Gegenüber geweint hatte, denn solche Geschichten über sein Volk hatte er nie gehört.

»Ist das wahr? Meine Dokebi-Flamme kann Nagas täuschen?«

»Ja. Wenn wir Kiboren betreten, solltest du dir dieses Talent zunutze machen. Ich hatte doch gesagt, dass du der Zauberer bist. Und was ich mit Baumliebhaber meinte, könnt ihr euch selbst zusammenreimen. Die Nagas bezeichnen sich als die besten Freunde der Bäume. Und das sind sie auch. Denn sie pflanzen in ihrem gesamten Land unentwegt neue Bäume. Deswegen verabscheuen sie es, Bäume brennen zu sehen. Sie fällen und verbrennen Bäume zwar zum Eigenbedarf, aber dann veranstalten sie eine Bestattungszeremonie für den Baum. Das ist der zweite Grund, warum Nagas Dokebis nicht mögen. Weil die Dokebi-Flamme nicht nur Nagas täuschen, sondern auch Bäume verbrennen kann.«

Bihyung nickte begeistert, während Kaygon sprach. Der wandte sich an Tinahan und erklärte weiter: »Jede Naga-Stadt entsendet zwei oder drei Spähtrupps, die durch Kiboren patrouillieren. Sie bestehen aus weiblichen Nagas, die in der Regel entweder abenteuerlustig oder bei einem Machtkampf innerhalb ihres Hauses unterlegen sind. Die Gebiete, die diese Trupps durchstreifen, befinden sich hauptsächlich südlich der Grenzlinie. So hüten die Nagas ihre Städte vor dem Eindringen von Ungläubigen, also Personen wie uns. Hauptsächlich kümmern sie sich aber um den Wald. Sie behandeln Bäume gegen Krankheiten oder bepflanzen Gebiete neu, die durch Waldbrände verwüstet wurden.

Sodrag ist eine geheime Arznei der Nagas. An der südlichen Grenzlinie ist es eigentlich schon zu kalt für sie, und sie können sich nur noch sehr langsam bewegen. Aber wenn sie Sodrag einnehmen, fühlen sie sich wie im heißesten Landesteil Kiborens, wenn auch nur für kurze Zeit. Deswegen tragen die Spähtrupps, die die Gebiete nahe der Grenzlinie durchstreifen, immer etwas davon bei sich. Falls ihr während eines Kampfes gegen einen Naga seht, dass er eine rote Pille schlucken will, müsst ihr ihn unbedingt davon abhalten. Solange euch das gelingt, habt ihr eine gute Chance auf einen Sieg, wenn ihr in der Nähe der Grenze gegen einen Naga antretet. Sonst wird es unangenehm für euch.«

Das Wissen strömte wie ein Wasserfall aus Kaygon heraus. Bihyung und Tinahan schnappten nach Luft und sahen einander mit fragenden Blicken an. *Woher weiß er das alles?*

Kaygon beachtete diese Blicke nicht. Stattdessen erhob er sich.

»Wo gehst du hin?«

»Ich muss mich ausweinen. Vielleicht fällt mir dabei auch wieder ein, warum ich geweint habe. Bitte folgt mir nicht.«

Mit diesen Worten griff er nach seinem Doppelklingenschwert, das er an den Tisch gelehnt hatte, und ging nach draußen. Die beiden Zurückgelassenen sahen einander verwirrt an. In jenem Augenblick merkte Bihyung, dass der Wirt sie heimlich beobachtete.

»Werter Herr? Habt Ihr uns etwas mitzuteilen?«

Der freundliche Ton des Dokebis machte dem Wirt Mut. Er lief in die Küche und kam kurz darauf mit einem Topf zurück, den er vor Bihyung und Tinahan abstellte. Dann sagte er mit einem verstohlenen Blick nach draußen: »Ich habe Euer Gespräch belauscht, bitte verzeiht. Ihr habt Kaygon Draka heute zum ersten Mal getroffen, nicht wahr?«

»Ja, da habt Ihr recht. Und?«

»Haltet Euch von diesem Mann fern. Er ist verrückt! Ganz und gar wahnsinnig!«

Tinahan überlegte kurz, ob er Kaygon schon als seinen Gefährten betrachten sollte. Wenn ja, müsste er diesen großmäuligen Wirt so zurichten, dass er danach weder laufen noch krabbeln konnte. Doch es war noch nicht einmal ein ganzer Tag vergangen, seit er Kaygon kennengelernt hatte, also beschloss er, seine Entscheidung ein wenig aufzuschieben. Der Wirt, der nicht einmal ahnte, dass er sich beinahe in einer ungemein unglücklichen Lage wiedergefunden hätte, sah Bihyung verzweifelt an.

Bihyung sagte betreten: »Na ja, ich weiß nicht. Er hat weder gesabbert noch ständig die Augen verdreht. Er hat auch nicht behauptet, dass er die Ordnung aller Dinge bestimmt. Warum haltet Ihr ihn für verrückt, werter Herr?«

Der Wirt nahm mit theatralischer Geste den Deckel des Topfes ab. Bihyung und Tinahan beugten sich beeindruckt vor – und konnten ihre Enttäuschung über den Inhalt nicht verbergen.

»Hm, sieht ja gefährlich aus. Kalte Fleischsuppe.«

»Das ist Naga-Fleisch!«

Bihyung wurde bleich und rückte vom Tisch ab, während sich Tinahan tiefer über den Topf neigte und hochkonzentriert hineinstarrte.

»Der Kerl hat gesagt, dass er durch Kiboren gekommen sei. Als ich ihm nicht geglaubt habe, hat er mir das hier gezeigt und mich gebeten, es zu kochen! Damit er es essen kann! Was hätte ich denn machen sollen? Ich habe schreckliche Angst vor ihm! Wie er mich angeschaut hat ... So grauenvolle Augen habe ich mein Lebtag noch nicht gesehen! Das hier ist alles, was noch übrig ist. Er hat alles aufgegessen. Das ganze Naga-Fleisch!«

»Äh ... hm. Bist du sicher, dass es wirklich ein Naga war und kein Tier? Du hast ja noch nie einen Naga gesehen, auch wenn die Punten-Wüste an Kiboren grenzt«, meinte Tinahan, der dem Wirt einfach nicht glauben wollte.

Der Wirt schüttelte den Kopf. »Das stimmt, das war das erste Mal, dass ich einen Naga gesehen habe! Trotzdem weiß man sofort, dass es einer ist, wenn man ihn vor sich hat. Welches Tier hat schon schuppige Arme? Es muss ein Naga sein. Als ich diesen Arm aus dem Sack herausgeholt habe, bin ich fast in Ohnmacht gefallen!«

Tinahan griff nach den Essstäbchen. Bihyung und der Wirt sahen mit weit aufgerissenen Augen zu, wie er im Topf stocherte und ein Fleischstück nach dem anderen herausfischte. Er legte sie auf den Tisch und begutachtete sie. Dann untersuchte er sorgfältig die Form der Knochen.

Bihyung betrachtete das Fleisch ebenfalls. Als er sah, was an einem der Stücke haftete, beugte er sich zur Seite und übergab sich. Es bestand kein Zweifel mehr. Aus einem Fleischstück, das noch schwache Spuren von Schuppen aufwies, wuchs ein Fingernagel. Ein breiter Fingernagel, wie er bei Tieren so nicht vorkam.

Kaygon saß am Rand der Klippe, ließ die Beine baumeln und blickte in den Nachthimmel.

Das Sternenlicht breitete sich über den schwarzen Himmel aus, der Mond glänzte fahl wie ein Fischbauch. Darunter breitete sich die Wüste in reiner Dunkelheit aus.

Kaygon war ganz in die Betrachtung des Himmels, der einem aufgewühlten Gewässer ähnelte, versunken, als vor seinen Augen plötzlich eine große Hand auftauchte. Er starrte sie an. Auf der riesigen Handfläche lag ein kleines Stück Fleisch, aus dem ein Fingernagel wuchs.

»Verdammt noch mal! Das war kein Affe. Da sind Schuppen dran. Es scheint, dass das ein Naga war.«

Kaygon drehte langsam den Kopf, sah erst in Tinahans Gesicht, dann in das von Bihyung, das sich wesentlich weiter unten befand, und wandte dann den Kopf wieder nach vorne.

»Wenn ihr mit mir reden wollt, setzt euch bitte. Ihr seid zu groß.«

Die beiden ließen sich neben ihm am Rand der Klippe nieder. Noch immer überragten sie ihn deutlich. Tinahan starrte das Fleisch an und warf es in die Wüste.

»Kannst du uns das erklären?«

»Das ist ein Stück des Leichnams einer Naga-Späherin, die mir auf dem Weg hierher begegnet ist. Sie hätte sich regeneriert, wenn ich sie liegen gelassen hätte, also habe ich sie zerlegt und ein paar wichtige Teile mitgenommen. Darunter auch eine Hand.«

Kaygon blieb ruhig, deswegen erhob auch Tinahan seine Stimme nicht.

»Können sich Nagas so gut regenerieren?«

»Ich habe sogar einmal eine Naga gesehen, deren Kopf nachgewachsen ist.«

Tinahans Kamm versteifte sich. »Der Ko... Der Kopf?«

»Ja, der Kopf. Als ich sie besiegt hatte, war ich sehr erschöpft, und die Situation hat mir nicht erlaubt, sie vollständig zu zerteilen. Deshalb habe ich ihr nur den Kopf abgeschnitten und den Rest im Dschungel liegen gelassen. Den Kopf habe ich gekocht und gegessen. Zwei Jahre danach ist sie mir wieder begegnet. Sie war erfreut, mich wiederzusehen. Sie hatte ihren Kopf in diesen zwei Jahren regeneriert und seitdem nach mir gesucht.«

»So ein verdammter Mist! Was ist dann passiert?«

Kaygon warf Tinahan einen kurzen Blick zu. »Ich vermute, dass sie mir nie wieder begegnen wird.«

Tinahan entschloss sich, nicht weiter nachzufragen.

»Du willst uns also sagen, dass du diese wahnwitzige Sache bereits seit zwei Jahren tust?«

»Schon wesentlich länger als zwei Jahre.«

»Du jagst seit Jahren Nagas und kochst ihre Leichen?«

»Gelegentlich brate ich sie auch. Was genau wollt ihr von mir hören?«

»Hä?«

»Sagt mir klar und deutlich, was ihr von mir wollt. Wollt ihr mir Vorwürfe machen? Oder sucht ihr Rat bei mir, weil ihr auch einmal Naga-Fleisch probieren möchtet? Oder habt ihr vor, euch ungefragt in mein Leben einzumischen?«

Tinahan war irritiert. Tatsächlich wusste er nicht genau, was er von Kaygon wollte.

Da schrie Bihyung, der bisher keinen Ton von sich gegeben hatte: »Vorwürfe! Ich will dir Vorwürfe machen! Vorwürfe und noch mal Vorwürfe! Hast du mich jetzt verstanden?«

Kaygon sah ihn ruhig an. Bihyung reckte seine Faust in die Luft, um seine Worte zu unterstreichen.

»Nagas sind auch Personen, so wie du und ich! Wie kann eine Person eine andere Person essen? Welche Rechtfertigung hast du dafür?«

»Ich will mich nicht rechtfertigen.«

Bihyung zögerte einen Moment, als wüsste er nicht, wohin mit seiner Faust.

»Du gibst also zu, dass dein Handeln unmoralisch ist? Wirklich? Dein letztes Wort?«

»Wenn du das von mir hören willst, gebe ich zu, dass ich unmoralisch gehandelt habe. Das spielt für mich keine große Rolle.«

»Wie bitte? Was meinst du damit?«

»Ehrlich gesagt, mir ist es egal, was du mir sagen willst. Wenn du mich anschreien willst, tu dir keinen Zwang an, wenn du mich verfluchen willst, fluch, bis dir die Spucke wegbleibt.«

»Das ist nicht, was ich will! Du sollst zugeben, dass dein Handeln falsch war, und dann damit aufhören! Das ist, was ich von dir will. Hast du mich verstanden?«

»Ja, ich habe dich verstanden.«

»Bereust du, was du getan hast, und hörst damit auf?«

»Ich bereue weder mein Handeln, noch werde ich damit aufhören.«

»Warum tust du das? Kannst du es mir wenigstens erklären, damit ich versuchen kann, es zu verstehen?«

»Ich will es dir nicht erklären.«

Bihyung schnappte nach Luft. Kaygon sah nicht wie ein verrückter oder böser Mensch aus. Er lachte nicht manisch, und seine Augen funkelten auch nicht bedrohlich. Wenn er etwas sagte, war es zwar monoton und ruhig, aber nicht unhöflich.

Ehe der Dokebi erneut losschreien konnte, meinte Kaygon: »Es tut mir leid, Bihyung. Wenn dir so wenig gefällt, was ich tue, kann ich dir nur anbieten, dasselbe Recht in Anspruch zu nehmen, das auch alle Nagas in Anspruch nehmen können.«

»Und das wäre?«

»Das Recht, mich zu töten.«

Bihyung zuckte zusammen. Kaygon erhob sich mit ausdruckslosem Blick.

»Das ist der einzige Weg, wie du mich davon abhalten kannst, ›eine andere Person‹ zu essen. Also, Bihyung, töte mich, wenn du es so verabscheust. Wenn du es versuchst, kann ich allerdings nicht für deine Sicherheit garantieren.«

»Das heißt, dass du mich töten würdest, wenn ich versuche, dich umzubringen, richtig?«

»Wenn es sein muss, werde ich das tun.«

Bihyung sprang auf. »Das bedeutet, dass du nicht sterben willst!«, rief er beinahe flehentlich. »Den Nagas geht es genauso, nehme ich an. Auch sie wollen nicht sterben! Warum tust du jemandem etwas an, von dem du selbst nicht willst, dass man es dir antut?«

»Eben weil ich weiß, dass sie nicht sterben wollen.«

»Was?«

Kaygon machte eine langsame Bewegung. Erst jetzt sah Bihyung das Doppelklingenschwert. Kaygon hatte es die ganze Zeit in der Hand gehalten, aber durch seine Körperhaltung geschickt in dem Schatten, den er warf, verborgen. Es erstaunte Bihyung, dass man ein so großes Schwert verstecken konnte, als wäre es ein Dolch. Kaygon hängte es an den Haken an seiner Schulter und sagte: »Der einzige Grund, aus dem ich das tue, ist, dass es ihnen nicht gefällt.«

Dann drehte er sich um und ging auf die Taverne zu.

Dass Nagas kaum Kunstformen hatten, die sie mit den anderen Völkern teilen konnten, bedeutete nicht, dass sie gar keine Kunst kannten. Für Malerei war ihr Sehvermögen viel zu hoch entwickelt und ihre Ohren für Musik zu schwach, aber ihre Körper wussten sie vortrefflich einzusetzen. Sie konnten hervorragend tanzen.

In der Freude an der Bewegung unterschied sich der Tanz der Nagas nicht grundlegend von dem der anderen Völker. Stilistisch gab es allerdings einen Unterschied. Alle Völker erfreuten sich an der Harmonie zwischen den fließenden Bewegungen und dem Takt der Musik, doch Nagas sahen darüber hinaus auch die Luftströmungen um die Tänzer.

Nagas hielten beim Tanzen eine lange Eisenstange mit Holzgriff in der Hand, die sie Tanzstab nannten. Ein Mensch hätte ihn für ein Brandeisen gehalten. Das war nicht unbedingt falsch, denn er stammte von diesem ab und wurde auch in einem Feuerbecken erhitzt, allerdings ganz anders verwendet.

Manchmal benutzten Naga-Tänzer auch Fackeln, aber wegen der hohen Temperaturen erzielten diese keine so guten Effekte wie Tanzstäbe. Zwei erhitzte Eisenstangen eigneten sich am besten zum Tanzen. Die Tänzer wirbelten sie umher, bis die Luft um sie herum flimmerte, brachten sie zum Beben, flirteten mit ihren geschmeidigen Bewegungen mit ihnen, und für Naga-Augen – und nur für Naga-Augen – erstrahlte ein unbeschreibliches Fest an Farben um die Tänzer herum.

Die Bewohner des Hauses Pey und die zehn Männer, die sich dort aufhielten, waren vollkommen gebannt von den wunderbaren Bewegungen aus Licht und Farben, die Samo Pey herbeitanzte.

Eine Choreografie unterschiedlicher Bewegungen, Schritte, kontinuierlichen Abtauchens, Sprünge und Drehungen. Entlang der Lichtflächen, die Samo mit den Stäben herbeizauberte, tanzte schillernd der Luftstrom. In den Momenten, in denen eine ihrer Bewegungen in eine andere überging, wurde Samo kurz wieder zu einer Naga, verwandelte sich jedoch gleich darauf wieder in ein Wesen aus Licht. Kein Zuschauer konnte die Augen von ihr abwenden.

Die Aufführung ging zu Ende.

Die Männer tauchten ihre Hände in die vor ihnen stehende Wasserschüssel und sprengten Tropfen auf das Feuerbecken. Auch die Frauen brachten ihre Bewunderung zum Ausdruck – es war schließlich eine der ihren, die getanzt hatte. Samo neigte den Kopf, steckte ihre Tanzstäbe ins Feuerbecken und verließ die Tanzfläche. Die Frauen, die nicht mit ihr verglichen werden wollten, blieben auf ihren Plätzen, doch zwei Männer sprangen gleichzeitig zur Tänzerin hin. Während sie vor dem jeweils anderen Demut und Höflichkeit an den Tag legten und sich verlegen ansahen, schlich Samo aus dem Kreis der Zuschauer.

Als sie eine Säule passierte, kam dahinter eine Hand mit einem Glas Wasser zum Vorschein. Überrascht blickte Samo auf. Kurz danach erschien Ryuns Gesicht aus dem Schatten. Unbeholfen nahm Samo das Glas entgegen.

[Ihr wart fantastisch. Das Feuerbecken ist bereits abgekühlt.]

Samo lächelte. Die Oberfläche des Beckens war erkaltet, weil alle Zuschauer Wassertropfen hineingesprengt hatten. Die Temperaturveränderungen und die stürmischen Verwirbelungen der Luft, die dabei entstanden, erschufen in den Augen der Nagas ein Bild, das viel intensiver als das Leuchten einer Sternschnuppe war. Perfekt, um Bewunderung auszudrücken. Die Redewendung »das Feuerbecken ist bereits abgekühlt« war ein Lob für eine bemerkenswerte Leistung.

Samo trank das Wasser, gab das Glas an Ryun zurück und nirmte: [Du hast kein Wasser hineingesprengt.]

[Ich wollte nicht mitten in der Menge sein. Ich bin der Witze über meine Angst vor der Herzentnahmezeremonie und all

102

dem Nirm, mit dem man mir Mut machen will, überdrüssig. Obwohl ich sehr gut weiß, dass es alle nur gut mit mir meinen.] Ryun senkte den Blick. [Aber ich habe applaudiert. Habt Ihr das gehört?]

Samo legte den Kopf schief und fragte: [Was ist applaudieren? Das kann man hören?]

[Die Ungläubigen hören sehr gut. Deswegen machen sie Geräusche, indem sie die Hände sehr schnell zusammenbringen, wenn sie Beifall spenden wollen.]

Ryun demonstrierte den Applaus. Samo konnte tatsächlich das Geräusch hören, das von den Händen ihres Bruders ausging. Sie stieß ein kurzes Lachen aus.

[Das ist ja merkwürdig. Keine Ahnung, warum das ein Kompliment sein soll. Woher weißt du so etwas? Hat Hwarit dir das beigebracht?]

[Nein, jemand anderer.]

[Jemand anderer?]

[Ja, jemand anderer.]

[Ach so.]

Samo verstand, wen Ryun meinte. Mitgefühl verlangte in so einer Situation auch unter Nagas einen Moment der Stille. Die Geschwister schlossen ihren Geist und sahen sich für eine Weile schweigend an.

Schließlich nirmte Ryun: [Habt Ihr vielleicht Lust, kurz an die frische Luft zu gehen?]

Samo ging vor. Die beiden traten durch die Tür und verließen die Galerie. Der Außenkorridor, der von Säulen gesäumt war, grenzte direkt an den Garten. Samo schritt durch die Mitte, auf den Pavillon zu.

Seine Steinbank war warm von der Mittagssonne, und es war sehr angenehm, darauf zu sitzen. Sobald Samo Platz genommen hatte, nirmte sie: [Setz dich, Ryun.]

Ryun, der sich bereits halb vorgebeugt hatte, um sich zu setzen, hielt in der Bewegung inne und sah sie unsicher an. Sie lächelte gut gelaunt, und Ryun setzte sich ihr gegenüber.

Samo nirmte verschmitzt: [Eine Frau muss dir nirmen, dass du Platz nehmen sollst. Tut sie das nicht, bleibst du einfach stehen. Für einen Mann hast du keine sonderlich guten Manieren.]

[Und gestern war ich auch noch unhöflich, Samo.]

[Ja genau, unhöflich bist du auch noch! Wenn du dich so ernst entschuldigst, bringst du mich noch in Verlegenheit.]

Ryun wusste nicht, was er entgegnen sollte.

Sie nirmte sanft: [Gestern habe ich mich ziemlich peinlich verhalten. Es tut mir leid. Anscheinend habe ich dich in eine unangenehme Lage gebracht. Ich hatte nicht erwartet, dass ich weinen würde.]

[Ich mache mir keine Gedanken mehr darüber.]

[Das heißt, dass du dir bereits Gedanken darüber gemacht hast.]

Erneut war Ryun perplex. Samo neigte sich ein bisschen zur Seite und schaute zum Himmel hinauf.

[Ich weiß, dass ich damit vielleicht zu viel verlange, aber kümmere dich bitte nicht weiter darum, was ich gestern genirmt habe.]

Er ließ seinen Blick auf dem Steintisch ruhen und saß still da. Sie wandte sich ihm zu.

[Du kannst nicht mein Kind sein, das weiß ich, aber ein Freund kannst du doch sein, oder? Was ich mir wünsche, ist ganz einfach. Wir wechseln Briefe voll kitschigen Unsinns, und wir treffen uns, wenn du zufällig durch Hatengrazu kommst, auch wenn das nur einmal alle paar Jahre der Fall sein sollte. Oder ich unternehme gelegentlich eine Reise, um dich zu besuchen. Wäre dir das unangenehm?]

[Samo, ich bin ...] Er brach ab und schloss seinen Geist.

Sie wartete eine Weile, ehe sie nirmte: [Ich gebe mich keinen Illusionen über einen Kind-Ersatz hin. Aber wenn das in deinen Augen so gewirkt hat, bedeutet das, dass meine Haltung oder mein Verhalten dir Anlass dazu gegeben hat, das zu glauben. Ich will mich ändern. Ich werde dir jetzt etwas nirmen. Nichts aus meinem tiefsten Inneren ist wahrer, und ich bitte dich darum, dass du das auch so verstehst. Ich wünsche mir kein Kind, sondern einen Freund.]

Ryun schüttelte den Kopf. [Ihr habt doch sehr viele Freunde.]

[Auf der Welt gibt es Dinge, bei denen es umso schöner ist, je mehr man davon hat, wie großartige Scherze. Meiner Ansicht nach gehören gute Freunde auch dazu.]

So hatte Ryun das nicht gesehen. Samo Pey genoss die uneingeschränkte Liebe aller Familienmitglieder, und dass so eine Frau sich nach Freunden sehnte, war für ihn unvorstellbar.

Zuerst wusste er mit ihrem Wunsch, er möge die Verbindung zu seiner Familie durch sie weiter aufrechterhalten, nichts anzufangen. Doch dann wurde ihm bewusst, wie sehr er Samo liebte. Sein Herz zu verlieren, bedeutete, den Namen Pey zu verlieren, und den Namen Pey zu verlieren, bedeutete, die Verbindung zu Samo zu verlieren. Er würde nicht mehr ihr Bruder sein, aber auch kein Mann, der ihre Privatgemächer betreten konnte. Anders ausgedrückt: Nach der Entnahmezeremonie würden sie eine Beziehung haben, die keine mehr war. Er war davon ausgegangen, dass alle seine Verbindungen mit dem Haus Pey gekappt werden würden, doch nun wollte Samo mit ihm eine neue Bindung als Freund knüpfen. Obwohl er ihr so wehgetan hatte, dass sie silberne Tränen vergossen hatte.

Ryun nickte. Samo strahlte über das ganze Gesicht.

[Ich danke dir. Möchtest du wieder reingehen und tanzen?]

[Ich bleibe noch ein bisschen hier.]

[In Ordnung.]

Sie erhob sich, aber bevor sie sich umdrehte, tätschelte sie sanft seinen Handrücken. Anschließend nirmte sie ihm, was eigentlich er ihr gerne genirmt hätte: [Danke, Ryun.]

Außerstande, etwas zu erwidern, ließ er sie gehen.

Während er still dasaß, rauschten Erinnerungen an ihm vorbei, zu schnell, als dass er einen Sinn in ihnen hätte erkennen können. Er verharrte ziemlich lange in dieser Position, bis sein Blick, der bisher nichts wahrgenommen hatte, auf den Herzturm fiel.

Egal, wo man sich befand, den zweihundert Meter hohen Turm konnte man in Hatengrazu von überall aus sehen. Während Ryun das prachtvolle Bauwerk betrachtete, fiel ihm etwas auf. In letzter Zeit waren seine Gedanken, wenn er den Turm ansah, von Wut gefärbt gewesen. Aber jetzt trug er so gut wie gar keinen Zorn in sich. Erstaunt überlegte er, warum das so war.

Die Antwort war einfach. Der Turm war der Ort, an dem man ihm sein Herz rauben und damit seine Verbindung zu Samo kappen würde. Gerade hatte sie ihm allerdings eine Beziehung geschenkt, die man ihm nicht nehmen konnte.

Er führte seine Hände zusammen und legte die Stirn darauf. Ohne Vorwarnung strömten silberne Tränen aus seinen Augen.

Sein Zorn war zwar verschwunden, dafür übermannte ihn eine so entsetzliche Angst, dass er fürchtete, ihm könnten alle Schuppen ausfallen.

Diese Angst war immer vorhanden gewesen, hatte sich nur nicht offenbart, weil die Wut sie verdeckt hatte. Nun schoss sie aus der Tiefe seines Herzens an die Oberfläche. Er war

Samo dankbar und machte ihr gleichzeitig Vorwürfe, bis der Zorn wieder die Oberhand gewann. Hasserfüllt starrte er den Herzturm an. Er konnte nichts weiter tun, als sein Gesicht und seine Hände mit silbernen Tränen zu benetzen. Elf Jahre waren vergangen, doch ein Teil von ihm war immer noch in der Zeit und an jenem Ort gefangen, und durch seine Tränen wurde er wieder zu dem kleinen Jungen, der mit ansehen musste, wie eine einzige Hand so leicht den Tod herbeiführte. Das Bild eines Mannes, aus dessen Wunden Blut floss, bis er tot war.

Der Name jenes Mannes war Josbi gewesen.

Josbi war Ryuns Vater.

Nach einer gefühlten Ewigkeit verbarg sich Schanaga endlich hinter dem Mond. Und Hwarit Makerow versank in Hoffnungslosigkeit.

Karu und Swachi hatten keine Beweise dafür gefunden, dass Vias Gift herstellte. Das musste allerdings nichts heißen. Selbst wenn Vias den beiden einen ganzen Tisch mit Giftphiolen präsentiert hätte, hätten sie diese nicht als solche erkannt, solange nicht ausdrücklich »Gift« darauf gestanden hätte. Sie waren zumindest so ehrlich, das auch offen zuzugeben.

Karu gab zu bedenken, dass Vias, wenn sie wirklich Matriarchin werden wollte, es nicht riskieren würde, einen Mord zu begehen.

[Wenn jemand während der Herzentnahmezeremonie ums Leben kommt, hat das beträchtliche Konsequenzen. Hwarit, selbst wenn der Tote nur ein Mann ist, gäbe es mit Sicherheit einen großen Skandal. Man würde eine Untersuchung in die Wege leiten, um den Täter zu finden, und Vias wäre sofort verdächtig, weil sie eine hervorragende Apothekerin ist. Ich glaube nicht, dass sie so ein Risiko in Kauf nehmen würde, nur weil sie dich nicht leiden kann. Es gibt keinen rationalen Grund, warum sie dich töten sollte. Und Vias ist eine sehr rationale Naga.]

Hwarit musste Karu zustimmen. Selbstverständlich war sie rational. Wer könnte rationaler sein als sie? Schließlich hatte sie zwölf Jahre lang kein Kind zur Welt gebracht und sich trotzdem vollkommen unter Kontrolle!

Trotzdem konnte Hwarit keine Freude empfinden, als er die saubere Kleidung anzog, das letzte Geschenk seines Hauses an ihn.

Für ihren Sohn, der nun für immer das Haus verlassen würde, hatten die Makerows alle Vorbereitungen getroffen, die von einer Familie ihres Standes erwartet wurden. Saubere Kleidung für die Zeremonie und für die nächsten Tage, ein Säckchen mit Gold sowie ein scharfer Dolch und nicht zuletzt ein Paar Tanzstäbe. Als Hwarit die Stäbe sah, lachte er bitter auf. Er war ein miserabler Tänzer. Ihm Tanzstäbe mitzugeben, bedeutete, dass seine Familie bei den Vorbereitungen nicht an ihn gedacht hatte. Sie wollte nur den Schein wahren.

Hwarit verstaute alles, was sein Haus für ihn vorbereitet hatte, in seinen kleinen, ebenfalls vom Haus Makerow für ihn bereitgestellten Rucksack und machte sich daran, sich von den Frauen zu verabschieden.

Dusena Makerow, die Matriarchin, und Somero, die älteste Tochter, verhielten sich tadellos. Sie gaben ihm gut gemeinte Ratschläge – er solle sich der Rangordnung entsprechend angemessen verhalten, stets höflich sein und so weiter – und heuchelten ein wenig Bedauern. Hwarit nirmte seine Dankbarkeit, dass man ihn zweiundzwanzig Jahre lang großgezogen hatte und dass er diese Gnade niemals vergessen würde.

Doch all dies war bedeutungslos. Wenn er durch das Haustor ging, würde nichts zurückbleiben, was ihn noch mit der Familie Makerow verband.

Karindol versetzte ihn in Erstaunen. Er war davon überzeugt, dass sie nur böse Worte für ihn übrighaben würde, aber sobald sie ihn sah, umarmte sie ihn. Er war wie vom Donner gerührt.

[Wenn du weggehst, werde ich hier alleine zurückbleiben.]

Hwarit glaubte zu wissen, was sie damit nirmen wollte. Sie beide waren Kinder der Matriarchin. Wahrscheinlich würde jedoch nicht sie, sondern Somero, die keine leibliche Tochter von Dusena war, die nächste Matriarchin werden. Zweifellos eine würdige Person, die von allen bereits als Nachfolgerin des Familienoberhauptes gehandelt wurde, aber Karindol konnte sich nicht darüber freuen. Als ihr bewusst wurde, dass Hwarit nun für immer fortging, wurde sie von ihren Gefühlen überwältigt. Auch wenn er bloß ein Mann war und ihr sowieso keine große Hilfe gewesen wäre.

Er zögerte kurz und tröstete sie dann: [Schwester, Somero ist eine tugendhafte Person.]

Karindol strafte ihn mit einem bösen Blick.

[Du bist ein Idiot! Ja, Somero ist voller Tugend, aber es wäre besser für sie, wenn sie dazu noch ehrgeizig oder listig wäre.]

Hwarit war verwirrt, weil er nicht verstand, wovon sie nirmte, doch sie ließ keine weitere Erklärung folgen.

Er begriff erst, was seine Schwester gemeint hatte, als er sich Vias' Zimmer näherte. Überrascht blieb er mitten im Flur stehen. Karindol machte sich Sorgen, dass Vias Somero den Platz der Matriarchin wegschnappen könnte. Und sie fürchtete sich vor den Konsequenzen. Als Oberhaupt des Hauses würde Somero Karindol gut behandeln und sie nicht mehr als ab und zu ein leichtes Unbehagen spüren lassen. Aber falls Vias Matriarchin würde, wären Karindols Tage bis ans Ende ihres Lebens von weit mehr als nur einem leichten Unbehagen begleitet.

Warum glaubt Karindol, dass Vias Somero aus dem Spiel werfen und selbst Matriarchin werden kann?

Tief in Gedanken versunken, merkte er erst nach einer Weile, dass an Vias' Tür ein Schild angebracht war, das den Zutritt untersagte. Sie schien wieder mit irgendwelchen gefährlichen Stoffen zu experimentieren. Hwarit war hocherfreut, dass er sie nicht sehen musste, und empfand nicht das geringste Bedauern, dass er sich nicht von ihr verabschieden konnte.

Vor dem Haupttor warteten Karu und Swachi in voller Montur auf ihn. Ihr beunruhigter Gesichtsausdruck verriet, dass sie sich Sorgen um ihn machten. Entschlossen nirmte er: [So, gehen wir und lassen mir das Herz herausnehmen!]

Im Haus Pey bereitete sich auch Ryun auf seine Herzentnahmezeremonie vor. Im Gegensatz zu seinem Freund, der kostbare, aber lieblos ausgewählte Geschenke bekommen hatte, ließen die seinen innige Anteilnahme erkennen. Er freute sich trotzdem nicht über sie.

[Ein Mann braucht eine Waffe, Ryun. Man weiß nie, was einem begegnet, wenn man alleine durch den Dschungel streift.]

Ryun war verblüfft, als er Samos Waffenarsenal sah. Sie war nicht nur eine großartige Tänzerin, sondern auch eine hervorragende Schwertkämpferin – zwei Talente, die viel miteinander gemeinsam hatten. Zweifellos waren ihre Waffen von ausgezeichneter Qualität. Es waren allerdings so viele, dass Ryun alleine von ihrem Anblick überwältigt war. Samo

empfahl ihm, sie einzeln in die Hand zu nehmen und aus-
zuprobieren.

Überfordert schaute er sich das Arsenal an und blieb vor
einem Xyker stehen. Das traditionelle Schwert der Nagas zeichnete sich durch seine Schärfe aus. Man nirmte, ein Xyker, der
keine zehn übereinanderliegenden Pergamentblätter mit einem
Hieb durchschneiden konnte, durfte nicht Xyker genannt
werden. Samos Xyker war von höchster Qualität. Nicht, dass
Ryun das erkannt hätte. Er wusste praktisch nichts über Schwerter. Ihm gefielen lediglich die Wellenlinien auf der Klinge.

Er nahm den Xyker in die Hand und schwang ihn ein paar
Mal hin und her. Als er Samo ansah, bemerkte er ihren seltsamen Blick.

[Verzeiht mir. Dieses Schwert ist Euch wohl sehr kostbar],
nirmte er und wollte die Waffe wieder an die Wand hängen.

Aber sie hielt ihn davon ab, indem sie die Hand hob.

[Nein, das ist schon in Ordnung. Das ist nicht das Schwert,
das ich benutze. Ich war nur ein wenig überrascht, weil du
ausgerechnet das genommen hast.]

[Ist das ein besonderer Xyker?]

[Ja, das kann man wohl behaupten.] Samo schien zu überlegen, wie sie es sagen sollte, dann nirmte sie sanft: [Dieser
Xyker hat *ihm* gehört.]

Ryun zuckte zusammen. Er sah sie an, dann richtete er seinen Blick auf die Waffe.

[Ihm?]

[Ja, ihm.]

[Hat man nicht alles ... verschwinden lassen, was ihm gehörte?]

[Angeblich, ja.]

Samo lächelte. Ryun spürte, wie seine Hand zitterte. Aus
Angst, dass er ihn fallen lassen könnte, packte er den Xyker

fester und erschrak, als er glaubte, dass das Schwert in seinen Händen zuckte.

Er nahm den Xyker näher in Augenschein und entdeckte etwas in der Nähe der Angel. Dort war ein Schriftzeichen gewesen, in das mit sehr viel Geschick ein Muster ziseliert worden war, sodass es sich darin verlor. Jemand, der dieses Schriftzeichen nicht kannte, hätte es nicht finden können, aber Ryun konnte den in dem Muster verborgenen Namen erkennen.

[Wie habt Ihr es geschafft, ihn zu verstecken?]

[Ich habe stattdessen meinen eigenen Xyker hergegeben. Du kannst ihn haben. Er hätte nichts dagegen gehabt, nehme ich an.]

Samo öffnete eine Holzkiste, holte einen passenden Schwertgürtel hervor und gab ihn Ryun. Er band sich den Gürtel ungeschickt um die Taille und wollte sich bei Samo bedanken, nirmte aber plötzlich stattdessen: [Ich habe geglaubt, dass nichts, rein gar nichts von ihm zurückgeblieben ist, und habe die Hoffnung vor langer Zeit aufgegeben. Aber ich habe mir immer gewünscht, zumindest eine Sache zu haben, die meinem Vater gehört hat.]

[Vater?] Samo war wegen des Ausdrucks erstaunt.

Ryun geriet in Verlegenheit. [Äh, *Vater* bedeutet ...]

[Ich weiß, was es bedeutet. Das ist ein Aberglaube der Ungläubigen.]

[Aberglaube?]

[Natürlich. Es ist ein Aberglaube. So etwas wie einen Vater gibt es nicht.]

Samo lachte, denn sie wollte keine Diskussion. Aber Ryun beließ es nicht dabei.

[Wenn dem so ist, warum habt Ihr dann diesen Xyker aufbewahrt? Doch nicht etwa, weil auch Ihr die Tochter unseres Vaters seid?]

112

In Samos Gesicht zeichnete sich erneut Überraschung ab.

[Auch davon weißt du? Es stimmt, dass er der Partner meiner Mutter war. Ich habe den Xyker jedoch nicht deshalb aufbewahrt. Josbi war mein Meister im Schwertkampf.]

Samos kühle Antwort verletzte Ryun. Sie trat einen Schritt auf ihn zu, sah ihm in die Augen und fuhr fort: [Ryun, weder du noch ich bestehen aus dem, was er uns mitgegeben hat. Wenn du den Ausdruck *Vater* unbedingt benutzen willst, musst du auch alle Tiere, die unsere Mutter je gegessen hat, und auch alles Wasser, das sie je getrunken hat, Vater nennen. Das wäre gewaltiger Unfug!]

[Das weiß ich. Sehr gut sogar.]

[Ich habe nie daran gezweifelt, dass du das weißt. Also, nimm das zurück, bevor du abreist.]

[Was soll ich zurücknehmen?]

[Dein Nirm von einem Vater. Nimm es zurück. Versprich mir, dass du diesen Ausdruck nie wieder benutzt. Wenn man von solch einem Aberglauben besessen ist, kann man nicht mehr klar denken.]

Ryun brach innerlich in Gelächter aus.

Wie kann man so etwas versprechen? Kann sie etwa meine Erinnerungen auslöschen? Dann könnte ich ihr das vielleicht versprechen.

Trotzdem nickte er. Er wollte die einzige Pey, die er wirklich liebte, nicht enttäuschen, so kurz, bevor er den Familiennamen verlor.

[Ich verspreche es Euch.]

Er verabschiedete sich von den anderen Familienmitgliedern und ging. Vor dem Haupttor warteten die zehn Männer auf ihn, die sich momentan im Haus Pey aufhielten. Erschrocken sah Ryun, dass sie leger bekleidet waren und kein Gepäck dabeihatten. Es war üblich, dass die Begleiter zum Herzturm mitkamen und anschließend mit jungen Frauen, die ihre Herzentnahmezeremonie hinter sich hatten, in ein anderes Haus zogen. Aber Ryuns Begleiter schienen zur Familie Pey zurückkehren zu wollen. In ihrer Begleitung durch Hatengrazu zu laufen, bedeutete, dass Ryun zur Zielscheibe von Neid und Eifersucht werden würde. Er fragte den Mann, der ihm am nächsten stand: [Werdet ihr alle wieder hierher zurückkommen?]

Der Mann bejahte. Für Ryun war das Haus Pey schon Vergangenheit. Vorsichtig fragte er weiter: [Obwohl ihr viele junge Frauen sehen werdet, die im Herzturm zu Erwachsenen werden?]

Der Mann lächelte.

[Ich mag die Familie Pey. Den anderen Männern geht es ähnlich. Die Frauen, die heute erwachsen werden, können ja dich oder die anderen jungen Männer verführen, die ihre Initiation hinter sich bringen.]

Mit einem Mal war Ryun eifersüchtig auf diese Männer. Sie würden in das Haus Pey zurückkehren, aber er, der hier geboren und aufgewachsen war, durfte nie wieder zurückkommen.

Tinahan sah die Angelegenheit mit dem für Lekons typischen Pragmatismus. Er erzählte von dem Vertrag, den er mit dem Großtempel geschlossen hatte, und verkündete, dass Kaygons merkwürdige Angewohnheit kein Hindernis für die Ausführung seines Auftrags darstellte.

»Es gibt nur eine einzige Sache, die für mich von Belang ist, wenn ich mit ihm zusammenarbeiten soll. Ist er mir hilfreich oder nicht? Kaygon ist der größte Naga-Experte, den es gibt. Wahrscheinlich, weil sie seine Hauptnahrungsquelle sind ... Also, ich komme mit!«

»Tinahan, glaubst du wirklich, dass deine Einstellung richtig ist? Dass es dir egal sein kann, was um dich herum passiert, solange es keine Auswirkung auf dich hat?«

»Mag sein, dass das moralisch nicht in Ordnung ist. Aber sich in Dinge einzumischen, die einen nichts angehen, gehört sich ebenso wenig. Und die Nagas gehen mich gar nichts an. Wenn ich es mir recht überlege, gibt es überhaupt keinen Grund, Rücksicht auf diese Mistkerle zu nehmen, die die Hälfte der Welt für sich alleine beanspruchen und niemanden reinlassen. Von daher geht es mir am Arsch vorbei, ob Kaygon Nagas kocht oder brät.«

Bihyung entgegnete gequält: »Aber Nagas sind auch Personen, oder etwa nicht?«

»Hältst du auch das gottlose Volk der Duokxini für Personen?«

Darauf wusste der Dokebi keine Antwort.

Nachdenklich strich Tinahan über seine Schnabelspitze.

»Ist man eine Person, nur weil man als solche geboren ist? Man ist eine Person, wenn man sich wie eine verhält. Nagas verhalten sich nicht wie Personen. Deswegen scheren mich diese Bastarde nicht. Und verdammt noch mal, außerdem ist Kaygons Einstellung doch gerecht! Er hat schließlich nicht wie ein hohlköpfiger Feigling dahergeredet.«

»Ein hohlköpfiger Feigling?«

»Die so Dinge sagen wie: Wenn ich dich verfluche, quäle, schlage und töte, ist das in Ordnung, aber wehe, du tust mir so etwas an. So etwas will einfach nicht in meinen Kopf. Aber das hat Kaygon nicht gesagt. Er hat gesagt, dass alle Nagas das Recht haben, ihn zu töten. Das ist keine Selbstverständlichkeit, und es ist gar nicht so leicht, das auszusprechen.«

»Natürlich klingt das erst mal imponierend, sagt aber letztlich nichts weiter aus, als dass wir uns alle zur Zielscheibe machen und ein Haufen übermütiger Wahnsinniger sind, die es nach Blut und Gemetzel dürstet. Oder etwa nicht?«

»Von Gemetzel kannst du nur reden, wenn deine Gegner Personen sind.«

Die Frage, ob Nagas als Personen angesehen werden konnten oder nicht, war der Dreh- und Angelpunkt ihrer Diskussion. Bihyung erkannte, dass er sich dieser Mission aus Neugierde anschließen wollte. Er wollte mehr über Nagas in Erfahrung bringen, um ein Urteil über Kaygons Verhalten fällen zu können.

Als Bihyung und Tinahan erklärten, trotz seiner Essgewohnheiten mit ihm zu reisen, nickte Kaygon nur und fing an, die praktischen Punkte durchzugehen. Seine beiden Gefährten fühlten sich dabei erneut wie unwissende Idioten – ein Gefühl, das ihnen unangenehm war. Dabei behandelte Kaygon sie nicht wie Dummköpfe, ganz im Gegenteil, doch die Anweisungen, die er ihnen erteilte, standen dem gesunden Menschenverstand entgegen. Zieh dickere Kleidung an, je heißer es wird. Mach möglichst viel Lärm, wenn der Verdacht besteht, dass sich Nagas in der Nähe befinden. Flieh möglichst langsam, wenn du verfolgt wirst. Klettere einen frei stehenden Felsen hinauf, falls du von Nagas entdeckt werden könntest.

Tinahan und Bihyung sahen so verständnislos drein, dass Kaygon sich gezwungen sah, seine Anweisungen zu erklären: »Je heißer es wird, desto wahrscheinlicher ist es, Nagas anzutreffen, deswegen sollte man dickere Kleidung anziehen, damit die Körpertemperatur verborgen bleibt. Es ist auszuschließen, dass Nagas auf einen aufmerksam werden, weil sie etwas gehört haben. Wenn man den Verdacht hat, dass Nagas in der Nähe sind, sollte man also möglichst viel Lärm machen, der die wilden Tiere im Dschungel aufscheucht,

116

sodass sie in alle Richtungen davonrennen und so die Nagas verwirren, die Wärme sehen können. Man sollte sich eher langsam bewegen, wenn man von einem Naga verfolgt wird, denn beim Rennen erhöht sich die Körpertemperatur, wodurch der Naga einen leichter entdeckt. Ein frei stehender Felsen wird in der Tropensonne sehr heiß. Klettert man darauf, kann der Naga die Körpertemperatur der Person und die Hitze des Gesteins nicht voneinander unterscheiden.«

Kaygons Ausführungen dauerten zwei Stunden. Er erklärte alles geduldig und ausführlich, doch er lächelte kein einziges Mal dabei. Auch gab er Bihyung und Tinahan keine Gelegenheit, über das Gehörte zu reden. Sie konnten ihn nur bewundernd anstarren und versuchen, seine Worte im Kopf zu behalten.

Diese Eigenschaft sollten sie in den kommenden Tagen immer wieder an Kaygon bemerken: Wenn er es für notwendig hielt, erklärte er so geduldig und lange, dass seine Zuhörer die Konzentration verloren. Aber nie fügte er ein Lächeln oder einen Witz hinzu.

»Habt Ihr alles verstanden?«, fragte er die beiden schließlich.

Bihyung und Tinahan schwirrte der Kopf von all dem wertvollen neuen Wissen. Dennoch nickten sie hastig.

»Klar, sicher. Alles verstanden.«

Am darauffolgenden Abend verließen die drei in der Dämmerung die Letzte Taverne und machten sich auf den Weg nach Süden. Der Wirt verabschiedete sich mit Abscheu und Erleichterung in den Augen von ihnen. Bihyung und Kaygon ritten auf dem Käfer, Tinahan rannte ihnen hinterher.

Bihyung wollte Kaygon unbedingt zeigen, wie man unterhaltsam erklärte. Doch Kaygon war der Umgang mit Käfern offenbar vertraut. Er stieg gemächlich auf und fand routiniert heraus, welche Chitinplatten er berühren durfte und welche nicht. Bihyung suchte verzweifelt nach einem Fehler an Kaygons Sitzhaltung – und fand keinen. Also kletterte er frustriert auf den Käferrücken und setzte sich schweigend vor Kaygon, der Bihyung mit einem verständnislosen Blick bedachte und sich fragte, was hier eigentlich los sei.

Die drei durchquerten die Punten-Wüste bei Nacht. Die Flügelschläge des Käfers verursachten einen gewaltigen Lärm, und hinter Tinahan, der wie ein Orkan über den Wüstensand raste, bildete sich ein kleiner Sandsturm. Hätte ein Wanderer sie aus der Ferne gesehen, er hätte geglaubt, hier wüte eine brüllende, namenlose Bestie aus lang vergessenen Zeiten, mit dem Kopf eines Käfers und einem Körper aus Sand.

Zugleich waren diese drei lauten Reisenden ausgesprochen leise. Kaygon und Bihyung konnten sich über dem Knattern der Käferflügel nicht unterhalten, und Tinahan brauchte seinen Atem, um mit dem Käfer Schritt zu halten.

So eilten sie unter tosendem Lärm schweigend nach Kiboren.

In Hatengrazu, der Stadt der Unbarmherzigkeit, herrschte äußerste Geschäftigkeit in absoluter Stille. Selbst heute, am Tag der Herzentnahmezeremonie, dem höchsten Feiertag im Jahr, war kein Gespräch, kein Schrei, kein Lied, keine Stimme zu hören. Doch die Hauptstraßen, Gebäude, Gassen und Plätze waren von chaotischem Nirm erfüllt. Wäre ein anderes Wesen in der Lage gewesen, die Geistessprache der Nagas zu verstehen, ihm wäre schwindelig von all dem unhörbaren Lärm geworden. Die jungen Nagas waren aufgeregt und hatten ihren Geist viel weiter als sonst geöffnet. Ihre Begleiter hielten sie nicht zurück, sondern ermutigten sie dazu.

Menschen lassen ihre Gefühle heraus, indem sie rufen und brüllen oder lachen. Ein einzelner Mensch, der schweigend inmitten einer feiernden Menge steht, fühlt sich ausgeschlossen, weil er nicht mitfühlen kann. Ein Naga reagiert da deutlich empfindlicher. Wenn überall um ihn herum aufgeregt genirmt wird, er selbst aber seinen Geist geschlossen hält, verursacht ihm das körperliche und geistige Schmerzen.

Ryun Pey hatte seinen Geist hartnäckig geschlossen gehalten, und so brach er plötzlich mitten auf der Hauptstraße zusammen.

Um ihn herrschte dichtes Gedränge. Alle waren auf dem Weg zum Herzturm, und im Vorbeigehen warfen die jungen Nagas Ryun verstohlene Blicke zu. Soba, der älteste von Ryuns Begleitern, reagierte schnell. Er half Ryun hoch und setzte ihn auf die Stufen eines Gebäudes. Die restlichen Männer wies er an, einen Halbkreis um Ryun zu bilden, sodass er vor den Blicken der Passanten geschützt war. Anschließend musterte er Ryun eindringlich.

[Ryun? Ist alles in Ordnung mit dir? Ich bin es, Soba. Komm schon, nirm etwas!]

Ryuns Augen waren zwar auf ihn gerichtet, doch er schien nichts wahrzunehmen. Da sah Soba, dass sich Ryuns Lippen bewegten. Ryun benutzte seine Stimme! Panisch konzentrierte Soba sich auf sein Gehör, doch es war Ewigkeiten her, dass er seine Ohren gebraucht hatte. Nach einer Weile konnte er verstehen, was Ryun sagte.

»Nein ... ich will nicht dorthin gehen, nein ...«

Soba hatte schon bei anderen jungen Nagas erlebt, dass sie kurz vor ihrer Herzentnahmezeremonie Angst bekamen, wenn auch nicht in diesem Ausmaß.

[Beruhige dich, Ryun! Alles ist gut. Dir wird nichts geschehen.]

»Ich will nicht sterben ... will nicht sterben!«

[Du wirst nicht sterben, ganz im Gegenteil. Dir wird nur das Herz herausgenommen, und damit gehst du dem sicheren Tod aus dem Weg. Beruhige dich, Ryun.]

»Nein, ich werde sterben. Sterben. So wie ... Ja, genau so, genau so!«

[Genau so wie wer? Gab es im Haus Pey jemanden, bei dem es während der Herzentnahme zu einem Zwischenfall gekommen ist?]

Soba sah seine Begleiter fragend an, aber keiner von ihnen erwiderte etwas. Sie waren mit der Geschichte des Hauses Pey nicht vertraut.

Ryun umklammerte den Xyker an seiner Taille. Aus Angst, dass Ryun mit dem Schwert jemanden verletzen könnte, ergriff Soba seine Schulter und nirmte: [Du wirst nicht sterben. Das wird nicht passieren, Ryun. Komm schon, steh auf. Du bist dem Tod geweiht, wenn du nicht an dieser Zeremonie teilnimmst! Sie werden dich wegen deines heißen Blutes jagen!]

»Ich will das nicht! Ich werde das nicht tun. Niemand darf mir mein Herz nehmen! Ich will nach Hause, gehen wir bitte zurück nach Hause!«

Soba wusste nicht mehr weiter. Hektisch sah er sich um, ob ihnen jemand helfen konnte. Da entdeckte er ein bekanntes Gesicht in der Menge.

[Hwarit! Novize Hwarit!]

Hwarit erschrak, als er das scharfe Nirm vernahm, das urplötzlich auf ihn zuströmte. Karu und Swachi griffen nach ihren Schwertern. Sie entdeckten die Gruppe, die um einen jungen Naga herumstand.

[Ryun?]

Hwarit wollte schnell zu ihm, aber Swachi packte seinen Arm.

[Nein. Es könnte eine Falle sein.]

[Eine Falle?], nirmte Hwarit bestürzt.

[Vielleicht ist unser Plan aufgeflogen.]

[Ryun weiß von nichts! Es ist erst recht verdächtig, wenn ich ihm nicht helfe.]

Hwarit riss sich los und eilte zu seinem Freund. Swachi fluchte in Gedanken. Die Gruppe um Ryun Pey war zu groß, als dass sie zu dritt mit ihnen fertigwerden könnten. Karu und Swachi blieb nichts anderes übrig, als ihm zu folgen. Erst, als sie ein vertrauensvolles Nirm von Soba wahrnahmen, entspannten sie sich.

[Du bist ein Freund von ihm, nicht wahr? Kannst du ihn bitte beruhigen? Ich vermute, dass er Angst vor der Herzentnahme hat. Wir kennen ihn kaum.]

Hwarit nickte und setzte sich neben seinen Freund. Den Blick zum Himmel gerichtet, bewegte Ryun weiter die Lippen. Er schien Hwarit nicht zu sehen.

[Er verwendet seine Stimme], erklärte Soba. Hwarit konzentrierte sich auf sein Gehör und vernahm Ryuns Schluchzen.

»Lasst mich zurück nach Hause. Nein! Nicht nach Hause. Nach Hause kann ich nicht mehr. Es gibt keinen Ort, an den ich noch gehen könnte. Ich werde sterben. Ich ...«

Hwarit merkte, dass Ryuns Zustand ernst war. Er packte seinen Freund an der Schulter und formte seinen Geist zu einem Bohrer.

[Didyusryuno Rargand Pey!]

Die anderen konnten Hwarits extrem fokussiertes Nirm zwar nicht wahrnehmen, aber sie sahen, dass Ryuns Zustand sich veränderte. Er blinzelte und richtete den Blick, der ziellos herumgeirrt war, auf seinen Freund.

[Ashwarital Sepabil Makerow? Du hast ... meinen göttlichen Namen verwendet?]

121

Bei Ryuns Nirm zuckten Karu und Swachi zusammen. Warum sprach er Hwarit mit seinem göttlichen Namen an? Doch keiner der Begleiter nirmte etwas.

Hwarit hielt Ryuns Schulter weiter fest und nirmte ausschließlich ihm: [Gut, Ryun. Beruhige dich. Kannst du aufstehen? Ach nein, vergiss es. Bleib lieber noch ein Weilchen sitzen.]

Ryun fokussierte seinen Geist nun allein auf Hwarit.

[Was ist mit mir passiert? Wo bin ich?]

[Vor dem Tor des Sen-Anwesens. Eigentlich wollte ich dich gerade fragen, was mit dir passiert ist.] Die Angst vor der Herzentnahme erwähnte er nicht. [Woran hast du gedacht?]

[Gedacht?], fragte Ryun langsam, als hätte er keine Lust, an irgendetwas zu denken.

Hwarit wollte das Thema wechseln, doch dann fiel ihm der Xyker, den sein Freund fest in der Hand hielt, ins Auge. Er deutete mit dem Kinn auf die Waffe.

[Ein Geschenk deines Hauses? Sieht kostbar aus. Ich habe einen Dolch bekommen, den ich vielleicht gebrauchen kann, wenn ich mal eine Schnur durchschneiden muss.]

Ryuns Blick folgte dem seines Freundes zu seiner Taille. Sein Gesicht verzerrte sich, und er schloss sofort seinen Geist. Als er ihn wieder öffnete, nirmte er seltsam gefasst: [Ich habe mich wie ein Idiot aufgeführt. Danke, dass du mir beigestanden hast, Hwarit.]

[Natürlich, das habe ich doch gern gemacht. Kannst du aufstehen?]

[Wenn du mich loslässt ... Meine Schultern tun mir schon weh.]

Hwarit setzte ein bitteres Lächeln auf und nahm die Hand von der Schulter seines Freundes. Ryun erhob sich, als wäre nichts gewesen. Doch dann zuckte er zusammen und erstarrte.

Hwarit folgte seinem Blick zum Herzturm. Er klopfte Ryun aufmunternd auf den Rücken. Sein Freund sah ihn mit trüben Augen an, als erwache er gerade aus dem Schlaf.

[Gehen wir, Ryun?]

[Wie bitte? Oh, ja. Wir sollten gehen.]

Aber Ryun dachte immer noch nicht daran, sich in Bewegung zu setzen. Hwarit wäre gerne noch bei ihm geblieben, konnte aber Karu und Swachi, die ihm nervöse Blicke zuwarfen, nicht länger auf der Straße stehen lassen.

[Dann sehen wir uns im Herzturm. Du schaffst es alleine dorthin, nicht wahr?]

[Natürlich.] Er klang alles andere als überzeugend, unterstrich aber noch einmal: [Natürlich, das schaffe ich.]

Ryuns Begleiter bedankten sich bei Hwarit für seine Hilfe und gingen los. Hwarit sah ihnen nach. Dass er nicht mit ihnen ging, fiel niemandem auf. Wäre die Anzahl ihrer Begleiter ähnlich hoch gewesen, hätten sie gemeinsam zum Herzturm gehen können. So sähe es jedoch aus, als bitte Hwarit seinen Freund um Geleit – und das ziemte sich für eine so angesehene Familie wie die Makerows nicht. Doch Hwarit kümmerte sich nicht um die Ehre eines Hauses, mit dem er bald keine Verbindung mehr haben würde. Er wollte seinem Freund Trost spenden und mit ihm gehen, aber die Vernunft riet ihm, bei seinen Begleitern zu bleiben. Er seufzte traurig.

[Dein Besuch vor zehn Tagen hat ihm anscheinend nicht geholfen], nirmte Karu kopfschüttelnd. [Von der Angst vor der Herzentnahme habe ich zwar schon mal gehört, aber so einen schlimmen Fall habe ich heute zum ersten Mal erlebt. Ich hoffe, dass er keinen Aufruhr verursacht.]

[Die Hüter wissen, wie sie mit jemandem wie ihm umzugehen haben.]

[Das wollen wir hoffen. Er hat schließlich ein ziemlich großes Schwert bei sich. Wenn er damit Ärger macht, könnte das böse enden.]

Hwarit wollte nicht weiter über seinen Freund reden. Er setzte sich in Bewegung und wechselte das Thema: [Gut, wo waren wir, ehe wir unterbrochen wurden? Ach ja: Woran erkenne ich den Murun?]

[Darüber brauchst du dir keine Gedanken zu machen. Einen Fluss wie den Murun gibt es nur einmal. Du gehst nach Norden, und wenn du auf einen Fluss stößt, der so groß ist, dass du das Ufer auf der anderen Seite nicht sehen kannst, bist du am Murun. Ihn zu übersehen oder an ihm vorbeizulaufen, wäre eine Kunst.]

[Und wenn ich stattdessen an einem See oder dem Meer ankomme?]

[Meerwasser schmeckt salzig. Und das Wasser in einem See fließt nicht, das in einem Fluss schon. Wenn du den Murun erreicht hast, gehst du entgegen der Strömungsrichtung weiter. Ganz einfach, oder?]

Dann gaben Karu und Swachi ihm gute Ratschläge zum Überleben in der Wildnis. Für einen Naga sei es fast unmöglich, nirmten sie, in Kiboren zu verhungern, aber eben nur fast. Solange man noch keine Jagderfahrung gesammelt hatte, war ein so absurder wie beschämender Tod nicht ausgeschlossen. Hwarit sollte stets mutig sein, denn ein Naga, dem das Herz herausgenommen wurde, konnte nicht an einer Verletzung sterben. Karu gab sichtlich vergnügt die Anekdote zum Besten, wie er bei seiner ersten Jagd von den Hauern eines Wildschweins aufgespießt und mitgeschleift worden war und währenddessen das Schwein erwürgt hatte. Hätte Hwarit schon einmal ein Wildschwein gesehen, hätte er Karu kein Wort geglaubt. So hörte er nur voller Bewunderung zu, wie Karu das Schwein in den schillerndsten Farben beschrieb: ein Monster, das es locker mit einem Drachen hätte aufnehmen können.

[Vielen Dank euch beiden.]

Karu wollte schon fragen, wofür Hwarit sich bedankte, doch dann grinste er breit.

[Na los, lassen wir dir das Herz herausnehmen.]

Auch Swachi lächelte. Hwarit nirmte nichts mehr, und so folgten sie schweigend der Straße, auf der Ryun sich schon entfernt hatte.

Als er sich von seinen Begleitern verabschiedet und den Herzturm betreten hatte, hatte Ryun Pey eine Entscheidung getroffen.

Ich werde fliehen.

Es war bereits das zweite Mal in seinem Leben, dass er diese Entscheidung traf. Beim ersten Mal war er elf Jahre alt gewesen.

Als er den Turm betrat, schmolzen die vergangenen Jahre dahin wie ein Tonklumpen in einem Regenschauer, und Ryun wurde wieder zu dem kleinen Jungen von damals. Er stand in der großen Halle inmitten all der ruhelosen Nagas, die darauf warteten, von den Hütern gerufen zu werden, als die Panik ihn endgültig überwältigte. Blitzschnell rannte er los. Noch ehe ihn jemand aufhalten konnte, war er in einem der Korridore verschwunden. Die anderen kümmerten sich nicht um ihn. Sie alle waren aufgeregt und wollten den ihnen zugewiesenen Platz keinesfalls verlassen.

Ryun Pey dachte nur eines, während er durch den Korridor rannte: *Ich muss einen anderen Ausgang finden!*

Er konnte nicht durch den Haupteingang hinaus. Wenn er als Bie-Naga vor die Tür trat, würde ihn die versammelte

Menge zerfleischen. Auch seine Begleiter konnten ihm nicht mehr helfen, die waren wahrscheinlich schon ins Haus Pey zurückgekehrt. Selbst wenn sie noch hier wären, würden sie ihn nicht länger beschützen – schließlich hatte er sein Herz noch.

Abrupt blieb er stehen und legte eine Hand auf seine Brust. Er spürte das wilde Rasen seines Herzens. Die Hüter wären wahrscheinlich nicht sonderlich überrascht, wenn sie ihn hier entdeckten, sondern würden vermuten, er habe sich verlaufen. Sie würden ihn mitnehmen und ihm das Herz herausschneiden. Das durfte nicht geschehen. Grauen überkam ihn. Er brauchte ein Versteck.

Er tastete sich durch seine Erinnerungen, während er sich umsah, und erkannte, dass er in der Nähe der östlichen Treppe war. Sie führte zur Ausstellungshalle, einem Lagerraum, weiter zur Fachbibliothek und noch höher hinauf. Keiner dieser Räume wurde bei der Herzentnahmezeremonie genutzt, also war es unwahrscheinlich, dass sich dort ein Hüter aufhielt. Entschlossen eilte Ryun die Stufen hinauf.

Ausstellungshalle und Lagerraum waren abgeschlossen. Was, wenn jemand gewusst hatte, dass er sich hier verstecken würde, fragte sich Ryun panisch. Schnell eilte er weiter die Stufen hinauf, bemüht, seine Unruhe unter Kontrolle zu bringen. Eine Etage höher befand sich die Fachbibliothek. Sie müsste jetzt geöffnet sein, doch das bedeutete auch, dass der Bibliothekar anwesend war.

Vorsichtig spähte Ryun in den Vorraum. Der Tresen des Bibliothekars war unbesetzt. Ohne lang zu überlegen, riss Ryun die Tür auf. Erst da kam ihm der Gedanke, dass sich der Bibliothekar möglicherweise hier aufhalten könnte, und er erstarrte. Aber die Bibliothek war leer.

Schnell schlüpfte er hinein und zog hastig die Tür hinter sich zu. Sie fiel mit einem lauten Knall ins Schloss – doch kein Naga, nicht einmal Ryun, hörte das Geräusch.

Hwarit betrat allein die Halle des Herzturms. Beim Anblick all der Nagas, die in kleinen Gruppen herumstanden und aufgeregt miteinander nirmten, überkam ihn Unruhe. Er hatte die letzten zweiundzwanzig Jahre entweder zu Hause, hier im Herzturm oder bei Ryun Pey verbracht. So viele Nagas auf einmal zu sehen und ihnen ganz alleine, ohne Begleiter, gegenüberzustehen, war beängstigend.

Er atmete tief durch. Für die anderen musste das alles noch einschüchternder sein als für ihn. Als Novize war ihm der Turm vertraut. Dieser Gedanke beruhigte ihn und verlieh ihm beinahe ein Gefühl der Überlegenheit.

Auf den zweiten Blick erkannte er allerdings, dass er mit seiner Einschätzung falschlag. Die Jungfrauen schienen kein Interesse an der Architektur zu haben, sondern ausschließlich daran, jungen Männern das Versprechen abzuringen, sie nach der Herzentnahmezeremonie aufzusuchen. Und die jungen Männer scherten sich ebenfalls nicht um die baulichen Besonderheiten des Turms. Schüchtern gingen sie den Frauen aus dem Weg, bildeten kleine Gruppen und tauschten sich darüber aus, welche Frau aus welchem Haus gebärfähig war oder bei welcher Familie man einen angenehmen Aufenthalt erwarten durfte.

Hwarit beteiligte sich nicht an diesen Gesprächen, sondern durchquerte gemessenen Schrittes die Halle. Dabei bekam er mehrmals mit, wie das Haus Pey erwähnt wurde. Er lächelte bitter. Wahrscheinlich war kaum einer der hier versammelten Nagas mutig genug, es aufzusuchen. Dort lebten stets zahlreiche Gäste, und die Familie würde einen jungen

Naga, der sich gerade erst das Herz hatte entfernen lassen, wie ein Kleinkind behandeln. Die meisten jungen Männer würden bald feststellen, dass sie nach der Zeremonie ein Gefühl der Leere empfanden. Sie würden Hatengrazu verlassen und sich auf Wanderschaft begeben. Deswegen waren die fiebrigen Bemühungen der Jungfrauen, junge Männer anzulocken, fast immer zum Scheitern verurteilt. Hwarit beschloss, nach Ryun zu suchen, statt seine Aufmerksamkeit weiter den anderen Nagas zu schenken.

[Hwarit Makerow.]

Er fuhr zusammen. Das Nirm kam von einem Hüter, der im Schatten eines Korridors stand, die Kapuze tief ins Gesicht gezogen. Hwarit fand es eigenartig, so angenirmt zu werden, doch er bezeugte dem Hüter den angemessenen Respekt.

[Folge mir.]

Das Nirm war ausgesprochen schlicht und übermittelte nur die Botschaft. Nichts ließ erkennen, wer der Hüter war – was für Nagas ausgesprochen unhöflich war. Wie sollte man so wissen, mit wem man nirmte?

Hwarit fühlte sich unbehaglich, trotzdem antwortete er höflich: [Es tut mir leid, aber ich warte auf den Beginn der Herzentnahmezeremonie.]

[Nirme schlicht! Sonst ziehst du die Aufmerksamkeit der anderen auf uns. Kurz bevor du angekommen bist, ist Ryun Pey geflohen.]

Hwarit fiel aus allen Wolken. [Geflohen?]

[Ja. Er versteckt sich in der Fachbibliothek. Komm mit und beruhige ihn.]

Niemand kümmerte sich um ihr Gespräch. Gemächlichen Schrittes verließen Hwarit und der unbekannte Hüter die Halle, ohne dass es jemandem aufgefallen wäre, dann eilten sie zur östlichen Treppe.

[Hat er jemanden verletzt?], fragte Hwarit.

[Noch nicht. Aber wer weiß, was geschieht, wenn wir uns nicht beeilen.]

Ryun Pey glaubte, den Verstand zu verlieren, als er die Leiche sah.

Nagas, denen das Herz entnommen wurde, sterben weder bei Unfällen noch durch Krankheiten. Wenn ein Körperteil abgetrennt wird, regenerieren sie es. Nur wenn der Körper vollkommen zerstückelt wird, sterben sie. Doch selbst das dauert eine ganze Weile.

Der Naga, der vor Ryun auf dem Boden lag, war noch nicht ganz tot. Langsam ging Ryun inmitten der Leichenteile auf die Knie. Er zitterte wie trockenes Laub.

[Was habt Ihr genirmt?]

[Gib mir ... zurück.]

Mit bebenden Fingern tippte Ryun gegen den Kopf, der mit dem Gesicht nach unten vor ihm lag. Der Kopf drehte sich ein wenig, rollte aber gleich wieder zurück. Ryun biss die Zähne zusammen, hob den Kopf mit beiden Händen an und legte ihn mit dem Gesicht nach oben hin.

Ein Auge war ausgestochen, das andere zugeschwollen, aber trotzdem hatte Ryun das Gefühl, dass der abgetrennte Kopf ihn direkt ansah. Vor Angst wurde ihm beinahe schwarz vor Augen. Es grenzte an ein Wunder, dass er das schwache Nirm noch wahrnahm, das der Kopf ihm sandte.

[Rargand ...?]

Der Kopf war so übel zugerichtet, dass Ryun der Name zuerst nicht einfiel.

[Yubex? Seid Ihr Bibliothekar Yubex?]

Yubex wollte nicken, was natürlich nicht mehr ging. Mühsam nirmte er: [Wie ... bist du hier reingekommen?]

[Ich bin ... ich bin wegen der Herzentnahmezeremonie ...]

[Wie bist du in die Fachbibliothek ... gekommen? Ich habe dir nie die Zutrittserlaubnis erteilt ...]

Yubex schien verwirrt zu sein. Sein Nirm wurde zunehmend schwächer, bis Ryun schon glaubte, der Bibliothekar sei gestorben. Beinahe hätte er den Kopf gepackt und geschüttelt, doch in letzter Sekunde riss er entsetzt die Hände zurück.

[Wer hat Euch das angetan?]

Yubex' leere Augen starrten an die Decke.

[Ich ... wurde ich angegriffen ...? Bin ich ... tot?]

[Wer hat das getan? Wer hat Euch das angetan?]

Yubex antwortete nicht mehr. Als Ryun aufstehen wollte, floss ein dünnes Nirm aus Yubex' Kopf: [Makerow ...]

Ryun fühlte sich, als hätte er einen Schlag in die Magengrube bekommen.

Makerow? Was meint er damit? Hat Hwarit ...?

Nein, unmöglich. Warum sollte Hwarit den Bibliothekar töten und hinter einem Regal verstecken? Er konzentrierte sich noch einmal mit aller Kraft auf Yubex' Kopf.

Er spürte den Fluss eines Geistes, der ihm entgegenkam.

Jemand rannte auf die Fachbibliothek zu!

Erneut erwachte seine Angst.

Vor seinen Augen wurde die Leiche des Bibliothekars zu der seines Vaters. Fast unbewusst kroch Ryun hinter das Bücherregal. In diese Ecke der Bibliothek kam nur selten jemand. Er hätte Yubex auch nicht entdeckt, wenn dessen Geist, obwohl er schon sehr schwach gewesen war, nicht weit ausgegriffen hätte. Kaum hatte sich Ryun in den Schatten verborgen, flog die Tür der Bibliothek mit einem Donnern auf.

[Ryun! Ryun Pey!]

Es war Hwarit, der nach ihm rief. Beinahe wäre Ryun aufgestanden, als er das vertraute Nirm seines Freundes vernahm, doch er hielt sich in letzter Sekunde zurück. Er presste sich noch fester gegen die Wand. Vorsichtig schob er ein Buch im Regal ein wenig zur Seite, sodass er durch die Lücke zur Tür spähen konnte. Als hinter Hwarit ein Hüter eintrat, erstarrte Ryun. Der Hüter hatte seine Kapuze tief ins Gesicht gezogen, weswegen Ryun ihn nicht erkannte, doch allein der Anblick der Robe reichte aus, Ryuns Angst noch weiter zu schüren. Verzweifelt verschloss er seinen Geist so stark wie nie zuvor.

Der Hüter näherte sich dem ersten Regal neben der Tür. Er tastete im obersten Fach umher. Kurz darauf hielt er einen blutigen Xyker in der Hand. Wie gelähmt sah Ryun zu, wie sich der Hüter von hinten an Hwarit heranschlich.

Dann zog er den Xyker quer über Hwarits Rücken.

Ryun stieß einen stummen Schrei aus, hielt seinen Geist aber weiterhin fest verschlossen.

Für einige Augenblicke schien Hwarit die Klinge nicht einmal zu spüren, so scharf war der Xyker. Dann brach er zusammen. Blut floss aus seinem Rücken, sprudelte in Stößen hervor, weil er sein Herz noch hatte. Der Hüter trat einen Schritt zur Seite, um sich nicht zu besudeln.

[Warum ...?], nirmte Hwarit.

Der Hüter drehte ihn mit dem Fuß auf den Rücken. Grinsend schob er seine Kapuze zurück.

[Vias Makerow!]

Ryun merkte gar nicht, dass er den Namen zeitgleich mit Hwarit geschrien hatte.

Vias lächelte grausam. [Richtig, mein dummes Brüderchen.]

[Ich dachte ... Gift ... und doch ... so einfach ...]

[Die einfachste Methode ist immer die beste. Merk dir das für den Rest deines Lebens. Was nicht mehr allzu lange sein dürfte.]

Vias betrachtete mit Freude das Blut, das aus Hwarit floss. Dann fügte sie hinzu, als sei es ihr gerade eingefallen: [Hm … Dich brauche ich ja gar nicht zu zerstückeln wie den anderen.]

[Ryun? Nicht Ryun …]

[Nein, ich nirme von Yubex, diesem schrecklichen Pedanten. Wie erfreut er mich hereingelassen hat, nachdem ich ihm genirmt hatte, dass ich bestimmte Bücher über Arzneimittel benötige.]

[Und Ryun?]

[Ich habe die Wahrheit genirmt. Er ist geflohen. Ich habe es gesehen, als ich in der Halle auf dich gewartet habe. Jetzt irrt er wohl irgendwo im Turm herum.]

Ihr Nirm war freundlich, fast liebevoll, während sie ein großes Bündel Pergament aus dem oberen Fach zog. Sie faltete es auf einem Tisch auseinander, legte ihren Xyker darauf und wickelte ihn in das Pergament ein. Anschließend zog sie die Hüterrobe aus und drehte sie von innen nach außen.

Nachdem sie die Robe wieder angezogen und sich das Pergamentbündel unter den Arm geklemmt hatte, sah Vias wieder aus wie eine gewöhnliche Naga-Apothekerin. Ryun kam ihre Verwandlung wie Magie vor.

Vias zeigte ihrem Bruder ein zufriedenes Lächeln.

[Dein Blut ist wirklich sehr schön, Hwarit. Ich glaube, daran werde ich mich noch lange erinnern.]

[Ihr … seid nicht … normal, Vias.] Hwarits Atem ging nur noch stoßweise.

[Vielleicht. Dennoch bist du es, der hier liegt und ausblutet, nicht ich. Wen von uns beiden wird man wohl als normal in Erinnerung behalten?]

Nach dieser kaltherzigen Erwiderung beugte sie sich zu ihrem Bruder hinab und küsste ihn auf die Lippen. Ryun stöhnte auf, doch niemand hörte es.

[Verschwindet!], schrie Hwarit angewidert.

Doch Vias ließ sich Zeit. Erst nach einer ganzen Weile richtete sie sich auf und leckte sich mit der Zunge über die Lippen.

[Leb wohl, Brüderchen.]

Dann war sie weg.

Hwarit verfluchte Vias, die gegangen war, ohne ihm den Gnadenstoß versetzt zu haben. Wahrscheinlich hatte sie genau das gewollt. Dass er in einer Lache aus seinem eigenen Blut lag und unter Schmerzen auf den Tod wartete. Sie war vollkommen verrückt geworden.

[Bitte, ist da jemand? Hilfe!]

Seine Schmerzen waren so stark, dass er seinen Geist nicht fokussieren konnte. Er war inzwischen so schwach, dass ihn wahrscheinlich nicht einmal jemand in unmittelbarer Nähe wahrnehmen konnte. Seine Stimme zu verwenden, wäre sinnlos. Niemand würde ihn hören, selbst wenn er noch genug Kraft gehabt hätte, um zu schreien. Dennoch gab er nicht auf.

[Hilfe! Rettet mich! Ich ... Helft mir, bitte!]

Je mehr er seinen Geist fokussierte, desto stärker wurden die Schmerzen. Er spürte, wie ihn die letzte Kraft verließ.

Dann näherte sich ihm ein anderer Geist.

Er wollte sich umschauen, konnte aber nichts erkennen. Erst da merkte er, dass er weinte. Anders als die klaren Tränen der Ungläubigen trübten die silbernen Tränen der Nagas den Blick fast vollständig. Hwarit nirmte verzweifelt in die silberne Dunkelheit hinaus: [Ist da jemand? Helft mir, helft mir bitte!]

[Hwarit. Ich bin's, Ryun.]

[Ryun? Bist du's wirklich?]

Zitternde Finger strichen über seine Augen. Die silbernen Tränen verschwanden, und er konnte Ryuns Gesicht sehen. Sein Freund schaute auf ihn herab.

[Tut mir leid! Es tut mir so leid, Hwarit! Ich habe meinen Geist so lange geschlossen gehalten, dass ich mich nicht mehr bewegen konnte. Ich konnte mich erst aus meiner Starre befreien, als es zu spät war. Ich hätte sie aufhalten müssen! Es tut mir so leid! Es war dumm von mir, so unverzeihlich dumm von mir!]

Hwarit spürte, wie Ryuns Geist mit unaufhaltsamer Wucht in den seinen strömte. Er drang bis in die hintersten Ecken vor, hinein in die Bereiche, die man nicht öffnen konnte, selbst wenn man sie bewusst offenbaren wollte.

Und Hwarit verstand alles.

Warum Ryun die Flucht ergriffen hatte. Was er gesehen und wahrgenommen hatte. Seine Scham, weil er sich nicht hatte bewegen können und zugesehen hatte, wie sein Freund angegriffen worden war. Hwarit konnte Ryun keine Vorwürfe machen. Er sah ungefiltert in seinen Geist und verstand.

Da Ryuns Geist lückenlos offen stand, erfuhr Hwarit alles über ihn, teilte sogar seine Augen. Er hatte Yubex' zerstückelte Leiche vor Augen, als ob er sie selbst gesehen hätte. Er sah sich selbst auf dem Boden liegen und erkannte, dass er sterben würde. Und er erkannte noch etwas anderes. Ryun war zu verängstigt, um zu begreifen, was passiert war, Hwarit hingegen wusste, dass seine Schwester den Mord von langer Hand geplant hatte. Aber anstatt in Panik zu verfallen, überkam ihn eine kühle Ruhe.

[Ryun, merk dir gut, was ich dir jetzt nirme.]

[Hwarit, es tut mir so leid. Ich habe so viel falsch gemacht. Ich hätte sie aufhalten sollen. Warum konnte ich mich bloß nicht bewegen ...]

[Didyusryuno Rargand Pey!]

Ryun erschrak. Endlich nahm er Hwarit wahr, der in seinem Geist war und Hwarit betrachtete. Innen und außen verschwammen, die Grenze zwischen dem eigenen Ich und dem des anderen lösten sich auf. Für Ryun war dieses Chaos das pure Grauen, doch Hwarit ließ nicht zu, dass er davon überwältigt wurde. Er drang in Ryuns Geist ein und übernahm die Kontrolle.

Den Geist eines anderen zu beherrschen, war nur mit Magie möglich. Trotzdem gelang es Hwarit bis zu einem gewissen Grad, weil der Geist seines Freundes vollständig offen stand. Ryuns Angst wurde von gewaltigen Kopfschmerzen abgelöst. Er stöhnte auf.

[Wie ist das ...?]

[Auch ich wusste nicht, dass das möglich ist. Aber wir haben keine Zeit, Theorien aufzustellen. Pass jetzt genau auf, Didyusryuno Rargand Pey.] Hwarit verwendete bewusst den göttlichen Namen. [Ich bin so gut wie tot. Aber das ist nicht deine Schuld, verstehst du?]

Im Angesicht des Todes gelang Hwarit etwas Erstaunliches. Er wiederholte immer wieder, dass Ryun nicht schuld sei, und nirmte gleichzeitig etwas anderes. Ryun lauschte fasziniert den parallelen Nirms einer einzigen Person.

[Du trägst keine Schuld an meinem Tod, Didyusryuno Rargand Pey. Du hättest nichts tun können. Es war höhere Gewalt. Du wolltest

[Pass jetzt genau auf, Didyusryuno Rargand Pey. Ich habe eine Aufgabe, die ich erfüllen muss. Vias denkt, dass sie bloß ihren verhassten Bru-

mir helfen, und das macht mich glücklich. Ich bin dir dafür unendlich dankbar. Du trägst keine Schuld an meinem Tod. Nicht du hast mich getötet, sondern Vias Makerow. Du trägst keine Schuld. Du trägst keine Schuld. Du trägst keine Schuld.] der getötet hat, aber in Wahrheit hat sie nicht nur mich ermordet, sondern auch meine Mission vereitelt. Ich werde sterben, aber ich will nicht, dass Vias auch meine Mission ruiniert. Führe du an meiner Stelle den Auftrag aus. Das ist meine letzte Bitte an dich.]

Ryun empfand bei Hwarits Nirm blankes Entsetzen, konnte seinen Geist jedoch nicht mehr schließen.

[Eine letzte Bitte ...?]

Als Hwarit überzeugt war, seinem Freund die Schuldgefühle genommen zu haben, nirmte er: [Geh nach Norden! Bis du auf einen riesigen Fluss stößt. Den Murun-Fluss. Dort wirst du drei Ungläubige treffen.]

[Ungläubige?]

[Ja. Einen Dokebi, einen Menschen und einen Lekon. Sie werden dich führen. Du musst ein Lied singen.]

Hwarit teilte seinen Geist erneut und pflanzte das Lied, das er gelernt hatte, in den seines Freundes. Gleichzeitig nirmte er: [Das ist das Erkennungszeichen. Wenn die drei das Lied hören, werden sie mit dir über die Grenze gehen und dich zu Großmeister Jutagi vom Großtempel Hainsha bringen. Er wird dir sagen, was du weiter zu tun hast. Nimm meinen Rucksack mit. Darin sind Dinge, die du brauchen wirst.]

Überwältigt starrte Ryun seinen Freund an. Dieser lächelte kraftlos.

[Ja, Novize Hwarit, stets zuverlässig und regeltreu, immer auf der Seite der Moral, dieser Hwarit war in Wirklichkeit ein Verschwörer. War ich ein guter Schauspieler?]

[Warum soll ich zu einem Menschen ... Warum?]

[Bitte! Diese Angelegenheit ist von äußerster Wichtigkeit für alle Nagas. Für ausführliche Erklärungen bleibt mir keine Zeit mehr. Du hast behauptet, dass unsere wahren Feinde im Herzturm sind. Du hast damit den Vorfall mit Josbi gemeint. Und du hast recht. Die Feinde der Nagas sind in der Tat im Herzturm.]

[Die Feinde der Nagas ...?]

[Ja ... Du musst dich mit den anderen Völkern zusammenschließen und die Feinde der Nagas bekämpfen. Nur du kannst das.]

[Nur ich? Wieso?]

[Weil du Didyusryuno Rargand Pey bist.]

Ryun blickte seinen Freund fassungslos an. Obwohl Hwarit vor Schmerzen erneut weinte, lächelte er.

[Diese Aufgabe kann nur ein Hüter oder ein Novize erfüllen. Also nur ein Bräutigam der *Göttin, die keine Fußspuren hinterlässt*. Du brauchst mir gar nicht erst zu nirmen, dass du kein Novize mehr bist, Didyusryuno Rargand Pey. Ich habe mich immer gefragt, warum du deinen Novizenstatus aufgegeben hast. Jetzt weiß ich es. Es war wegen Josbi.]

[Die Hüter haben meinen Vater getötet.]

[Das weiß ich jetzt. Deswegen konntest du kein Novize mehr sein.]

[Ich konnte es nicht mehr ertragen.]

[Das ist in Ordnung. Aber du warst einmal ein Novize, der einen göttlichen Namen erhalten hat. Du kennst den Namen der *Göttin, die keine Fußspuren hinterlässt*. Deine Göttin ist Rargand. Wenn du Rargand rufst, rufst du die Göttin. Es spielt keine Rolle, ob du noch Novize bist oder nicht. Die Göttin hat dir einen Namen gegeben. Nur das zählt.]

Ryun war erschüttert. [Ist das wahr?]

[Ja. Wenn du geblieben wärst und dich weiter den Studien gewidmet hättest, wüsstest du das. Du kannst die Göttin rufen, weil sie dir einen Namen gegeben hat. Das ist wichtig für das, was du im Großtempel tun musst. Außerdem] – Hwarit lächelte wieder – [bist du mein Freund, und ich vertraue dir. Ich kann mir niemanden vorstellen, der besser geeignet wäre, meine Mission weiterzuführen. Ich habe wirklich großes Glück!]

Ryuns Augen füllten sich mit silbernen Tränen.

Hwarit nirmte schwach: [Geh jetzt.]

[Hwarit, bleib wach. Ich hole Hilfe!]

[Nein.]

Hwarit war zu erschöpft, um Ryun zu nirmen, dass er nicht mehr rechtzeitig einen Heiler finden würde. Er hatte mit dem Leben abgeschlossen. Es gab nichts mehr, was er sich noch wünschte. Er sammelte seine Kräfte und nirmte: [Geh! Didyusryuno Rargand Pey!]

Ryun stand auf, rannte zur Tür und verließ den Raum.

Als Ryun die Bibliothek verlassen hatte, stöhnte Hwarit auf. Die Wunde an seinem Rücken schmerzte nicht mehr. Kälte drang von allen Seiten in ihn hinein, aber er empfand sie als angenehm und behaglich.

Er hatte Ryuns Schuldgefühle ausgenutzt, als er ihn auf die Mission geschickt hatte. So wichtig war ihm aber gar nicht mehr, ob die Mission erfolgreich abgeschlossen wurde oder fehlschlug, denn er würde den Ausgang ohnehin nicht mehr erfahren. Aber er hatte seinem Leben und seinem Tod einen Sinn gegeben. Hatte alles getan, was in seiner Macht stand, um im Angesicht des Todes seine Würde zu wahren.

So rief er nun ganz ruhig und ohne Furcht seine Göttin.

Sepabil, meine Göttin.

Etwas flackerte vor seinen geschlossenen Augen. Waren es seine silbernen Tränen? Das Leuchten wurde immer heller. Zugleich ging Dunkelheit von ihm aus. Hwarit lächelte diesem Leuchten entgegen, das vom Himmel zu ihm herabkam.

Hoch oben im fünfundfünfzigsten Stock des Herzturms versammelten sich drei Nagas in einem geheimen Zimmer. Anders als bei Menschen, die ihre Geheimverstecke in Kellern einrichteten, zogen die Hüter der Nagas schwindelerregende Höhen vor. Schließlich würde niemand die Tausenden von Stufen des Herzturms aus purer Neugierde oder wegen einer Nichtigkeit erklimmen.

Die beiden Nagas, die diese Anstrengung in Kauf genommen hatten, trafen dort Serisma, einen der einflussreichsten Hüter von Hatengrazu. Dass sein Zimmer so hoch oben lag, war ein Zeichen seiner Macht. Er hatte es seit über einem Jahrzehnt nicht mehr verlassen. Er trank Regenwasser, von dem es hier oben reichlich gab, und einmal im Monat brachten ihm ein paar unglückliche Novizen, die nach den endlosen Treppenstufen halb tot bei ihm ankamen, etwas zu essen – Ziegen, Schafe, Kälber oder Hirsche.

Im Augenblick sah Hüter Serisma jedoch so unglücklich aus, als hätte er selbst die Stufen zu seinem Zimmer emporsteigen müssen. Seine beiden Besucher waren Swachi und Karu, und auch sie wirkten nicht zufriedener.

Swachi fuhr mit seinem Bericht fort: [Man hat nasse Kleidung und ein dickes Buch im Wald entdeckt. Wahrscheinlich hat der Mörder seine Körpertemperatur mithilfe der nassen Kleider verborgen. Das dicke Buch hielt er sich vors Herz gepresst. So konnte er unentdeckt zusammen mit all den jungen Nagas den Turm nach der Herzentnahmezeremonie verlassen.]

Serisma legte den Kopf schief. [Und was beschäftigt dich jetzt so?]

[Karu und ich haben gesehen, dass Ryun Angst vor der Herzentnahme hatte. Das passiert manchmal, wenn junge Männer zu viele Schauergeschichten darüber hören. Trotzdem, hier passt nichts zusammen.]

Karu nickte zustimmend.

[Und weiter?]

[Gehen wir den Vorfall noch einmal chronologisch durch. Ryun Pey betritt die Halle. Kurz darauf flieht er. Augenzeugen berichten, dass er verängstigt aussah und kopflos in den nächstbesten Korridor gerannt ist. Kurz danach kommt Hwarit Makerow in die Halle, doch nur wenige Minuten später ist auch er verschwunden. Nach der Herzentnahmezeremonie entdecken Hüter die Leichen von Hwarit und Yubex in der Fachbibliothek und kommen zu dem Schluss, dass sich Ryun Pey aus Angst dort versteckt hat. Das haben andere vor ihm auch schon getan, sie wurden aber spätestens nach der Zeremonie gefunden. Doch Ryun hatte Erfolg, weil er die Personen, die ihn gesucht haben, grausam ermordet und zerstückelt hat. Das meinen jedenfalls die Hüter, und sie haben vor dem Rat für die Gleichheit der Häuser Ryun Peys Bestrafung gefordert.]

[Mir brauchst du das nicht zu erklären.]

[Verzeiht, Hüter Serisma. Ich wollte keinen möglicherweise wichtigen Punkt auslassen. Dass Ryun Pey sich aus Angst vor der Zeremonie versteckt hat, klingt plausibel, vor allem nach seinem angeblichen Zusammenbruch auf der Straße. Wir sollen glauben, dass der sanftmütige Ryun Pey so in Panik geriet, dass er den Bibliothekar und seinen besten Freund abgeschlachtet hat.]

[Aus Angst tut man manchmal Dinge, die einem andere nicht zutrauen würden.]

[Aber wie hätte er unentdeckt den Turm verlassen können, wenn er doch keinen klaren Gedanken fassen konnte? Dass ein junger Mann, der in Panik zwei entsetzliche Morde begeht, sich dann seelenruhig überlegt, wie er sein Herz verbergen kann, erscheint mir unwahrscheinlich.]

[Verrückte sind manchmal erstaunlich akribisch.]

[Es gibt noch weitere Ungereimtheiten. Warum ist Hwarit Makerow in die Fachbibliothek gegangen? Warum hat er nicht in der Halle auf die Hüter gewartet?]

[Er könnte von Ryuns Flucht erfahren und ihn gesucht haben.]

[Nein. Niemand hat mit Hwarit genirmt, nachdem er die Halle betreten hat. Er konnte nicht wissen, dass Ryun geflohen ist.]

[Welche Schlüsse ziehst du aus dem Ganzen?]

[Unser Plan ist aufgeflogen], nirmte Swachi entschieden. [Ryun Pey war wahrscheinlich ein Attentäter. Er hat ein großes Theater aufgeführt, erst auf der Hauptstraße, dann in der großen Halle. Er ist so auffällig geflohen, dass es alle mitbekommen haben, hat sich dann aber in der Nähe der Halle versteckt und auf Hwarit gewartet. Als dieser kam, hat er ihn zu sich gelockt. Er wusste, dass Hwarit ihm würde helfen wollen. So konnte er ihn dazu bringen, ihm in die Fachbibliothek zu folgen, und ihn dort ermorden.]

Hüter Serisma faltete die Hände und senkte nachdenklich den Kopf. [Warum hat er dann auch den armen Yubex umgebracht?]

[Vielleicht, um Hwarit mit der Leiche abzulenken, sodass er die Mordwaffe holen konnte. Oder um zu unterstreichen, dass er vor Angst wahnsinnig ist und wahllos tötet. Es wäre zu auffällig gewesen, wenn er nur Hwarit ermordet hätte. Schließlich war er sein bester Freund.]

[Aber wozu dann dieses Theater? Wenn unser Plan aufgeflogen ist und Hwarit Makerow getötet werden sollte, warum hat Ryun ihn nicht direkt vor der Zeremonie angegriffen?]

[Wahrscheinlich sollte es eine Warnung an uns sein. Er wollte am Baum rütteln und schauen, wen er aufscheucht, weil er nicht genau weiß, wer wir sind. Wenn ich damit recht habe, besteht noch Hoffnung für uns.]

Serisma schüttelte den Kopf. [Nein. Deine Theorie klingt plausibel, aber du vergisst dabei eines: Hwarit und Ryun waren nicht einfach nur gute Freunde. Ich weiß über die beiden sehr genau Bescheid, weil ...]

[Ryun Pey eine Zeit lang Novize war?]

Hüter Serisma sah Swachi überrascht an. [Woher weißt du das?]

[Durch Zufall. Als Ryun Pey auf der Hauptstraße zusammengebrochen ist, hat Hwarit versucht, ihn zu beruhigen. Ryun hat ihn Ashwarital Sepabil Makerow genannt. Ich nehme an, dass das Hwarits göttlicher Name ist.]

Serisma nickte.

Swachi fuhr fort: [Ich vermute, dass Hwarit Ryun auch mit seinem göttlichen Namen angesprochen hat, auch wenn ich das nicht wahrgenommen habe. Sie waren also beide Novizen. Ich gehe davon aus, dass Ryun Pey die Ausbildung abgebrochen hat.]

[Sie wurden beide Novizen, als sie sieben Jahre alt waren. Obwohl Ryun aufgegeben hat, haben sie ihre Freundschaft weiter aufrechterhalten. Über fünfzehn Jahre lang. Wie hätten Ryuns Auftraggeber ihn dazu bringen können, seinen Kindheitsfreund zu töten?]

[Da gibt es viele Möglichkeiten. Zum Beispiel durch kontinuierliche Indoktrination. Auch wenn Ryun das Haus kaum verlassen hat, wäre das möglich gewesen. Die Familie Pey hat stets viel Männerbesuch.]

Serisma blickte unzufrieden. Da nirmte Karu, der bisher nur zugehört hatte: [Es gibt da noch etwas, was mich sehr beschäftigt.]

Swachi und Serisma wandten sich ihm neugierig zu.

[Hwarit hatte Angst, ermordet zu werden. Und er hat mir den Namen der Hauptverdächtigen anvertraut.]

[Fängst du schon wieder mit dieser absurden Geschichte an?] In Swachis Nirm schwang Ärger mit. [Wir waren uns doch einig, dass das nur eine Manifestation von Hwarits eigener Angst vor der Herzentnahme war.]

[Moment], hakte Hüter Serisma nach. [Davon habt ihr bisher nichts genirmt.]

Swachi runzelte die Stirn und erklärte: [Hwarit glaubte, dass seine Schwester Vias Makerow ihn vergiften wolle. Aber das war nur Paranoia, ausgelöst von Hwarits latenter Herzentnahmephobie, Furcht und Hass auf seine Schwester und sein Wissen um ihre meisterhaften Fähigkeiten als Apothekerin. Hwarit ist durch einen Xyker gestorben. Und alle haben gesehen, dass Ryun Pey einen Xyker trug.]

[Hatte Vias Makerow einen Grund, Hwarit zu töten?]

Swachi und Karu sahen einander an, ehe Karu vorsichtig nirmte: [Das war Hwarits Vermutung, nicht unsere ... Nun, Vias Makerow möchte unbedingt Kinder. Das wollen natürlich alle Frauen, aber scheinbar hat Vias ihrem Bruder ein ... gewisses Angebot gemacht, das er abgelehnt hat, wenn Ihr versteht, was ich meine. Deswegen glaubte Hwarit, dass Vias sich ihren Kinderwunsch mit allen Mitteln erfüllen würde, selbst mit solchen, die für andere nicht einmal vorstellbar wären.]

Serisma war kein bisschen in Verlegenheit geraten und nickte traurig. [So ist das also gewesen.]

[Ihr seid nicht überrascht?]

[Vias Makerow wäre nicht die erste Frau, die auf diese Idee gekommen ist, und sie wird auch nicht die letzte sein.]

Karu und Swachi wussten nicht, was sie nirmen sollten.

Serisma fuhr nüchtern fort: [Frauen halten nichts von uns Männern. Nach außen tun sie so, als wären wir wichtig für sie und sie für uns Männer da, aber eigentlich wollen sie nur eines: uns ins Bett bekommen und die Samenflüssigkeit aus uns herauspressen. Ihnen wäre es lieber, wenn Männer Tiere ohne jeglichen Verstand wären. Und wenn eine Frau von einem Tier zurückgewiesen wird, kann sie sehr wütend werden.]

Karu und Swachi konnten dem Hüter nur beipflichten.

[Gibt es, abgesehen von Hwarits Vermutung, noch andere Beweise, die seine Hypothese stützen könnten, Karu?]

[Am Tag der Herzentnahmezeremonie war sie in ihrem Zimmer in ihre Forschung vertieft und wollte nicht gestört werden. Deswegen hat niemand sie gesehen.]

[Das reicht noch nicht aus, um sie als Mörderin zu beschuldigen.]

[Richtig. Aber als anerkannte Apothekerin hat sie eine Zugangserlaubnis für die Fachbibliothek. Es könnte sein, dass sie ungesehen das Haus verlassen und sich im Schutz der Menge in den Herzturm geschlichen hat. Anschließend hat sie Yubex getötet, damit sie in der Bibliothek ungestört ist, und dann ihren Bruder dorthin gelockt und ermordet.]

[Yubex ist leider nicht mehr am Leben, deswegen können wir nicht beweisen, dass sie wirklich dort war. Hass ist das häufigste Motiv für Mord. Gibt es außer ihrem Hass auf Hwarit noch einen anderen Grund, warum Vias ihn ermorden wollte?]

Ehe Karu etwas erwidern konnte, winkte Serisma ab und erklärte: [Es spielt keine Rolle. Hwarit Makerow ist gestorben. Sein Mörder wird gefunden und seiner gerechten Strafe zugeführt werden. Dadurch wird Hwarit allerdings nicht wieder lebendig. Unsere Mission ist gescheitert. Es sieht so aus, als müssten wir einen neuen Novizen finden, der für unseren Plan geeignet ist.]

Verärgert griff Swachi nach seinem Schwert, ließ es aber gleich wieder los.

[Müssen wir noch ein ganzes Jahr warten? Werden *sie* uns so viel Zeit geben?]

[Wir haben keine andere Wahl. Diese Aufgabe kann nur ein Novize übernehmen, und ein Naga kann Kiboren nur sicher durchqueren, wenn ihm das Herz entnommen worden ist. Also müssen wir auf die nächste Zeremonie warten und bis dahin nach einem geeigneten Kandidaten suchen.]

Karu machte ein nachdenkliches Gesicht. [Vielleicht müssen wir nicht so lange warten.]

[Wie meinst du das? Kommt von den Novizen, die Hatengrazu noch nicht verlassen haben, etwa einer infrage?]

[Ja, es gibt da jemanden, auch wenn er ein ungewöhnlicher Kandidat ist. Er war Novize und hat einen guten Grund, aus Kiboren zu fliehen.]

[Ryun Pey? Der Mörder?], nirmte Swachi schockiert.

[Wenn Hwarit recht hatte, ist seine Mörderin Vias Makerow und nicht Ryun Pey. Und Ryun hat noch einen zweiten Grund, über die Grenzlinie zu fliehen: seine Herzentnahmephobie. Er war ein Novize, der einen göttlichen Namen hat. Hüter Serisma, bitte erteilt uns die Erlaubnis, Ryun Pey aufzuspüren. Wenn er nicht der Mörder ist, ist es sehr wahrscheinlich, dass er uns helfen wird, weil er seinem verstorbenen Freund einen letzten Dienst erweisen will.]

[Und wenn er doch der Mörder ist?]

[Wenn dem so ist], antwortete Karu entschlossen und griff seinerseits nach seinem Schwert, [können wir Hwarit und Yubex rächen.]

[Ich beantrage das Recht auf Vergeltung.]

Im Saal, in dem der Rat für die Gleichheit der Häuser tagte, herrschte augenblicklich jene besondere *Stille*, als die Mitglieder für einen Moment ihren Geist verschlossen. Alle Repräsentantinnen der Häuser, die um den halbkreisförmigen Tisch saßen, sahen die Ratsvorsitzende, Lato Sen, an.

Sie war so alt, dass sie sich nicht mehr richtig häutete, was zur Folge hatte, dass in ihrem Gesicht und an den Händen noch Hautfetzen hingen. Altershaut nannten die Nagas das – ein Zeichen, dass man es mit einer Respektsperson zu tun hatte. Aber nicht einmal Lato Sen konnte verbergen, wie erschrocken sie war, als Vias Makerow das Recht auf Vergeltung einforderte.

[Habt Ihr gerade allen Ernstes ›Recht auf Vergeltung‹ genirmt?]

[Ja, das habe ich.]

Von den Repräsentantinnen ging schwaches Nirm aus, das wie ein Murmeln in Lato Sens Geist drang. Sie alle schienen Vias' Forderung für unerhört zu halten.

Und damit haben sie recht, dachte Lato bei sich.

Am offenen Ende des Tisches standen zwei Tische einander gegenüber. Dort saßen Somnani Pey, die älteste Tochter und Repräsentantin ihres Hauses, und Vias Makerow. Somnani sah aus, als wüsste sie nicht, worum es ging.

Um etwas Zeit zu gewinnen, fragte Lato Sen noch einmal: [Das Haus Makerow will also wirklich das Recht auf Vergeltung gegen das Haus Pey geltend machen?]

[Ja.]

Am liebsten hätte Lato Sen vor Wut aufgeschrien, als sie sah, dass Somnani noch immer dreinschaute, als nähme sie zum ersten Mal an einer Ratssitzung teil. Begriff sie denn nicht, was Vias Makerow da genirmt hatte?

Himmel, sie hat keine Ahnung, was das bedeutet!

Schnell änderte Lato ihre Strategie. [Ihr fordert ein sehr altes Recht ein, Vias Makerow.]

[Aber ein legitimes.]

[Ich weiß. Aber da einige Ratsmitglieder sich nicht so sehr für Folklore interessieren, will ich kurz erläutern, was das Haus Makerow genau verlangt.]

Es gefiel Lato Sen überhaupt nicht, dass sie dazu gezwungen wurde. Es war beschämend. Aber als Ratsvorsitzende war es ihre Pflicht, Konflikte zu entschärfen. Sie wies Vias, die aufgesprungen war und aussah, als wollte sie Einspruch erheben, mit strengem Blick zurecht und nirmte: [Setzt Euch, Vias Makerow. Ich weiß, was Ihr nirmen wollt, und ich werde keine Missachtung des Rates dulden. Das Recht auf Vergeltung wird nur noch selten eingefordert, und man könnte es durchaus als Missachtung des Rates deuten. Darauf möchte ich zuallererst hinweisen.]

Vias setzte sich wieder. Somnani Pey schien erst jetzt verstanden zu haben, dass Lato ihr einen Gefallen tat: Die Ratsvorsitzende wollte, dass sie genau wusste, wovon Vias sprach, ehe sie eine Entscheidung traf. Damit ging Lato das Risiko ein, für parteiisch gehalten zu werden. Somnani schenkte der Vorsitzenden einen dankbaren Blick, doch die saß lediglich mit erzürntem Gesichtsausdruck da.

[Man kennt das Recht auf Vergeltung auch als Shozain-te-Shiktol, das Recht auf Ernennung einer Attentäterin.]

Jetzt sprang Somnani von ihrem Platz auf. [Nein!]

147

[Setzt Euch, Somnani Pey! Ich habe Euch keine Nirmerlaubnis erteilt.]

Hastig ließ sich Somnani wieder auf ihren Platz sinken und starrte Vias giftig an.

Die Vorsitzende fuhr fort: [Mit anderen Worten, das Haus Makerow will als Entschädigung für den Tod von Hwarit Makerow das Recht, ein Mitglied des Hauses Pey zur Attentäterin zu ernennen.]

Einige Ratsmitglieder hatten ihren Geist nicht vollständig verschlossen, und ihre scharfen Nirms erreichten Lato Sen. Die Vorsitzende hatte nicht wenig Lust, die Sitzung wegen zu großer Unruhe zu beenden. Stattdessen funkelte sie die Anwesenden an und nirmte streng: [Haben nun alle verstanden, worum es geht? Dann dürft Ihr nirmen, Somnani Pey.]

Somnani erhob sich von ihrem Stuhl und bedankte sich bei der Vorsitzenden, ließ Vias aber dabei nicht aus den Augen. Dann nirmte sie mit geballten Fäusten: [Bei der *Göttin, die keine Fußspuren hinterlässt*, so etwas Ungeheuerliches habe ich in meinem ganzen Leben noch nicht vernommen! Wie könnt Ihr es wagen? Hwarit Makerow war nur ein Mann! Mein Haus lehnt diese absurde Forderung ab!]

[Somnani Pey, Ihr habt kein Recht, das Shozain-te-Shiktol zurückzuweisen], entgegnete Vias.

[Aber es geht doch nur um einen Mann!]

Vias nirmte mit einem kalten Lächeln: [Bevor er zum Mann wurde, war Hwarit ein Makerow. Und weil er gestorben ist, ehe ihm das Herz entnommen werden konnte, war er zum Zeitpunkt seines Todes immer noch ein Makerow. Mein Haus hat also sehr wohl das Recht, das Shozain-te-Shiktol für den Mord an einem Familienmitglied zu fordern.]

[Hwarit Makerow fand den Tod, nachdem er den Herzturm betreten hat. Sein Haus hat ihn dorthin gebracht, und die Aufgabe seiner Begleiter war erfüllt, als er den Turm betreten hat. Von diesem Zeitpunkt an war Hwarit kein Angehöriger des Hauses Makerow mehr. Ein Mann, der nicht von seinem Haus begleitet wird, ist kein Mitglied seines Hauses. Nehmen wir an, Hwarit wäre durch einen Unfall bei der Herzentnahme gestorben. Hätte Euer Haus dann einen Hüter zum Attentäter ernannt, Vias Makerow?]

Lato Sen spürte, dass die meisten Ratsmitglieder Somnani zustimmten.

[Euer Argument ist nicht schlüssig, Somnani Pey], entgegnete Vias. [Waren etwa Begleiter meines Hauses an seiner Seite, wenn mein Bruder Eure Familie besucht hat?]

Somnani sah aus, als wollte sie Vias am liebsten anknurren, antwortete aber nicht. Vias grinste.

[Ich fasse Euer Schweigen als Nein auf.]

[Ryun ist auch ein Mann], erwiderte Somnani gereizt. [Er ist kein Mitglied unseres Hauses mehr! Aus unserer Familie eine Attentäterin zu ernennen, ist deshalb eine unerhörte und absurde ...]

Lato Sen stieß ein geistiges Stöhnen aus. Auch Vias war der Fehler ihrer Gegnerin nicht entgangen.

[Sein Name ist immer noch Ryun *Pey*. Sein Herz schlug noch in seiner Brust, als er meinen Bruder ermordet hat. Ein Mitglied der Familie Pey hat einen Mord an einem Mitglied der Familie Makerow begangen, und damit sind die Bedingungen für ein Shozain-te-Shiktol erfüllt.]

Die Ratsmitglieder zeigten sich von Vias' Argumentation beeindruckt. Die Stimmung im Saal wandte sich gegen Somnani Pey.

Somnanis Gedanken rasten. *Was will Vias eigentlich? Warum nimmt sie nicht einfach die Entschädigung an und zieht einen Schlussstrich unter die Sache? Wir haben ihrem Haus doch be-*

reits eine Summe angeboten, die viel höher ist, als es ein Mann wert wäre. Warum will sie unbedingt eine Attentäterin ernennen? Wenn es um eine Frau ginge ...

Da fiel es Somnani wie Schuppen von den Augen. Endlich verstand sie, was Vias vorhatte.

[Wenn das so ... Also, wenn das so ist, wen wollt Ihr ernennen?]

Vias lächelte und antwortete: [Es gibt nur eine aus Eurem Haus, die infrage kommt. Sie kennt sich gut mit der Etikette und unseren Bräuchen aus und wird von allen geachtet. Das Haus Makerow ernennt mit Respekt und Ehrerbietung Samo Pey zur Attentäterin von Ryun Pey.]

Sobald Somnani Pey mit Lato Sen alleine war, stieß sie ein giftiges Nirm über Vias Makerow aus. Die Ratsvorsitzende beschloss stillschweigend, ihr diese Entgleisung durchgehen zu lassen.

[Verehrte Vorsitzende, wie könnt Ihr so etwas zulassen?], nirmte Somnani dann.

[Alle Ratsmitglieder waren auf Vias' Seite. Ich konnte sie nicht zurückweisen, Somnani. Sie hätte auf der Stelle eine Abstimmung verlangt, und die hätte sie auch gewonnen. Erwartet Ihr von mir, dass ich für Euer Haus so ein Risiko eingehe und eine potenzielle Demütigung auf mich nehme?]

Somnani beruhigte sich etwas. [Ich habe nicht vergessen, dass ich Vias' Forderung ohne Eure Hilfe nicht einmal richtig verstanden hätte. Verdammt, ich hätte wissen müssen, dass dieses Miststück etwas im Schilde führt, als sie die Entschädigung abgelehnt hat. Aber ich wäre niemals auf die Idee gekommen, dass sie das Shozain fordern würde!]

[Ihr dürft das nicht abkürzen. Ohne den Shiktol verändert Ihr seine Bedeutung.]

Diese Haarspalterei ging Somnani auf die Nerven, sie verbiss sich jedoch eine Erwiderung und richtete den Blick auf das Bündel auf Latos Schreibtisch.

[Ist das der Shiktol?]

[Ja.]

Somnani trat einen Schritt zurück. [Ich kann Samo unmöglich dieses Schwert überreichen.]

[Ihr müsst! Die Entscheidung ist gefallen. Samo hat drei Tage, um ihren letzten Willen aufzusetzen und ihre Angelegenheiten zu ordnen. Dann muss sie Hatengrazu verlassen. Sie darf das Shozain-te-Shiktol unter keinen Umständen abbrechen oder aussetzen. Und ohne den Kopf von Ryun Pey darf sie nicht zurückkommen.]

[Auch wenn Ihr es nicht so genau nirmt ...]

[Seid still und konzentriert Euch! Ihr müsst es Samo genauso weitergeben, wie ich es Euch gerade genirmt habe. Beim Shozain-te-Shiktol gibt es keine Kompromisse und keine Hintertürchen. Es endet erst, wenn Ryun tot ist. Oder seine Attentäterin. Einer von beiden muss sterben, nur dann ist der Preis für das Leben von Hwarit Makerow bezahlt. Habt Ihr mich verstanden?]

[Dem Haus Makerow geht es nicht darum, Hwarit zu rächen. Es will Samo aus der Stadt vertreiben!]

[Das ist mir klar. Und den anderen Ratsmitgliedern ebenfalls. Deswegen haben sie Vias auch zugestimmt. Ist Euch nicht klar, dass die anderen Häuser Samo für arrogant halten? Sie zieht alle Männer in ihren Bann und will nicht einmal ein Kind. Wenn sie ein Kind hätte, wären die anderen nicht so neidisch auf Samo, weil das bedeuten würde, dass sie die Männer in einem fairen Wettbewerb verloren haben. Aber so ist es für sie, als würde Samo ihnen die Ratten wegnehmen und sie ertränken, statt sie zu essen.]

[Samo will niemandem etwas wegnehmen!]

[Das weiß ich! Trotzdem hättet Ihr und Eure Familie sie umstimmen sollen! Ihr alle habt Ryun zum Mörder und Samo zum unbeteiligten Opfer gemacht. Ihr hättet vorsichtiger mit dem Glück, das Samo euch gebracht hat, umgehen sollen, statt es sorglos zu genießen. Nun zahlt ihr den Preis dafür. Wenn Euer Haus das Shozain-te-Shiktol verweigert, kann es nicht weiter in Hatengrazu leben!]

Somnani Pey sah Lato Sen mit versteinerter Miene an. Lato hatte recht, und das war auch Somnani klar – selbst, wenn sie es nie zugeben würde. Die Ratsvorsitzende lehnte sich erschöpft zurück und betrachtete den Shiktol auf ihrem Schreibtisch.

Ein solches Schwert wurde ausschließlich für Attentäterinnen geschmiedet. Es war robust, denn die Trägerin musste ihr Ziel notfalls bis ans Ende der Welt verfolgen. Und es war scharf, damit das Opfer möglichst wenig leiden musste, wenn es von seiner Blutsverwandten umgebracht wurde. Die kriegerischen Lekons würden viel für so ein Schwert geben, aber noch nie war ein Shiktol in die Hände eines anderen Volkes gelangt. Wann immer Lekons, Menschen oder Dokebis glaubten, in den Besitz eines Shiktols gelangt zu sein, handelte es sich in Wahrheit um einen Xyker, denn jede Attentäterin zerbrach ihren Shiktol unverzüglich, wenn sie ihren Auftrag ausgeführt hatte.

Ein Shiktol ist ein gewalttätiges Monster, das das Blut eines Verwandten trinkt, dachte Lato. Müde nirmte sie: [Ihr und Eure Familie solltet für diese Chance dankbar sein, Somnani. Wenn Samo Ryuns Kopf nach Hause bringt, wird das den Hass der anderen Häuser auf Eures abkühlen. Samo muss nur einen einzigen Mann töten, der obendrein vollkommen nutzlos für Euer Haus ist. Man könnte sagen, Ihr habt Glück im Unglück.]

Vias gab sich Mühe, sich das überschwängliche Lob der Matriarchin nicht zu Kopf steigen zu lassen. Dusena Makerow konnte kaum glauben, was ihre Tochter vollbracht hatte.

[Das hast du hervorragend gemacht! Als hättest du mit einem dünnen Pfeil einen Drachen erlegt. Endlich verschwindet dieses verdammte Dokebi-Weibsstück aus Hatengrazu!]

[Das haben wir vor allem Ryun Pey zu verdanken.]

[Es ist wirklich erstaunlich, wie nützlich die Dummheit eines Mannes sein kann. Du hast mit einem winzigen Köder einen großen Fisch an Land gezogen! Ich bin sehr beeindruckt. Ich dachte immer, dass du nur in der Arzneikunde Talent hast. Sicher, das ist auch nicht zu verachten, aber dass du einmal deine politischen Fähigkeiten so unter Beweis stellen würdest, hätte ich nie geglaubt. Mein dämlicher Sohn war noch ein Makerow, weil er sein Herz noch hatte? Das ist brillant!]

Vias wurde nervös. Dusena hatte ihr mit diesem Kompliment eine Falle gestellt. Sie durfte keine falsche Bescheidenheit zeigen, sonst erschiene sie als zu ehrgeizig – so, als würde sie Somero, der Dusena großes Vertrauen entgegenbrachte, herausfordern. Vias beschloss, sich hochmütig zu geben. Die Matriarchin würde das als Zeichen für ein gesundes Selbstvertrauen sehen. Aber auch das würde mit Risiken einhergehen.

[Weil er sein Herz noch hatte, ist er so schnell gestorben. Und aus demselben Grund waren wir zum Zeitpunkt seines Todes noch für ihn verantwortlich.]

Dusena lachte. [Das klingt logisch.]

[Unsere Gegenpartei ist das Haus Pey. Das war unser Segen.]

Erfreulicherweise war Dusena mit dieser Antwort zufrieden. Vias verabschiedete sich und zog sich zurück.

Im Makerow-Anwesen herrschte eine geradezu festliche Stimmung. Auch Somero und ihre zwei Tanten hatten Vias gelobt. Die anderen Häuser schienen sich ebenfalls über ihren Erfolg zu freuen und schickten Briefe und Geschenke. Das Haus Sen hatte einen dünnen Pfeil mit goldener Spitze und goldenen Federn an der Nocke gesandt. Vias konnte nicht anders, als zu lachen. Diese Pfeile wurden bei der Jagd auf Pflanzenfresser im Dschungel verwendet. Die Nagas verwundeten die Tiere damit und verfolgten sie, bis sie erschöpft zusammenbrachen. Für aggressive Raubtiere – oder gar für Drachen – waren diese Pfeile nicht geeignet. Dusenas Worte und dieses Geschenk zeigten Vias, wie sehr die anderen ihre Leistung zu würdigen wussten.

Glücklich kehrte sie in ihr Zimmer zurück, aber das fröhliche Lächeln verschwand, als sie sah, dass Karindol dort auf sie wartete.

[Wie bist du hier reingekommen?]

Sie hatte ihre Tür abgeschlossen. Doch statt sich eine Ausrede einfallen zu lassen, sah Karindol sie lediglich mit versteinertem Gesichtsausdruck an. Sie ließ sich nicht einmal zu einem verlegenen Lächeln herab.

[Warum siehst du mich so an?]

[Was ist das?], fragte Karindol und deutete auf die Sachen in Vias' Hand.

[Man sendet mir Geschenke], erwiderte Vias, während sie sie auf ihrem Tisch ablegte. Karindol bemerkte den Pfeil.

[Man glaubt wohl, dass du mit einem dünnen Pfeil einen Drachen zu Fall gebracht hast. Von wem ist das?]

[Radiol Sen.]

[Also weder von Lato Sen noch von ihrer ältesten Tochter Suishin. Das Haus Sen ist wahrhaft großartig, das muss ich schon sagen. Es schickt dir ein beeindruckendes Geschenk, lässt sich dabei aber ein Hintertürchen offen. Schließlich weiß jeder, dass Radiol Sen eine Idiotin ist.]

Vias' gute Laune war endgültig dahin.

[Ich wusste nicht, dass du so gerne abfällig über Geschenke nirmst, die andere bekommen haben. Ist es nicht eigentlich deine Lieblingsbeschäftigung, Männer geringzuschätzen?]

[Immer noch ein besserer Zeitvertreib, als Männer zu töten.]

Vias musste sich zusammenreißen. Sie durfte jetzt nicht den Kopf verlieren. Karindol starrte sie noch einen Moment lang an, dann stand sie auf. Sie ging an Vias vorbei zum Tisch und nahm eine feine Kupferbrosche, die gut Wärme absorbierte, in die Hand.

[Vielen Dank.]

Vias war nirmlos. [Was soll das?], fragte sie dann.

[Kann es sein, dass du vor ein paar Jahren einen deiner Zimmerschlüssel verloren hast?]

Sofort verschloss Vias ihren Geist und fixierte ihre Schwester. Sie erkannte, dass deren ausdrucksloses Gesicht eine Maske war, hinter der sie ihre Angst verbarg.

Karindol ließ den Blick weiter auf der Brosche ruhen und nirmte: [An jenem Tag bin ich auch hierhergekommen.]

[An welchem Tag?]

[Am Tag der Entnahmezeremonie. Dem Tag, an dem Hwarit ermordet wurde.]

Erschrocken warf Vias einen Blick auf ihr Bett.

[Versteckst du da etwas?]

Karindols kühles Nirm ließ sie beinahe in Panik verfallen. Wenn Karindol den Xyker entdeckt hatte, den sie unter dem Bett versteckt hatte, war alles vorbei. Vias knirschte mit den Zähnen und machte sich bereit, Karindol anzugreifen. Doch ihre Schwester heftete nur die Brosche an ihr Kleid.

Wenn sie vorhätte, mich zu verraten, würde sie keinen Schmuck von mir verlangen, dachte Vias. *Will sie mir ein Geschäft vor-*

schlagen? Was hat sie vorhin genirmt? Man überreicht ein be-
eindruckendes Geschenk, hält sich dabei aber ein Hintertürchen
offen. Ein Lächeln umspielte Vias' Lippen.

Karindol starrte an die Wand und nirmte: [Danke, dass du
mir so vieles beigebracht hast. Arzneikunde ist einfach zu
schwer für mich. Was für ein Glück, dass wir eine so ausge-
zeichnete Apothekerin wie dich in der Familie haben.]

Vias war erleichtert. [Du kannst jederzeit zu mir kommen,
wenn du etwas wissen möchtest.]

[Das werde ich.]

Damit verließ Karindol das Zimmer.

Als sie die Tür hinter sich geschlossen hatte, dachte Vias
darüber nach, wer gerade einen Sieg errungen und wer den
Kürzeren gezogen hatte. Karindol wusste, dass Vias am Tag
der Herzentnahmezeremonie nicht hier gewesen war, und sie
hatte die Tatwaffe gefunden. Obendrein hatte Karindol ein
neues Schmuckstück bekommen, auch wenn es nicht sonderlich wertvoll war.

*Wahrscheinlich vermutet sie, dass ich die nächste Matriar-
chin werden will. Deswegen will sie lieber ein Druckmittel
gegen mich in der Hand haben, statt mich zu verraten. Aber
auch das birgt seine Risiken. Damit ist sie zu meiner Kompli-
zin geworden. Es sieht so aus, dass wären wir beide Gewinne-
rinnen.*

Wo sie so darüber nachdachte, fiel Vias auf, dass im Haus
Makerow oft Schlüssel verloren gingen. War das Sammeln von
Schlüsseln alles, was Karindol, die weder die älteste Tochter
noch so ehrgeizig wie Vias war, unternommen hatte, um
zu überleben? Mit einem Mal bekam Vias ein wenig Angst
vor ihrer Schwester. Sie würde Karindol künftig gut im Auge
behalten. Doch zunächst musste sie unverzüglich ihr Türschloss
auswechseln.

Somnani Pey konnte ihre Schwester kaum ansehen. Um es ihr leichter zu machen, betrachtete Samo den Shiktol. Erst da blickte Somnani sie direkt an und öffnete ihren Geist.

[Hast du verstanden, was das heißt?]

Samo erwiderte mit einem Nirm, das zwar Ja bedeutete, aber nicht auf ein einzelnes Wort heruntergebrochen werden konnte. Es war wie ein Kopfnicken und gleichzeitig weit mehr als das: Samo drückte aus, dass es keine Rolle spielte, ob sie Somnani verstanden hatte oder nicht, da ihr sowieso keine andere Wahl blieb, als die Frage mit Ja zu beantworten.

Als wollte sie ihre Schwester für dieses unklare Nirm rügen, erklärte Somnani kaltherzig und resolut: [Das Haus Pey hat seine Schuld erst bezahlt, wenn Ryun tot ist und wir seinen Kopf in den Händen halten.]

Samo ließ ihren Blick weiter auf dem Shiktol ruhen und nirmte: [Oder meinen Kopf.]

[So etwas darfst du nicht nirmen!]

[Es geht doch darum, dass einer von uns beiden sterben muss, oder etwa nicht? Egal, ob Opfer oder Attentäterin.]

[Ryun muss sterben. Und zwar durch deine Hand. Es ist schwer, aber nicht unmöglich. Dieser Idiot hatte sein Herz noch, als er geflohen ist. Früher oder später erwischen ihn die Späher sowieso. Eher früher, nehme ich an. Deswegen reicht es, wenn du nur so tust, als ob du ihn jagst, und mit seinem Kopf zurückkommst.]

Plötzlich entdeckte Somnani eine Art Fleck in Samos Geist – ein emotionales Zittern, das sie erschauern ließ. Unvermittelt ergriff sie die Hand ihrer Schwester. Samo sah überrascht auf, als Somnani ihren Geist mit einem Nirm überflutete, das ungewöhnlich stark war.

[Du darfst nicht sterben!]

[Schwester ...]

[Ryun hat sein Leben verwirkt. Er ist vor der Herzentnahme geflohen. Außerdem hat er einen Hüter und einen Novizen getötet. Ja, es war die dumme Tat eines Mannes, aber in diesem Fall können wir kein Auge zudrücken. Er hat dein Mitleid nicht verdient! Genau genommen hat er es nicht einmal verdient, durch deine Hand zu sterben!]

Erneut flammte in Somnani der Hass gegen Vias auf. Wie konnte sie die angesehenste Frau eines Hauses zur Attentäterin eines einfachen Mannes ernennen? Es war eine ungeheuerliche Beleidigung. Ehe Samo jedoch ihren Hass spürte, wiederholte Somnani die Worte der Ratsvorsitzenden: [Wir sollten dankbar für diese Chance sein.]

Samo senkte den Kopf. [Ich verstehe. Eine Frau muss die Verantwortung übernehmen.]

Sie ergriff den Shiktol und zog langsam die Klinge aus der Scheide. Somnani, die eigentlich noch etwas hatte nirmen wollen, schloss ihren Geist.

Der Shiktol sah einem Xyker zum Verwechseln ähnlich. Selbst Samo hatte Schwierigkeiten, die beiden Schwerter zu unterscheiden. Sie betrachtete die Klinge eingehend, dann holte sie aus und schlug sie gegen einen Steintisch, so plötzlich, dass Somnani überrascht zusammenzuckte. Funken stoben, und eine Ecke des Tisches fiel zu Boden.

[Die Klinge hat keinen Schaden genommen.]

[Es ist ein echter Shiktol. Weißt du, wie man ihn zerbricht, Samo?]

[Ich muss ihn mit Hichamma-Blättern einreiben und kräftig gegen einen Stein schlagen.]

[Du bist so weit. Triff deine Vorbereitungen.]

[In Ordnung.]

Als Somnani ihr Zimmer verlassen hatte, betrachtete Samo weiter die Klinge und das Wellenmuster darauf, wie bei einem

Xyker. Ihr Gesicht spiegelte sich verzerrt darin. Dann fiel ihr Blick auf den Steinbrocken, den sie von dem Tisch abgeschlagen hatte. Ihr wurde so schwindlig, dass sie sich auf einen Stuhl fallen ließ. Die Nirms, die sie mit Ryun geführt hatte, huschten durch ihren Geist.

[Ich möchte kein Ersatz für ein Kind sein, das Ihr nicht haben werdet.]

[Du kannst nicht mein Kind sein, das weiß ich, aber ein Freund kannst du doch sein, oder?]

Ihr entfuhr ein kraftloses Lachen. Sie hatte keine Kinder zur Welt gebracht und nun auch noch einen Freund verloren. Alles, was ihr geblieben war, war ein Mann, dem sie die Kehle durchschneiden musste.

Sie hob den Shiktol und zog die Klinge über ihren linken Unterarm.

Erneut war sie von der Schärfe dieser Waffe beeindruckt. Sie spürte kaum Schmerz, fragte sich sogar, ob sie sich überhaupt geschnitten hatte. Aber an der Klinge klebte eindeutig ihr Blut. Sie holte ein Tuch und wischte es ab. Jetzt würde der Shiktol die Person finden, in deren Adern dasselbe Blut floss. Sie hielt die Klinge probeweise in verschiedene Richtungen. Der Griff wurde warm, schließlich befand sie sich im Haus Pey – hier waren mehrere Personen mit ihr blutsverwandt. Sobald sie sich auf den Weg machte, würde der Shiktol Ryun ausfindig machen, selbst wenn er sich am anderen Ende der Welt aufhielt.

Am nächsten Tag verließ Samo Pey die Stadt der Unbarmherzigkeit.

Die Sonne ging auf.

Langsam stieg seine Körpertemperatur an. Über seine entblößten Hautpartien drang Wärme ein, breitete sich in ihm aus und gelangte schließlich zu Augen und Kopf.

Ryun erwachte.

Er setzte sich auf und fluchte. Er lag unter einem Baum. Es war ein Fehler gewesen, ein ganzes Gürteltier zu verschlingen, nachdem er vier Tage lang gerannt war, ohne etwas zu essen. Normalerweise war es schwierig für Nagas, Gürteltiere zu erlegen, weil ihr dicker Rückenpanzer ihre Körpertemperatur verbarg. Dieses Gürteltier hatte sich jedoch zusammengekauert, sodass Ryun im wahrsten Sinne des Wortes darüber gestolpert war. Die scharfe Klinge seines Xykers hatte kurzen Prozess mit dem Panzer gemacht. Als er sich endlich satt gegessen hatte, hatte Ryun ein tiefer Schlaf übermannt – eine Pause, die er sich nicht leisten konnte. Er legte sich wieder unter den Baum und blickte nach oben. Die Äste waren so ineinander verschlungen, dass er nicht sagen konnte, welcher Ast zu diesem oder zum nächsten Baum gehörte. Sie erinnerten Ryun an versteinerte Blutgefäße, aus denen die Blätter wie grünes Blut hervorströmten.

Wie Hwarits Blut.

Schnell rappelte Ryun sich auf. Aus Freundschaft hatte Hwarit die geistige Tür zu Ryuns Schuldgefühlen so fest verschlossen, dass selbst Ryun sie nicht mehr aufstoßen konnte. Er wusste, dass er sich schuldig fühlen sollte, weil er Hwarits Tod nicht verhindert hatte, doch dieses Wissen weckte keine Gefühle in ihm. Inzwischen fragte er sich sogar, ob er Hwarit wirklich jemals geliebt hatte, und machte seinem toten Freund Vorwürfe deswegen.

Warum hast du mir nicht einmal gegönnt, um dich zu trauern, Hwarit?

Ryun dachte an Josbi, versuchte, die Traurigkeit, die er bei der Erinnerung an seinen Vater empfand, auf Hwarit zu übertragen. Aber Gefühle ließen sich nicht umherschieben, wie man wollte. Man konnte sie nicht gleichmäßig verteilen.

Das Bild von Josbi wurde von Yubex' zerstückelter Leiche überlagert und diese wiederum von Hwarits. Entsetzen drohte ihn zu überwältigen.

Ich kann es mir nicht leisten, meine Zeit mit so etwas zu vergeuden!

Er setzte sich in Bewegung. Der Tau auf den umliegenden Büschen trocknete bereits. Er schüttelte erst die oberen Äste, dann die weiter unten, um das Wasser auf den Blättern zu sammeln, doch es war bei Weitem nicht genug. Er trank das bisschen Flüssigkeit, das er gesammelt hatte, und wischte sich den Mund ab. Anschließend sah er sich nach der Sonne um.

Dort ist Osten. Dann muss Norden dort drüben sein.

Er fühlte sich unwohl, das Gürteltier lag ihm schwer im Magen. Nagas kauten ihre Nahrung nicht, und ihre Verdauung war langsam. Als er sich das große Tier in seinem Magen vorstellte, wurde ihm übel.

»Ich muss mich daran gewöhnen. Schließlich essen Männer bis ans Ende ihres Lebens so große Tiere.«

Erschrocken zuckte er beim Klang seiner eigenen Stimme zusammen. Er achtete auf Geräusche, und das erstaunte ihn.

Der Kiboren-Dschungel war von allerlei Lauten erfüllt. Ryun wusste, dass er mit seinem schwachen Gehör keineswegs alles wahrnehmen konnte. Doch das, was er hörte, faszinierte und überwältigte ihn.

Begleitet von den Geräuschen des erwachenden Waldes setzte er seinen Weg nach Norden fort. Wenn ihm schon nicht vergönnt war, um seinen Freund zu trauern, würde er wenigstens seinem letzten Willen folgen.

Hinter ihm fiel ein dünnes, silbernes Licht auf die Stelle unter dem Baum, an der er gelegen hatte.

DRITTER TEIL

DER FLIESSENDE TOD

Nagas mögen kein Wasser. In diesem Punkt gleichen sie den Lekons. Allerdings fürchten sich letztere vor Wasser, weil sie wie ein Stein untergehen würden, während die Nagas es wegen der Kälte verabscheuen. Wie die Menschen geben die Nagas ihren Nachnamen an ihre Kinder weiter, nur dass es der Name der Mutter statt der des Vaters ist. Die Nagas haben zudem die Angst vor dem Tod besiegt. In diesem Punkt gleichen sie den Dokebis. Während Dokebis den Tod nicht fürchten, weil ihre Seelen auch danach weiterexistieren können, haben Nagas eine erstaunliche Widerstandsfähigkeit erlangt, indem sie sich ihre Herzen herausnehmen lassen. [...] Weil Seele und Körper voneinander unabhängig sind, sagt man, die Dokebis seien das Volk, das den Göttern am nächsten stehe. Aber das ist ein Missverständnis. Wenn Dokebis zur Welt kommen, sind auch bei ihnen Seele und Körper eine Einheit. Ihre Seele kann zwar nach dem Tod ohne den Körper weiterexistieren, aber das ist nur möglich, wenn sich ein anderer Dokebi in der Nähe befindet. Stirbt ein Dokebi allein an einem abgelegenen Ort, wird seine Seele von einer Flamme umfasst und macht sich auf die Suche nach lebenden Dokebis. [...] Körperliche Gewalt schreckt die Dokebis nicht, denn man kann sie nicht töten. Sollte man jedoch den Fehler begehen, ihr wohlwollendes Gemüt auf die Probe zu stellen und sie unter Druck zu setzen, führt das geradewegs in die Katastrophe. Das mussten die rücksichtslosen und perfiden Bewohner der Insel Peshiron am eigenen Leib erfahren.

– AUS: »DENKENDE TIERE« VON GEINER KASHINAP

Der Tautropfen floss zur Spitze des Blattes und verharrte dort. Er schwoll immer weiter an, fing die Welt kopfüber ein und fiel schließlich herab, als könnte er ihr Gewicht nicht länger tragen. Als der Tropfen auf dem nächsten Blatt aufschlug, breitete sich ein starker Duft nach Gras aus.

Kaygon, der den Boden nach Spuren abgesucht hatte, hob den Kopf.

Er war in Kiboren.

Um ihn herum woben Luftwurzeln einen Vorhang. Entlang ihrer dunklen Maserung glitzerte taufrisches Moos. Kaygon war nur ein unbedeutendes Staubkorn in diesem gigantischen Urwald, in dem sich zahllose Schatten wild übereinander schoben.

Er pflückte eine taufeuchte Blume und steckte sie in den Mund, ließ die Blumenblätter zwischen den Lippen hin und her gleiten, genoss die kühle Feuchtigkeit und schloss die Augen. Auch wenn er diesen Ort nicht lieben durfte, die stillen Morgenstunden wollte er auskosten.

Doch viel Zeit nahm er sich dafür nicht. Er spuckte die Blume auf den Boden und bahnte sich durch Ranken und Sträucher einen Weg zurück zum Lager. Tinahan war schon aufgestanden. Bihyung schlief tief und fest an seinen Käfer gelehnt.

»Wo warst du?«, fragte der Lekon, als er Kaygon sah.

»Ich habe nach Spuren gesucht und einige gefunden. Von Naga-Spähern.«

Tinahan plusterte seine Federn auf und umklammerte den Eisenspeer.

Kaygon schüttelte den Kopf. »Sie sind vor zehn Tagen vorbeigezogen.«

»Vor zehn Tagen? Bleiben Spuren hier so lange erhalten?«

»Naga-Späher treten wahllos auf alles, was ihnen unter die Füße kommt, egal ob Äste, Blätter oder in Schlamm, weil Geräusche ihnen völlig gleichgültig sind.«

Der Spähtrupp hatte aus acht Nagas bestanden. Sie waren in eine andere Richtung gegangen als Kaygon und seine Gefährten, deswegen war die Wahrscheinlichkeit gering, dass sich ihre Wege kreuzen würden. Ausgeschlossen war es jedoch nicht. Naga-Späher hatten keine Sammelpunkte, Festungen oder Lager und liefen mal hierhin, mal dorthin. Die Patrouillen streiften ein oder zwei, manchmal sogar fünf Jahre lang durch den Wald. Für andere Völker war das unmöglich, aber die Nagas fanden überall reichlich Nahrung – sie wanderten praktisch in ihrer Speisekammer umher. Auch Kaygon hatte gelernt, sich von dem, was er im Dschungel fand, zu ernähren. Außer den Naga-Spuren hatte er noch die unzähliger Waldbewohner entdeckt.

»Trotzdem sollten wir nicht zu lange an einem Ort verweilen. Lass uns Bihyung wecken und aufbrechen.«

Kiboren verlangte den Reisenden alles ab. Um die Mittagsstunde war es im Dschungel düster, die Luft feucht und schwer.

Um ihre Körperwärme zu verbergen, trugen Mensch, Dokebi und Lekon dicke Kleidung. Bei jedem Schritt rechneten sie damit, dass ein Naga-Spähtrupp wie aus dem Nichts direkt vor ihnen auftauchte. Sie waren stets bis zum Äußersten angespannt. Die Strahlen der Sonne konnten die mächtigen Baumkronen kaum durchdringen, und so liefen sie im endlosen Schatten dahin. Bihyung und Tinahan waren sich sicher, dass es in diesem Land Orte gab, die seit Jahrtausenden nicht mehr vom Sonnenlicht berührt worden waren.

Die drei marschierten den Peldori-Fluss entlang nach Süden. Riesige, dicke Blätter schlugen unablässig gegen ihre Wangen, und die moosbedeckten Wurzeln schienen nach ihren Knöcheln zu schnappen. Die Bäume kümmerten sich nicht um Wanderer. Sie wuchsen nach ihren eigenen Gesetzen. Vorauszusagen, was zehn Schritte weiter liegen würde – fester Boden, ein Moor, in dem tote Bäume trieben, oder eine Klippe –, war unmöglich. Was aus der Ferne wie ein Teil des Waldbodens aussah, konnte sich als Graben erweisen, der mit Laub und Ästen bedeckt war, und jedes Mal, wenn die drei auf so ein Hindernis trafen, mussten sie einen Umweg machen. Mehrmals hätten sie den Peldori-Fluss fast aus den Augen verloren. Ohne Kaygon, der seine Gefährten ruhig und geduldig führte, hätten sich Bihyung und Tinahan längst verlaufen und wären ziellos im Kreis herumgeirrt.

Bihyung ließ sich seine heitere Stimmung nicht verderben. Da er nicht leise sein musste, plauderte er munter drauflos, lachte so laut, wie er wollte, und sang sogar gelegentlich ein Lied für seinen Käfer, der hinter ihm herging. Er schien das Abenteuer zu genießen und schaute Kaygon hin und wieder mit einem fragenden Blick an, als könne er nicht verstehen, warum Kiboren so einen schlechten Ruf hatte. Bei der ersten Begegnung mit einem Naga-Spähtrupp würde seine Fröhlichkeit dahin sein. Das wusste Kaygon, deshalb ließ er Bihyung gewähren, ebenso wie den Käfer, der mehr Lärm machte als ein wilder Eber.

Kaygon hatte ihn eigentlich zurücklassen wollen, aber Bihyung meinte, der Käfer strahle dank seiner dicken Außenhaut nicht viel Wärme ab; außerdem sei er ein wechselwarmes Tier, weswegen er die Aufmerksamkeit der Naga-Spähtrupps nicht auf sich ziehen würde. Kaygon hatte Bihyungs Ausführungen geduldig zugehört, dann auf den Käfer gezeigt und gesagt: »Zu groß.«

Der Käfer war sechs Meter lang. Es war unmöglich, ihn zu übersehen. Bihyung wandte ein, der Käfer sei viel niedriger als Tinahan mit seinem Eisenspeer, und im Notfall könnten sie auf ihm wegfliegen. Letzteres klang verlockend.

»Aber er knabbert Bäume an und frisst Blumen. Das wird die Baumliebhaber so verärgern, dass sie uns jagen werden.«

»Was ist mit den Käfern, die hier leben? Außerdem frisst mein Nanui – das ist sein Name – nur kleine Portionen. Das hättest du nicht gedacht, wie? Es wird also nicht auffallen.«

Kaygon und Tinahan wechselten einen vielsagenden Blick, als Bihyung den Namen seines Käfers erwähnte. Ihn nach einer legendären Schönheit aus alten Zeiten zu benennen, zeugte vom eigensinnigen Humor der Dokebis. Schließlich erlaubte Kaygon, dass der Käfer mitkam, und nahm es stoisch hin, dass er ständig an Bäumen nagte und dabei ein gewaltiges Getöse verursachte. Nanui fügte den Bäumen tatsächlich keinen nennenswerten Schaden zu, stürzte sich aber stündlich auf einen. Tinahan wusste nicht, wer mehr Lärm machte – Nanui oder Bihyung. Gleichzeitig war er fasziniert davon, wie die beiden miteinander kommunizierten. Der Käfer verständigte sich in einer Art Zeichensprache, die er mit seinen Fühlern machte.

Als es Zeit fürs Abendessen war, mussten Bihyung und sein Käfer still sein. Kaygon entdeckte einen Affen, der zwischen den Bäumen hin- und herschwang.

»Tinahan, wenn ich bitten dürfte?«

Der Lekon nickte und hob einen Stein – eigentlich war es eher ein kleiner Felsen – vom Boden auf. Er wartete, bis Bihyung sich weggedreht hatte, dann schleuderte er den Stein mit aller Kraft. Der Affe hatte keine Chance. Zwischen Unmengen an Ästen und Blättern rauschte er zu Boden.

Bihyung hielt ihnen weiter den Rücken zugekehrt, während Kaygon und Tinahan den Affen vorbereiteten. Sie verbuddelten ihn, in riesige Blätter gewickelt, in einem Loch, das Nanui gegraben hatte. Dann sahen sie schweigend Bihyung bei der Arbeit zu und bemühten sich, nicht allzu verzaubert auszusehen.

Dokebis nehmen ausschließlich gegarte Nahrung zu sich. Als Kaygon erfahren hatte, dass einer seiner Gefährten ein Dokebi sein würde, hatte er überlegt, wie er ihn dazu bringen könnte, seine Essgewohnheiten zu ändern. Ob sich ein Dokebi, der sogar Obst nur gegrillt aß, mit Rohkost anfreunden könnte? Kaygon aß Tiere zwar nicht lebendig, kochte sie aber auch nicht, wenn er südlich der Grenzlinie unterwegs war. Das Risiko, entdeckt zu werden, wenn er Feuer machte, war zu hoch.

Bihyung hatte eine Lösung für dieses Problem. Als Tinahan den Boden berührte und feststellte, dass er kalt war, zweifelte er am Erfolg dieser Methode, aber Bihyung lachte nur laut. Und tatsächlich, als sie den Affen ausgruben, waren die Blätter vollständig verkohlt und das Fleisch gebacken. Bihyung hatte ihn unter der Erde mit seiner Dokebi-Flamme gegart. Vielleicht war das Sprichwort, Dokebis könnten selbst unter Wasser Feuer machen, doch keine Legende, dachte Kaygon beim Essen.

Er war irritiert, dass ihm so heiter zumute war. Kaygon hatte noch nie eine hohe Meinung von Kiboren gehabt. Er hasste Nagas. Nagas liebten diesen Wald. Also hasste er auch den Wald. Eine so einfache wie solide Logik. Würde er vor die Wahl gestellt werden, entweder die gesamten Wälder der Welt oder alle Nagas zu verbrennen, würde er sich ohne Zögern für ersteres entscheiden. Nagas zu verbrennen, wäre noch viel zu gnädig. Wenn er alle Wälder in Brand steckte, könnte er den Nagas damit viel mehr Schmerz zufügen. Aber diesmal war es anders. Es kam ihm beinahe so vor, als sei er in der Zeit zurückgereist und könnte dem nächsten Tag wieder unbeschwert entgegensehen. Als Bihyung ihn nach dem Abendessen fragte, ob er die Geschichte seines Doppelklingenschwerts erzählen könnte, ging Kaygon mehr als bereitwillig darauf ein.

Die Sonne stand tief im Westen und schickte ihr letztes Licht auf die Welt. Dünne scharlachrote Strahlen glitten wie Haarsträhnen durch Äste und Blätter. Sie färbten den tropischen Dschungel rötlich, der riesige Wald schrumpfte auf die Größe ihrer Lichtung zusammen.

»Vor langer Zeit gab es einen Lekon-Krieger, der sich mit nur einem Schwert nicht zufriedengab. Schuhe und Handschuhe gibt es paarweise, deswegen sollte man auch ein Paar Schwerter haben, sagte er. Also ließ er von der Letzten Schmiede zwei bemerkenswerte Klingen anfertigen.«

Tinahan nickte schmunzelnd. Bihyung hatte sich an seinen Käfer gelehnt.

»Er nannte sie Sonnen-Baragi und Mond-Baragi, also Sehnsucht nach der Sonne und dem Mond. Mit ihnen rang der Lekon all seine Feinde nieder und vollbrachte große Taten. Er zwang zahlreiche Lekons auf die Knie, eroberte die betörendsten Lekon-Schönheiten und besiegte die furchterregendsten und bösartigsten Duokxinis, bis er schließlich König geworden war. Es war das erste und zugleich das letzte Königreich, das je von einem Lekon gegründet worden war. Der König wusste, was Verantwortung bedeutete. Er steckte Sonne und Mond zurück in ihre Scheiden und herrschte über sein Königreich. Aber auch er konnte den Lauf der Zeit nicht aufhalten und wurde älter. Da kam es, dass die Nagas ein Auge auf das Reich des Königs warfen. Obwohl sie die Legenden über den König kannten, wollten sie in seinem Land einen Wald wachsen lassen. Der König hatte zwar mehrere Söhne, aber keiner von ihnen war an seiner Seite geblieben, und so dachten die Nagas, die Gelegenheit sei günstig, ihren Plan in die Tat umzusetzen.«

Tinahan wusste, warum die Söhne ihren Vater verlassen hatten. Nur Nagas und Menschen führten den Namen ihres Hauses weiter. »Sie haben sich auf die Suche nach einer Braut gemacht.«

»Richtig. Aus dem Grund könnt ihr Lekons auch kein dauerhaftes Königreich errichten. Und darum musst du dir deine Geschichte von mir, einem Menschen, erzählen lassen.«

»Aber der König hatte doch sicherlich Fürsten, nicht wahr? Diese Fürsten waren ... Ach so!«

»Seine Fürsten waren entweder Menschen oder Dokebis. Sie waren ihrem König treu ergeben, aber lange nicht so stark wie er, und sie hatten gegen die unsterblichen Nagas keine Chance. Und so erhob sich der alte König von seinem Thron, um sein Reich zu verteidigen. Niemand, der ihn auf dem Schlachtfeld sah, hätte ihn alt genannt. In der Geschichte der Nagas hat es nie eine so vernichtende Niederlage gegeben wie diese. Manche sagen, auf dem Schlachtfeld sei es so kalt gewesen, dass die Nagas sich nicht richtig bewegen konnten.

Aber selbst das konnte die Größe des alten Königs nicht mindern. Allerdings verlor der König in jener Schlacht eine Hand. Der Legende nach hat ein tapferer Naga sie im Kampf geschluckt, woraufhin der König ihm den Kopf abgeschlagen hat.«

Bihyung malte sich die Szene in Gedanken aus und gab ein eigenartiges Geräusch von sich.

Kaygon fuhr fort: »Jedenfalls war der König nicht mehr in der Lage, seine beiden Schwerter zu führen. Aber es kam für ihn nicht infrage, zwischen Sonne und Mond zu wählen, denn diese beiden Schwerter bedeuteten ihm alles. Nicht das von ihm gegründete Königreich war sein Vermächtnis in dieser Welt, sondern seine beiden Schwerter. Nicht die zahlreichen Schönheiten, die er erobert hatte, waren die Liebe seines Lebens, sondern seine beiden Schwerter.«

Tinahan warf einen Blick auf seinen Eisenspeer und nickte. »Deswegen also ...«

»Der König suchte also noch einmal die Letzte Schmiede auf. Der Letzte Schmied stellt für jeden Lekon nur eine einzige Waffe her, aber der König verlangte kein neues Schwert von ihm. Er bat ihn nur, Sonne und Mond zu einem Schwert zusammenzufügen. Der Letzte Schmied erfüllte die Bitte des Königs und fertigte ein Schwert mit zwei Klingen, aber nur einem Heft, sodass der König es mit einer Hand führen könnte. Der König war sehr zufrieden mit der Waffe und nannte sie Baragi. Dieses Schwert hier war der ganze Stolz des Königs.«

Bihyung, der vollkommen in Kaygons Geschichte versunken war, schluckte. »Was ist aus dem König geworden?«

»Er ist in hohem Alter friedlich gestorben. Man fürchtete, sein Königreich würde nach seinem Tod zerfallen, aber das

172

ist nicht geschehen. Ein Mensch, ein Fürst des Königs, folgte ihm auf den Thron, und das Königreich bestand noch viele Jahre. Am Ende konnte es den gnadenlosen Angriffen der Nagas jedoch nicht mehr standhalten und ging unter. Es wurde vom Dschungel verschluckt und hat kaum Spuren hinterlassen. Nur die Lieder, die König Held gewidmet sind, der vor nichts und niemandem Angst hatte, sind geblieben. Und Baragi.«

»König Held?«, rief Bihyung überrascht. »Das war der Lekon-König, von dem du gesprochen hast! Dein Schwert ist also das von König Held?«

»So ist es.«

»Dann wurde es vor eintausendfünfhundert Jahren angefertigt! Wie kommt es, dass es noch immer in einem so perfekten Zustand ist?«

Kaygon musste diese Frage nicht beantworten, denn Tinahan deutete auf seinen Eisenspeer und sagte: »Die Waffen aus der Letzten Schmiede sind für die Ewigkeit, wenn man sie gut pflegt. Deswegen hält eine einzige Waffe ein ganzes Lekon-Leben lang.«

Der Dokebi nickte, doch er ließ Kaygon Draka nicht aus den Augen. Der Mensch lehnte an einem Baumstamm, sein Gesicht und seine Brust von einem letzten Sonnenstrahl in ein sanftes Rot getaucht. Kaygons strenger Blick war auf seine schlammverkrusteten Schuhe gerichtet und wirkte auf Bihyung wie der Blick eines Mannes, für den es nichts mehr gab, wofür es sich aufzuschauen lohnte. Ihn überkam ein merkwürdiges Gefühl, das er nicht in Worte fassen konnte. »Wer bist du?«, fragte er.

Der Mann hob den Kopf und war wieder der raubeinige und erschöpfte Wanderer.

»Ich bin Kaygon Draka.«

Das kann nicht alles sein, dachte Bihyung. Am nächsten Morgen sollte sich seine Vermutung bestätigen. Denn als die Sonne aufging, sahen Tinahan und Bihyung ihren ersten Naga.

Über dem Großtempel Hainsha brach die Nacht herein.

Großmeister Jutagi seufzte unzufrieden, als es so dunkel wurde, dass er die Schrift auf der Rolle aus Bambusstäbchen, die vor ihm auf dem Tisch lag, nicht mehr lesen konnte. Er tastete nach der Lampe, griff den Docht mit Daumen und Zeigefinger und rieb schnell daran. Kurz darauf erhellte eine Flamme den Raum, und der Großmeister las weiter.

Der Bambus war mit einer antiken, lange verschollen gegangenen Technik behandelt, die ihn haltbar machte. Diese Technik zu rekonstruieren, daran war nicht einmal im Traum zu denken. Den Mönchen blieb nichts anderes übrig, als für seine erstaunliche Langlebigkeit dankbar zu sein. Selbstverständlich hatten die Mönche für den Fall, dass die Bambusstäbchen irgendwann doch auseinanderfielen, mehrere Abschriften der meisten Texte angefertigt, doch die Rolle, die der Großmeister gerade las, war ein Unikat. Er berührte sie nur mit äußerster Vorsicht, in ständiger Angst, sie zu zerstören.

Von draußen drang eine leise Stimme zu ihm. »Großmeister! Ich bin es, Orenol.«

»Komm herein.«

Die Schiebetür glitt zur Seite. Der Großmeister schmunzelte, als Orenol behutsam wie ein Novize ins Zimmer trat, obwohl er bereits auf dem hohen Rang »Große Tugend« war – erstaunlich angesichts Orenols Jugend. Als er den großen Krug in Orenols Händen bemerkte, wurde der Großmeister jedoch nervös.

Orenol stellte den Krug auf dem Boden ab und kniete nieder. »Die Schlangen sind ungemein unruhig.«

»Warte einen Moment.«

Der Großmeister rollte die Baumbusstäbchen sorgsam zusammen und schob den Schreibtisch zur Seite. Dann hob sein Schüler den Deckel vom Krug und kippte den Inhalt auf den Boden.

Aus dem Gefäß glitt ein Gewirr schwarz glänzender Giftschlangen. Sie krochen aufgebracht über den Boden, wanden und ringelten sich und bissen sich sogar gegenseitig. Als sie sich auf die beiden Mönche zubewegten, sagte der Großmeister: »Zeigt es mir.«

Die Schlangen erzitterten am ganzen Leib und krochen weiter. Ihre Schuppen rieben leise auf dem Holzboden. Langsam begannen ihre Bewegungen ein Muster zu formen. Die Tiere veränderten ihre Position fortwährend, wiederholten dabei aber immer dieselbe Bewegung. Zuweilen hielten sie inne. Für jemanden, der wusste, wonach er Ausschau halten musste, war ihre Botschaft klar und deutlich. Orenol sah den Großmeister entsetzt an.

»Der Novize ist tot!«

»Sorg dafür, dass niemand, der die Schlangensprache lesen kann, diese Tiere zu Gesicht bekommt!«

Nun, da sie ihre Schuldigkeit getan hatten, schienen sich die Schlangen beruhigt zu haben. Friedlich krochen sie in ihren Krug zurück, und Orenol schloss den Deckel. Großmeister Jutagi starrte besorgt auf den Boden.

»Ich hatte geglaubt, alle Möglichkeiten in Betracht gezogen zu haben, auf alles vorbereitet zu sein. Aber ein Naga, der Angst davor hat, sich das Herz entnehmen zu lassen! Wer hätte das gedacht.«

»Könnte es sich um eine Lüge handeln? Womöglich haben die Nagas kalte Füße bekommen ...«

»Serisma hat es selbst vorgeschlagen. Wir dürfen nicht so schnell misstrauisch werden. Außerdem scheint es plausibel, auch, weil es so unerwartet ist.«

»Und was sollen wir jetzt machen? Können wir noch ein Jahr warten?«

Jutagi runzelte die Stirn und nahm seine Gebetskette in die Hand. In feiner Schrift war ein Gebet an den *Gott, der nirgendwo existiert* eingraviert. Das Zählen der Perlen hatte die gleiche Bedeutung, wie ein Gebet an den Gott zu richten. Mechanisch zählte der Großmeister sie ab, dann seufzte er.

»Der Rettungstrupp ist bereits abgereist, und wir haben keine Möglichkeit, ihm in der Todeszone eine Nachricht zu schicken.«

»Macht Euch da mal keine Sorgen. Kaygon Draka ist doch dabei.«

»Wer hätte ahnen können, dass der Novize im Herzturm den Tod finden würde? Welch gewaltige Ironie, dass ihm ausgerechnet der Herzturm, in dem die Nagas ihre Unsterblichkeit erlangen, zum Grab wird! Was, wenn wir auch Kaygon verlieren? Das verändert alles.«

»Ist das so?«

»Ich gehe davon aus, dass die Nagas ihre Patrouillen verstärken werden. Der Mörder des Novizen soll in den Dschungel geflohen sein.«

Bedrückt senkte Orenol den Kopf.

»Man sagt, die beiden Klingen Baragis beschützen ihren Träger vor Nagas und Duokxinis«, murmelte Jutagi so leise, als spräche er zu sich selbst. »Das entspricht weniger der Wahrheit als vielmehr Wunschdenken. Doch selbst ich kann jetzt nur hoffen: Möge das Schwert von König Held seinen Träger vor den Nagas schützen.«

»Man sagt auch, dass ein Dokebi einen Naga schlägt, Groß-meister. Solange der Dokebi-Zauberer bei ihnen ist, kann ihnen nichts passieren. Es wird alles gut gehen!«

Orenol hatte das in einem heiteren Tonfall gesagt, um dem Großmeister Trost zu spenden, doch dessen Miene hellte sich nicht auf.

»Wenn dieser Dokebi anfängt, mit dem Feuer zu spielen, wie es auf der Insel Peshiron geschehen ist, ruft er alle Naga-Späher in ganz Kiboren herbei. Es sind nicht nur die Nagas, wegen denen sich Kaygon Sorgen machen muss.«

Kaygon machte sich wesentlich weniger Sorgen wegen des Naga-Spähtrupps als Bihyung und Tinahan.

»Mit den Augen sehen sie nur nach vorne, und mit den Ohren hören sie in alle Richtungen gleich schlecht.«

Seine Behauptung erwies sich als wahr. In der Nacht hatten Nagas normalerweise gegenüber allen anderen Völkern einen Vorteil, weil sie auch im Dunkeln kilometerweit sehen konnten. Aber in Kiboren reduzierten die dicht an dicht stehenden Bäume die Sicht auf wenige Meter, auch für Nagas. Kaygon, der die Nachtwache hielt, hörte den Naga-Spähtrupp schon, als dieser noch einhundert Meter entfernt war. Er weckte seine Gefährten, indem er laut schrie: »Steht auf! Nagas nähern sich.«

Erschrocken sprangen die beiden auf, und auch einige Affen flohen aus den Wipfeln. Kaygon brüllte erneut: »Bewegt euch langsam! Es besteht kein Grund, in Panik zu geraten und eure Körpertemperatur zu erhöhen.«

Die beiden waren noch nicht ganz wach, deswegen dauerte es einen Moment, bis sie sich unter Kontrolle hatten und sich an Kaygons Anweisungen aus der Letzten Taverne erinner-ten. Trotzdem blieb Tinahan nicht so ruhig wie sein mensch-licher Begleiter.

»Verdammt! Von woher kommen sie?«, zischte er.

»Was hast du gesagt? Flüstere nicht. Ich kann dich nicht hören.«

»Ich habe dich gefragt, von woher sie kommen«, wiederholte Tinahan etwas lauter. Es war stockdunkel, also ergriff Kaygon die Hand des Lekons und zeigte damit in die Richtung, aus der sich die Späher näherten.

»Kommt. Bihyung, denk an deinen Käfer.«

Kaygon ging voraus. Tinahan, dem die innere Ruhe fehlte, folgte ihm eilig und hätte ihn beinahe umgerannt. Doch statt seinen Begleiter wütend zurechtzuweisen, sagte Kaygon freundlich: »Langsam, Tinahan.«

Der Lekon gehorchte, doch seine Kehllappen waren rot angeschwollen. Hinter ihm folgten Bihyung und der Käfer. Die Erfahrungen, die sie in der darauffolgenden Stunde machten, sollten dem Dokebi und dem Lekon durch Mark und Bein gehen.

Kaygon bewegte sich, wie Bihyung es später ausdrückte, mit einer Geschwindigkeit, die einem hitzigen Gefecht mit einer Schnecke angemessen wäre: unglaublich langsam. Der Naga-Trupp kam immer näher. Bihyung und Tinahan kamen vor Anspannung beinahe um. Kaygon bestand jedoch auf diesem Schneckentempo, weil sie verfolgt wurden, bei Nacht nicht gut sehen konnten und sich in einem Wald befanden. Die Wahrscheinlichkeit, dass ihre Körpertemperatur anstieg, war unter diesen Umständen viel höher als normal, deshalb sollten sie sich auf keinen Fall schneller bewegen.

Dann fing Kaygon an, gegen die Bäume um sich herum zu treten. Beim ersten Mal erschrak Tinahan beinahe zu Tode und flüsterte: »Pass doch auf!«

Er hatte geglaubt, dass Kaygon lediglich unvorsichtig gewesen war, aber als dieser kurz darauf erneut gegen einen

Baum trat, packte ihn Tinahan, der sich vor Entsetzen auf dreifache Größe aufgeplustert hatte, an der Schulter und flüsterte: »Verdammte Scheiße, was machst du denn da?«

»Was hast du gesagt? Nicht flüstern, Tinahan!«

»Ich habe dich gefragt, was du da für einen bescheuerten Scheiß machst!«

»Ich scheuche die nachtaktiven Tiere auf, damit sie die Nagas mit ihrer Körperwärme in die Irre führen. Würdest du jetzt bitte meine Schulter loslassen?«

Obwohl er ihnen das schon mehrfach erklärt hatte, wiederholte Kaygon diese Worte ruhig und freundlich. Tinahans Kamm errötete noch mehr, und er ließ seinen Gefährten los. Kaygon forderte Bihyung, der die Nachhut bildete, dazu auf, ein Lied zu singen, doch der brachte einfach nicht den Mut dazu auf. Allein der Mensch verursachte einen Höllenlärm, indem er gegen Bäume trat und in die Hände klatschte. Tinahan, Bihyung und Nanui schlichen hinter ihm her. Sie alle hatten das Gefühl, dass ihnen nicht mehr viel Zeit zu leben blieb.

Als seine Gefährten endgültig mit den Nerven am Ende waren – Tinahans Gefieder völlig zerzaust und Bihyung schwer atmend –, hielt Kaygon inne. Im ersten Licht der Morgendämmerung schälte sich ihre Umgebung langsam aus den Schatten. Sie standen am Fuß einer hohen Felswand. Kaygon blickte hinauf. »Schwierig.«

Seine beiden Begleiter starrten ihn an. Ihnen war das Herz in die Hose gerutscht. Kaygon sah sich um, dann ging er nach rechts, immer an der Felswand entlang.

Tinahan konnte seine Ungeduld nicht länger im Zaum halten. »Was ist schwierig? Sag schon! Sind wir entdeckt worden?«

»Nein, sie haben uns nicht entdeckt. Ich habe die falsche Richtung eingeschlagen. Anscheinend sind die Nagas zu dieser Felswand unterwegs. Wir haben wohl nur zufällig unser Lager zwischen ihnen und diesem Ort aufgeschlagen.«

»Sie wollten hierher? Wieso?«

»Diese Frage wirst du dir gleich selbst beantworten können«, erklärte Kaygon und lauschte. »Kommt, wir gehen weiter. Sie sind schon ganz nah.«

Bihyung und Tinahan hörten die Schritte der Späher. Bis zum Zerreißen angespannt, packte der Lekon seinen Eisenspeer fester. Kaygon hatte es jedoch nicht übermäßig eilig. Er schritt gemächlich voran, und als er am Fuß der Felswand eine Mulde entdeckte, ließ er sich darin nieder.

»Setzt euch. Die Nagas werden dort vorne nach links abbiegen.«

Bihyung warf einen kurzen Blick hinter sich und fragte: »Warum links?«

»Nur dort kommt man die Felsen hoch, wenn ich das richtig sehe. Außerdem ist das Osten, und ich vermute, dass sie in diese Richtung wollen. Wenn wir hierbleiben, werden sie uns nicht bemerken.«

Bihyung und Tinahan waren zu aufgeregt, als dass sie sich einfach hinsetzen konnten. Sie blickten nervös zwischen Kaygon, dem Wald und der Felswand hin und her. Keiner von ihnen sagte etwas.

Als die Sonne ganz aufgegangen war, entdeckte Tinahan sie. Er drückte sich gegen die Wand, als wolle er Teil des Felsens werden, und blickte staunend nach oben. Bihyung tat es ihm gleich. Er flüsterte: »Das sind also Nagas?«

Keiner der beiden antwortete ihm – Tinahan nicht, weil ihm vor Staunen die Luft wegblieb, und Kaygon nicht, weil er es für unnötig hielt.

Dort oben standen sechs Nagas, die Gesichter nach Osten gerichtet. Sie waren nicht so groß wie Dokebis oder gar Lekons, sondern eher so klein wie Menschen. Ihre Körper waren mit Schuppen bedeckt und sie trugen exotische Kleidung. Weil sie wechselwarme Wesen waren, diente ihre Kleidung, anders als bei Menschen, Lekons und Dokebis, nicht dazu, ihre Körperwärme zu erhalten. Deswegen bestand sie nicht einfach nur aus Hosen und Oberteilen, sondern wies extravagante Schnitte auf, die eindeutig zwischen links und rechts, vorne und hinten unterschieden. Bihyung und Tinahan hatten den Eindruck, dass sie nicht sechs Nagas sahen, sondern sechs Symbole, die durch ihre Kleidung tiefgründige und komplexe Bedeutungen zum Ausdruck brachten.

Die Entfernung zwischen den Nagas und ihnen betrug nicht einmal fünfzig Meter Luftlinie. Jetzt wurde Bihyung und Tinahan auch klar, warum Kaygon sie nach Westen geführt hatte: Die Nagas standen mit dem Rücken zu ihnen. Sie würden die Eindringlinge sofort entdecken, wenn sie einen Blick über die Schulter warfen, doch sie starrten unverwandt nach Osten.

»Sie sonnen sich«, meinte Kaygon plötzlich und erschreckte damit die beiden, die verzaubert die Nagas auf dem Felsen betrachteten, so sehr, dass ihnen beinahe die Seelen aus den Körpern gefahren wären. Die Nagas sahen sich immer noch nicht um. Kaygon stand auf und erklärte: »Sie erhöhen ihre Körpertemperatur, indem sie im Sonnenlicht baden.«

Bihyung stieß einen verblüfften Laut aus. Natürlich musste man sich in einem so dichten Dschungel einen Platz hoch oben auf einer Felswand suchen, wenn man Sonnenschein abbekommen wollte. Er wollte das gerade sagen, als er Kaygons Gesichtsausdruck bemerkte und erneut erschrocken zusammenfuhr. Egal, wie ungeschickt Bihyung und Tinahan sich angestellt oder was sie Dummes gesagt hatten, Kaygon war stets die Ruhe selbst gewesen, doch jetzt stand die pure Mordlust in seinen Augen. Ihr Lotse war ein Raubtier, eine fleischfressende Bestie.

Langsam zählte Bihyung in Gedanken bis zehn. Endlich wich das mörderische Licht aus Kaygons Augen. Er drehte sich um und ging los. Seine Gefährten folgten ihm zögerlich. Ihre innere Unruhe ließ sie immer wieder zurückblicken, aber die Nagas starrten weiter nur in den Himmel und bemerkten die vier nicht.

Für den Rest des Tages sagte Kaygon kein Wort mehr.

Kiboren war von Nagas für Nagas geschaffen worden, sodass jeder, der zum ersten Mal die Stadt verließ, dort problemlos überleben konnte. Während er weiter nach Norden zog, hatte Ryun nach großen und kleinen Fehlern allmählich Erfahrung darin, wie viele Tage er mit der Nahrung, die er zu sich nahm, durchhielt. Und ebenso darin, bis zu welcher Größe er ein Lebewesen verschlingen konnte.

Als er einem Ameisenbären begegnet war, hielt er es zuerst für keine gute Idee, ihn zu essen – das Tier war viel zu groß. Doch aus Furcht vor den Spähern und vor allem wegen Hwarits letztem Wunsch gönnte er sich nicht einmal einen kurzen Moment der Rast. Er hatte keine andere Wahl, als den Ameisenbären anzugreifen, denn er wollte nicht ewig nach etwas anderem suchen. Mit seinem kleinen Maul würde ihn das Tier wohl kaum beißen können.

Wie sehr hatte er sich geirrt! Der Ameisenbär hatte zwar keine Zähne, weil er sich ausschließlich von Insekten ernährte, aber die Klauen an seinen Vorderpfoten, die sich tief in die

Ameisenhügel graben konnten, waren schreckliche Waffen. Ryun schaffte es gerade noch, seinen Xyker zu schwingen, bevor das Tier ihm den Oberschenkel aufreißen konnte. Nachdem er es getötet hatte, erkannte Ryun seinen zweiten Fehler: Der Ameisenbär stank zum Himmel.

Der Hunger zwang Ryun, ihn trotzdem zu essen. Er schluckte das schlaffe Tier mit dem Kopf voran. Sein Kiefer schmerzte, als würde er jeden Moment bersten, und das struppige Fell des Ameisenbären kratzte in seiner Kehle. Der abscheuliche Gestank brachte ihn beinahe zum Würgen. Schließlich gelang es ihm, das Tier hinunterzuschlucken, und weil sein Körper nun unförmig angeschwollen war, fiel ihm das Laufen schwer. Aber es hatte sich gelohnt, denn nun konnte er seine Reise sechs Tage lang ohne Pause fortsetzen. Von da an war er davon überzeugt, dass er selbst von anderen Nagas ebenso verschluckt werden konnte.

Die Körpertemperatur wechselwarmer Tiere ändert sich je nach Umgebungstemperatur, entspricht ihr jedoch nicht vollkommen. Nach heftiger körperlicher Anstrengung ist ihre Temperatur etwas höher, und das permanent schlagende Herz gibt zusätzlich eine gewisse Wärme ab. Ryun strahlte so viel Wärme aus, dass er alles um sich herum wie eine Fackel erhellte. Jedes Mal, wenn er seinen Herzschlag spürte, bedeckte er schaudernd seine Brust, und immer wenn er an einer Pfütze vorbeikam, rieb er seinen Körper mit Schlamm ein. Fliegen schwirrten um seinen Mund, an dem Blut, Moos, Schlamm und anderes klebten, aber er konnte es nicht riskieren, sich zu waschen.

Dennoch wurde er von einem Angreifer aufgespürt, wenn auch auf eine Weise, die er nicht erwartet hatte.

Zunächst war er nur verwundert, als ihm einige Affen nachliefen. Fast alle Tiere in Kiboren mieden die Nagas, weil sie fleischfressende Raubtiere waren. Als zwei Affen ihn von ihrem Baum aus anstarrten, glaubte er, er habe vielleicht ihr Revier betreten, aber dann folgten sie ihm. Anfangs waren es nur diese beiden, doch ihre Zahl wurde allmählich größer, und einige Stunden später waren es so viele, dass er sie nicht länger ignorieren konnte. Zuerst hatten sie sich noch von einem Baum zum anderen geschwungen, aber mit zunehmender Zahl waren sie wagemutiger geworden, und so kamen nun einige von ihnen auf den Boden herunter. Ryun zog seinen Xyker und schwang ihn drohend hin und her, aber die Affen hielten Abstand und warteten, anstatt wegzulaufen. Als er weiterging, folgten sie ihm erneut. Schließlich blieb er stehen und brüllte die Affen an.

Die Affen zeigten keine Reaktion.

Hier stimmte etwas ganz und gar nicht. Kein einziger Affe war zurückgewichen oder geflohen. Sie sahen nicht einmal verängstigt aus. Sie saßen weiterhin hoch oben in den Bäumen oder auf dem Boden und starrten ihn drohend an. Es gab nur eine Erklärung für dieses absonderliche Verhalten: Jemand hatte die geistige Kontrolle über sie übernommen. Deshalb überraschte es ihn nicht sonderlich, als sich kurz darauf ein Spähtrupp durch den Busch kämpfte.

Es waren fünf Frauen. Ryun wechselte seinen Xyker von der rechten in die linke Hand und verbarg ihn hinter dem Rücken. Er hielt den Blick fest auf die Späherinnen gerichtet.

[Ein Naga? Aber mit Herz?]

Ryun riss sich zusammen, um nicht sofort wegzurennen. Die Frauen sahen völlig anders aus als die aus der Stadt. Sie wirkten nicht so kalt. Doch als sie nahe genug herangekommen waren, dass er ihnen in die Augen sehen konnte, erkannte er, dass er sich geirrt hatte. In ihnen war die Unbarmherzigkeit bloß weggeschlossen, wie ein gut geschärftes Messer, das man schonte, bis man es brauchte.

Die Späherinnen zogen gleichzeitig ihre Schwerter. Sie griffen ihn aber nicht sofort an, da ihm durch die Affen sowieso der Fluchtweg versperrt war. Stattdessen scherzten sie miteinander, als machte ihnen die ganze Situation einen Riesenspaß.

[Ein Bie-Naga. Ein Krüppel.]

[Er sieht süß aus.]

[Süß? Was soll an dem süß sein? Für dich sind wohl alle Männer süß, was?]

Ryun schloss mit aller Kraft seinen Geist und bemühte sich verzweifelt, herauszufinden, wer von ihnen die Geistesbändigerin war.

Da nirmte die Naga, die wohl die Anführerin war, etwas genervt: [Seid mal ruhig. Ihr wandert alle schon so lange durch diesen Wald, dass ihr den Verstand verloren habt. Was wollt ihr denn mit einem Krüppel?]

[Na ja, wir könnten trotzdem ein bisschen Spaß mit ihm haben. Warte mal. Hey du da, kannst du nirmen?]

Ryun umklammerte seinen Xyker noch fester und nirmte vorsichtig: [Ja, das kann ich.]

Die Frauen waren begeistert. [Alle Achtung, er hat genirmt! Anscheinend ist er nicht vollkommen verkrüppelt.]

Die Anführerin nirmte: [Dann muss er verrückt sein. Töte ihn.]

[Was für eine Verschwendung. Es ist drei Häutungen her, dass ich das letzte Mal einen Mann gesehen habe. Was ist schon dabei, wenn er ein bisschen verrückt ist? Das hier oben], meinte sie und deutete mit dem Finger auf ihren Kopf, [findet bei Männern sowieso keine Verwendung. Nur das, was sie da unten haben, ist von Bedeutung. Man sagt, dass gerade die Hohlköpfe wahre Prachtexemplare haben sollen.]

Die Frauen brachen in schallendes Gelächter aus, selbst die Anführerin lächelte. Ryun reichte es langsam, daher richtete er seinen Xyker drohend auf die Späherinnen und nirmte: [Das hattet Ihr Euch wohl anders vorgestellt!]

Die waren davon wenig beeindruckt. Sie nirmten kichernd, er sei sogar noch süßer, wenn er versuchte, sich zu wehren. Nur die Anführerin fletschte die Zähne und nirmte zu einer der Frauen: [Sudy, sorg dafür, dass der Xyker verschwindet. Ihr könnt meinetwegen mit ihm spielen, aber erst nachdem ihr ihm diesen rostigen Nagel abgenommen habt ...]

In diesem Moment handelte Ryun.

Während er die Aufmerksamkeit der Frauen auf seinen Xyker in der linken Hand gelenkt hatte, hatte er mit der rechten eine Pille aus seinem Rucksack geholt. Als sich die Anführerin zu der Frau namens Sudy umgedreht hatte, hatte er erkannt, dass das die Affenbändigerin war, und seine rechte Hand zum Mund geführt. Als er die Pille schluckte, dachten die Frauen, er beginne zu weinen, und grinsten böse. Doch als er mit dem Fuß aufstampfte, verschwand ihr Grinsen plötzlich.

Auch Ryun war verblüfft von der Wirkung des Sodrags.

Die Zeit stauchte sich. Er sprang mit einem Satz in die Reihe der Frauen, die in seinen Augen schrecklich langsam zu tanzen schienen. Für sie hingegen war er so schnell, dass sie seinen Angriffen nichts entgegenzusetzen hatten. Ryun vernahm ihre seltsam verzerrten Nirms, als er der Anführerin ein Bein abtrennte. Dann stellte er sich hinter Sudy, so schnell, dass diese nicht einmal den Kopf drehen konnte, umfasste den Xyker mit beiden Händen und schlug ihr damit gegen den Schädel, so fest er konnte. Als sie auf dem Boden aufschlug, hatte er das Schwert schon weggesteckt und war mehrere Hundert Meter weit geflohen.

Die Affen, die plötzlich aus Sudys geistigem Griff befreit waren, sprangen kreischend in alle Richtungen davon, ihre warmen Körper flohen kreuz und quer durcheinander. In diesem höllischen Aufruhr verlor der Spähtrupp Ryun aus den Augen. Selbst wenn sie seine Fährte wieder aufnahmen, würden sie ihn nicht mehr einholen können. Solange das Sodrag wirkte, rannte Ryun ohne Pause, und als es nachließ, brach er über zwanzig Kilometer entfernt zusammen. Dann übergab er sich so heftig, dass er schon fürchtete, der Ameisenbär würde als Ganzes wieder herauskommen.

Wegen des Sodrags und der körperlichen Belastung war seine Körpertemperatur so stark angestiegen, dass sich die Luft um ihn herum erhitzte. Der Wald nahm eine merkwürdige Farbe an, die eigentlich nur durch ein Nirm zu beschreiben war: ein Glimmern, Sickern und Wabern der Farben bedeckte die Welt, die fast rosa schien; dazwischen tanzten Schatten. Die Bäume glühten in Purpur und Scharlachrot, und sein Erbrochenes war ein tanzender Strudel aus aberwitzigen Farbtönen. Erschöpft hob er den Kopf und sah sich um. Dabei entdeckte er etwas noch Verrückteres.

Vor seinen Augen erstreckte sich ein merkwürdig aussehender Boden. Er war schwarz, flach und glatt wie Marmor, und obwohl er fest wirkte, schien er doch konstant in Bewegung zu sein. Nirgends stand ein Baum. Stattdessen konnte er Funken sehen, die schwach unter der schwarzen Oberfläche erstrahlten. Es fiel ihm schwer, sich auf diesen schwarzen Boden zu fokussieren, und noch schwerer, sich auf die Lichter darin zu konzentrieren. Er stand auf. War er in das Reich eines unbekannten Gottes gelangt? Oder wirkte hier eine verbotene Magie? Er trat einen Schritt nach vorne und stöhnte auf, als ihm ein schmerzhaftes Stechen in die Kniegelenke fuhr. Das Sodrag hatte ihm körperlich einiges abverlangt. Nach zwei weiteren Schritten stand er unmittelbar vor der schwarzen Fläche.

Stirnrunzelnd blickte er auf die wirbelnde Dunkelheit zu seinen Füßen. Dann kniete er sich langsam hin. Mit dem Gefühl, etwas vollkommen Unsinniges zu tun, streckte er die Hand aus und berührte den schwarzen Boden.

Dann atmete er erleichtert auf.

Es war der Murun.

Ryun sah das breite Gewässer und die darin schwimmenden Fische. Mit einem Lächeln auf dem Gesicht fiel er in Ohnmacht.

Kaygon betrachtete das tanzende Sonnenlicht, das sich auf den Wellen spiegelte, und sagte plötzlich, wie zu sich selbst: »Wasser schluckt Wärme. Für einen Naga wird der Murun-Fluss wie ein dunkles Band aussehen.«

Bihyung legte den Kopf schief und fragte: »Wie ein Fluss bei Nacht?«

»Ja, so ähnlich, aber es ist doch nicht das Gleiche.«

»Inwiefern ist es anders?«

»Du und ich können den Wind nicht sehen, aber wir sehen, was sich hinter dem Wind befindet. Er sieht für uns nicht schwarz aus. Die Nagas hingegen haben Schwierigkeiten, Wasser zu sehen, und tiefes Wasser verdeckt das, was unter der Oberfläche liegt. So in etwa stelle ich mir diesen Unterschied vor.«

Bihyung nickte.

Zwanzig Tage, nachdem sie von der Letzten Taverne aufgebrochen waren, erreichten sie endlich den Murun. Unterwegs hatten sie noch einige Begegnungen mit Naga-Spähtrupps gehabt. Aber Kaygon hatte sie jedes Mal rechtzeitig bemerkt und seine Gefährten in Sicherheit gebracht. Es hatte nur einen einzigen gefährlichen Zwischenfall gegeben.

Dieser hatte sich während Tinahans Nachtwache ereignet. Kaygon hatte ihn angewiesen, seinen Eisenspeer in Ranken einzuwickeln, und dem war er auch ohne Weiteres nachgekommen. Aber als sich die anderen beiden schlafen gelegt hatten, meinte er, dass es an der Zeit sei, seine Waffe zu polieren, und so löste er sie aus den Ranken. Doch der Speer war von der Wärme des Tages noch aufgeheizt, sodass er auf die Nagas wie ein Lichtstrahl wirkte. Eine gerade, heiße Linie von sieben Metern Länge kommt in der Natur nur selten vor.

Als Tinahan seine Gefährten weckte, hatten die Nagas sie bereits im Visier und rannten auf sie zu. Die vier flohen mit langsamen Schritten, etwas, woran sie sich mittlerweile gewöhnt hatten. Aber Kaygon merkte, dass die Verfolger zu schnell waren. Er blickte zu Tinahan zurück, sah den blanken Speer und erkannte sofort, was los war.

»Sie haben uns entdeckt. Sie werden uns einholen.«

Erschrocken schrie Bihyung: »Sollen wir die Beine in die Hand nehmen?«

»Mach eine Giraffe mit der Dokebi-Flamme.«

»Was?«

»Eine Giraffe! Erschaffe eine Giraffe mit deiner Dokebi-Flamme!«

Bihyung tat, was Kaygon verlangte. Als dieser Bihyungs Werk sah, stieß er einen Seufzer aus.

»Das ist hübsch, aber ich möchte keine Giraffe, die ich auf meinen Handteller stellen kann, sondern eine in Originalgröße. Und mit einer Temperatur, die unserer Körperwärme ähnlich ist.«

Erst jetzt verstand Bihyung und erschuf eine Giraffe, die sechs Meter hoch war und urplötzlich mitten im Dschungel auftauchte. Sie war spektakulär, wenn auch wenig realistisch. Bihyung war ganz sicher kein Meister der Zoologie, und die Giraffe, die er erschaffen hatte, sah wie die Kritzelei eines Kindes aus. Dennoch nickte Kaygon dem Dokebi zu und wies die anderen an, sich in den Büschen zu verstecken.

Kurz darauf kamen die Nagas.

Kaygon klopfte Bihyung auf die Schulter. »Lass sie davonrennen.«

Obwohl die Nagas keine zehn Meter von ihnen entfernt waren, senkte er seine Stimme kein bisschen. Bihyung ließ seine Flammengiraffe davonstürmen. Dann hielt er sich rasch den Mund zu, um nicht laut aufzulachen, denn die Nagas warfen einen flüchtigen Blick auf die Giraffe, drehten sich um und entfernten sich wieder. Kein Mensch, Lekon oder Dokebi hätte Bihyungs Werk mit einer echten Giraffe verwechselt, aber bei den Nagas hatte der Trick funktioniert. Nachdem er sich vergewissert hatte, dass der Spähtrupp ein gutes Stück weitergezogen war, sagte Kaygon zu Bihyung, der sich ziemlich zusammenreißen musste: »Du kannst lachen, wenn du willst. Sie hören dich nicht.«

Der Dokebi krümmte sich vor Lachen.

Tinahan lockerte seinen Griff um den Eisenspeer. »Warum gerade eine Giraffe?«

Kaygon erklärte, dass Schlangen und Giraffen ungefähr so lang wie Tinahans Speer seien. Eine Schlange sähe ihm noch ähnlicher, war aber nicht warm genug. Deswegen sei nur die Giraffe übrig geblieben. Jetzt verstand Tinahan, dass seine heiß gewordene Waffe die Nagas angelockt hatte, und wartete auf Kaygons Reaktion.

Doch Kaygon wurde nicht wütend. Er war nicht einmal ungehalten, sondern sagte nur: »Wenn du die Ranken von der Waffe lösen möchtest, wäre Mitternacht ein guter Zeitpunkt dafür, weil dein Speer dann ausreichend abgekühlt sein sollte, Tinahan.«

»Ah ... Ich werde darauf achten.«

Obwohl sie alles, wirklich alles taten, was er ihnen vor der Abreise verboten hatte, wurde Kaygon nie wütend, sondern machte sie lediglich ruhig auf ihre Fehler aufmerksam. Seine Geduld war für Bihyung und Tinahan viel schlimmer als die Flüche oder Vorwürfe, die sie erwarteten. Nach einigen Tagen fürchteten sie sich regelrecht davor, Fehler zu machen.

Warum wird er nie wütend?, fragte sich Bihyung. Entweder waren ihm seine Gefährten gleichgültig, oder er war ausgesprochen nachsichtig. Ersteres konnte Bihyung nicht glauben, denn Kaygons Verhalten sagte etwas anderes. Er nahm eindeutig große Rücksicht auf alle seine Gefährten. Etwa, als sie die Bananen entdeckt hatten. Bihyung und Tinahan hatten eine Pause machen wollen, um in Ruhe zu essen. Kaygon hatte einen kurzen Blick auf Nanui geworfen und ihren Vorschlag abgelehnt. »Bananenbäume sind schwer zu kauen. Lasst uns ein paar Bananen pflücken und weitergehen. Wir ruhen uns an einem Ort aus, an dem es auch für den Käfer etwas zu fressen gibt.«

Kaygon dachte immer an alles, daran gab es für Bihyung keinen Zweifel mehr. Doch besonders sanftmütig war er auch nicht, sonst würde er die Nagas nicht so abgrundtief hassen. Je besser man etwas kennt, desto schwieriger ist es, es zu hassen. Kaygon kannte die Nagas besser als jeder andere, vielleicht sogar besser als die Nagas sich selbst. Warum verabscheute er sie dann so sehr? Bihyung fand keine Antwort auf diese Frage.

Nun standen die drei am Ufer des Murun. Kaygon betrachtete das dahinströmende Wasser und anschließend Tinahan. Der Lekon zog ein Gesicht, das deutlich machte, dass man ihn besser nicht ansprach. Für einen Lekon, der auf einen breiten Fluss blickte, war das geradezu zurückhaltend, deswegen ließ Kaygon ihn in Ruhe und wandte sich an Bihyung.

»Unser Naga wird ein so breites schwarzes Band garantiert nicht übersehen und einfach daran vorbeilaufen. Wir müssen flussabwärts gehen und darauf achten, ob wir ein Lied hören.«

»Gut. Dann brechen wir auf?«

»Ich habe eine Bitte, bevor wir losgehen.«

»Sag schon! Was kann ich für dich tun?«

»Unterlasse bitte ab jetzt das Singen. Wir müssen auf das Lied des Nagas lauschen.«

Bihyung grinste breit und nickte, aber zwei Stunden später geriet er ziemlich in Verlegenheit, als er merkte, dass Kaygon ihn seit einer Weile ansah.

»Oh, stimmt, du hast ja gesagt, dass ich nicht singen darf.«

Ihnen bot sich eine spektakuläre Landschaft. Nachtreiher flogen scharenweise über den Murun. Sich bis in den Fluss hinaustreckende Wurzeln und zum Wasser herunterhängende Ranken machten es schwer zu sagen, wo der Fluss aufhörte und wo das Land begann. Auf einer Sandbank lagen Flusspferde und dösten, und wo das Wasser klar war, konnte man Fische sehen. An den meisten Stellen war der Murun jedoch so tief, dass er das Sonnenlicht verschluckte. Schlangen hielten stolz den Kopf über Wasser, während sie den Fluss durchquerten. Sie glänzten im strahlenden Sonnenschein, als wären sie aus Beryll. Wie aus dem Nichts tauchte ein

Königsadler auf, packte ein Krokodil und verschwand damit wieder in den Himmel.

Davon schien Bihyung besonders beeindruckt zu sein. Im Norden, wo es wesentlich kälter war als hier, gab es so große Vögel nicht.

»Habt ihr das gerade gesehen? Das war ein Drache, oder? Wie ist das möglich?«

Kaygon klärte ihn auf und bemerkte, dass Drachen seit Langem ausgestorben waren. Bihyung wollte ihm nicht glauben.

»Hm, das ist also ein Königsadler. Aber du bist dir nicht ganz sicher, dass Drachen ausgestorben sind, nicht wahr? Man sagt ja, dass ihre Saat sehr stark ist. Außerdem gibt es hier so viele Bäume, da könnte es doch sein, dass Drachen hier überlebt haben?«

»Nein, die Nagas hassen Drakas.«

Bihyung und Tinahan sahen einander verwirrt an.

»Draka bedeutet Drache in der Kitalzer Jägersprache.«

»Du heißt auch Draka. Stammt dein Name dann auch aus Kitalzer? Äh, hat vielleicht Kaygon auch eine Bedeutung?«

»Kaygon heißt Schwarzer Löwe. Ebenfalls in der Kitalzer Jägersprache.«

»Schwarzer Löwe und Drache ... Schwarzer Löwe und Drache ... Ich hab's! Das sind beides Wesen, die von den Nagas ausgerottet worden sind!«

Ehe Kaygon antworten konnte, schrie Tinahan laut: »Der Stil der Kitalzer Jäger!«

Erschrocken sah Bihyung den Lekon an. Der drosch sich mit der Hand auf den Oberschenkel und fuhr fort: »Ja, genau, jetzt erinnere ich mich! Ich habe schon einmal davon gehört. Das ist der Stil der Kitalzer Jäger. Sie töten ihre Erzfeinde, nehmen ihnen die Leber heraus und essen sie. Stimmt's?«

Kaygon nickte.

Bihyung fragte ängstlich: »Was haben die Nagas dir angetan, Kaygon?«

»Warum glaubst du, dass sie mir etwas angetan haben?«

»Liegt das nicht auf der Hand? Dein Name setzt sich aus denen zweier Lebewesen zusammen, die von den Nagas ausgerottet wurden. Du sprichst die Sprache eines Stammes, der wegen der Nagas verschwunden ist, und wenn du einen Naga getötet hast, kochst und isst du ihn. Genau wie die Kitalzer Jäger es mit ihrer Beute tun. Was zum Teufel haben die Nagas mit dir gemacht, dass du sie auf eine Weise, die auf eine merkwürdige Art fast andächtig zu nennen ist, behandelst?«

Auch Tinahan sah seinen Gefährten neugierig an. Kaygons rechte Hand bewegte sich an seiner Taille entlang. Bihyung, aufgeregt, wie er war, bemerkte diese Handbewegung nicht, aber der Lekon nahm die Bewegung von Kaygons Händen, seine Füße und seine Haltung sehr wohl wahr – und verstand sofort, was los war. Kaygons Gesicht war ausdruckslos, aber sein Körper schrie es förmlich in die Welt hinaus, dass er Baragi ziehen und Bihyung niederstrecken wollte. Angespannt umklammerte Tinahan seinen Eisenspeer. Doch Kaygon wich Bihyungs Blick aus und sagte ruhig: »Was die Nagas mir angetan haben, hat nichts mit unserer Mission zu tun.«

»Das mag sein, dennoch kannst du mir meine Frage beantworten.«

»Nein. Ich will dir keine Antwort geben.«

Bihyung winkte ab. »Also gut, ich lasse dich damit in Ruhe. Ich weiß ja inzwischen, dass es nichts bringt, dich weiter ausfragen zu wollen. Wenn du dich einmal auf etwas festgelegt hast, weichst du nicht mehr davon ab. Aber ich habe noch eine andere Frage. Ich kann mir erklären, warum die Nagas die Drachen ausgerottet haben. Aber wieso auch die Schwarzen Löwen? Kannst du mir wenigstens das beantworten?«

Kaygon wirkte ein wenig erleichtert – aber wirklich nur ein wenig.

»Das Fell des Schwarzen Löwen erzeugt Wärme. Selbst nachdem es ihm abgezogen wurde.«

»Es erzeugt Wärme? Das Fell?«

»Ja. Denk mal darüber nach.«

»Ah! Die Nagas können in den kalten Norden, wenn sie dieses Fell tragen. Habe ich recht?«

»Hast du. Am Ende des Großen Expansionskrieges haben die Nagas Verschiedenes ausprobiert, um die Grenzlinie überschreiten zu können, unter anderem haben sie alle Schwarzen Löwen gefangen und ihnen das Fell abgezogen. Sie haben Tausende Schwarze Löwen getötet, nur um ein einziges Bataillon mit Fellen auszurüsten. Wie hätten die Schwarzen Löwen das überleben sollen! Noch dazu, weil sie sich nicht stark fortpflanzten.«

»Haben die Nagas das denn nicht kommen sehen?«

»Diese Baumliebhaber haben keine Ahnung von Tieren und erst recht nicht von deren Zeugungsfähigkeit. Tiere unterscheiden sich zu sehr von Pflanzen. Nein, sie haben es nicht kommen sehen.«

»Schade. So einen Schwarzen Löwen hätte ich gerne mal gesehen. Bist du dir sicher, dass er ausgestorben ist?«

»Der Schwarze Löwe? Ganz sicher.«

»Moment. Heißt das, du bist dir bei den Drachen nicht ganz sicher?« Bihyung war schon wieder ganz aufgeregt.

»Du hast selbst gesagt, dass die Drachensaat stark ist. Und Kiboren ist sehr groß. Aber die Nagas hassen Drachen, deswegen ist die Wahrscheinlichkeit ziemlich gering.«

Kaygon wollte noch einiges ergänzen, das seine wenig hoffnungsvolle Meinung untermauerte, aber er entschied sich dagegen, als er sah, wie Bihyung sich umblickte, als rechne er damit, sofort einen Drachen zu finden, der überlebt hatte.

Der Dokebi war nicht der Einzige, der glaubte, dass die Drachen noch existierten. Auch die Mönche im Großtempel Hainsha wollten sie finden. Der Tempel hatte sogar jedem, der einen Drachen fand, eine große Summe in Aussicht gestellt. Aber bisher war kein einziger gesichtet worden.

Kaygon hingegen konnte sich nicht vorstellen, dass die Saat der Drachen in Kiboren aufgegangen war, egal, wie stark sie sein mochte. Es war ausgeschlossen, dass die Nagas, die Wächter der Bäume, dieses Unkraut geduldet hätten.

Ryun verharrte in der Bewegung, mit dem Fuß in der Luft. Gerade noch rechtzeitig vor dem Auftreten hatte er gemerkt, was für ein wundersamer Anblick sich ihm bot. Er ging auf ein Knie und betrachtete die aufgeblühte Blume genauer. Nachdem er die Blütenblätter gezählt und ihre Form sowie ihre Farbe begutachtet hatte, wusste er, dass sein erster Eindruck ihn nicht getäuscht hatte.

Voll Ehrfurcht bestaunte er die Drachenblume.

Er konnte sich nicht erklären, warum sie hier blühte. Ein Drache wartete Jahre, sogar Jahrzehnte oder Jahrhunderte als Samen und blühte erst dann auf, wenn er sicher sein konnte, dass es in seiner Umgebung keine Gefahr gab. Doch die Drachenblume, die Ryun jetzt vor sich hatte, war an einem Ort erblüht, wo es von Gefahren nur so wimmelte. Der Murun befand sich in unmittelbarer Nähe, die Drachenblume war jedem Tier, das nach Wasser suchte, schutzlos ausgeliefert, von den Naga-Spähtrupps ganz zu schweigen.

Erst als Ryun nach einer Weile in der Nähe der Blume Spuren von etwas frisch Getrocknetem bemerkte, ging ihm ein Licht auf, und er konnte den Keimungsprozess der Drachenblume nachvollziehen.

Vor langer Zeit hatte ein Drache seine Sporen verstreut. Sie waren in alle Himmelsrichtungen geflogen, eine war den Murun entlanggeglitten und genau hier gelandet, in der feindlichsten Umwelt, die es für einen Drachen geben konnte. Deswegen war der Samen nicht sofort aufgekeimt, sondern hatte gewartet.

Im Laufe der Zeit hatten die Nagas alle Drachenblumen südlich der Grenzlinie ausgerottet. Die wenigen, die nördlich der Grenze, wo die Bedingungen deutlich widriger waren, erblühten, wurden restlos ausgemerzt, weil andere Völker nach Drachenwurzeln gierten. Aber genau hier, im Herzen des Naga-Reiches, auf dem Grund und Boden, der für Drachen am gefährlichsten war, war eine Spore erhalten geblieben. Sie hatte gewartet und überlebt.

Jahrzehnte, womöglich sogar Jahrhunderte später erbrach sich ein Naga unter Schmerzen über diesem Samen. Und die Drachenspore keimte trotz der Gefahr. Denn in dem Erbrochenen fand sich etwas Außergewöhnliches: Sodrag.

Die Droge hatte eine besondere Wirkung auf den Samen. Während Ryun geschlafen hatte, war der Drache explosionsartig gewachsen, sogar seine Blüten waren aufgegangen. Ryun war erstaunt, dass ausgerechnet er die Drachenblume zum Blühen gebracht hatte. Umso mehr tat es ihm leid, dass er diese Blume nun pflücken musste.

Der Drache war viel zu gefährlich. Die Dokebis, die größten Feinde der Nagas, hassten jede körperliche Auseinandersetzung, weil sie Angst vor Blut hatten. Deswegen war ihr Lieblingssport der Ringkampf, bei dem fast nie Blut floss. Die

Drachen kannten diese Angst nicht. Darüber hinaus erzeugten sie wesentlich größere Flammen als Dokebis. Das machte sie zum gefährlichsten Feind der Bäume. Und der Feind der Bäume war der Feind der Nagas.

Ryun streckte die Hände aus.

Und begann im nächsten Augenblick, den Boden aufzugraben. Er wühlte hastig in der Erde, ohne richtig zu wissen, was er tat. Bald kam die Drachenwurzel zum Vorschein. Sie hatte bereits ansatzweise die Form eines Drachen. Der Schweif reichte, wie die Wurzel eines Löwenzahns, tief in die Erde, und darüber befand sich der in die Flügel eingehüllte Körper. Am Kopfteil, der mit dem Stamm verbunden war, hatten sich schon dornenartige Hörner und Augen gebildet. Die Augenlider waren fest geschlossen. Vorsichtig scharrte Ryun die Erde um die Wurzel weg und nirmte: [Die Nagas werden dich töten, genau wie mich.]

Ein Naga, der ein Herz besaß, und ein Drache, der Feuer spuckte – sie beide waren in Kiboren nicht geduldet. Mit entschlossener Miene zog Ryun den Drachenstiel aus dem Boden.

Er ging zum Flussufer, riss sich einen Teil seines Obergewands ab und tauchte ihn ins Wasser. Er sammelte Moos, breitete es auf dem Stofffetzen aus und legte die Drachenwurzel vorsichtig darauf. Dann holte er eine Sodrag-Pille aus seinem Rucksack, zermahlte sie zu Pulver und streute sie auf die Wurzel. Den Stofffetzen wickelte er zusammen, machte einen Knoten und nirmte: [Ich bin dafür verantwortlich, dass du aufgeblüht bist. Daher werde ich dich auch beschützen, Ashwarital.]

Bei dem letzten Wort zuckten seine Hände kurz. Er verstaute das Stoffbündel in seinem Rucksack. [Ashwarital. Ich werde dich Ashwarital nennen.]

Mit der Drachenwurzel im Rucksack ging er den Murun entlang flussaufwärts.

Seit zehn Tagen lief der Rettungstrupp den Murun flussabwärts. Je länger die Reise dauerte, desto gereizter wurde Tinahan. Die Nerven des mächtigsten Geschöpfs auf der Erde, das auch noch einen sieben Meter langen Eisenspeer in der Hand hielt, waren angespannt, und obwohl er eine respektable Selbstbeherrschung an den Tag legte, bereitete er seinen Gefährten damit ziemliches Unbehagen. Am schlimmsten war, dass er sich weigerte zu schlafen. Bihyung fragte ihn nach dem Grund, doch er wich stotternd aus. Nachdem er sich das zwei Tage lang angesehen hatte, holte Kaygon seinen Dolch hervor und schnitt wortlos einige Ranken ab. Er flocht sie zu einem stabilen Seil und gab es dem Lekon.

Dieser Anblick befeuerte Bihyungs Fantasie. »Willst du ihm etwa sagen, dass er seinem Leid endlich ein Ende bereiten und sich umbringen soll?«

»Nein. Ich will ihm sagen, dass er sich mit dem Seil an einen Baum binden und so schlafen soll.«

Danach konnte Tinahan tatsächlich schlafen. Erst jetzt begriff Bihyung, dass der Lekon Angst gehabt hatte, nachts in den Fluss zu fallen – obwohl ihr Lagerplatz normalerweise Dutzende Meter vom Ufer entfernt war. Tinahans Angst vor Wasser musste wirklich gewaltig sein.

Dem konnte Bihyung nicht widerstehen. Eines Nachts löste er das Seil, während Tinahan schlief. Am nächsten Tag hätte er beinahe Bekanntschaft mit dem Jenseits gemacht, so wütend war der Lekon über diesen Streich.

Bihyung wollte seinem tobenden Gefährten irgendeinen Unsinn wie: »Pass auf! Sonst könnte es passieren, dass ich dich anspucke und du nass wirst, wenn du mir noch näher kommst«, zubrüllen, als Kaygon das Lied hörte.

Ich fürchte mich, meine verbleibenden Tage zu zählen,
habe längst aufgegeben, mich um meine verwesenden
*   Gliedmaßen zu kümmern.*
Ich sitze unter dem einsamsten alten Baum der Welt
und denke an diejenigen, die einst ruhmvoll geglänzt
*   haben.*

Kaygon hob die Hand. Tinahan bemerkte es nicht, weil er damit beschäftigt war, Bihyung zu beschimpfen, wobei er auf sein umfangreiches anatomisches Wissen zurückgriff. Erst als Kaygon heftiger winkte, hielt Tinahan endlich seinen Schnabel. Jetzt hörten alle drei deutlich das Lied von der anderen Seite des Flusses.

Mein geliebter König, mein Herr!
Ihr habt mir Ehre verliehen, die mir nicht einmal das
*   eifersüchtige Schicksal nehmen kann.*
Mein Fleisch und Blut, das meine Eltern mir gaben,
*   vergeht hier,*
aber meine Seele, die Ihr erwecktet, lebt in der Ehre
*   immerdar.*

Ryun sang das Lied, das Hwarit in seinen Kopf eingepflanzt hatte. Sich selbst singen zu hören, machte ihn glücklich. Er bewunderte die schlichte Melodie, die von einer eigenartigen Kraft erfüllt war. Die Worte hingegen sagten ihm nichts. Er wusste, was König bedeutete, so, wie er wusste, was ein Gletscher war, dessen Schrecken er, der im tropischen Kiboren geboren und aufgewachsen war, nie kennengelernt hatte.

Das Lied hieß *Hymne an den König*, im Volksmund auch *Das Lied des Arasit-Kriegers* genannt. Dann wandte sich der Text einer anderen Figur zu. Verzaubert lauschte Ryun den Worten, die aus seinem Mund kamen.

Mein lieber Freund, mein Bruder!
Du warst immer an meiner Seite, während ich lebte,
du bist für alle Ewigkeit in mir, nachdem ich
gestorben bin.
Obschon wieder Frühling ist, kann ich nicht neben dir
unter den fallenden Blüten lustwandeln,
oh, das ist kein Frühling, auch wenn Frühling sein mag.

Die Welt vor Kaygons Augen zitterte so stark, dass er sich mit der Hand an einem Baum abstützen musste. Das massive Holz spendete ihm Trost und half ihm, den Sinn für die Realität nicht zu verlieren.

»Das ist ein Lied! Ob das wohl unser Naga ist?«

»Ich glaube, ja, Bihyung.«

»Aber er ist auf der anderen Flussseite. Wie sollen wir uns bei unserem Sänger bemerkbar machen? Soll ich rüberschreien?«

»Er würde dich nicht hören. Lass uns den Fluss überqueren.«

Tinahan erbleichte.

Kaygon schüttelte den Kopf. »Tinahan, du bleibst hier. Bihyung und ich fliegen mit dem Käfer hinüber und holen den Naga.«

Der Lekon atmete erleichtert auf. Bihyung rief Nanui herbei und stieg auf. Doch Kaygon stand immer noch am Ufer und lauschte dem Lied, das leise über den Fluss drang. Sein Blick war wie verzaubert.

»Was ist los, Kaygon?«

»Oh.«

Unbeholfen stakste Kaygon zum Käfer, als würde er von jemandem dorthin gezerrt. Sobald er neben Bihyung aufgestiegen war, klopfte Bihyung gegen dessen Panzer, Nanui klappte seine Außenflügel auf und erhob sich tosend in die Luft. Ruckartig sank der Wald unter ihnen hinweg. Bihyung lenkte den Käfer über den Fluss. Er hätte Kaygon gerne auf seine Reaktion angesprochen, aber das Knattern von Nanuis Flügeln ließ kein Gespräch zu. Und als er ihm einen fragenden Blick zuwarf, wandte Kaygon nur den Kopf ab.

Kaygon biss die Zähne so fest aufeinander, dass es wehtat. Er konnte nicht fassen, dass die Mönche des Großtempels dem Naga ausgerechnet dieses Lied beigebracht hatten. Aber er musste zugeben, dass es ein hervorragendes Erkennungszeichen war, ein besseres hätte es nicht geben können. Langsam beruhigte er sich wieder. Dann klopfte ihm Bihyung auf die Schulter und schrie über den Lärm hinweg: »Ich sehe ihn!«

Kaygon schaute in die Richtung, in die der Dokebi gezeigt hatte. Dort lief in der Tat ein Naga. Bihyung steuerte den Käfer auf ihn zu, die Gestalt wurde größer. Der Naga sah sich um, aber nicht in die Richtung, aus der sich der Käfer unter großem Getöse näherte. Kaygon kniff die Augen zusammen und stöhnte.

»Josbi?«

Der Naga dort unten war zweifellos Josbi. Er ging wie Josbi, schwang die Arme wie Josbi, und der Xyker an seiner Taille war der endgültige Beweis, dass es wirklich Josbi war.

»Josbi!«, schrie Kaygon aufgebracht. Seine Stimme wurde von Nanuis Flügelschlägen verschluckt. Er rüttelte Bihyung an der Schulter, als wolle er ihn dazu drängen, auf der Stelle zu landen. Aber am Ufer standen zu viele Bäume, deren Wurzeln bis in den Fluss reichten. Bihyung hatte keine andere Wahl, als Nanui kreisen zu lassen und weiter nach einem geeigneten Landeplatz Ausschau zu halten. Kaygon biss sich auf die Lippen und versuchte, seine Nervosität unter Kontrolle zu bringen. Er ließ den Naga keinen Moment aus den Augen.

Da klopfte Bihyung ihm erneut auf die Schulter und zeigte überrascht in eine andere Richtung. Kaygon folgte seinem Finger und sah, dass ein zweiter Naga unterwegs war. Eine weibliche Naga. Sie näherte sich Josbi, der nichts ahnend und sein Lied singend weiterlief, von hinten und hatte ein großes Schwert in der Hand. So, wie sie die Äste zur Seite schob und durch das Buschwerk brach, verursachte sie viel Lärm, aber der Naga bemerkte ihre Anwesenheit nicht.

Kaygon schrie: »Wir müssen sofort landen!«

»Wie bitte?«

»Landen! Josbi ist in Gefahr!«

Bihyung wusste nicht, was ein Josbi war, aber er schüttelte trotzdem den Kopf. Der Dschungel unter ihnen war nach wie vor zu undurchdringlich. Kaygon gestikulierte wie wild und schrie: »Wir gleiten mit ausgestreckten Flügeln hinunter! Ich springe ab!«

Bihyung sah ihn anerkennend an. Er wollte schon fragen, woher Kaygon wusste, dass Käfer gleiten konnten, aber dann bemerkte er Kaygons dringlichen Blick und gab Nanui das Signal. Der Käfer flog zügig nach oben, dann legte er seine inneren Flügel an.

Das Getöse verstummte.

Nanui ließ seine harten äußeren Flügeldecken offen und glitt geschmeidig dahin. Von einem Käfer sollte man nicht seitlich abspringen, wenn die Innenflügel in Bewegung waren, weil man sonst von ihnen erfasst wurde. Aber im Gleitflug mit gespreizten Flügeldecken, so wie jetzt, ging das. Bihyung und Nanui wandten jeden Trick aus der Flugschule an und glitten zu den beiden Nagas hinunter.

Die Naga mit dem blanken Schwert in der Hand hatte den singenden Naga vor sich beinahe eingeholt. Kaygon und Bihyung sahen, dass er sich plötzlich umdrehte. Hatte sie etwas genirmt? Erschrocken sah er die Frau an, während diese langsam ihr Schwert hob.

Kaygon sprang vom Käfer und stieß einen Kampfschrei aus: »Halt! Ich werde deine Eingeweide fressen!«

Wie ernst gemeint Worte doch klingen können, dachte Bihyung.

Ryun hörte weder die Worte noch das laute Platschen, aber die aufspritzenden Wassertropfen trafen seine Wange. Er blickte jedoch nicht zum Fluss. Entgeistert sah er Samo Pey an. Shozain-te-Shiktol? Er konnte es nicht glauben.

Anders als Ryun trat Samo einen Schritt zurück und sah zum Flussufer. Ein Mensch war urplötzlich vom Himmel gefallen, in den Fluss gestürzt und kam jetzt auf sie zu. Schon erklomm er das Ufer und zog sein Schwert vom Rücken, ohne sich zuvor sein nasses Haar aus dem Gesicht zu streichen. Wie konnte er etwas sehen, mit diesem nassen, kalten Vorhang vor den Augen? Samo fiel die Geschichte des schrecklichen Monsters ein, die sie von den Männern gehört hatte, die das Haus Pey besuchten.

[Der Naga-Schlächter!]

In Kiboren erzählte man sich Geschichten von einem Ungeheuer, das an der Grenzlinie auftauchte und Nagas fraß. Dieses Monster schwang ein Doppelklingenschwert, das Baragi genannt wurde, und brachte die Kälte mit sich. Es fror die Nagas ein, um sie dann stückchenweise zu zerkauen, als fresse es Eisbrocken. Bisher hatte Samo den Naga-Schlächter für ein Schauermärchen gehalten, das Nagas vor der Kälte an der Grenzlinie warnen sollte. Aber jetzt rannte ein Mensch, der jenem Monster, das in den Geschichten beschrieben wurde, aufs Haar glich, mit einer furchterregenden Grimasse auf sie zu. Sein Gebrüll war überwältigend, und er griff so heftig an wie ein wütender Himmelsfisch.

Es gelang Samo in letzter Sekunde, ihren Shiktol hochzureißen und die ersten fünf Hiebe des Schlächters zu parieren. Sie folgten blitzschnell aufeinander, eine einzige fließende Attacke. Der Shiktol und das Doppelklingenschwert trafen mit ohrenbetäubendem Klirren aufeinander, und Funken stoben in alle Richtungen davon.

Beim sechsten Angriff fand Samo endlich eine Lücke. Sie stieß ihren Shiktol mit aller Kraft nach vorne. Aber der Naga-Schlächter wich ihrer Attacke aus, als hätte er sie erwartet. Nein, nicht erwartet, sein Körper reagierte intuitiv, reflexartig. Seine leichtfüßige Bewegung überraschte sie.

Auch Kaygon war überrascht. Die Technik der Naga-Frau war zweifelsohne die Josbis. Auch in der Art, wie sie ihre Schwerthand positionierte, oder dem Winkel ihrer Füße zueinander, entdeckte er Anzeichen von Josbis Kampfstil. Ohne den Blick von seiner Gegnerin abzuwenden, schrie er: »Josbi, ist sie deine Schülerin?«

Keine Antwort. Er hätte sich gerne nach Josbi umgeschaut, wagte es aber nicht, die Frau aus den Augen zu lassen. Sie war ganz anders als die langsamen Nagas, die ihm in der Nähe der Grenzlinie begegneten. Sie bewegte sich, als hätte sie Sodrag eingenommen. Wenn sie wirklich Josbis Schülerin war, konnte Kaygon sie nicht einfach töten, also drehte er Baragi so, dass die andere Klinge nach vorne gerichtet war.

Als ihr Gegner erneut zu einem Angriff ansetzte, war Samo von der ungestümen Kraft dahinter überwältigt. Als erfahrene Schwertkämpferin verstand sie sofort, warum: Die zwei Klingen hatten ein unterschiedliches Gewicht.

Auch einfache Schwerter, wie der Xyker oder der Shiktol, konnten mit versetztem Schwerpunkt geschmiedet werden. Es war nicht leicht, mit so einer Waffe umzugehen, aber in der Hand einer Meisterin waren sie tödlich. Die unterschiedlich schweren Klingen des Doppelklingenschwerts hatten den gleichen Effekt. Je nachdem, welche Klinge oben war, ergaben sich zwei verschiedene Kampftechniken: Zuerst waren die Angriffe des Schlächters blitzschnell gewesen, jetzt waren sie langsamer, dafür aber umso heftiger. Samo blieb nichts anderes übrig, als zurückzuweichen. Diese schweren Hiebe konnte sie nicht parieren.

Als sich seine Gegnerin weit genug von ihm entfernt hatte, hielt Kaygon Baragi etwas zur Seite und brüllte: »Bist du Josbis Schülerin?«

Samo sah, wie sich der Mund des Naga-Schlächters bewegte, und erkannte, dass er sprach. Sie konzentrierte sich auf ihr Gehör und fragte: »Was hast du gesagt?«

»Bist du Josbis Schülerin?«

»Woher weißt du das? Wer bist du?«, fragte sie überrascht zurück.

»Ich bin der Naga-Schlächter.« Dann schrie er Ryun zu: »Warum greift dich deine Schülerin an?«

Kennt er etwa auch Ryun?, fragte sie sich verwundert. »Naga-Schlächter, woher kennst du Josbi? Nein, warte, darüber reden wir später. Geh mir aus dem Weg!«

»Warum?«

»Das hier ist ein Shozain-te-Shiktol. Weißt du, was das bedeutet?«

Natürlich wusste Kaygon es. Der grausame Brauch, einen Verbrecher von einem Blutsverwandten verfolgen und töten zu lassen, war einzigartig. Als er nickte, richtete Samo ihr Schwert nach vorne.

»Dieses Schwert ist ein Shiktol. Es kann nur zerbrochen werden, wenn damit eine bestimmte Person getötet wurde. Und diese Person bist nicht du. Geh mir aus dem Weg.«

Wenn sie die Wahrheit sagt, heißt das, dass sie Josbis Blutsverwandte ist. Doch das war unmöglich. Naga-Männer hatten keine Blutsverwandten.

»Ein Shozain-te-Shiktol für einen Mann, der sein Haus verlassen hat und somit nicht mehr zur Familie gehört?«

»Du weißt viel über uns. Ich habe nicht vor, dir noch mehr beizubringen. Geh mir sofort aus dem Weg!«

Kaygon blieb, wo er war, und strich sich mit den Fingern das nasse Haar aus dem Gesicht.

»Ich werde deine Eingeweide fressen«, sagte er mit gedämpfter Stimme.

Er schwang sein Schwert nach hinten und beugte den Oberkörper nach vorne, als wolle er so das Gewicht ausbalancieren. Samo erschien diese Bewegung absurd. In keiner ihr bekannten Schwertkampftechnik wurde der Oberkörper so nach vorne gebeugt. Wollte man zurückweichen, vielleicht, aber bei einem Angriff war diese Haltung eher nachteilig. *Für so ein eigenartiges Schwert ist so eine merkwürdige Körperhaltung möglicherweise nötig.* Sie hielt ihren Shiktol weiter schräg nach vorne gerichtet und wartete ab.

Genau damit hatte Kaygon gerechnet. Blitzschnell drehte er sich um und rannte los. Seine plötzliche Flucht ließ die Naga kurz zögern. Mehr Zeit brauchte Kaygon nicht. Er packte den männlichen Naga um die Taille und sprang mit ihm ins Wasser.

Mit einem gewaltigen Platschen landeten die beiden im Fluss.

Angsterfüllt nirmte Ryun etwas, doch der Mensch konnte ihn nicht verstehen. Also schrie er: »Ich bin ein Naga!«

Er bekam Wasser in den Mund, und das versetzte ihn in Panik. Instinktiv schlug er mit Händen und Füßen um sich. Doch das Wasser kühlte ihn schnell aus, und seine Bewegungen wurden immer langsamer, sodass Kaygon immer besser mit ihm zurechtkam. Mit einem Arm hielt er Baragi und Ryun fest und mit dem anderen ruderte er zur Oberfläche. Nur Lekons sind zu schwer zum Schwimmen. Nagas sind wie Menschen oder Dokebis dazu in der Lage, tun es aber wegen der Kälte nicht.

Kaygon streckte den Kopf aus dem Wasser und sah sich schwer atmend um. Die Naga stand, den Shiktol fest in der Hand, am Ufer und starrte ihn ängstlich an. Aber sie wagte es nicht, ihnen ins Wasser zu folgen. Kaygon drehte sich auf den Rücken und hielt nach Bihyung Ausschau.

Dieser kreiste auf Nanui in der Luft und sah besorgt zu seinem Gefährten hinab. Kaygon winkte ihn zu sich. Egal, wie leicht der Naga zu bändigen war, mit ihm im Arm würde Kaygon den Murun nie im Leben durchqueren können. Bihyung schüttelte den Kopf. *Auf Nanui können unmöglich drei Personen reiten! Und wie willst du den Naga auf Nanui aufsitzen lassen?*

Dann begriff er Kaygons Absicht: *Komm runter und nimm den Naga mit. Nanui kann ihn problemlos mit den Füßen hochziehen. Ich schwimme alleine zur anderen Seite.*

Vorsichtig steuerte Bihyung den Käfer nach unten. Seine Flügel wirbelten Gischt auf. Der Fluss schlug riesige Wellen, die Kaygon und den Naga in seinem Arm heftig durchschüttelten. Bihyung musste Nanui gut zureden, um ihn dazu zu bewegen, noch tiefer zu gehen. Er streichelte ihm über den Rücken und ermutigte ihn so lange, bis Nanui Stück für Stück nach unten sank. Kaygon ließ die Füße des Käfers nicht aus den Augen.

Alle drei konzentrierten sich voll und ganz auf das Manöver. Deswegen war es Tinahan auf der anderen Seite des Flusses, der die Gefahr als Erster bemerkte. Er holte tief Luft und brüllte, so laut er konnte: »BI-HYUUUNG! VOOOR-SICHT!«

Das Krähen eines Lekons ist so laut, dass es einen von den Füßen holt, wenn man direkt danebensteht. Tinahan übertönte sogar das gewaltige Tosen von Nanuis Flügeln. Die Vögel des Dschungels flüchteten kreischend aus ihren Bäumen. Erschrocken blickte Bihyung auf.

»AUF-STEI-GEEEN!«, krähte Tinahan.

Blindlings folgte Bihyung dem Befehl, und Nanui schoss nach oben. Als er Kaygon nicht mehr die Sicht versperrte, sah auch er die drohende Gefahr.

»Verdammt, eine Geistesbändigerin!«

Auf dem Rücken eines Königsadlers flog Samo Pey heran wie ein tosender Sturm.

Erst, als er hoch oben war, konnte Bihyung sehen, wovor Tinahan ihn gewarnt hatte. Nanui war ihm dank seiner Facettenaugen weit voraus. Er stieß so steil in den Himmel, dass Bihyung beinahe in den Fluss gefallen wäre. Dann wendete der Käfer, sodass Bihyung den Königsadler sehen konnte.

Schon hatte der Adler die Stelle erreicht, an der sich Nanui eben noch befunden hatte. Als der Vogel beinahe seinen Kopf streifte, schloss Kaygon instinktiv die Augen. Innerhalb eines

Lidschlags war der Adler an ihm vorbeigeglitten, direkt auf das andere Ufer zu. Tinahan packte seinen Eisenspeer fester, sein Kamm versteifte sich. Der Königsadler zog nach oben, um sich nicht in den Bäumen zu verfangen. Er flog einen Bogen, der Wind, den seine Flügel aufwirbelten, erfasste die Blätter und ließ sie in einer Explosion aus Grün und Gelb in die Luft steigen. Kiboren schien mit Tausenden Händen nach den Klauen des Königsadlers zu greifen, doch der Vogel wich ihnen geschickt aus und schraubte sich mit mächtigen Flügelschlägen weit hinauf in den Himmel.

Dann steuerte Samo ihn erneut auf den Fluss zu und schrie mit bemerkenswert lauter Stimme: »Schwimm zurück ans Ufer! Sonst zeige ich dir, was ich noch alles kann!«

Zornig starrte Kaygon die Naga an. Königsadler machten selbst auf Krokodile Jagd, und auf Samos Befehl hin würde der Vogel Kaygon einfach packen und ihn mit sich hochziehen.

Drei gegen einen? Wie soll das gehen, wenn der Lekon, der uns verteidigen soll, auf der anderen Flussseite steht?

Aber Tinahan und die Mönche des Großtempels Hainsha, die ihn für diese Reise ausgewählt hatten, enttäuschten Kaygon nicht.

»Zieh Leine, du zu groß geratenes Küken!«

Begleitet von donnerndem Gebrüll flog ein Baum heran.

Ja, es war tatsächlich ein Baum. Ein ganzer Baum mit Wurzeln, Ästen, Zweigen und Blättern. Samo ließ den Königsadler hastig höher steigen und sah ängstlich dem Gummibaum nach, der dort vorbeizischte, wo sie gerade eben noch gewesen war.

Der Baum prallte einmal von der Wasseroberfläche ab und blieb schließlich im Waldboden am anderen Ufer stecken. Das Wasser brodelte wie ein Vulkan. Samo klammerte sich am Rücken des Königsadlers fest, als wollte sie ihm die Federn herausrupfen, und nahm den Lekon ins Visier. Der nahm sich gerade einen weiteren Baum vor.

Samo wurde rasend. Sie liebte Bäume!

»Hör sofort auf! Lass den Baum in Frieden!«

Der Lekon klapperte mit dem Schnabel und ließ den Baum los, nur um mit jeweils einer Hand nach zwei Bäumen zu greifen. Er packte einen Gummibaum und einen Beilholz, ging in die Knie, streckte sich wieder und drückte die Stämme mit beiden Armen nach links und rechts auseinander. Die über vier Meter hohen Bäume erzitterten.

»Hör sofort auf!«

Doch der Lekon dachte gar nicht daran. Wieder ging er in die Knie, wieder streckte er sich kraftvoll. Sein Gefieder plusterte sich auf, die beiden Bäume neigten sich links und rechts weit hinunter zum Boden, und ihre Wurzeln lösten sich aus der Erde. Dann warf er die Bäume wie Speere in den Himmel. Samo ließ den Königsadler noch höher aufsteigen, um ihnen auszuweichen.

»Verdammt! Ich habe sie verfehlt!« Obwohl Tinahan eine beeindruckende Leistung vollbracht hatte, konnte er sich nicht darüber freuen.

Erstaunt sah Kaygon von der Mitte des Flusses aus zu. Hätte Tinahan einen tonnenschweren Felsen geworfen, wäre er weniger verwundert gewesen – Felsen hatten schließlich keine Wurzeln. Nur dieser Lekon konnte auf die Idee kommen, Bäume auszureißen und fliegen zu lassen. Andererseits befasste er sich schon sein ganzes Leben lang mit Himmelsfischen – diese kilometerlangen Wesen, die scheinbar schwerelos dahinzogen. Wenn sogar diese Fische fliegen können, können das Bäume auch, schien Tinahan sagen

211

zu wollen. Die Mönche in Hainsha mussten das gewusst haben.

Er ist wirklich der Verteidiger aus der Prophezeiung.

Zügig schwamm Kaygon zu Tinahan ans Ufer. Ryun, den er immer noch unter den linken Arm geklemmt hatte, war inzwischen vollkommen steif, was ihm dabei half, sich über Wasser zu halten. Menschen und Nagas treiben dank der Luft in ihren Lungen an der Wasseroberfläche; ein Ertrinkender sinkt, weil er Wasser geschluckt hat. Vorsichtig drehte Kaygon Ryun auf den Rücken, damit er kein Wasser mehr schlucken konnte, und zog ihn mit sich. Der Fluss war Hunderte von Metern breit, dennoch würde er ihn durchqueren können, wenn Tinahan ihm weiter Rückendeckung gab. Aber dessen Warnschrei machte seine Hoffnung zunichte. Kaygon hob den Kopf und sah flussaufwärts.

Der Königsadler flog mit einem riesigen Krokodil in den Klauen heran. Weder Kaygon noch Tinahan, denen Gewalt nicht fremd war, hatten diesen Angriff vorhergesehen.

Als Tinahan erneut einen Schrei ausstieß, ließ der Königsadler das Krokodil los.

Es stürzte, sich windend und um sich schlagend, ein paar Meter vor Tinahan ins Wasser. Hohe Wellen schlugen ans Ufer, doch der Lekon hatte längst die Flucht in den Dschungel angetreten, wobei er wahllos Bäume und Büsche umknickte. Die Schneise, die er dabei hinterließ, hätte von einer ganzen Elefantenherde stammen können. Nach etwa zwanzig Metern hielt er inne und sah keuchend zum Himmel auf, erleichtert, dass ihn das Wasser nicht erwischt hatte. Samo warf ihm einen verächtlichen Blick zu, ehe sie den Adler erneut wendete und zurück zum Fluss flog. Dem Angriff hilflos ausgeliefert, war sich Kaygon sicher, dass er verloren war. Aber sie alle hatten eine Person vergessen.

»Zu dritt gegen einen heißt es, ja?«

Niemand hörte diesen siegessicheren Schrei, weil er im Lärm von Nanuis Flügeln unterging. Urplötzlich von einem unguten Gefühl überkommen, schaute Samo sich um.

Ihr blieb die Luft weg, als sie Dutzende Käfer auf sich zufliegen sah.

Bihyung wusste nicht, wie viel Wärme Käfer ausstrahlten. Deswegen erschuf er Dokebi-Flammen in allen möglichen Temperaturen und vertiefte sich dabei so sehr in seine Kunst, dass er kurz den Überblick über das Geschehen verlor.

Während seine Freunde weit unter ihm um ihr Leben kämpften, erschuf er Schildkäfer, Mistkäfer, Hirschkäfer und einen eher abstrakten Käfer, der wohl ein Bockkäfer sein sollte, aber von niemandem mit normalen Augen mit einem solchen verwechselt werden konnte. Erst durch Tinahans Gebrüll wurde seine Aufmerksamkeit wieder auf den Kampf unter ihm gelenkt. Die Lage war ernst, seine Gefährten standen kurz davor, zu verlieren. Er entschuldigte sich in Gedanken bei ihnen und stürmte mitsamt seiner künstlichen Käferarmee auf die Naga-Frau zu.

Heute geht mein Verstand im Murun baden, dachte Kaygon, als er ungläubig in den Himmel starrte. Feuerkäfer in allen möglichen Größen, auf denen Reiter aus Dokebi-Flammen saßen, erfüllten den Himmel und zischten wie ein Meteorschauer heran. Kaygon musste bei der schillernden Pracht die Augen zusammenkneifen, dennoch fiel es ihm nicht schwer, seinen Gefährten ausfindig zu machen. Für die Naga-Kriegerin hingegen war das mit Sicherheit unmöglich.

Genauso war es. Samo konnte nicht feststellen, welcher der vielen Käfer der echte war. Ihre Verwirrung übertrug sich auf den Königsadler, der sofort zu trudeln begann.

Tinahan schämte sich, weil er von der Naga und ihrem Krokodil besiegt worden war, und das machte ihn umso wütender. Also pflanzte er einen Wald am Himmel. Er riss wahllos Bäume aus und schleuderte sie in die Luft, um sich abzureagieren. Für Samo war es unerträglich, zuzusehen, wie den Bäumen ein solcher Schaden zugefügt wurde – von der Gefahr, der sie dadurch ausgesetzt war, ganz zu schweigen.

Nur mit Mühe brachte sie den Geist des Königsadlers wieder unter ihre Kontrolle und befahl ihm aufzusteigen. Der Horizont kippte unter ihr weg, als der Vogel sich auf einem warmen Luftstrom in die Höhe schraubte. Als Samo wieder nach unten sah, waren sie so hoch, dass ihr der Boden wie eine plumpe Täuschung erschien. Sie blickte auf den sich wie eine Schlange windenden Murun hinab. Von hier oben sahen die Dokebi-Flammen, die über dem schwarzen Flusswasser umherirrten, wie ein Schwarm Leuchtkäfer aus. Sie wusste nicht, ob sie wütend oder erleichtert sein sollte, dass ihr Angriff gescheitert war.

Ryun.

Als sie in Gedanken den Namen ihres Bruders rief, kam ihr der andere Name, den der Naga-Schlächter ausgesprochen hatte, wieder in den Sinn. Sie seufzte erleichtert, weil Josbi bereits tot war und sie ihn nicht auch noch umbringen musste. Mehr empfand sie Josbi gegenüber nicht.

Josbi, warum musste ich deinen Namen in letzter Zeit so häufig hören?

Es dauerte lange, bis das Sonnenlicht Ryuns kalten Körper so weit aufgewärmt hatte, dass er die Augen öffnete. Er bereute es sofort. Sein Blick fiel auf die Gesichter von drei monströsen Ungläubigen: das Gesicht eines glitschigen, an einen Fisch erinnernden Menschen, das ungeschlachte Gesicht eines Dokebis, das ihn an eine rote Obstsorte denken ließ, und das vollkommen von Federn bedeckte Gesicht eines Lekons. Dann machte der Dokebi den Mund auf und zu.

Ryun nirmte panisch: [Tötet mich nicht! Fresst mich nicht!]

Obwohl er schon gelegentlich mit seiner Stimme gesprochen hatte, stellte er keine Verbindung zwischen Mundbewegung und Laut her. Hastig betastete er seine Taille. Sein Xyker war verschwunden! In diesem Moment hob der Mensch die Hand und zog damit Ryuns Aufmerksamkeit auf sich. Mit dem Finger zeigte er abwechselnd auf seinen Mund und sein Ohr. Ryun verstand endlich und konzentrierte sich auf sein Gehör. Schließlich vernahm er die Stimme des Menschen.

»Kannst du mich hören? Antworte, wenn du mich verstehen kannst. Nicht mit einem Nirm, sondern mit der Sprache.«

»Ja, ich kann dich hören.«

»Deine Stimme klingt ja wunderschön! Warum benutzt du diese wunderbare Stimme nicht?«, rief der Dokebi begeistert.

»Weil wir nirmen können ... Wollt ihr mich umbringen?«

Mensch und Dokebi sahen einander an. Dann fragte Ersterer misstrauisch: »Hast du nicht gesungen?«

Erst jetzt fiel Ryun wieder ein, was Hwarit ihm genirmt hatte. Erleichtert setzte er sich auf.

»Ihr seid die drei Ungläubigen, die mich zum Großtempel führen sollen.«

Er saß auf einem sonnigen Felsen am Flussufer. Anscheinend kannten die drei sich mit Nagas aus.

»Unglaublich! Deine Stimme ist wirklich fantastisch! Ich bekomme richtig Gänsehaut«, sagte der Dokebi. »Ich bin übrigens Bihyung Slabl. Aber was meinst du mit ›nirmen‹?«

»Ich nirme, äh, ich meine damit die Art und Weise, wie wir Nagas untereinander kommunizieren«, erklärte Ryun und bemühte sich, ein Lächeln aufzusetzen. Da zeigte ihm der Mensch seinen Xyker, den er bislang hinter seinem Rücken versteckt gehalten hatte. Ryun streckte die Hand danach aus, aber der Mensch zog das Schwert zurück. Ryun schaute ihn überrascht an.

»Ich bin Kaygon Draka. Wer bist du?«, wollte er wissen. Seine Stimme war erdrückend.

»Wie bitte?«

»Ich habe gefragt, wer du bist. Warum hast du Josbis Xyker?«

Kaygon hatte genug Zeit gehabt, den Naga zu mustern, als er vor Kälte bewusstlos auf dem Stein gelegen hatte. Auch wenn dieser Naga Josbis Xyker hatte, er war nicht Josbi.

Ryun wusste nicht, wovon der Mann redete. Er hatte den Namen Josbi noch nie zuvor über die gesprochene Sprache vernommen.

»Ich heiße Ryun Pey. Dieser Xyker gehörte meinem Vater. Mein Vater hieß …« Als er den Namen seines Vaters laut aussprechen wollte, fiel es ihm wie Schuppen von den Augen. Überrascht starrte er Kaygon an. »Josbi, er hieß Josbi! Genau. So spricht man seinen Namen aus. Oh, Himmel! Ich sage seinen Namen zum ersten Mal laut!«

Kaygon schüttelte den Kopf, aber nicht, weil er Ryun keinen Glauben geschenkt hätte. Es war ein bestimmtes Wort aus dem Mund des Nagas, das er nicht akzeptieren konnte.

»Vater? Was meinst du damit? Nagas haben keine Väter.«

»Du weißt wohl sehr viel über uns?«

»Es wäre gut, wenn du meine Frage beantworten würdest. Was meinst du mit Vater?«

»Den Mann, der mich gezeugt hat. Ich benutze das Wort genauso wie ihr es verwendet.«

»Ihr Nagas habt kein Wort für Vater und auch keine Vorstellung davon, was ein Vater ist. Ihr lebt promiskuitiv, weswegen es schwer ist, herauszufinden, wer wen gezeugt hat. Aber das ist nicht der Hauptgrund. In eurer Kultur ist alles, was ein Mann zu bieten hat, rein materiell. Wie das, was eine Frau isst und trinkt. Deswegen erkennt ihr nur eure Mütter an. Ist das nicht die Wahrheit, Ryun Pey?«

Überrascht schüttelte Ryun den Kopf. »Das stimmt alles. Du kennst dich wirklich gut mit uns aus.«

»Kannst du mir dann also erklären, warum du das Wort Vater verwendest?«

»Wenn du mir zuerst sagst, woher du Josbi kennst?«

»Ich kenne ihn, weil ich mit ihm zusammen seinen linken Arm gegessen habe.«

Ryun sah Kaygon genauso schockiert an wie Tinahan und Bihyung.

»Was ... hast du ... gesagt?« Ryun musste seine ganze Beherrschung aufbringen, damit seine Stimme nicht versagte.

»Ich sagte, dass ich mit ihm seinen linken Arm geteilt habe. Er hat ihn sich abgeschnitten, und ich habe ihn gekocht.«

Ryun schrie auf und wurde ohnmächtig. Kaygon blickte mit einem missbilligenden Gesichtsausdruck auf ihn hinunter.

Nach einem unangenehmen Schweigen fragte Bihyung: »Was bedeutet das, was du da gerade erzählt hast?«

»Er scheint der Sohn eines Nagas zu sein, den ich einst kannte. Doch eine Sache verstehe ich nicht ganz. Normalerweise kennen Nagas das Verhältnis zwischen Vater und Kind nicht. Sie wissen zwar, dass dieses Verhältnis existiert, halten es aber für irrational. Etwas, an das sich nur Barbaren wie wir klammern. Deswegen fällt es mir schwer, ihm zu glauben.«

»Das meinte ich nicht. Du hast gesagt, du hast den linken Arm ... gegessen ... Was zum Teufel bedeutet das?«

Kaygon sah erst Bihyung und dann Tinahan an, doch statt die Frage zu beantworten, wechselte er das Thema.

»Wir dürfen nicht länger hierbleiben. Lasst uns sofort aufbrechen. Tinahan, könntest du den Naga auf dem Rücken tragen, wenn es dir nicht zu viel ausmacht?«

Bihyung gefiel es nicht, dass Kaygon ihm eine Antwort schuldig geblieben war, aber der Mensch hatte recht. Die Flammenkäfer, die er erschaffen hatte, mussten kilometerweit zu sehen gewesen sein. Tinahan warf sich den bewusstlosen Ryun über die Schulter, dann setzte sich die Gruppe Richtung Norden in Bewegung.

Es dauerte nicht lange, bis die Sonne unterging. Aber Kaygon ließ nicht zu, dass sie ein Nachtlager aufschlugen. Als der Vollmond hinter den Wolken hervorgebrochen war, verlangte er von seinen Gefährten weiterzumarschieren. Er war davon überzeugt, dass die Geistesbändigerin zurückkehren würde. Sie hatte das Shozain-te-Shiktol erwähnt, und soweit er wusste, wurde dieses tödliche Ritual niemals abgebrochen. Außerdem würde ihr der Shiktol Ryuns Aufenthaltsort verraten. Kaygon wollte ausnutzen, dass die Naga sich in der kalten Nacht nur langsam fortbewegen konnte, und den Abstand zwischen ihr und seiner Gruppe vergrößern. Seinen Gefährten gefiel das nicht, aber ihnen blieb keine andere Wahl, als ihm zu folgen.

Es war eine eigenartige Nacht.

Der Dunst, der über dem Dschungel hing, war wie kalter Schweiß, der aus den Poren des tropischen Waldes rann. Die Lichter, die über dem Sumpfgebiet schwebten und denen der Wahnsinn innewohnte, führten einen noch viel abstruseren Tanz als gewöhnlich auf. Der Vollmond erhellte den

Weg der Gefährten nicht, sondern führte sie in die Irre. Das Mondlicht, das durch die verschlungenen Äste und Zweige drang, sah aus, als fließe dichter Sand durch das Laubwerk. Es war unmöglich, Entfernungen richtig einzuschätzen. Mal hatten sie festen Boden unter den Füßen, dann wiederum aufgetürmtes Laub oder einen Sumpf. Die drei Wanderer und der Käfer verursachten bei ihrem Marsch großen Lärm – das Wasser spritzte unter ihren Füßen auf, und sie atmeten schwer. Gelegentlich prallte ein Stein, den einer von ihnen versehentlich wegtrat, gegen einen Baum, der daraufhin Töne hervorbrachte, die auf so schauderhafte Weise dem Aufschrei lebendiger Kreaturen ähnelten, dass es einem kalt den Rücken hinunterlief. Die Hartholzbäume im Norden erzeugten solche Geräusche nicht.

Als der Morgen anbrach, erlangte Ryun sein Bewusstsein zurück. Einen Moment lang wusste er nicht, wo er war. Die Welt bewegte sich sonderbar vor seinen Augen und er war so desorientiert, dass er nicht einmal sagen konnte, wo oben und unten war. Schließlich merkte er, dass er über der Schulter des riesigen Lekons lag. Er schrie, dass er ihn runterlassen solle, aber Tinahan beachtete ihn nicht. Als ihm endlich einfiel, dass der Lekon sein Nirm nicht wahrnehmen konnte, sagte er: »Lass mich bitte runter.«

Alle drei hörten den Naga. Kaygon schaute sich kurz um und ließ die Gruppe anhalten. Endlich stand Ryun wieder auf eigenen Füßen, und allein das machte alles schon ein wenig besser. Er wollte den Leuten, die ihn auf der langen Reise beschützen würden, ein freundliches Lächeln schenken. Aber es wurde zu einer Grimasse, als Kaygon auf ihn zutrat. Tinahan und Bihyung beobachteten die beiden mit einer Mischung aus Erwartung und Unruhe.

»Hast du gesagt, dass dein Name Kaygon Draka ist?«

»Ja. Ryun Pey, bist du wirklich Josbis Sohn? Kannst du das beweisen?«

Wütend erwiderte Ryun: »Mein Xyker ist der Beweis. Die Person, die diesen Xyker getragen hat, hat mir gesagt, dass ich ihr Sohn bin.«

»Willst du damit sagen, dass Josbi selbst dir das genirmt hat?«

»Ja.«

Kaygon schüttelte den Kopf. »Der Josbi, den ich kenne, würde so etwas niemals tun. Er war ein rationaler Naga. So rational, dass er sich seinen linken Arm abgeschnitten und mich damit gefüttert hat, als mein Leben in Gefahr war.«

Ryun erstarrte. Bihyung und Tinahan erschauderten, dennoch hörten sie gebannt weiter zu.

»Josbi wäre über sentimentale Idioten, die seine Tat bejubeln und sie mit edler Barmherzigkeit oder großer Opferbereitschaft gleichgesetzt hätten, verärgert gewesen. Er hat aus rationalen Gründen beschlossen, sich den linken Arm abzuschneiden. Dafür hatte er drei Gründe. Erstens war er Rechtshänder, zweitens brauchte er seine Beine zum Gehen, und drittens wachsen die Gliedmaßen von Nagas nach. Das reichte für ihn aus, sich seinen linken Arm abzuschneiden. Ich bezweifle, dass ich an seiner Stelle so gehandelt hätte, selbst wenn mein Arm nachwachsen würde.«

Das bezweifle ich auch, dachte Ryun.

Kaygon fuhr fort: »Deswegen kann ich kaum glauben, dass Josbi dir genirmt haben soll, dass er dein Vater ist.«

»Dennoch hat er es getan! Und ich glaube ihm.«

»Das kann einfach nicht wahr sein.« Kaygon schüttelte abermals den Kopf.

»Wenn mein Vater so rational war, wie du behauptest, warum sollte er dann für einen Ungläubigen seinen linken Arm geopfert haben? Ist das nicht mindestens ebenso irrational, wie mir mitzuteilen, dass er mein Vater ist? Was in aller Welt ist zwischen euch beiden vorgefallen? In welcher Beziehung standest du zu ihm?«

Kaygon starrte Ryun mit gerunzelter Stirn und fest aufeinandergepressten Lippen an.

Nach einer Weile zog Kaygon den Xyker aus seinem Gürtel und hielt ihn Ryun entgegen. Nachdem der Naga die Waffe an sich genommen hatte, sagte er müde: »Ich bin nicht dazu verpflichtet.«

»Wie bitte?«

»Ich bin nicht dazu verpflichtet, deine Fragen zu beantworten. Vergiss einfach, was ich gesagt habe. Und auch du musst mir nichts mehr erzählen. Josbi soll dich als seinen Sohn anerkannt haben? Das kann ich immer noch nicht glauben, aber genau genommen spielt es keine Rolle, ob du sein Sohn bist oder nicht.«

»Moment mal! Du willst die Sache einfach so auf sich beruhen lassen? Damit bin ich nicht einverstanden. Sag mir bitte, in welcher Beziehung du zu meinem Vater standest.«

»Frag jemand anderen.«

Damit drehte Kaygon sich um.

»Es gibt niemanden außer dir!«, schrie Ryun. »Die einzige andere Person, die meinen Vater noch gekannt hat, trachtet mir nach dem Leben ...«

Kaygon ignorierte Ryun. Erst, als er merkte, dass der Naga schreckliche Krämpfe bekam, drehte er sich um.

»Ryun! Was ist los?«

Auch Bihyung und Tinahan eilten zu den beiden. Aber der Naga brachte kein Wort heraus und zitterte am ganzen Leib. Kaygon drückte ihn an den Schultern fest zu Boden und wartete schweigend. Der Dokebi und Lekon sahen Ryun besorgt an, der weiterhin stumm blieb.

So schien es zumindest, denn in Wirklichkeit schrie dieser ununterbrochen: [Meine Schwester will mich töten! Meine Schwester will mich töten!]

Obwohl seine genirmten Schreie so intensiv waren, zogen die drei um ihn herum Gesichter, als verstünden sie kein Wort. Sie starrten Ryun an wie stumme Idioten. In seiner Verzweiflung wiederholte Ryun den Satz immer wieder, aber die drei Monster zeigten nicht die Spur einer Reaktion. Als er schließlich das Gefühl hatte, jede Sekunde den Verstand zu verlieren, öffnete er den Mund: »... will mich ... töten!«

»Will dich töten? Die Geistesbändigerin? Hm, ich habe mir schon überlegt, ob ich dich das fragen soll. Was hat es mit dem Shozain-te-Shiktol bei einem Mann auf sich? Ist das ein Missverständnis?«

Ryun stieß im Geist einen Aufschrei aus: [Oh nein, das ist es nicht! Es geht nicht um ein kleines Missverständnis! Ich nirme euch, dass Samo Pey mich töten will!]

Sein aufgewühltes Nirm blieb natürlich wirkungslos. Die drei sahen ihn lediglich gespannt an, als würden sie auf eine Erklärung warten. Ryun, der das Ganze nicht mehr ertragen konnte, stieß den Menschen so heftig von sich, dass dieser stolperte.

»He, was soll das?«

Der Naga starrte ihn fassungslos an. Mit Mühe presste er hervor: »Diese Frau ist meine Schwester!«

»Was? Deine eigene Schwester trachtet dir nach dem Leben?«, schrie Bihyung überrascht auf. Tinahan stellte das Gefieder an seinen Schultern auf.

Doch Kaygon war nicht überrascht. »Ja, beim Shozain-te-Shiktol ist die Attentäterin stets eine Blutsverwandte. Aber du bist doch ein Mann. Nach der Herzentnahmezeremonie ist diese Frau nicht mehr deine Schwester. Du bist sogar noch fremder als ein Fremder für sie, weil du das Haus Pey nicht einmal mehr besuchen darfst. Was um Himmels willen ist das also für ein Missverständnis, das da ...«

»Es wurde nicht entnommen.«

»Was?«

Ryun wiederholte, während er mit der rechten Hand seinen Brustbereich bedeckte: »Mein Herz wurde nicht entnommen. Ich habe es noch.«

Diesmal war es an Kaygon, überrascht zu sein. »Dir wurde das Herz nicht entnommen?«, vergewisserte er sich mit einem leichten Zittern in der Stimme.

»Nein. Ich bin vor der Entnahmezeremonie geflohen. Davor habe ich ...« Ryun wollte erzählen, was mit Hwarit passiert war, aber Kaygon hielt ihn mit einer heftigen Handbewegung davon ab.

»Du hast dein Herz wirklich noch?«

Verwirrt nickte Ryun. Er verstand nicht, warum Kaygon, der kein Naga war, so viel Aufhebens darum machte, dass ihm das Herz nicht entfernt worden war.

»Selbstverständlich bin ich davon ausgegangen, dass du dein Herz nicht mehr hast, und deswegen bin ich mit dir einfach so in den Fluss gesprungen. Weil ich mir sicher war, dass du nicht ertrinken kannst.«

»Verstehe. Ich wäre dabei tatsächlich fast gestorben.«

»Bihyung, nimm ihn mit und flieg sofort zum Großtempel«, sagte Kaygon.

»Was?«

»Setz ihn auf deinen Käfer und flieg los. Wir haben keine Zeit, zu Fuß dorthin zu laufen. Ich hatte mir keine Sorgen wegen des Nagas gemacht. Ich dachte, dass wir unsere Mission erfolgreich zu Ende bringen würden, selbst wenn wir nur seinen Kopf und Rumpf mitnehmen. Das ist der Vorteil, wenn man einen Naga beschützt, der nicht so leicht sterben kann.«

Bihyung lief es kalt den Rücken hinunter, und Tinahans Schnabel stand weit offen.

Kaygon fuhr fort: »Aber er hat sein Herz noch. Außerdem ist ihm eine Attentäterin auf den Fersen, die geschworen hat, ihn bis ans Ende der Welt zu verfolgen. Wir dürfen jetzt keine Zeit mehr verlieren.«

»Aber was wird dann aus dir? Und aus Tinahan?«

»Wir folgen euch etwas langsamer, aber das ist jetzt nicht wichtig. Das Einzige, was zählt, ist, dass er lebendig zum Großtempel kommt.«

Bihyung dachte kurz nach und schüttelte den Kopf. »Nein. Das mache ich nicht. Es heißt doch ›zu dritt gegen einen‹.«

»Jetzt ist nicht der richtige Zeitpunkt, um über alte Prophezeiungen zu diskutieren, Bihyung.«

»Aber die Mönche im Großtempel berufen sich auf diese alte Weisheit und haben uns danach ausgewählt. Nur deshalb haben wir es überhaupt so weit geschafft. Ich denke, dass wir weiter zusammenbleiben sollten. Wenn die Prophezeiung nicht wichtig wäre, hätte man mich von Anfang an auch alleine auf meinem Käfer hierherschicken können. Das wäre viel einfacher gewesen.«

Kaygon wollte Bihyungs Einwand ignorieren, aber der Dokebi fuhr fort: »Außerdem ist dein Plan gefährlich. Glaubst du, dass es nur einen einzigen Geistesbändiger unter den Nagas gibt? Was, wenn uns ein anderer Naga entdeckt und es ganz toll findet, wie ich da mit Ryun in der Gegend herumfliege, uns ein paar Komplimente macht und dann den Geist meines Käfers unter seine Kontrolle bringt? Oder ist das völlig ausgeschlossen?«

Kaygon musste zugeben, dass Bihyungs Worte Hand und Fuß hatten. Er erkundigte sich bei Ryun, ob so etwas möglich sei, und dieser nickte.

»Meine Schwester konnte sich einen Königsadler gefügig machen, obwohl ihre Gabe als Geistesbändigerin gering ist. Eine Naga mit ausgeprägterem Talent kann sich den Geist dieses Käfers problemlos untertan machen.«

»Gering?«, brüllte Tinahan. »Verdammt, zur Hölle mit ihr! Willst du allen Ernstes behaupten, dass die Fähigkeiten deiner Schwester gering sind, obwohl sie einen riesigen Königsadler gesteuert hat, wie es ihr gerade Spaß macht?«

»Auf einem Königsadler zu reiten, ist eine Frage der Balance und der Kraft. Wenn dich das schon beeindruckt hat, dann hast du noch nie eine richtige Geistesbändigerin gesehen. Beim Tanzen lässt meine Schwester für gewöhnlich rasch das Feuerbecken erkalten, aber sie ist keine sonderlich gute Geistesbändigerin. Königsadler sind nicht besonders intelligent, das ist alles. Bei einem Affen bräuchte man wesentlich mehr Können, aber ein Königsadler ist vergleichbar mit einer Ratte.«

»Einer Ratte?«

»Meine Schwester nutzt ihre Fähigkeiten normalerweise dazu, die Ratten zu lähmen, die im Haus Pey auf den Tisch kommen. In anderen Häusern schneidet man ihnen lediglich die Sehnen durch, ehe man sie serviert. Auch wenn ihr Talent gering ist, Samo setzt es geschickt ein.«

Als er von Samo sprach, spürte Ryun einen Stich in seinem Herzen. Weil er so intensiv an ihre feine, elegante Art der Essenszubereitung dachte, bemerkte er nicht, dass sowohl Tinahan als auch Bihyung das Gesicht verzogen, als würden sie sich gleich übergeben.

Kaygon hingegen interessierte sich für etwas anderes. »Du scheinst deine Schwester sehr zu mögen.«

»Ich liebe sie von ganzem Herzen.«

»Von ganzem Herzen also.«

»Wie bitte?«

Kaygon wich Ryuns Blick aus. »Dein Vater benutzte den Ausdruck ›von ganzem Herzen‹ nie. Er meinte, es sei lächerlich, dass ein Naga, der kein Herz mehr hat, sagt, er liebe etwas von ganzem Herzen. Aber du hast dein Herz noch, und wenn du das sagst, kommt es mir ganz natürlich vor.«

Ryun berührte seine Brust und sah den Menschen an. Kaygon ließ den Blick schnell über den Dschungel schweifen und fuhr fort: »Wenn Fliegen keine Option ist, müssen wir eben laufen. Letzte Nacht haben wir eine ordentliche Strecke zurückgelegt. Lasst uns kurz rasten und dann weitergehen. Ich übernehme die erste Wache.«

Als der Naga noch etwas sagen wollte, sah der Mensch ihm direkt in die Augen und schüttelte den Kopf.

»Ich beantworte keine Fragen mehr.«

Vias Makerow öffnete die Augen. Ihr Bett fühlte sich an wie ein Haufen nasser Wäsche. Mühsam richtete sie sich auf und schaute aus dem Fenster. Draußen war es erstaunlich kalt, und in der schwarzen Nachtluft zeichneten sich noch schwärzere Linien ab. Es regnete.

Wasser schluckt Wärme. Flüsse, Meere und strömender Regen waren in den Augen der Nagas etwas deprimierend Dunkles und Undurchsichtiges. Vias murrte, weil ihr einfiel, dass sie nach einem ihrer Experimente das Fenster geöffnet hatte, um das Zimmer zu lüften, und anschließend ins Bett gegangen war und vergessen hatte, es wieder zu schließen. Jetzt war es so kalt im Zimmer, dass es sie aus ihrem erholsamen Schlaf gerissen hatte. Sie sollte das Fenster schließen, wollte jedoch das Bett nicht verlassen. Die kalte Luft erschien ihr geradezu feindselig.

Wie aus dem Nichts erreichte sie eine scharfe geistige Welle. Sie zuckte zusammen und konzentrierte sich darauf. Dann warf sie zähneknirschend einen bösen Blick auf einen Punkt jenseits der Wand. Die Welle kam von Karindols Nirm. Nein, es war weniger ein Nirm als vielmehr eine leidenschaftliche Emotion.

Karindol war zweifellos gerade dabei, sich an einen Mann zu pressen.

Vias' Schuppen rieben aneinander und erzeugten ein lautes Rasseln. Sie hatte die gemeinsame Feindin aller gebärfähigen Frauen in Hatengrazu vertrieben, und doch lag sie in dieser kalten Regennacht allein in ihrem unbehaglichen Schlafzimmer und musste sich von Karindol verspotten lassen.

Dieses Weibsstück hat extra einen Mann zu sich gelockt, nur um mich zu ärgern!

Es war nicht überraschend, dass Vias so dachte. Karindol wollte sonst nie einen Mann bei sich haben. Aber an diesem Abend war nach langer Zeit ein Besucher im Haus Makerow eingetroffen, und seine Gegenwart hatte alle Frauen im Haus einschließlich Vias völlig ratlos gemacht. Somero, Vias und zwei Tanten waren voll und ganz damit beschäftigt gewesen, den Mann zu verführen, sodass sie Karindol zunächst gar nicht bemerkt hatten. Sie war urplötzlich aufgetaucht und hatte sich unelegant neben den Mann gesetzt. Sie ignorierte die in Verlegenheit geratenen Frauen, zog den Mann sanft zu sich und nirmte: [Du siehst süß aus.]

Dann führte sie ihn direkt in ihr Zimmer. Die anderen Frauen waren so perplex, dass sie nichts dagegen unterneh-

men konnten. *Karindol interessierte sich für einen Mann?* Nur
Somero, die älteste Tochter des Hauses, hatte schwach gelä-
chelt, als sie ihrer Schwester nachschaute. Vias erkannte Mitleid in diesem Lächeln und warf ihr einen fragenden Blick zu.

Sie erwiderte diesen Blick mit einem sanften Nirm: [Sie
braucht jemanden, der Hwarit ersetzen kann.]

[Wie kann ein fremder Mann Hwarit ersetzen? Sie hasst
Männer doch zutiefst ...]

[Nein, ich meine ein Kind.]

[Ach so.]

Vias stieß ein überraschtes Nirm aus. Auch die Tanten
schienen Verständnis für Karindols Verhalten zu haben. Somero ordnete anmutig den Saum ihrer Kleidung und nirmte:
[Sie möchte ein Kind, weil das einzige Familienmitglied, das
durch Blut mit ihr verbunden war, nicht mehr da ist. Also sei
nachsichtig mit ihr, Vias.]

Someros Erklärung hatte einleuchtend geklungen. Aber
nun, in dieser regnerischen Nacht, war sie sich nicht mehr
so sicher, ob Karindol den Mann tatsächlich mit auf ihr Zimmer genommen hatte, um ein Kind zu zeugen, oder ob sie
Vias den Mann geraubt hatte, um sie zu ärgern. Vias kam es
so vor, als sollte Karindols emotionsgeladener geistiger Schrei,
der aus ihrem Zimmer herübergedrungen war, ihr eine Botschaft senden.

[Auch wenn Samo Pey nun von der Bildfläche verschwunden ist, wirst du nie einen Mann abbekommen, Vias], schien
sie zu nirmen. [Denn es liegt nicht an ihr, dass du kein Kind
hast. Daran bist du selbst schuld. Erinnere dich nur daran,
wie Hwarit dich zurückgewiesen hat! Und da wird sich Samo
Pey ja wohl nicht eingemischt haben, oder?]

Vias war sich vollkommen im Klaren darüber, dass sie
sich all das nur einbildete. Seit ihrer Begegnung mit Karin-

228

dol wusste sie, dass ihre Schwester über wesentlich mehr im Bilde war, als sie preisgab. Aber was zwischen Hwarit und ihr vorgefallen war, konnte sie nicht wissen. Es war nur schwierig, einen vernünftigen Gedanken zu fassen, wenn der Hass in einem schwelte. Selbst die rationalsten Nagas bildeten da keine Ausnahme.

Vias' Schuppen rieben erneut aneinander und erzeugten einen furchterregenden Ton. Hätte jemand das wütende Rasseln vernommen, er wäre entsetzt davongerannt. Vias wusste nur zu gut, was für ein Gefühl sie gerade empfand: Mordlust.

Karindol töten?

Sie fuhr zusammen und schaute sich um. Könnte sie ihre Schwester wirklich umbringen? Es wäre etwas ganz anderes, als einen Mann zu töten, egal ob mit oder ohne Herz. Welche Vorteile hätte es, Karindol aus dem Weg zu räumen? Sie war die Einzige, die wusste, dass Vias für Hwarits Tod verantwortlich war. Sie hatte zwar angedeutet, dass sie schweigen würde, aber Vias konnte nicht davon ausgehen, dass das auch so bleiben würde. Außerdem bedeutete es eine Konkurrentin weniger für sie. Diese angenehme Aussicht ließ Vias nicht mehr los.

Ich könnte endlich ein Kind haben.

[Daran bist du selbst schuld. Da wird sich wohl kaum jemand eingemischt haben.]

Vias nahm das Nirm so deutlich wahr, als wäre Karindol bei ihr im Zimmer. Oder stammte es von ihr selbst? Wütend schrie sie im Geiste: *[Sei still! Jeder weiß, dass nur wegen Samo Pey keine Frau einen Mann abbekommen hat!]*

[Warum liegst du dann alleine in deinem Bett? Die gute Samo ist doch nicht mehr da!]

[Wegen dir, du Schlampe! Wegen dir, Karindol Makerow!]

Der andere Geist war plötzlich verschwunden. Vias starrte in die Dunkelheit, die von deprimierender Kälte erfüllt war, und knirschte mit den Zähnen.

[Der Junge, der sich geweigert hat, mit mir ein Kind zu zeugen, ist tot, und die Frau, die mir meine Männer geraubt hat, wurde aus Hatengrazu vertrieben. Das ist allein mein Werk. Denkst du, dass ich vor dir haltmache, Karindol?]

Karindol antwortete nicht. An ihrer Stelle flüsterte die Mörderin in Vias: *[Bei ihr ist es anders.]*

[Warum?]

[Im Gegensatz zu Hwarit hat sie kein Herz. Du müsstest es machen wie der legendäre Naga-Schlächter: Sie einfrieren und anschließend zertrümmern.]

Vias schwieg einen Moment. Dann flüsterte sie ihrer inneren Mörderin sehr vorsichtig eine Frage zu.

[Wie tötet man am besten eine Naga, die kein Herz mehr hat?]

Karu war wie alle männlichen Nagas ein erfahrener Wanderer. Lekons, die geborene Wanderer waren, würden einwerfen, dass Nagas keine Erfahrung mit der Durchquerung feindlicher Gebiete hatten. Sie würden sagen: »Die Nagas laufen doch nur südlich der Grenzlinie umher – ist das nicht mehr oder weniger ihr Zuhause?« Nagas essen ausschließlich Lebendiges, also brauchen sie kein Kochgeschirr mit sich herumzuschleppen. Sie essen unregelmäßig, und weder der Umfang ihrer Mahlzeiten noch die Abstände dazwischen spielen eine Rolle. Sie benötigen kein Feuer und keine Kleidung, die sie vor Kälte schützt. Menschen oder Lekons erscheint die Wanderung eines männlichen Nagas als mühelose Angelegenheit, kaum der Rede wert.

Doch Stärke oder Weisheit sind bei einer Wanderung – egal, ob durch ein feindliches oder vertrautes Gebiet – zunächst einmal nicht das Wichtigste. Eine Wanderung ist kein Spiel oder ein sportlicher Wettkampf, bei dem man umso mehr Respekt gezollt bekommt, je schwieriger die Bedingungen sind. Beim Wandern klopft einem niemand auf den Rücken oder spricht mit einem. Man ist auf sich allein gestellt, und man muss die Kraft, immer weiterzugehen, in sich selbst finden. Das Wichtigste dabei ist die Fähigkeit, die Einsamkeit zu ertragen. Und Karu hatte diese Fähigkeit.

Wie es sich für einen erfahrenen Wanderer gehörte, ergriff Karu die angemessenste Maßnahme, die ihm in seiner momentanen Situation zur Verfügung stand: Er flehte um sein Leben.

[Könnt Ihr bitte Euer Schwert von meinem Hals nehmen?]

Die Frau, die innerhalb eines Lidschlags aufgetaucht war und ihm ihre Klinge an die Kehle hielt, sandte ihm ein ruhiges Nirm: [Ich bin eine Attentäterin.]

[Das weiß ich. Ihr seid Samo Pey, nicht wahr? Ich habe Hatengrazu erst vor Kurzem verlassen. Es wird Eurer Jagd hinderlich sein, wenn mein Blut auf Eure Klinge gelangt.]

Samo legte den Kopf schief. [So ist das also. Damit habe ich einen Grund weniger, sie von deinem Hals zu nehmen.]

[Wie bitte?]

[Du hast mich heimlich beobachtet. Schon die letzten zwei Tage.]

Karu spürte, wie sein Stolz Risse bekam.

Samo nirmte weiter: [Ich dachte zunächst, dass du keine Ahnung hast, wer ich bin, und mir einfach so folgst, deswegen wollte ich dich nur verjagen. Aber du weißt, wer ich bin und was ich tue, und bist mir trotzdem gefolgt. Das ist eigenartig. Entweder du willst mir helfen – was vollkommen unsinnig wäre –, oder du willst meine Mission verhindern. Ich weiß nicht, ob dir bekannt ist, warum ein Shiktol so widerstandsfähig ist. Weil er nämlich in der Lage sein muss, alle Hindernisse zu beseitigen, die sich einem Shozain-te-Shiktol in den Weg stellen. Also, wie willst du mir beweisen, dass du kein Hindernis bist?]

[Was, wenn ich das nicht beweisen kann? Wie ich bereits sagte, wenn mein Blut auf ...]

[Ich wische dein Blut ab und lasse die Klinge wieder mein Blut kosten. Die Waffe mit dem richtigen Blut zu versorgen, ist keine große Kunst, weil das Shozain-te-Shiktol von Blutsverwandten ausgeführt werden muss.]

Ihrem Nirm wohnte eine zarte Traurigkeit inne, die scheinbar sorglos zum Ausdruck gebracht wurde.

[Na gut, was habt Ihr also mit mir vor?], fragte er bewusst heiter.

[Gute Frage. Ich hatte eigentlich nichts Besonderes im Sinn. Aber jetzt halte ich es für angemessen, dir die Füße abzuhacken. Bis sie wieder nachgewachsen sind, kannst du mich nicht mehr verfolgen, egal wer du bist.]

Karu verzog das Gesicht und nirmte übertrieben traurig: [Oh, bitte nicht! Wollt Ihr etwa, dass ich ein Jahr lang hinken muss?]

[Soll ich dir lieber die Augen ausstechen? Es dauert nur ein paar Monate, bis sie verheilt sind. Aber es würde dir noch mehr Unannehmlichkeiten bereiten.]

Karu hätte liebend gerne noch weiter mit der berühmtesten Frau Hatengrazus gescherzt, doch er ließ es bleiben, denn die Spitze des Shiktols wanderte zu seinen Augen hinauf. Hastig spielte er die magische Karte aus, die Nagas, Menschen, Dokebis und sogar Lekons gleichermaßen Einhalt gebieten konnte: [Erinnert Ihr Euch denn nicht an mich?]

Der Shiktol kam zum Stillstand. Samo starrte ihn an. [Hast du mal das Haus Pey besucht? Es tut mir leid, aber ich erinnere mich nicht an dich, da ich keinen engen Kontakt mit Männern pflege.] Sie klang verunsichert.

[Ich war ein Besucher des Hauses Makerow. Ich habe Hwarit zum Haus Pey begleitet.]

[Oh! Jetzt fällt es mir wieder ein. Heißt du Swachi?]

[Swachi war mein Gefährte. Ich bin Karu.]

Samo nickte. [Gut, Karu. Aber noch hast du mir damit nichts bewiesen.]

Darauf hatte sich Karu eine Antwort zurechtgelegt. [Ich möchte Euch etwas fragen, das vielleicht irrelevant erscheinen mag, aber in Hatengrazu erzählt man sich, dass Ihr mit Ryun Pey eine besonders enge Geschwisterbeziehung gepflegt habt. Stimmt das?]

Samo zeigte keine Regung. [Und wenn es so wäre?]

[Dann könnte ich mein Bedauern über diese unerhörte Tragödie zum Ausdruck bringen.]

Die Spitze des Shiktols wanderte wieder höher, und Karu nirmte hastig weiter: [Aber vorher könnte ich meine Bedenken äußern, dass Ihr mit Eurer Aufgabe möglicherweise Schwierigkeiten haben werdet.]

[Ob du Bedenken hast oder nicht, das ist allein deine Sache. Und weiter?]

[Na ja, es könnte sein, dass das Haus Makerow wissen möchte, ob Ihr Eure Mission auch ausführt. Es geht immerhin darum, Euren geliebten Bruder zu töten.]

[Sollst du mich etwa beschatten?]

[Das habt Ihr genirmt, nicht ich.]

Samo nickte. Karu würde niemals zugeben, dass das Haus Makerow an der Durchführung des Shozain-te-Shiktols zweifelte, denn das wäre äußerst respektlos. Karu sah, dass es ihm gelungen war, Samo diese Idee in den Kopf zu setzen. Tatsächlich stand er mit dem Haus Makerow nicht in Verbindung. Er wollte, dass Samo die Situation falsch interpretierte, damit er sie nicht anlügen musste. Kurz freute er sich über sein Talent im Nirmen, bis er merkte, dass er damit zur Zielscheibe von Samos Zorn geworden war.

[Mir kommt da gerade ein Gedanke.]

[Was für einer?]

[Wie es wohl wäre, wenn ich deinen Kopf abschlage und mit diesem zurückkehre. So kann ich sowohl meinen geliebten Bruder retten als auch den Preis eines Lebens zahlen, der meinem Haus auferlegt wurde. Und gleichzeitig räume ich damit den Beobachter aus dem Weg, der meine List verraten könnte.]

[Aber wie wollt Ihr meinen Kopf ...]

[Indem ich dein Gesicht so zerschneide, dass man dich nicht mehr erkennt. Eine ziemlich gute Idee, wie ich finde. Was meinst du, Karu?]

Beinahe hätte er ihr genirmt, dass er in Wahrheit nichts mit dem Haus Makerow zu tun hatte. Aber bevor er das ausnirmen konnte, steckte Samo ihren Shiktol weg.

[Wahrscheinlich ist das doch keine gute Idee.]

[Der Ansicht bin ich auch.]

[Wenn du mich überwachen willst, nur zu, ich habe kein Problem damit, Karu. Ich nehme an, man hat dir eine Belohnung versprochen. Das Haus Makerow hegt Zweifel, wo es nichts zu zweifeln gibt, und wirft damit sein Gold aus dem Fenster.]

[Ihr werdet Euren Bruder auf jeden Fall töten?], fragte Karu vorsichtig, nachdem er der unmittelbaren Gefahr entronnen war.

[Verlangt das Haus Makerow nicht genau das?]

[Ich frage das aus persönlicher Neugier. Er ist doch Euer geliebter Bruder ... und trotzdem?]

Ein Lichtblitz traf seine Augen. Samo hatte ihre Waffe wieder gezogen und sie dabei absichtlich an der Scheide reiben lassen. Als die so erhitzte Klinge die Luft durchschnitt, verwandelte sich alles vor Karus Augen in einen Strudel aus schillernden Farben. Und als diese Farben verblassten, sah er die Schwertspitze unmittelbar vor seinem linken Auge schweben. Er vergaß zu atmen.

[Ich habe dir erlaubt, mir zu folgen, nicht aber, mir Fragen zu stellen. Du kannst mich auch mit nur einem Auge beschatten, oder?]

[Bitte nicht ...]

[Das war die zweite Warnung. Und ich kann mich nicht daran erinnern, jemals eine dritte ausgesprochen zu haben. Merk dir das gut.]

Der Shiktol wurde zurück in seine Scheide gesteckt. Die Angst, die wie ein massives Gewicht auf Karus Geist gelegen hatte, verflog, und erst jetzt konnte er darüber staunen, wie anmutig und effizient Samos Bewegungen waren. Nachdem sie ihren Rucksack geschultert hatte, setzte sie ohne ein weiteres Nirm ihren Weg fort. Karu folgte ihr behutsam und war froh, dass sie ihm das gestattete.

Er begleitete die Attentäterin, weil er nicht wusste, wie er Ryun sonst finden sollte. Mithilfe des Shiktols würde Samo Pey ihren Bruder zweifellos aufspüren. Wenn die Möglichkeit bestand, dass Ryun Hwarits Auftrag übernahm, hatte Karu bessere Gründe als jeder andere, Samo zu folgen. Aber nachdem er ihre Schwertkunst gesehen hatte, war er sich nicht mehr sicher, ob er sich gegen sie würde behaupten können, wenn es notwendig wurde. Er nahm sich vor, auch in ihr die Zweifel auszusäen, ob Ryun wirklich Hwarits Mörder war. Aber er würde Samo die nächsten zwei Tage sicherheitshalber nicht annirmen.

Ryun gewöhnte sich nur langsam an seine Begleiter. Zum einen war er von Natur aus sensibel und vorsichtig, zum anderen lag es daran, dass er ganz anders kommunizierte als sie. Zwischen Nirmen und Sprechen lagen Welten.

Ryun hielt sich nicht für besonders schlagfertig und geistreich, aber er machte gerne einen Witz oder warf eine spitze Bemerkung ein. Aber er scherzte immer nirmend und war wie vor den Kopf gestoßen, wenn niemand reagierte. Wenn ihm dann bewusst wurde, dass er seinen Witz laut hätte sagen müssen, war der Moment schon wieder vorüber. Auch Bihyung hatte Schwierigkeiten, mit dem Naga so zu scherzen, wie er es mit den anderen tat. Er wartete auf die Gelegenheit, einen Witz mit Ryun zu machen, doch diese kam nie. Also verlegte er sich darauf, Ryun mit Grimassen oder Gesten zum Lachen zu bringen.

Der Naga lernte jeden Tag etwas Neues über Dokebis und Lekons und hatte seine Freude dabei. Aber aus dem Menschen wurde er einfach nicht schlau. Kaygon trieb ihn mit seiner Geduld, die er bei jeder noch so blöden Frage seiner Gefährten an den Tag legte, regelrecht zur Weißglut. Doch immer, wenn Ryun ihn nach Josbi fragte, schwieg er. Als Tinahan zum dritten Mal in fünf Tagen dieselbe Frage stellte und Kaygon sie einmal mehr ruhig beantwortete, ließ Ryun seiner Wut schließlich freien Lauf.

Er schrie Kaygon an, dass er ihm alles erzählen solle, was er über Josbi wusste. Er habe das Recht, die Geschichte seines Vaters zu kennen. Doch Kaygon weigerte sich erneut, und wieder konnten Tinahan und Bihyung sein Verhalten nicht nachvollziehen.

Vielleicht schämt er sich dafür, dass er Hilfe von seinem Todfeind angenommen hat?, überlegte Bihyung. *Er zerstückelt, kocht und isst Nagas. Aber Josbi hat sich selbst den linken Arm abgeschnitten und Kaygon damit gefüttert, als er in Lebensgefahr war.* Das klang so unglaublich wie eine alte Legende – und doch hielt Bihyung seine Theorie für plausibel. *Ja, das muss es sein. Er schämt sich dafür, dass ihm jemand, den er hasst, das Leben gerettet hat! Deswegen verliert er keine Silbe über Josbi. Eine andere Erklärung gibt es nicht.*

Als Bihyung Kaygon auf die typische Dokebi-Art – also direkt und unverblümt – mit seiner Theorie konfrontierte, sah dieser ihn lediglich gedankenverloren an.

»Habe ich recht oder nicht?«, bohrte Bihyung nach.

»Nein ... Nun ... Lasst uns weitergehen.«

Danach ließ Kaygon seine Gruppe anderthalb Tage marschieren – selbst Tinahan beschwerte sich darüber. Dennoch glaubte Bihyung nicht, dass Kaygon ihnen diesen Gewaltmarsch aufzwang, weil er wegen seiner Frage sauer war. Es schien eher, als wäre ihr Lotse so sehr in Gedanken versunken, dass er schlicht nicht bemerkte, was er tat. Am zweiten Tag, als der Dokebi kurz davor war, vor Erschöpfung zusammenzubrechen, kam Kaygon zu ihm und sagte leise: »Ich kann es nicht genau sagen, Bihyung. Aber ich denke nicht, dass ich mich schäme.«

Bihyung rang nach Luft – und das nicht allein wegen seiner Erschöpfung. »Beim nächsten Mal, wenn ich dir eine Frage stelle und du länger als einen Tag wandern musst, damit du sie mir beantworten kannst, vergiss bitte einfach, dass ich gefragt habe.«

»In Ordnung.«

»War die Frage denn wirklich so kompliziert?«

»Ja.«

Schließlich gab Ryun auf. Kaygon wollte den Namen Josbi nicht mal aus Versehen in den Mund nehmen. Der Naga hatte das Gefühl, dass er nicht weiter in Kaygon dringen durfte, sonst hätte es katastrophale Folgen. Auch Bihyung und Tina-han hielten sich seit Ryuns Ausbruch mit ihren Fragen zu-rück. Kaygon nahm große Mühen für seine Gefährten auf sich und handelte stets zu deren Vorteil. Ryun konnte nicht verlangen, dass er etwas tat, was er hasste. Ohne Kaygon hät-ten es die drei nie so weit geschafft.

Am fünfzehnten Tag seit ihrem Aufbruch nach Norden begann es zu regnen. »Tinahan ließ seine Fäuste fliegen und erschuf eine Höhle«, fasste Bihyung später das zusammen, was geschah, als die ersten Wassertropfen den Lekon tra-fen. Mit bloßen Händen schlug, drückte und buddelte Tina-han, erschuf aus Erde und kleinen Steinchen ein Fundament und schob fünf gewaltige Felsen – einer davon mindes-tens sieben Tonnen schwer – so zusammen, dass sie einen provisorischen Unterstand bildeten. In seiner Verzweiflung leistete der Lekon schier Übermenschliches und das in so kurzer Zeit, dass seine Gefährten nur staunen konnten. Der Unterstand hätte problemlos fünf Lekons Zuflucht vor dem Regen gewährt – und war damit mehr als groß genug für einen Menschen, einen Dokebi und einen Naga. Selbst Nanui fand noch bequem darin Platz. Tinahan setzte sich in die hinterste und trockenste Ecke und begann, sich zu be-klagen.

»Ich dachte immer, die Geschichten, dass Lekons Felsen zum Bersten bringen und Steine fliegen lassen können, seien eine Metapher, aber wie sich herausgestellt hat, entsprechen sie den Tatsachen«, kicherte Bihyung, während er in der Mitte ihrer notdürftigen Unterkunft ein Feuer machte.

Kaygon nahm am Höhleneingang Platz. Er stieß einen tie-fen Seufzer aus und schaute in den strömenden Regen. Ryun saß, an einen Felsen gelehnt, ähnlich tief in der Höhle wie Tinahan. Er staunte immer noch darüber, dass diese Höhle nicht auf natürlichem Weg über Jahrtausende entstanden, sondern von einem verängstigten Lekon in einer halben Stunde zusammengehämmert worden war.

Durch den Regen war die Temperatur so rapide gefallen, dass es gefährlich für den Naga wurde. Kaygon hatte nicht gewollt, dass sie rasteten, und Tinahan sogar gedroht, er werde ihn alleine zurücklassen und mit den anderen weitergehen, wenn er weiter an dem Unterstand arbeitete. Dennoch war Kaygon geblieben, und der Grund dafür war Ryun. Ein Mensch hätte durch den kleinen Schauer weitermarschieren können, aber für einen Naga war es eisig kalt. Ryun wäre genauso erstarrt wie bei seinem unfreiwilligen Bad im Fluss.

Kaygon seufzte erneut. Die anderen hörten es nicht, aber Ryun sah den Atem, der in der kalten Luft kondensierte. Er fühlte sich schuldig an der Situation.

»Kaygon, ich habe Sodrag dabei. Wenn ich es einnehme …«

»Würde es nur kurz wirken. Du müsstest Dutzende Pillen nehmen, um bei dem Wetter einen ganzen Tag lang laufen zu können. Du würdest sterben. Schlag dir das aus dem Kopf. Es ist keine schlechte Idee, dass wir uns ein bisschen ausruhen.« Kaygon erhob sich langsam. »Ich gehe auf die Jagd, auch wenn ich mir bei diesem Wetter nicht viel erhoffe. Aber ich habe gerade etwas Zeit.«

Bihyung hob den Kopf. »Soll ich mitkommen?«

»Nein. Bleib hier und pass auf die anderen auf. Bei diesem Wetter sind zwar keine Naga-Trupps unterwegs, aber wilde Tiere könnten hier Zuflucht vor dem Regen suchen.«

Ryun, der sich am Feuer aufwärmte, hob zaghaft die Hand. »Äh, entschuldige bitte, Kaygon, aber …«

»Ja, ich weiß. Ich bringe etwas Lebendiges mit.«

»Es tut mir wirklich außerordentlich leid, dass ich dich darum bitten muss.«

Ryun wäre schon mit einer Ratte überglücklich gewesen. Wer noch nie gejagt hat, stellt sich gerne vor, dass es im Wald von Beute nur so wimmelt, die darauf wartet, erlegt zu werden. Aber Jäger wissen, dass man sich glücklich schätzen kann, wenn man in seinem Leben eine zweistellige Zahl an Hirschen erwischt. Nagas waren geborene Jäger, und so ahnte Ryun, selbst wenn er noch keine große Erfahrung hatte, dass die Erfolgsaussichten bei diesem Wetter gering waren.

Doch Kaygon Draka überraschte sie alle einmal mehr: Wenige Stunden später kam er mit einem lebendigen Wasserreh, drei Kaninchen, zwei Kasuaren, zwei Stauden Bananen und verschiedenen genießbaren Pflanzen zurück. Ein Wasserreh lebend zu fangen, war ein wahres Kunststück, und Kasuare waren Laufvögel, die einen Jäger durchaus töten konnten. Wie um alles in der Welt er die Kaninchen gefangen hatte, war ein Rätsel – diese Tiere saßen bei Regen für gewöhnlich tief in ihrem Bau.

Während die Gruppe die Beute vorbereitete, wartete Bihyung im Regen vor der Höhle. Nach etwa einer halben Stunde kam er zurück und atmete erleichtert auf, als er sah, dass alles fertig war. Er fand es amüsant, dass das Wasserreh verschwunden und Ryuns Bauch dafür unglaublich rund geworden war. Ryun keuchte schwer, sah aber sehr zufrieden aus. Tinahan drängte Bihyung dazu, sich gewissenhaft abzutrocknen, ehe er die Grube aushob und das in Bananenblätter eingewickelte Fleisch hineinlegte.

»Wenn du das ...«, beinahe hätte er »Blut« gesagt, hielt sich jedoch gerade noch zurück, »... *das* absolut nicht sehen kannst, wer bereitet bei euch dann das Fleisch zu?«

»Haben wir eine andere Wahl, als unsere Nahrung lebendig zu verbrennen?«, antwortete Bihyung mit verzerrtem Gesicht.

Tinahan nickte unzufrieden. »Tja, das ist ...«

»Deshalb essen wir nicht so oft Fleisch. Das ist ja auch kein schöner Anblick ... Viele meinen, hätten wir Dokebis nicht von den Kimms gelernt, Getreide anzubauen, hätten wir das Schloss Zumunnuri nicht bauen können, weil wir vorher verhungert wären. Deswegen ist Zumunnuri angeblich erst errichtet worden, nachdem die Kimms zu uns gekommen sind. Das klingt plausibel, oder?«

Der Legende zufolge hieß der Mensch, der den Dokebis beibrachte, Getreide anzubauen, Kimm, und so nannten die Dokebis fortan alle Menschen so. Es war eine Respektsbezeugung, auch wenn sich diese im Laufe der Zeit abgeschwächt hatte.

Kaygon, Bihyung und Tinahan verspeisten zuerst die Bananen und die Pflanzen, während sie das Fleisch räucherten. Obwohl die Bedingungen nicht optimal waren, gelang es ihnen mit der Dokebi-Methode ganz gut. Ryun war fasziniert von der Räuchertechnik, die er zum ersten Mal in seinem Leben sah. Kaygon nutzte die Zwangspause dazu, sich um die Vorräte zu kümmern, die sie für ihre weitere Reise brauchten. Er überließ Bihyung und Tinahan das Räuchern und ging erneut auf die Jagd. Als er zurückkam, brachte er etwas mit, das er bei seinem letzten Ausflug vergessen hatte: Einen riesigen Baumstamm, den er mit einem Seil aus Ranken hinter sich herzog. Nanui war glücklich.

Es regnete schon den vierten Tag in Folge. Kaygon schaffte jeden Tag einen Berg Nahrung aus dem Dschungel heran. Die anderen waren nicht nur von seinem enormen Jagderfolg überrascht, sondern fragten sich auch, wie er nur mit einem Schwert so viel erlegen konnte. Kaygon selbst lieferte ihnen keine Erklärung, und so begannen Bihyung und Tinahan sich Albereien auszudenken.

»Vermutlich kommt die Beute aus allen Richtungen an-
gerannt und fällt vor ihm auf den Boden, wenn er ›Kommt
mal alle her!‹ ruft. Was hältst du von dieser Theorie?«

»Warte. Ich glaube, dass er eher ›Angetreten!‹ ruft. Oder
›Bitte angetreten!‹ vielleicht?«

»Oh, ›Bitte angetreten!‹ gefällt mir. Das klingt so souverän.
Wer hat recht, Kaygon?«

»Ich probiere es morgen aus und informiere euch über das
Ergebnis«, antwortete Kaygon gleichmütig, während er seine
Hände an der Dokebi-Flamme wärmte.

Die Notunterkunft war inzwischen viel gemütlicher als eine
gewöhnliche Hütte. Wände und Dach waren stabil und vor
allem wasserdicht, und der Innenraum wurde von Bihyungs
Dokebi-Flamme geheizt. Dennoch saß Kaygon stets in der Nähe
des Eingangs, an der kältesten Stelle. Er weigerte sich beharrlich,
näher ans Feuer zu gehen, und sah so aus, als sei er jederzeit
bereit, nach draußen zu springen. Er wollte eine potenzielle
Gefahr, die sich ihnen näherte, als Erster ausmachen können.
Jede Nacht hielt er am längsten Wache, obwohl er tagsüber
enorme Anstrengungen auf sich nahm. Wann immer er noch
Zeit fand, klärte er sie über ihre weitere Reiseroute auf oder
erzählte alte Geschichten, um Tinahan vom Regen abzulenken.

Während die Tropfen auf das Dach prasselten, lauschten
Bihyung, Tinahan und Ryun Kaygons monotoner Stimme, der
die lustige Geschichte des romantischen (aber nicht gerade
schlauen) Drachen Quidoburita erzählte, der sich in einen
Himmelsfisch verliebt hatte, oder die unglaubliche Geschichte
vom Riesentiger Byulbi, den die Kitalzer Jäger über drei Generationen herausgefordert und unter großen Mühen letztlich besiegt hatten. Im selben ruhigen Tonfall berichtete er
auch von den Arasit-Kriegern, den brutalsten Menschen der
Weltgeschichte.

»Sie haben alle Frauen getötet und alle Männer vergewaltigt.«

Ryun war verblüfft, Tinahan und Bihyung irritiert.

»Äh, nicht eher umgekehrt?«

»Nein. Ich weiß, dass es seltsam klingt, aber sie hatten ihre Gründe. Arasit-Krieger durften nämlich ohne die Erlaubnis ihres Königs keine Kinder zeugen, und wenn ein Mann einen Mann vergewaltigt, ist das ausgeschlossen.«

Die drei Zuhörer seufzten.

Ihr Lotse versorgte sie mit Nahrung, Schutz und Unterhaltung – und nach wenigen Tagen konnten sich seine Gefährten nicht mehr vorstellen, ohne ihn unterwegs zu sein. Man mochte es Liebe oder Vertrauen, vielleicht auch Abhängigkeit nennen. Oder vielleicht alles zusammen.

Wen wundert es, dass die drei zutiefst besorgt waren, als Kaygon am Abend des fünften Tages nicht zurückkehrte.

Kaygon strich sich sein nasses Haar mit der Hand nach hinten und seufzte. Sein kondensierender Atem zerstreute sich im sprühenden Regen. Das Wasser, das über seine Wangen lief, war so kalt, dass es ihn fröstelte.

Er wusste, dass seine Gefährten auf ihn warteten. Doch er rührte sich nicht vom Fleck.

»Ich kann mich nicht mehr erinnern«, murmelte er, während er auf seine blutbesudelten Hände hinuntersah. Auf seinen Handflächen vermischte sich der Regen mit dem zähflüssigen Blut zu einem Wirbel und floss zwischen den Fingern hindurch. Auch von der einzelnen Haarsträhne, die ihm vor den Augen baumelte, fielen dicke, rote Wassertropfen.

Er hatte mit dem rechten Fuß einen Stein weggetreten. Der Stein hatte blutiges Wasser aufgespritzt und dann den abgetrennten Kopf getroffen. Die Schuppen daran sträubten sich, in den Augen stand pure Wut, aber das kümmerte Kaygon nicht. Vielmehr zog der sich bewegende Mund des anderen Kopfes daneben seine Aufmerksamkeit auf sich. Dieser Kopf sah verwirrt aus.

»Es ist immer dasselbe mit euch«, murmelte Kaygon.

Der Kopf sah mit verständnisloser Miene zu ihm auf.

»Mit durchgeschnittener Kehle kann man keinen Ton mehr von sich geben. Selbst wenn der Mund oder die Stimmbänder vorhanden sind, ohne die Lunge, die die Luft hindurchpresst, sind sie nutzlos.«

Der Kopf sah ihn so enttäuscht wie entrüstet an. Mit ausdruckslosem Gesicht blickte Kaygon gleichgültig auf die drei Köpfe hinunter. Sie befanden sich in einer Mulde, die sich mit rot gefärbtem Regenwasser füllte, sodass es aussah, als stünden die drei Nagas in einem See und hielten nur die Köpfe über die Wasseroberfläche. Kaygon schob die lästige Strähne weg, die ins Gesicht gefallen war, und sagte: »Ich kann Lippen lesen. Sag, was du sagen willst.«

Warum hast du uns getötet?

Er erwiderte nichts, weil er es für unnötig hielt, diese Frage zu beantworten. Doch der Kopf hatte etwas anderes gemeint: *Mein Kind, warum mein Kind?*

»Erwartest du ein Kind?«, fragt Kaygon.

Ein lodernder Blick durchbohrte ihn. Gedankenverloren sah er sich um. Auf der Lichtung lagen mehrere Körperteile verstreut. Kaygon wusste, dass er keine Heldentat vollbracht hatte. Die drei Nagas waren wegen des Regens ausgekühlt und hatten keinen nennenswerten Widerstand leisten können. Er hatte leichtes Spiel mit ihnen gehabt.

In den Überresten seines erbarmungslosen Massakers fand er, wonach er suchte: Ein rundes Ei, das aus dem aufgeschlitzten Bauch einer Naga herausschaute, leuchtete weißlich im blutigen Wasser.

Schwerfällig stand Kaygon auf und hob den durchnässten Kopf mit beiden Händen hoch. Er war erstaunlich schwer. Er legte den Kopf mit dem Gesicht nach oben auf einen Felsen und musterte die Stelle, an der er abgetrennt worden war. Dann sagte er leise: »Rede.«

Er führte seinen Mund zu ihrem Hals und blies kräftig hinein.

»... s machst d ...?«

Die Naga war so erstaunt darüber, ihre eigene schöne Stimme zu hören, dass sie wieder verstummte. Kaygon nahm den Mund von ihrem Hals. Seine Lippen waren blutverschmiert.

»Ich werde deine Lunge sein. Rede, wenn du etwas zu sagen hast, Naga.«

Die zwei Köpfe in der Mulde sahen mit weit aufgerissenen Augen zu. Er blies erneut in den abgeschnittenen Hals. Die Luft strömte aus seinem Mund durch ihre Luftröhre und verwandelte sich in ihre wundervolle Stimme. Der Geruch, den der feuchte Wald absonderte, vermischte sich mit einem fischigen Blutaroma, und der schöne, mitleiderregende Klang der Naga-Stimme verflocht sich mit dem Geräusch des Regens.

»Ich kann so nicht sterben. In ein paar Tagen hätte ich Simograzu erreicht ... Dann hätte ich ... in den Armen meiner Familie ... mein Kind zur Welt gebracht. Mein Kind ... Wie konnte das passieren?«

Kaygon schwieg. Er wusste nicht, was er dem Kopf entgegnen sollte. Also blies er weiter seinen Atem in die Luftröhre der Naga-Frau, wie ein Musiker. Seine Flöte war schön, traurig und beängstigend zugleich – und einzigartig.

»Warum?«, heulte sie dem Regen entgegen. »Warum muss ich sterben? Das darf nicht wahr sein. Ich habe mir das Herz entnehmen lassen! Unter dem Schutz der Hüter wurde mir das Herz herausgenommen! Warum muss ich trotzdem sterben? Warum muss mein armes Kind, das noch nicht einmal aus seinem Ei geschlüpft ist ... Oh Göttin, warum nur?«

Aus ihren Augen flossen silberne Tränen, liefen über ihre Wangen und überzogen Kaygons blutverschmierte Hände mit einem kalten, silbernen Glanz.

Kaygon löste die Lippen vom Mundstück seiner makabren Flöte. Er hob den Kopf hoch, führte das Ohr ganz nah zu seinem blutverschmierten Mund und flüsterte leise: »Da ich dir meinen Atem geliehen habe, leihe ich mir jetzt deinen Kopf, Naga.«

Lautlos fragte sie, was er damit meinte. Er legte den Kopf zurück auf den Felsen und ging zu den zerstückelten Kadavern, schob eine Hand in den Bauchraum der Naga-Frau und holte das Ei heraus.

Es war groß, seine Schale vollständig ausgebildet. Kaygon hob eine Handvoll nasser Erde auf, mit der er das Ei vorsichtig auf dem Felsen neben dem Kopf fixierte. Der Regen wusch das Blut von der Schale, sodass es wie ein weißer Edelstein glänzte. Kaygon nahm den Naga-Kopf wieder in die Hände.

»Du willst doch sicher dein Kind kennenlernen.«

Dann holte er weit aus. Die Naga schrie, doch kein Laut drang über ihre Lippen. Ihre beiden Gefährten in der Mulde vernahmen ihr grauenvolles Nirm und schlossen die Augen.

Dann fuhr der Kopf herab und zerschmetterte das Ei. Es zerplatzte. Blut, Eidotter und Fleischstücke flogen durch den Regen. Wieder hob Kaygon den Kopf und donnerte ihn gegen den Felsen. Blut und Wasser spritzten auf, als der Schädel mit einem feuchten Schmatzen auf den Stein prallte.

Er drosch den Kopf dreimal auf den Felsen, dann betrachtete er das Gesicht der Naga. Es war vollkommen entstellt, ihr Schädel zertrümmert, und aus der gebrochenen Nase rannen Gehirn und Blut. Kaygon warf den deformierten Kopf achtlos beiseite und wischte sich Blut und Fleischklumpen aus dem Gesicht.

»Was sagt ihr dazu?«

Die beiden Naga-Köpfe blieben stumm, aber Kaygon hatte ohnehin keine Antwort erwartet.

»Worüber hat sie wohl nachgedacht, als ihr Kopf auf das Ei prallte? Ob ihr Kopf zerschmettert wird? Oder das Ei?«

Bei seiner barbarischen Frage schienen selbst die Regentropfen zusammenzuzucken. Die beiden Nagas durchbohrten ihn mit hasserfüllten Blicken. Er seufzte und setzte sich auf einen Felsen.

Bisher war er der Lotse der Gruppe gewesen. Er hatte nichts anderes als der Lotse sein wollen. Als Ryun ihn nach seiner Beziehung zu Josbi gefragt hatte, war ihm nichts anderes übrig geblieben, als zu schweigen. Er wusste, dass er der Gruppe sonst nicht mehr als Lotse hätte dienen können. Aber das konnte er nun sowieso nicht mehr. Nicht, nachdem er drei Nagas niedergemetzelt hatte, die ihm zufällig über den Weg gelaufen waren. Er konnte nicht zu seinen Gefährten zurückkehren.

Er war wieder zum Naga-Schlächter geworden, und er würde Ryun töten, wenn er ihn jetzt sah.

In den frühen Morgenstunden zerriss ein spitzer Schrei die Stille Kiborens. Bihyung und Tinahan stürmten aus der Höhle. Kaygon war noch immer nicht zurückgekehrt, und sie be-

247

fürchteten das Schlimmste. Ryun folgte den beiden erschrocken. Erst, als sie ihm von dem Schrei erzählten, konzentrierte er sich auf sein Gehör. Ein weiterer Schrei erklang. Bihyung und Tinahan, die anders als Ryun unmittelbar auf Geräusche reagierten, schossen davon. Ryun, der mit Nanui etwas langsamer hinterherlief, fragte vorsichtig: »Ist es Kaygon?«

»Ein Naga würde kein Geräusch von sich geben, und das ist auch nicht der Schrei eines Tieres. Wer sollte es also sonst sein, wenn nicht Kaygon? Bestimmt braucht er unsere Hilfe«, erklärte Tinahan.

Der Regen hatte aufgehört, deshalb rannte der Lekon so schnell, als wollte er seinem Unmut darüber, fünf Tage lang festgesessen zu haben, endlich Luft verschaffen. Bihyung und Nanui folgten ihm dicht auf den Fersen, Ryun bildete das Schlusslicht. Die Schreie schienen sich immer weiter zu entfernen. Nervös preschten die vier durch den Dschungel. Kaygons Warnung, ihre Körpertemperatur nicht zu erhöhen, war vergessen.

Urplötzlich endete der Wald.

Überrascht blieben die Gefährten stehen. Vor ihnen schimmerte eine riesige Stadt im letzten Licht des Mondes.

Bihyung verschlug es beinahe den Atem. »Ist das eine Naga-Stadt?«

»Moment mal. Was soll das denn für eine seltsame Stadt sein? Es leuchten ja gar keine Lichter!«, knurrte Tinahan.

»In einer Naga-Stadt gibt es ja auch kein Licht, weil sie bei Nacht sehen können. Hast du vergessen, was Kaygon gesagt hat?«

Ryun schloss zu seinen Gefährten auf. »Es stimmt zwar, dass es in unseren Städten kaum Licht gibt, aber das ist keine Naga-Stadt. Sie hat keinen Herzturm.«

»Herzturm?«

»Ja. Jede Naga-Stadt hat einen Herzturm, den wir schon aus weiter Ferne hätten sehen müssen, weil er sehr hoch ist. Das dort sieht nach Ruinen aus.«

Bihyung und Tinahan erkannten, dass Ryun recht hatte. Sie standen am Rand einer großen Stadt, doch alles, was sie mit bloßen Augen entdecken konnten, lag entweder in Trümmern oder hatte dicke Risse in den Mauern. Der Boden schien ursprünglich mit Pflastersteinen bedeckt gewesen zu sein, aber diese ragten mittlerweile uneben und chaotisch wie Fleischstücke in einem Suppentopf aus dem Boden hervor. Überall wucherte Unkraut, als wäre der alten Stadt ein unansehnlicher Bart gewachsen.

Allerdings war sie von majestätischer Größe. Die riesigen Gebäude und Pyramiden, Säulenreihen und Denkmäler ließen ihre frühere Pracht erahnen. Die Treppen, die zu den höher gelegenen Ebenen hinaufführten, sahen aus, als reichten sie bis in den Himmel. In den dunklen Winkeln hingen schwere Schatten.

Die drei bewunderten wortlos die Szenerie, als Tinahan entdeckte, dass sich auf der Spitze der großen Pyramide etwas bewegte. Mit einem lauten Ruf zeigte er dorthin.

»Es ist eine warme Kreatur! Die Gestalt eines Menschen!«, schrie Ryun angespannt.

Eher er sie genauer ausmachen konnte, verschwand sie in der Pyramide. Die drei rannten unverzüglich darauf zu.

»Konntest du etwas erkennen? War es Kaygon?«, fragte Bihyung.

»Die Gestalt hatte die Konturen eines Menschen und war warm. Also auf keinen Fall ein Naga. Es muss Kaygon gewesen sein!«

Erst als sie die Pyramide erreichten, wurde ihnen bewusst, wie hoch sie war. Sie war nicht Stein auf Stein gebaut worden, sondern Gebäude auf Gebäude, wie eine Stadt in der Stadt. Sie hatte neun Ebenen, die über Treppen und Rampen miteinander verbunden waren, und war gut einhundert Meter hoch, wirkte aber wegen ihrer enormen Breite niedriger. Tinahan, Bihyung und Ryun starrten mit angehaltenem Atem hinauf.

Es wäre Zeitverschwendung gewesen, über die Treppen oder Rampen hinaufzuklettern, deswegen ließen sich Bihyung und Ryun von Nanui nach oben tragen. Tinahan hingegen stieg die Pyramide Ebene für Ebene hinauf, als handele es sich um gewöhnliche Stufen und nicht um zehn Meter hohe Häuser. Mit acht kräftigen Sprüngen kam er oben an, und kurz darauf landeten Bihyung und Ryun hinter ihm.

Die oberste Ebene war ein einziges großes Anwesen. Seine Mauern leuchteten geheimnisvoll im letzten Licht des Mondes, der Himmel hatte in der Morgendämmerung einen violetten Ton angenommen. Den Gefährten wurde mulmig bei dem Gedanken, dieses Haus zu betreten.

Tinahan krähte: »KAAAAY-GOOON!«

Das dunkle Anwesen schien seinen Ruf zu verschlucken. Die drei schauten einander verlegen an. In diesem Augenblick ertönte erneut ein Schrei.

Ohne zu zögern, rannten sie los.

Für Samo und Karu war es zu kalt, als dass sie sich schnell hätten bewegen können. Sie verloren die beiden warmen Gestalten, die durch den Urwald sprinteten, mehrmals aus den Augen. Schließlich verschwanden sie ganz.

Als sie die Stelle erreichten, an der die Gestalten verschwunden waren, entdeckten sie eine Stadt. Staunend ließ Samo ihren Blick über die Ruinen schweifen. Sie sah sofort, dass es keine Naga-Stadt sein konnte, weil der Herzturm fehlte.

Gab es südlich der Grenzlinie etwa noch Städte anderer Völker? Samo hatte immer geglaubt, die Nagas hätten alle Zeugnisse der Ungläubigen während des Großen Expansionskriegs restlos vernichtet. Aus den Steinen hatten sie ihre eigenen Städte errichtet und Bäume in die leer gefegten Orte gepflanzt. Das war nicht leicht gewesen, denn die Ungläubigen hatten alles zugepflastert, aber dank der unermüdlichen Anstrengungen der Naga-Spähtrupps waren schließlich auch die letzten Zeugnisse der Siedlungen unter dem Blätterdach verschwunden. Die Ruinenstadt vor ihr hätte also eigentlich gar nicht existieren dürfen.

[Oh, Himmel! Sie haben die Stadt der Duokxinis betreten!], nirmte Karu entsetzt.

Samo verstand nicht gleich, worauf er hinauswollte.

[Die Stadt der Duokxinis? Haben die Duokxini-Erkrankten etwa eine eigene Stadt?]

[Nein. Ich meine die echten Duokxinis. Die Krankheit hat eigentlich nichts mit ihnen zu tun. Man nennt sie nur so, weil die Erkrankten so entsetzlich aussehen. Das hier sind echte Duokxinis! Diese Stadt ist nur erhalten geblieben, weil sie noch da sind.]

[Nirmst du von dem arroganten Volk, das seinen Gott verloren hat? Wieso sind sie ohne ihren Gott noch am Leben?]

[Sie haben alles, was ihr Gott bestimmt hat – wie sie aussehen, gehen oder reden sollen –, vergessen und existieren schlicht weiter. Sie fressen ihre Babys, Frauen treiben es mit Frauen und Männer mit Männern, so bringen sie immer weiter Kinder zur Welt.]

[Zwei Personen des gleichen Geschlechts zeugen Kinder?]

[Im schlimmsten Fall setzen sie alleine, ohne einen Partner, Kinder in die Welt. Danach fressen sie sie oder zeugen mit ihnen weitere Kinder. Ihre Lebenserwartung ist sehr unterschiedlich. Manche von ihnen leben Hunderte Jahre, während es bei anderen nicht einmal hundert Tage sind. Der eine hat seinen Kopf am Hintern, ein anderer hat fünf Herzen, ein weiterer wird immer jünger, je länger er lebt ... Weil sie ihren Gott verloren haben, haben diese Kreaturen keine feste Form oder Regeln. Aber sie existieren noch.]

[Das ist ja grauenhaft ... Woher weißt du von diesem Ort?]

[Wenn wir Männer auf Wanderschaft sind, müssen wir wissen, wohin wir gehen können und wohin nicht. Die Spähtrupps kennen diesen Ort sehr gut.]

Samo nickte. [Ich verstehe.]

Dann lief sie los.

Verblüfft starrte Karu ihr nach. Erst nach einigen Sekunden nirmte er: [Wartet! Wo wollt Ihr hin?]

[Na, dorthin. Hast du nicht gesehen, dass diejenigen, die wir verfolgen, diese Stadt betreten haben?]

[Ich habe doch gerade genirmt, dass dort Duokxinis leben! Man kann sie nicht töten!]

[Heißt das, sie können nicht sterben? Hast du nicht gerade von ihrer Lebensdauer und so genirmt?]

[Es gibt keine bewährte Methode, Duokxinis zu töten. Der eine stirbt, wenn man ihn nur leicht antippt, während der andere selbst dann noch lebt, wenn man ihm den Kopf abschlägt und den Körper spaltet. Das meinte ich. Manche sterben, um gleich darauf wieder lebendig zu werden. Auch wir sind nicht so leicht zu töten, aber diese Kreaturen wissen nicht einmal, wie sie sterben, weil alles bei ihnen vollkommen ungeordnet ist!]

[Das wird dann wohl ziemlich lästig werden ... Dennoch, ich habe eine Aufgabe zu erfüllen.]

[Ryun wird ohnehin sterben! Er hat sein Herz noch, von daher ist sein Tod unausweichlich!]

[Oder er kann lebend diese Stadt passieren. Wer weiß das schon? Wenn ich dich richtig verstanden habe, gelten an diesem Ort keine Regeln.]

Darauf konnte Karu nichts erwidern. Samo hatte recht. Mit einem sanften Lächeln nirmte sie: [Ich muss herausfinden, was aus ihm geworden ist. Das ist meine Aufgabe. Danke für die nützlichen Informationen, Beschatter.]

Dann lief sie weiter auf die Ruinen zu. Karu hielt sie nicht auf. Es war durchaus möglich, dass die Duokxinis Ryun und seine Gefährten unbehelligt passieren ließen. Samo hatte recht, wer wusste das schon? Und auch Karu musste herausfinden, was mit ihnen passiert war.

Während er Samo Pey in die Stadt der Duokxinis folgte, dachte Karu jedoch an etwas ganz anderes. Er sehnte sich danach, noch einmal Samos Lächeln zu sehen.

Einige Stunden später sahen sich Ryun, Bihyung, Tinahan und Nanui haargenau mit dem Wahnsinn konfrontiert, den Karu beschrieben hatte.

Nachdem sie das Anwesen betreten hatten, irrten sie in dem dunklen Gemäuer umher. Zu ihrem Unglück wählten sie ausgerechnet den Weg, der in den unteren Teil des Gebäudes führte. Die Räume waren so gigantisch und verschachtelt, dass die Gefährten völlig überwältigt waren. Eine Vielzahl von Treppen und ein Netz aus Gängen verbanden die Kammern und Zimmer zu einem Labyrinth. Nachdem sie fast fünf Stunden lang herumgeirrt waren, hatten Bihyung, Tinahan und Ryun sich hoffnungslos verlaufen.

Sie ahnten, dass sie sich unter der Erde befinden mussten, aber offenbar gab es unter der Pyramide eine zweite, deren

Spitze nach unten zeigte, sodass das gesamte Gebäude im Querschnitt aussah wie eine Raute und innen doppelt so groß war wie außen. Die Größe alleine konnte einen Ortsunkundigen schon überwältigen, dazu kam, dass die komplizierten Gänge, Korridore und Treppen Dutzende von Kilometern lang waren.

Und in diesem gigantischen Labyrinth sprangen unentwegt Duokxinis aus allen Ecken hervor.

»Verdammter Mist! Wie viele von denen sind denn hier drin?«, maulte Tinahan.

Im nächsten Moment stürzte sich ein weiterer Duokxini auf ihn. Das Wesen nutzte seine fünf Gliedmaßen als Beine, wobei nicht alle wie Beine aussahen. Das skurrile Erscheinungsbild der Kreatur rief bei Tinahan weniger ein Schaudern als vielmehr Betroffenheit hervor.

Der Duokxini sprang hoch und brüllte dabei laut: »Zerreiße den weißen Himmel und das Froschgewissen mit Eiter!«

»Meine Worte!«, erwiderte Tinahan trocken. Beherzt schwang er seinen Speer durch die Luft und legte sein ganzes Körpergewicht in den Schlag. Er traf den Duokxini mitten im Sprung, und mit erschreckender Geschwindigkeit, die an einen von der Schleuder katapultierten Stein erinnerte, flog das Wesen weit nach hinten, bevor es auf den Boden prallte. Daraufhin schüttelte der Duokxini alle fünf Beine – sehr wahrscheinlich hatte er einige innere Verletzungen davongetragen – und schrie: »Deine Fußsohle glücklich! Es ist blau! Hand! Nacht! Die rechte Wasserblase von neun!«

Im Gegensatz zu Ryun, der dem Lärm nicht viel Aufmerksamkeit schenkte und deswegen das Gebrabbel der Duokxinis nicht mitbekam, wurde Bihyung schwindlig, je länger er ihnen zuhörte. Man sollte meinen, dass man

Worte, die überhaupt keinen Sinn ergaben, einfach ignorieren konnte, aber Bihyung hörte genau hin, was die Duokxinis riefen, und grübelte fieberhaft darüber nach, ob ihre Worte nicht doch eine Bedeutung hatten. Hatten sie natürlich nicht, und das Einzige, was Bihyung von seinen Grübeleien bekam, waren Kopfschmerzen. Es hieß nicht von ungefähr, dass drei Geschichtenerzähler einen Dokebi töten konnten.

Jedoch konnten sich weder die Angriffe der Duokxinis noch ihre unsinnigen Worte mit der Kühnheit Tinahans messen. Obwohl sie pausenlos aus den dunklen Korridoren hervorsprangen, entstand dort, wo der Verteidiger des Rettungstrupps entlangmarschierte, eine breite Schneise. Er erlaubte keinem einzigen von ihnen, länger als einen Atemzug vor ihm zu stehen. Er rannte voran und machte alles nieder. Aus Rücksicht auf seine Gefährten verzichtete er in diesem geschlossenen Raum auf sein Lekon-Krähen, aber alle anderen Angriffstechniken setzte er ein, ohne auch nur einen Moment innezuhalten. Bihyung, Ryun und Nanui waren ganz außer Atem, obwohl sie ihm lediglich folgen mussten.

Unglücklicherweise war der Eisenspeer nicht so hart im Nehmen wie sein Besitzer. Als Tinahan das Bein eines Duokxinis durchbohrte, erkannte er, dass dieses mehr als drei Knochen besaß – ihm war bereits zuvor aufgefallen, dass das Bein ungewöhnlich dick wirkte, aber nicht mal im Traum wäre er auf die Idee gekommen, dass in einem Bein so viele Knochen sein könnten. Die Spitze seines Speers verhakte sich und steckte fest. Tinahan spuckte Gift und Galle und wollte seinen Speer mit einem Ruck herausziehen, doch dabei riss er dem Duokxini das Bein ab. Im Gegensatz zu den massiven Knochen waren die Gelenke anscheinend recht schwach ausgebildet. Der Speer steckte nach wie vor im Bein fest.

»Gelangweilte Rose ins Nasenloooch!«, schrie der Duokxini.

Nachdem er den zappelnden Gegner weggetreten hatte, hielt Tinahan kurz inne, weil er das Bein von der Speerspitze entfernen wollte. Bihyung, der direkt hinter ihm war, wäre beinahe in ihn hineingelaufen, konnte aber gerade noch rechtzeitig bremsen. Er schnappte nach Luft, dann schrie er, Rücken an Rücken mit Tinahan stehend: »Ich werde das Feuer löschen! In Ordnung?«

Bihyung hatte sie in eine kalte Dokebi-Flamme eingehüllt, damit sie in dem stockdunklen Labyrinth etwas sehen konnten. Das hatte sehr gut funktioniert, jedoch hatte dieses Feuer auch eine unerwünschte Nebenwirkung: Es lockte die Duokxinis aus ihren Verstecken.

Den Blick auf die heranstürzenden Angreifer gerichtet, murmelte Tinahan: »Verdammt ... einverstanden. Mach schon!«

Das Feuer verschwand. Tinahans Kehllappen blähten sich vor Anspannung auf, während er nur noch das Nachbild der Duokxinis auf seiner Netzhaut sah. Die Tatsache, dass er seine Feinde nicht sehen konnte, obwohl sie sich ihm näherten, beunruhigte den Lekon-Krieger maßlos. Er umklammerte seinen Eisenspeer so fest, dass er fast einen Krampf in der Hand bekam.

Aber auch diesmal enttäuschte Bihyung seine Gefährten nicht.

Einige Meter von ihnen entfernt erschienen vier Dokebi-Flammen, die dem Lekon, dem Dokebi, dem Naga und dem Käfer ähnelten. Auf eine Handbewegung Bihyungs hin rannten die vier Flammen den dunklen Gang hinunter. Unter lautem Geschrei begannen die Duokxinis, diese Flammen zu verfolgen.

Als das Licht verschwunden und zusammen mit der vollkommenen Dunkelheit auch Stille eingekehrt war, lehnte sich Tinahan gegen die Wand und atmete tief durch.

In der Dunkelheit ertönte schließlich die müde Stimme des Dokebis: »Um Himmels willen, wie viele Stunden irren wir hier schon herum?«

»Leise! Vorhin habe ich einen Kerl mit vier Ohren gesehen.«

»Ich auch.« Bihyung stöhnte. »Aber alle vier waren auf der rechten Seite. Wie kann man sich so orientieren?«

Tinahan lachte trocken auf. Die Spitze seines Eisenspeers steckte immer noch in dem blutigen Bein. Er entfernte es, wischte seine Hand an der Wand ab und sagte: »Verdammt. Ich glaube, dass wir uns in diesem beschissenen Labyrinth schon eine Weile im Kreis drehen.«

»Auf jeden Fall ist dank der Duokxinis eine Sache klar geworden.«

»Und welche?«

»Dass Kaygon nicht hier ist. Wahrscheinlich war die Gestalt, die wir auf der Spitze der Pyramide gesehen haben, ein Duokxini?«

Tinahan beantwortete diese Bemerkung mit einem lauten Aufstöhnen. Der Dokebi drehte sich zu Ryun um, obwohl er diesen nicht sehen konnte. Er hielt es aber für angemessen, ihm sein Gesicht zuzuwenden, weil Ryun ihn sehen konnte. Doch in Wirklichkeit blickte er in die entgegengesetzte Richtung.

»Ryun, ist alles in Ordnung bei dir?«

Ryun, der Tinahan und Bihyung Rückendeckung gegeben hatte, antwortete: »Ja, mir geht es gut.«

257

Die Ranken, die Tinahan um seinen Eisenspeer gewickelt hatte, ähnelten inzwischen zerrissenen Lumpen. Der Lekon riss sie ab und schleuderte sie zu Boden.

»Hey, Ryun. Hier sieht es ein klein wenig anders aus als an dem Ort, von dem ich komme. Was glaubst du, warum es hier so viele Duokxinis gibt?«, wollte Tinahan wissen.

»Ich habe Hatengrazu erst vor einem Monat verlassen. Auch wenn Kiboren meine Heimat ist, kenne ich mich hier nicht überall aus.«

Der Lekon grummelte etwas. Ihre Lage war verzwickt. Ohne Licht würden sie nie aus diesem gigantischen Labyrinth hinausfinden. Aber das Licht lockte die Duokxinis an.

Bihyung meinte, dass ihnen nur eine einzige Möglichkeit blieb. »Wie wäre es, wenn ich sterben würde?«

»Was!?«

»Ich kann durch Wände gehen und machen, was ich will, wenn ich tot bin. Selbst die Duokxinis können mir dann nichts mehr anhaben. So könnte ich viel leichter den Weg nach draußen finden?«

Tinahan erinnerte sich zwar dunkel daran, dass Seele und Körper der Dokebis getrennt voneinander starben, dennoch war er fassungslos. »Verdammt, das ist eine ziemlich kurzsichtige Idee, Bihyung.«

»Es geht leider nicht anders?«

»Das wissen wir noch nicht. Bist du sicher, dass wir alle Möglichkeiten ausgeschöpft haben? Vielleicht finden wir zufällig hinaus. Und selbst wenn wir es mit deinem Plan erfolgreich aus dieser Pyramide schaffen, musst du dann nicht sofort zum Schloss Zumunnuri zurückkehren? Das bedeutet, dass von drei nur zwei übrig bleiben. Die Kimms im Großtempel sagen, dass der Rettungstrupp aus drei Völkern bestehen muss, wenn ich mich nicht irre.«

»Er besteht dann immer noch aus drei Völkern. Hast du Ryun vergessen?«

»Ryun gehört nicht zum Rettungstrupp, er ist derjenige, den wir retten sollen! Außerdem, zum Teufel damit!« Tinahan wurde laut. »Red nicht so leichtfertig vom Sterben und solchem Zeug! Du tust so, als wäre das nichts Besonderes, aber für mich ist es das schon! Wenn du so daherquatschst, komme ich mir wie ein Idiot vor!«

»Idiot? Wieso Idiot?«

»Ich mache diesen Scheiß hier, damit wir überleben, hörst du? Und wenn dann jemand neben dir einfach so vom Sterben faselt, wie würdest du dich da fühlen? Wärst du nicht genervt? Hä? Denk mal darüber nach!«

Bihyung hielt den Mund.

Da meinte Ryun: »Jemand ruft nach uns.«

Während sich Tinahan und Bihyung stritten, hörte Ryun nicht zu. Wenn er seine Aufmerksamkeit durchgehend seinem Gehör schenken wollte, musste er sich so konzentrieren, dass seine innere Ruhe außerordentlich beeinträchtigt wurde. Deswegen saß Ryun in der Stille, ohne dem Wortgefecht der anderen beiden zu lauschen.

In dieser Stille nahm er allerdings plötzlich ein Nirm wahr.

Er erschrak, weil er zunächst glaubte, Samo habe ihn bis hierher verfolgt. Aber das Nirm, das er kurz darauf erneut wahrnahm, unterschied sich von dem eines Nagas. Es war laienhaft, nicht mit einem Naga-Nirm zu vergleichen. Seine Bedeutung jedoch war eindeutig, ähnlich einem Aufschrei oder einem Lachen.

»Jemand nirmt, dass wir zu ihm kommen sollen.«

Tinahan war augenblicklich angespannt. »Ein Duokxini? Äh, wie hieß das noch mal ... Nirmt er etwa?«

»Es scheint so. Es gibt derart unterschiedliche Formen unter ihnen, von daher mag es sein, dass einer von ihnen nirmen kann.«

Tinahan verstand, was Ryun meinte. Das Einzige, was man mit Sicherheit über Duokxinis sagen konnte, war, dass man nichts mit Sicherheit über sie sagen konnte.

Bihyung machte einen Vorschlag, der, wie es für Dokebis typisch ist, sehr optimistisch war: »Wollen wir dorthin gehen, wenn man nach uns verlangt? Ryun, kann man sich nach dem, was du Nirm nennst, wie nach einer Stimme orientieren?«

»Möglich ist es. Es ist nicht wesentlich anders als bei einer Stimme. Das Wort ›links‹ bedeutet für einen Sprecher immer links, unabhängig davon, ob er das Wort von rechts oder vorne oder vielleicht auch von hinten sagt. Und beim Nirm verhält es sich ähnlich. Wenn jemand nirmt, ›komm hierher‹, dann weiß ich, in welche Richtung ›hier‹ bedeutet.«

»Das ist interessant. Wir gehen also mal hin?«

Tinahan klapperte mit dem Schnabel. »Mal hingehen? Und was machst du, wenn das Nirm bedeutet, ›Kommt her. Ihr seht ziemlich lecker aus‹?«

»Wärst du erstaunt, wenn ich dir erzähle, dass mir etwas viel Wichtigeres aufgefallen ist?«, entgegnete Bihyung.

»Ich tu dir den Gefallen und werde erstaunt sein. Also, was gibt es Wichtigeres?«

»Keine Ahnung, ob die Person, die jetzt etwas sagt ... nein, etwas nirmt, ein Duokxini ist oder nicht, aber sie ist die erste, mit der wir kommunizieren können, seit wir hier sind. Ist das etwa nicht wichtig?«

Ryun und Tinahan waren perplex. Das war in der Tat ein wichtiger Hinweis. Wenn man mit jemandem kommunizieren kann, kann man scherzen, schimpfen oder kultiviert philosophieren, und vor allem kann man um Hilfe bitten. Und Hilfe benötigten die Gefährten zweifellos.

Tinahan umklammerte seinen Eisenspeer. »Gut. Dann lasst uns mal hingehen. Wartet ... In Ordnung, die Luft ist rein. Keine Duokxinis. Her mit der Flamme.«

Und schon waren sie alle wieder in eine Dokebi-Flamme eingehüllt. In dieser tiefen Dunkelheit waren sie selbst die Lichtquellen, von daher warfen sie keine Schatten.

Kein Duokxini ließ sich blicken. Diese unerklärliche Stille gefiel den Gefährten nicht, denn die Erinnerung an die letzten Stunden war noch allzu lebendig.

»Das ist schon irgendwie komisch. Warum sind die jetzt so ruhig, wo sie uns doch gerade noch so wahnsinnig auf die Nerven gegangen sind?«, murmelte Tinahan nervös.

Gleichzeitig war der Lekon sehr davon angetan, dass sie so zügig vorwärtskamen. Wie er gesagt hatte, konnte Ryun die genaue Richtung bestimmen. Er zögerte kein einziges Mal, weder vor Treppen, Ecken oder Weggabelungen.

Urplötzlich verschwand die Decke. Und der Boden.

An der Stelle, an der die drei verharrten, ragte ein massiver hölzerner Vorsprung in einen tiefen Schacht hinein. Nach oben ging der Schacht endlos weiter, sodass sie kein Licht erreichte, und wie bei einem gigantischen Brunnen konnte man nicht erkennen, wie weit es nach unten ging. Der Durchmesser des Schachtes war gleichfalls gewaltig; die gegenüberliegende Seite war kaum auszumachen.

»Ich nehme das Nirm von dort drüben wahr. Dort befindet sich etwas Warmes, aber worum es sich dabei handelt, kann ich nicht sagen. Es scheint an der Wand herunterzufließen«, sagte Ryun und zeigte ins Dunkel.

»Ich höre etwas«, meinte Tinahan.

»Was?«

»An der Wand gegenüber bewegt sich etwas. Das ist wohl das, was du mit herunterfließen meinst. Hey, Bihyung, wirf mal eine Flamme dort rüber. Kannst du sie nach da vorne schweben lassen?«

Bihyung tat, wie geheißen. Die Dokebi-Flamme schwebte in der Mitte des Schachtes und warf ihr Licht in alle Richtungen. Die runde Wand des Schachtes kam vollständig zum Vorschein – und die drei Gefährten erstarrten.

An der schwärzlichen Steinwand flossen in einem einzigen Wirrwarr Arme, Beine, Rümpfe und sogar Köpfe herunter. Schädel, an denen Wirbel baumelten, zerstückelte Eingeweide, Gehirne, gebrochene Knochen und zerrissene Muskeln, blutige Augäpfel und zerfetzte Gliedmaßen rannen zäh an der Wand hinunter. Sie waren mit Galle, Blut, Exkrementen, Eiter und anderem vermischt und hafteten wie durch einen dickflüssigen Klebstoff aneinander. Diese grauenhafte Flut glitt wie schmelzendes Kerzenwachs nach unten.

Bihyung übergab sich. Auch Tinahan überkam ein Brechreiz, aber er unterdrückte ihn und hielt den Dokebi an der Taille fest, damit dieser nicht in den Schacht fiel. Ryun, dessen Schuppen aneinanderrieben und dabei ein rasselndes Geräusch von sich gaben, sagte stockend: »Dort unten ... Schaut nach unten.«

Als Tinahan nach unten sah, bot sich ihm ein Anblick, der noch weitaus furchterregender als alles andere war, aber gleichzeitig auch wundersam.

Die widerliche Masse, die an der Wand hinunterfloss, lagerte sich am Boden ab und verfestigte sich dort. Aus dieser Ablagerung traten nach und nach Gestalten heraus, deren Körperteile vollkommen willkürlich zusammengeführt worden waren. Es waren Duokxinis. Sie schoben sich mit den Händen beziehungsweise dem, was sie als solche benutzten, aus der Masse am Boden heraus und verschwanden in einem der zahlreichen Korridore, die aus dem Schacht in alle Richtungen führten.

»Wenn sie sich dort unten trennen ... Bihyung! Reiß dich zusammen und schick die Flamme mal nach oben.«

Der Dokebi verharrte weiterhin vornübergebeugt und wedelte kurz mit der Hand. Die Dokebi-Flamme, die in der Luft schwebte, schoss nach oben, gefolgt von Tinahans und Ryuns Blicken. In Dutzenden Metern Höhe befand sich eine Öffnung in der Wand, die einem riesigen Maul ähnelte. Aus ihr ergoss sich die grauenhafte Flut. Tinahan und Ryun konnten zwar nicht sehen, was sich hinter der Öffnung befand, da der Winkel zu ungünstig war, aber sie vermuteten, dass die Duokxinis dort auseinanderfielen.

[Das stimmt.]

Ryun war so überrascht, dass er aus dem Gleichgewicht geriet. Ohne groß nachzudenken, erwiderte er das Nirm, weswegen seine Überraschung seinen Gefährten verborgen blieb:
[Was hast du genirmt?]

[Du liegst mit deiner Vermutung richtig. Dort oben fallen die Duokxinis auseinander.]

[Wo bist du? Und wer bist du überhaupt?]

[Ich bin hier.]

In Ryun stieg eine schreckliche Ahnung auf.

[Die Flut! Du bist die Flut aus Körperteilen?]

[So ist es.]

Als Ryun Tinahan und Bihyung mitteilte, dass die Flut aus Körperteilen eine eigenständige Persönlichkeit war, verloren seine Gefährten endgültig die Fassung. Ryun bemühte sich, es den beiden zu erklären, wenngleich er sich selbst nicht sicher war, ob er alles richtig verstanden hatte. Existierte ein kollektives Unbewusstes? Was war mit der Koexistenz von Bewusstsein und Unbewusstsein? Ryun kannte sich in Fragen der Metaphysik nicht aus. Er konnte lediglich die Worte der Flut aus Blut, Fleisch und Knochen wiederholen.

Hinter der Öffnung, der die Körperteile entsprangen, befand sich eine riesige Kammer. Einst war ein Duokxini an diesem Ort gestorben. Er hatte ein starkes Gift in sich getragen, das er auch nach dem Tod noch verströmte. Andere Duokxinis, die in die Nähe des Toten kamen, wurden von diesem hartnäckigen Miasma infiziert und starben. Das Gift verflüchtigte sich nach einer Weile, aber da hatten sich bereits unzählige Leichen in der Kammer zu einem gewaltigen Berg aufgetürmt.

Als die Kadaver verwesten, entstand dabei die Flüssigkeit, die als kleines Rinnsal durch die Öffnung in der Wand hinabfloss. Das war die Geburt der Flut aus Körperteilen. Eines Tages wurde sich das kleine Rinnsal seiner selbst bewusst. Aber wie war so etwas möglich?

»Anscheinend bündelt die Struktur dieser Pyramide eine mystische Kraft. Warum sonst sollte man so eine kuriose Konstruktion errichten? Stellt euch nur vor, was für eine architektonische Meisterleistung das war, eine Pyramide über der Erde und eine unterirdisch und auf dem Kopf stehend zu bauen! Der Schacht vor unseren Augen verläuft durch den Kern der Pyramide, weshalb die mystische Kraft durch diesen Durchgang fließt. Diese Kraft hatte wohl Auswirkungen auf die Leichen der Duokxinis.«

»Redest du von ... Magie, Ryun?«

»Es scheint so.«

Das Rinnsal hatte viel Zeit benötigt, sich seiner selbst bewusst zu werden. So wie das Blut an sich erst Leben verheißt, wenn es durch unsere Adern gepumpt wird, war das Ich des

Rinnsals das Fließen selbst. So gesehen schwächte es das Rinnsal auch nicht, wenn die Duokxinis am Boden ankamen. Dennoch sorgte es sich. Denn der Leichenberg hinter der Öffnung wurde immer kleiner. Deswegen stellte das Rinnsal seine eigene Macht auf die Probe.

Es wünschte sich etwas.

Duokxinis, deren Tod unmittelbar bevorstand, versammelten sich in der Kammer, um zu sterben. Der Leichenberg wurde wieder größer, und das Rinnsal hatte sich gerettet. Zu diesem Zeitpunkt war es jedoch schon zu einem anderen »etwas« geworden. Es war zu einem Rinnsal geworden, das sich etwas wünschen konnte.

Aber Wünsche können in Erfüllung gehen und dennoch unerfüllt bleiben. Ein Feuer verlangt stets nach mehr Brennholz, aber egal, wie viel nachgelegt wird, das Feuer wird nie restlos gesättigt sein. Wenn man Brennholz hinzufügt, wird die Flamme größer. So verhält es sich auch mit Wünschen.

Der Wunsch des Rinnsals wurde immer größer. Es dauerte nicht lange, bis es ein schmales Bächlein war, das sich schließlich in eine Flut aus Körperteilen verwandelte. Weil es für die Flut den Tod bedeutet hätte, wenn sich die Körperteile am Grund des Schachtes anhäuften, verlangsamte der Strom seine Fließgeschwindigkeit und begann, die Körperfragmente, die unten ankamen, wieder zu Duokxinis zusammenzufügen. Da hörte die Flut auf, weiter zu wachsen.

Aber ihr Wunsch war nach wie vor nicht erfüllt, und sie begann zu grübeln.

Es war ein Wunder. Grübeln ist ohne Sprache nicht möglich. Niemand hatte der Flut die Sprache beigebracht. Aber die Erinnerungen an ihr Volk, die den Leichenteilen der Duokxinis erhalten geblieben waren, und die Erinnerungen an die Duokxinis, die in der Pyramide waren, verliehen der Flut aus Körperresten die Fähigkeit zum Nachdenken. So etwas wie Ungeduld war ihr nicht bekannt, und sie verspürte auch keine Langeweile. So grübelte die Flut eintausend Jahre lang. Sie rief nach wie vor Duokxinis herbei und strömte ununterbrochen den Schacht hinunter. Dann trat eine unerwartete Anomalie auf. Die Flut unterbrach ihr tausendjähriges Grübeln und schenkte dieser seltsamen Anomalie ihre Aufmerksamkeit.

»Das sind dann wohl wir?«, fragte Bihyung und unterdrückte mühsam seinen Brechreiz.

»Genau. Die Flut hat dafür gesorgt, dass uns auf dem Weg hierher keine Duokxinis mehr begegnet sind. Sie ist wohl auch der Grund, warum so viele Duokxinis in der Pyramide sind. Sie braucht sie, um sich selbst am Leben zu halten. Sie ist wie ein Seelenwandler.«

Tinahan, dem Robs einfiel, schüttelte den Kopf. »Ich weiß ein wenig über Seelenwandler Bescheid, weil ich einen zum Freund habe. Ein Seelenwandler trägt viele Seelen in seinem Körper. Aber das hier scheint eine Seele zu sein, die aus vielen Körpern besteht. Oder?«

»Stimmt. Dann sollten wir diese Flut nicht Seelenwandler, sondern Körperwandler nennen.«

»Oh, der Name passt gut. Aber das ist jetzt nicht so wichtig. Kannst du dieses gruselige Ding bitte nach dem Ausgang fragen?«

Ryun starrte die Flut aus Körperteilen an. Tinahan und Bihyung beobachteten den Naga nervös, der Flut schenkten sie dagegen keinen einzigen Blick. Sie schauten nicht einmal in ihre Richtung.

Nach einer Weile, die den beiden wie eine Ewigkeit vorkam, sagte Ryun: »Das Nirm dieser Flut ist erstaunlich raffiniert geworden. Zu Beginn war es unbeholfen. Anscheinend kannte sie von Anfang an viele Wörter, musste aber erst lernen, sie richtig anzuwenden.«

»Wörter? Ach so, durch die Duokxinis. Was hat sie auf deine Frage geantwortet?«

»Ja, sie kann uns den Ausgang zeigen, aber sie möchte, dass wir ihr zuvor einen Wunsch erfüllen. Nicht als Gegenleistung. So einen Begriff kennt sie nicht. Wenn wir von hier verschwinden, gibt es niemanden, der ihrem Wunsch nachkommen könnte, deshalb bittet sie uns, ihn ihr zu erfüllen.«

»Und was will sie?«

»Eine Antwort. Sie hat eintausend Jahre lang gegrübelt und keine Antwort gefunden. Also hofft sie, sie von uns zu erhalten. Allerdings handelt es sich um eine etwas schwierige Frage.«

»Was für eine Frage?«, wollte Bihyung wissen.

Ryun runzelte die Stirn und sagte: »Sie möchte wissen, warum die Duokxinis ihren Gott verloren haben.«

Samo hielt den Shiktol fest in der Hand. Doch die Duokxinis, die auf sie zustürzten, wurden immer weniger. Nachdem sie die Kreaturen genauer betrachtet hatte, erkannte sie, dass ihre Ober- und Unterkörper in entgegengesetzte Richtungen wiesen. Sie brüllten wild, während sie auf ihre eigenen Beine herabblickten und sich umso weiter von Samo entfernten, je mehr sie versuchten, auf sie zuzustürmen. Samo konnte sie nicht auslachen.

[Das ist einfach zu elend.]

[Mir ist auch elend zumute], meckerte Karu, aber Samo sandte ihm ein kühles Nirm: [Ich denke, wir haben kein Recht, so etwas zu sagen. Nicht vor Wesen, denen in diesem Maße die Freude am Leben genommen wurde.]

[Diese Dinger wissen wahrscheinlich nicht einmal, wie elend es ihnen geht. Im Gegensatz zu denen fühle ich das bei mir ganz deutlich. Oder soll ich lieber nirmen, dass ich Gefahr spüre?]

Samos Blick ruhte auf Karu. Als er das wahrnahm, ließ er seine Schultern hängen. Sie brachte ihm jedoch kein Mitleid entgegen.

[Dein Rucksack sollte mittlerweile ziemlich leicht sein, wenn ich mich nicht irre.]

Es stimmte, dass sein Rucksack um einiges weniger wog als zuvor. Und genau das bereitete ihm Sorgen. Er griff hinein. Als seine Hand wieder zum Vorschein kam, lag in ihr ein Stein.

[Schaut, Samo Pey. Er ist inzwischen ziemlich kühl.]

[Wir können ihn aber immer noch erkennen.]

[Ja. Wird es trotzdem nicht zu knapp? Der Rückweg liegt schließlich auch noch vor uns ...]

Als sie die Ruinenstadt betreten hatten, konnten Samo und Karu leicht ausmachen, wohin Ryuns Gruppe gelaufen war, denn Bihyung und Tinahan hatten unverkennbare Wärmespuren hinterlassen. Anders als die beiden, die aus Sorge um ihren Gefährten blindlings in die Pyramide gelaufen waren, waren Samo und Karu stehen geblieben, als die kolossale Struktur vor ihnen aufragte. Sie konnten keine Dokebi-Flamme herbeizaubern, und der kalte Stein war ihnen auch keine Hilfe. Sie hatten keine Möglichkeit, sich zu orientieren.

Samo kniete vor der Pyramide nieder, ohne etwas zu nirmen. Während die Sonne aufging und die ersten Stunden des Tages verstrichen, ruhten ihre Augen einzig auf dem Bauwerk. Erst als Karu mit seiner Geduld am Ende war und nervös zu zappeln begann, erhob sie sich. Anschließend erteilte sie ihm den seltsamen Befehl, er solle seinen Rucksack mit

Steinen füllen. Als er das hörte, dachte er zunächst, Samo hätte vor, die Duokxinis zu bewerfen. Aber sobald sie die Pyramide betraten, forderte sie ihn auf, die Steine in regelmäßigen Abständen fallen zu lassen. Und er staunte nicht schlecht, als er sah, wie die Steine, die sich in der Sonne mehrere Stunden lang aufgeheizt hatten, in der Dunkelheit leuchteten. Für die beiden Nagas strahlten sie wie Fackeln.

Im Inneren war die Pyramide allerdings überwältigend groß. Karus Rucksack hatte sich mittlerweile ziemlich geleert, und die beiden hatten nicht die leiseste Ahnung, wie lange sie noch weitergehen mussten. Je leichter der Rucksack wurde, desto nervöser wurde Karu, und seine Unruhe wurde noch weiter geschürt, als er merkte, dass die Wärme der nächsten Steine, die er aus dem Rucksack herausholte, deutlich nachgelassen hatte.

[Die Steine werden immer kühler. Womöglich werden wir nie wieder aus dieser Dunkelheit herausfinden.]

Samo musste sich eingestehen, dass Karu recht hatte. Dennoch erwiderte sie nichts. Sie starrte weiterhin ruhig in die Dunkelheit vor sich.

Schließlich konnte Karu seine Ungeduld nicht mehr beherrschen. [Samo Pey, bevor die Steine abgekühlt ...]

[Warum haben diese Leute ihren Gott verloren?]

Verblüfft fragte Karu zurück: [Was? War nicht ihre Arroganz schuld daran?]

[Das habe ich auch gehört. Aber welche Form der Arroganz?]

[Na ja, vielleicht dachten sie, dass sie keinen Gott brauchen? Oder dass sie besser sind als ihr Gott?]

Samo ließ ihren Blick über den Korridor, die Wände, Decke und den Boden schweifen, schüttelte den Kopf und nirmte: [Können solche Leute dann so etwas hier erschaffen?]

[Was meint Ihr?]

Mit einer nachdenklichen Miene erzählte sie etwas Seltsames: [Mit kostbaren Perlenvorhängen verdeckten sie die Fenster, durch die sie ihre Nachbarn sehen konnten, verloren sich selbst in dunklen Zimmern und irrten in der Finsternis umher auf der Suche nach ihrem verlorenen Ich – das nannten sie Weisheit. Die arroganten Duokxinis.]

[Wessen Nirm ist das?]

[Das ist kein Nirm, sondern ein Lied.]

[Ein ... Lied?]

[Ja. Die Strophe eines Liedes, das folgendermaßen beginnt: *Ich fürchte mich, meine verbleibenden Tage zu zählen. Habe längst aufgegeben, mich um meine verwesenden Gliedmaßen zu kümmern. Ich sitze unter dem einsamsten alten Baum auf der Welt* ... Was? Was ist denn los?]

Karu bewahrte nur mit größter Mühe die Fassung. [Verwesen ... Da geht es nicht um Nagas, oder? Denn unsere Gliedmaßen verwesen ja nicht.]

Samo nirmte beinahe betreten: [Natürlich nicht. Warum sollten wir auch singen? Das ist ein Lied der Arasit-Krieger, ein Teil der *Hymne an den König*. Ein Lied der Menschen.]

[Aber woher kennt Ihr dieses Lied?]

[Es gab einmal einen Mann namens Josbi, der mich in der Schwertkunst unterrichtet hat. Er interessierte sich sehr für die kuriosen Bräuche nördlich der Grenzlinie und wusste viel darüber. Vielleicht zu viel, deswegen nahm es mit ihm auch kein gutes Ende. Von ihm kenne ich dieses Lied.]

Karus Schuppen stellten sich auf. Er bemühte sich, sie wieder anzulegen und sich zu beruhigen. Er hatte das Lied, das Samo Pey so beiläufig erwähnt hatte, Hwarit beigebracht, und der Schock darüber steckte ihm tief in den Knochen.

Verdammt. Wie ist das möglich? Ich habe dieses Lied von Menschen gelernt. Also kann dieser Josbi es durchaus ebenso gekannt haben, wenn er sich so für die Bräuche der Menschen interessiert hat.

Zum Glück führte Samo sein eigenartiges Verhalten auf seine Überraschung darüber, ein Lied vorgetragen zu bekommen, zurück.

[Du scheinst sehr erstaunt zu sein. Wie auch immer, tut mir leid, aber das ist die ausführlichste Erklärung dafür, warum Duokxinis ihren Gott verloren haben, die ich kenne. Wenn man fragt, warum Duokxinis keinen Gott mehr haben, bekommt man gewöhnlich die Antwort, sie seien arrogant gewesen. Als ob damit alles geklärt wäre. Aber wie arrogant können sie denn bitte gewesen sein? Dieses Lied liefert immerhin eine Erklärung. Auch wenn sie zu kurz ist, als dass man sich damit zufriedengeben könnte.]

[Dieses Lied besagt also, dass Duokxinis aufhörten, sich für die Leute um sich herum zu interessieren, und damit auch sich selbst verloren?]

[Und dass sie das auch noch für weise gehalten haben.]

[Und?]

Samo hob die Hand und wies auf die Wände um sich. [Glaubst du, dass solche Leute so ein großartiges Bauwerk errichten können?]

[So etwas können doch auch Ameisen, oder nicht? Ein Ameisenhaufen ist hohl und kegelförmig. Wie diese Pyramide.]

[Eine Ameise, die ihre Nachbarn nicht kennt und sich selbst verloren hat, kann keinen Ameisenhaufen bauen.]

Karu nickte abwesend. Ihn beschäftigte viel mehr, dass die Unterhaltung in eine Richtung lief, die ihm nicht zusagte.

[Ich verstehe, was Ihr nirmen wollt. Aber wäre es in Ordnung, wenn ich mir den Rest der Geschichte anhöre, wenn wir draußen sind? Die Steine kühlen ab.]

Samo seufzte. [Spürst du denn gar nichts?]

[Was? Was soll ich spüren?]

[Hier drinnen gibt es jemanden, der wissen möchte, warum die Duokxinis ihren Gott verloren haben. Es ist fast so, als würde mir jemand ein Loch in den Hinterkopf starren. Deshalb habe ich überhaupt erst von dieser Geschichte angefangen.]

Tinahan sah Ryun irritiert an.

»Was soll diese Frage, warum Duokxinis ihren Gott verloren haben? Das war wegen ihrer Arroganz!«

»Ja, das habe ich der Flut aus Körperteilen auch genirmt. Sie fragt mich aber, welche Arroganz damit gemeint sei.«

Tinahan sah Bihyung an, als wüsste er nicht, was er dazu sagen solle. Dieser meinte mit einem Schulterzucken: »Kaygon kennt wahrscheinlich die Antwort. Er kennt sich doch gut mit Folklore und alten Traditionen aus?«

Einmal mehr wurde den dreien vor Augen geführt, wie viel sie verloren hatten, seit Kaygon verschwunden war. Der Lekon zwirbelte mit der linken Hand seine Kehllappen und erklärte resigniert: »Na ja, sag ihr einfach, dass wir es selbst nicht genau wissen.«

Ryun fixierte erneut die Körperfragmente, die zähflüssig die Wand herunterliefen.

[Auch wir wissen nicht, wegen welcher Arroganz die Duokxinis ihren Gott verloren haben. Diese Geschichte liegt zu weit zurück.]

Die Flut aus Körperteilen floss einen Moment lautlos dahin, dann fragte sie: [Und ihr habt euren Gott nicht verloren?]

[Nein, das haben wir nicht.]

[Wie kommuniziert ihr mit eurem Gott?]

[Bei uns Nagas gibt es Personen, die wir Hüter nennen. Sie zollen der *Göttin, die keine Fußspuren hinterlässt* Tribut und tragen ihren Willen in die Welt. Als Beweis dafür verleiht sie ihnen einen göttlichen Namen. Bei den Menschen beten Mönche zum *Gott, der nirgendwo existiert.* Zum Zeichen, dass sie ausschließlich dem Willen ihres Gottes Folge leisten und allen irdischen Dingen entsagen, scheren sie ihren Kopf kahl. Bei den Dokebis sind die Ahnen, also die toten Dokebis, für die Gebete zum *Gott, der sich selbst tötet* verantwortlich. Und die Lekons ...]

Er hielt kurz inne und sah Tinahan an. Dieser erwiderte den Blick und fragte verständnislos, nachdem Ryun ihm von dem Gespräch berichtet hatte: »Was soll mit uns Lekons sein?«

»Ihr betet die *Göttin, die niedriger steht als alle anderen* an, oder?«

»Wir machen so etwas nicht. Bei uns gibt es nicht einmal einen Tempel.«

»Das kann man so auch nicht sagen, oder?«

»Na ja, weißt du, wo der sich befindet? Genau, das weiß nämlich niemand, deswegen kommt es auf das Gleiche raus: Wir haben keinen.«

Ryun teilte der Flut aus Körperteilen mit, was Tinahan gesagt hatte. Ihre nächste Frage verwirrte ihn jedoch.

»Die Flut möchte wissen, ob das bedeutet, dass auch die Lekons ihre Göttin verloren haben.«

Das verschlug Tinahan die Sprache. Er pflegte sich bei der Göttin zu bedanken, wenn er Glück hatte, und sich bei ihr zu beschweren, wenn ihm ein Unglück widerfuhr. Das war aber auch schon alles. Nachdenklich geworden, schüttelte Tinahan schließlich den Kopf.

»Nein, so ist das nicht. He, wollt ihr beide etwa behaupten, dass auch wir Lekons unsere Göttin verloren haben?«

Weder der Dokebi noch der Naga konnte diese Frage bejahen.

Dies teilte Ryun der Flut mit: [Nein. Es sieht nicht so aus, als hätten die Lekons ihre Göttin verloren.]

Die Flut schwieg erneut. Wenig später sandte sie jedoch ein entrüstetes Nirm: [Ihr alle pflegt also irgendeine Beziehung zu eurem Gott, so wie es euch gerade passt, und manche von euch haben überhaupt kein Interesse an ihrem Gott.]

Den Naga überraschte der verärgerte Tonfall der Flut. In ihrer Empörung wurde ihr Nirm noch raffinierter. Ryun hatte mittlerweile das Gefühl, sich mit einem anderen Naga zu unterhalten.

[Dennoch behauptet ihr, euren Gott nicht verloren zu haben. Nur die Duokxinis haben ihren Gott verloren. Und das wegen einer obskuren Arroganz, die in Vergessenheit geraten ist, weil das alles schon zu lange zurückliegt? Wie kannst du so etwas nirmen? Sieh her!]

[Wie bitte?]

[Schau mich an! Ich bin direkt vor dir. Sieh mich an und alles, was in dieser Pyramide existiert. Kannst du dir nicht vorstellen, dass es für ein Volk nichts Schlimmeres gibt, als seinen Gott zu verlieren? Der Verlust seines Gottes bedeutet den Tod des Volkes! Wie ist es möglich, dass der Grund für dieses Ereignis vergessen wurde? Wie kann etwas so Wichtiges vergessen werden, nur weil es lange her ist? Ist es euch völlig gleichgültig, was aus einem Volk wird?]

Ryun musste ihr recht geben. Die Flut aus Körperteilen nirmte weiter, als wollte sie etwas verkünden: [Es gibt nur eine einzige Schlussfolgerung. Ihr lügt mich an!]

[Das ist nicht wahr! Warum sollten wir euch anlügen?]

[Nirm mir die Wahrheit! Warum haben die Duokxinis ihren Gott verloren?]

[Was auch immer ihr glaubt, es ändert nichts daran, dass ich den Grund nicht kenne. Aber die Arroganz der Duokxinis ...]

[Sei still! Untersteh dich, mich weiter hinters Licht zu führen! Ich habe deine wahren Absichten bereits durchschaut!]

[Was? Was meint ihr damit?]

[Die Duokxinis haben ihren Gott nicht *verloren*. Er wurde ermordet. Ihr habt den Gott der Duokxinis getötet! Und dann redet ihr etwas von Arroganz daher und tischt mir so ein unverschämtes Lügenmärchen auf!]

Erschüttert trat Ryun Pey einen Schritt zurück. Was die Flut genirmt hatte, bestürzte ihn zutiefst. Bihyung und Tinahan sahen ihn gebannt an, aber er antwortete zuerst der Flut: [Wie kommt ihr auf diese wahnwitzige Idee? Was soll das heißen, dass wir euren Gott getötet haben? So etwas ist nicht möglich!]

[Schluss jetzt mit diesen Narrheiten! Ich habe deinen Geist gelesen. In deiner Erinnerung habe ich den Plan zur Ermordung eines weiteren Gottes gesehen. Dass du einen solchen Plan gefasst hast, beweist, dass du auch in der Vergangenheit dazu fähig warst. Ihr habt den Gott der Duokxinis getötet!]

Ryun fragte sich, ob die Flut den Verstand verloren hatte. *Der Plan zur Ermordung eines Gottes?* Er, der er noch nicht einmal im Entferntesten an so etwas gedacht hatte, konnte beim besten Willen nicht nachvollziehen, was die Flut aus Körperteilen da nirmte. Plötzlich hatte er eine Idee: Wenn die Flut wirklich seinen Geist gelesen hatte, wie sie behauptete, dann müsste auch er den Geist der Flut lesen können. Ryun versuchte es, und es gelang ihm.

»Schnell weg von hier!«, brüllte er.

Tinahans Kamm versteifte sich, der Lekon umklammerte seinen Eisenspeer, und seine Augen sprühten Funken, doch er befolgte den Befehl nicht.

»Was ist los, Ryun?«

Der Naga trat einen Schritt rückwärts und schrie: »Die Flut will uns zu einem Teil von sich machen! Dieses Monster will uns verschlingen. Wir werden Bestandteil dieser Körperreste!«

Tinahan plusterte sich auf und machte ein paar energische Schritte nach vorne. Dann sah er verzweifelt in den Schacht hinunter.

Bihyung fragte: »Aber wie?«

»Was?«

»Wie will sie uns verschlingen? Kann sie etwa nach oben fließen?«

Und genau in diesem Augenblick begann die Flut, die Wand hinaufzuströmen. Vor den entgeisterten, weit aufgerissenen Augen der drei Gefährten wand sich die Flut unter den absonderlichsten Verrenkungen nach oben. Ihr unterer Teil sprang regelrecht hoch, stieß mit den Körperresten zusammen, die von oben hinabflossen, und an der Stelle, an der die Reste sich trafen, schob sie sich nach vorne. Zwei Vorsprünge bildeten sich heraus, die allmählich länger wurden und sich weiter verformten. Schließlich wurden daraus zwei Arme. An einem davon wuchsen fünf Finger, an dem anderen sieben. Jeder Finger war unterschiedlich lang, aber sie alle hatten eine Gemeinsamkeit: Das Endglied aller Finger bestand aus mehreren Hundert Augäpfeln, die wie Weintrauben übereinander lagen. Ryun zitterte, seine Schuppen rieben heftig aneinander. Da erreichte ihn ein Furcht einflößendes Nirm.

[Ich werde nicht zulassen, dass einem anderen dasselbe Schicksal widerfährt wie mir. Den törichten Plan eines Göttermordes werde ich zusammen mit euch vernichten. Ich werde euch zu einem Teil von mir machen! Ihr sollt ich werden und den Schmerz fühlen, den ich fühle!]

Tinahan löste sich als Erster aus seiner Starre. Die schrecklichen Hände mit den Augäpfeln waren bereits sehr nahe gekommen. In den Hunderten Augen spiegelte er sich wider, und diesen Hunderten Spiegelbildern brüllte er ein Lekon-Krähen entgegen.

Der mächtige Schrei vernichtete die Endglieder der Finger. Hunderte kleine Tinahans wurden auf einen Schlag zerschmettert. Angesichts des ekelerregenden Anblicks von Augäpfeln, die in alle Richtungen davonspritzten, hatten Ryun und Bihyung Mühe, sich nicht zu übergeben. In diesem Moment erhob sich im Inneren der Flut ein kurioses Gebrüll, das unmöglich von nur einer Kreatur stammen konnte. Die Hände, die ihre Endglieder verloren hatten, verhedderten sich wild ineinander, als hätte das Wesen einen Wutanfall. Nachdem die zwei Arme in der Luft herumgezappelt und sich letzten Endes wieder vereint hatten, verwandelten sie sich in eine gigantische Schlange. Die Kreatur bestand aus ineinander verwobenen Armen, Beinen, Rümpfen, Köpfen, Eingeweiden und Wirbelsäulen und war so dick wie mehrere Arme. Sie hob ihr schreckliches Haupt und brüllte den Gefährten entgegen: »Chirururuu!« Die gebrochenen Knochen der Duokxinis, die wie Zähne aus dem Maul der Schlange ragten, verströmten ein unheimliches Licht.

Tinahans Griff um seinen Eisenspeer wurde fester, und er schrie: »Zur Hölle mit dieser Flut! Lasst uns fliehen!«

»Das geht nicht! Der Weg ist versperrt.«

Der Lekon blickte sich um und spürte, wie sich sein Kamm weiter versteifte. Inzwischen standen die Duokxinis dicht aneinandergedrängt hinter ihnen und versperrten ihnen den Fluchtweg. Während Tinahan überlegte, was er tun sollte, entfuhr der Schlange aus Körperteilen ein schauderhaftes Brüllen, und sie stieß auf die Gefährten herab. Tinahan blieb keine Zeit zum Nachdenken mehr.

»Schlagt euch den Rückweg frei!«, rief er den anderen beiden zu. Anschließend richtete er seinen Eisenspeer auf die Schlange.

Bihyung wusste nicht, was er tun sollte, und blickte bloß hin und her. Hinter ihm kämpfte der Lekon erbittert gegen die gewaltige Schlange. Immer wenn sie sich ihm näherte, stieß Tinahan mit seinem Eisenspeer nach ihr. Für sich allein genommen hatte der Speer schon ein enormes Gewicht, doch der Lekon legte zudem noch seine ganze Kraft hinein, sodass die Schlange stets zurückweichen musste. Aber die Flut aus Körperteilen floss endlos weiter, die Schlange vervollständigte sich permanent neu und stürzte wieder und wieder auf Tinahan zu.

Ryun, der sich ebenso panisch umschaute wie Bihyung, schrie: »Bihyung! Mach Feuer!«

Mit einem Ausdruck, als wäre er unvermittelt aus dem Tiefschlaf erwacht, sah Bihyung den Naga an. Dieser deutete auf die Duokxinis, die den Weg versperrten. Doch der Dokebi schüttelte energisch den Kopf.

»Nein, das kann ich nicht. Wie kann ich etwas Lebendes in Brand stecken?«

»Die sind nicht lebendig!«

»Aber auch nicht tot!«

Fassungslos starrte Ryun den Dokebi an. In den letzten Stunden hatten sie unaussprechliche Gefahren zu überstehen gehabt, und Bihyung hatte sich stets geweigert, die Duokxinis zu verbrennen. Und nun tat er es schon wieder. Gerade als Ryun ihn überreden wollte, stürmten die Duokxinis unter großem Gebrüll auf sie zu.

»Der Hammer, der den Hartkörper durchschneidet, schmiert!«

»Wenn die schwere Sonne alt zur Welt kommt, lacht die Forsythie!«

Ryun durchwühlte hastig den Beutel an seiner Taille und holte eine rote Pille hervor. Bihyung sah ihn entgeistert an, doch der Naga hatte das Sodrag schon geschluckt.

»Na gut. Dann mache ich uns eben den Weg frei. Folge mir!«

Er umklammerte den Xyker mit beiden Händen und preschte wie ein Tornado los. Die Duokxinis gaben sinnlose Schreie von sich und stürzten sich auf ihn, aber er hatte gar nicht vor, von vorne gegen sie anzutreten. Er rannte die linke Wand entlang hoch, stieß sich von der Decke ab und machte einen halben Rückwärtssalto, sodass er auf den Köpfen der Duokxinis landete.

In den nächsten Minuten berührten seine Füße kein einziges Mal den Boden. Weniger als die Hälfte der gesamten Zeit waren seine Beine überhaupt nach unten gerichtet. Seine Füße befanden sich auf den Schultern oder Köpfen der Duokxinis, und wenn ihm keines der beiden zur Verfügung stand, sprang er von etwas anderem ab. Sich auf diese Weise zumeist an der Decke fortbewegend, sah Ryun aus, als schwebte er kopfüber durch die Menge und kämpfte sich gleichzeitig durch sie hindurch.

Aber trotz seiner phänomenalen Attacken bekam er den Weg für den Rückzug nicht frei. Wie die Schlange aus Körperteilen, die sich ohne Unterlass neu bildete, strömten auch ununterbrochen neue Duokxinis herbei. Nach zehn Minuten war Ryun nur etwa zehn Meter vorwärtsgekommen, und die Wirkung des Sodrags würde nicht mehr lange anhalten.

Tinahans Lage war nicht weniger misslich. Obwohl sein Gegner monströse Ausmaße von Dutzenden Metern angenommen hatte, hatte seine Entschlossenheit nicht nachgelassen. Jedoch wurde sein Bewegungsspielraum immer kleiner, da die Schlange ihn immer tiefer in einen Spalt in der Wand drängte. Aus dieser Position war es ihm unmöglich, einen Angriff aus einem toten Winkel zu unternehmen; er konnte seinen Gegner einzig und allein frontal attackieren. Die Schlange wusste diese Situation optimal auszunutzen. Obwohl sie bei jeder Annäherung gewaltige Treffer hinnehmen musste, die sogar einen Bison getötet hätten, hatte die Schlange genug Zeit, sich zu regenerieren. Dabei wurde sie jedes Mal größer, bevor sie Tinahan aufs Neue angriff. Sie wirkte, als wollte sie austesten, welche Größe sie brauchte, um den Lekon überwältigen zu können.

Bihyung wollte weder nach vorne noch nach hinten schauen. Mit beiden Händen bedeckte er sein Gesicht und lehnte sich gegen Nanui, während seine Schultern bebten.

»Warum muss das sein?«

»Bitte leg ein Feuer, Bihyung!«

Bihyung hob den Kopf und schaute zu Ryun. Der Naga blutete aus zahlreichen Wunden, schien sie aber wegen des Sodrags nicht zu bemerken. Angewidert entdeckte der Dokebi eine Hand, die mit ihren scharfen Klauen in Ryuns Rücken steckte und dort wie eine riesige Spinne hin- und herbaumelte. Ryun hatte sein Herz noch. Er konnte nicht wie die anderen Nagas regenerieren.

Der Zauberer des Rettungstrupps hob verzweifelt beide Hände hoch. Ihm blieb nichts anderes übrig. Er hatte die Mission, Ryun Pey zum Großtempel Hainsha zu bringen. Zu dritt gegen einen. Wenn er nicht handelte, wären sie nicht mehr zu dritt. Er musste das herbeizaubern, was die Schurken der Peshiron-Insel im letzten Augenblick ihres Lebens gesehen hatten und was als die ewige Strafe der Akinsrow-Schlucht bekannt war.

Genau in diesem Moment schob sich das Gesicht eines Duokxinis in sein Sichtfeld.

Sogar nach den Maßstäben seiner Art war er ausgesprochen hässlich. Das rechte Auge befand sich fast an der krummen Nase, während das linke an der Stirn haftete. Die Oberlippe war kaum vorhanden, weswegen die ungleichmäßigen Zähne entblößt waren; die Unterlippe war zwar dick, aber gespalten. Dieser Duokxini wirkte zudem so, als wäre er dehydriert, und dafür gab es einen guten Grund: Er weinte ununterbrochen.

Etwas schien mit seinen Tränendrüsen nicht zu stimmen, denn in seinem abscheulichen Gesicht deutete nichts auch nur auf den Hauch von Traurigkeit hin. Von blinder Wut erfüllt, grub er mit unglaublich viel Kraft seine klauenartigen Fingernägel in Ryuns Körper.

Dennoch löschten seine Tränen, die nicht einmal etwas bedeuteten, die große flammende Katastrophe, die sich in den Händen des Dokebis angebahnt hatte. Bihyung ließ die Hände sinken. Wenn die Wirkung des Sodrags nachgelassen hatte, würde Ryun sterben. Und Tinahan ebenfalls. Sein eigener Tod stimmte Bihyung nicht traurig. Denn kein Dokebi bedauerte den Tod. In diesem Moment dachte er an Kaygon Draka. »Warum musst du sie töten und essen?«

Muskeln, die an ihre Grenzen gestoßen waren, fühlten sich so an, als würden sie zucken und sich in seinem Körper ineinander verdrehen; die Spitze seines Xykers schwang so schnell hin und her, dass sie aussah wie drei. Ryun biss die Zähne zusammen und verteidigte sich weiter. Er rammte den Xyker so kräftig in seine Gegner, als wolle er sich dabei die Schulter auskugeln – was ihm tatsächlich passieren könnte, wie er in einem Moment der Klarheit erkannte, wenn er seine Waffe noch einmal schwang. Doch noch immer wurden die Duokxinis nicht weniger. Die Wirkung des Sodrags ließ bereits nach, und Ryun überlegte, ob er noch eine Pille schlucken sollte.

[Ich werde nicht wie Josbi sterben! Ich werde nicht wie Hwarit sterben! Niemand wird mir mein Herz nehmen!]

Ryun tötete die Duokxinis, die vor ihm standen, und kämpfte verbissen um sein Leben. Immer wenn sein Xyker durch die Luft sauste und das Herz eines Duokxinis zerplatzte, spürte er, dass er am Leben war.

Die Schlange erwachte wieder zum Leben und griff an. Tinahan stieß vulgäre Flüche aus und wirbelte seinen Eisenspeer ungestüm umher. Bei jeder seiner ausladenden Bewegungen fielen ihm einige Federn aus und wirbelten durch die Luft. Zum ersten Mal seit dem Tag, an dem er mit kräftigem Griff diesen Speer, der ihm in der Letzten Schmiede überreicht worden war, in die Hand genommen hatte, spürte er sein Gewicht. An der Waffe haftete eine dicke Schicht aus Blut, Galle und Fleisch, und außerdem klebten seine Federn daran. Aber all das trug nicht wesentlich zum Gewicht des Speers bei.

Die Schlange aus Körperteilen pirschte sich erneut heran. Tinahan wollte seine Waffe nach vorne schnellen lassen, erkannte aber, dass er zu langsam sein würde. Ohne nachzudenken, gab er ein Lekon-Krähen von sich. Die Körperschlange zuckte zusammen und zog sich zurück. Tinahan war ein Meister der Improvisation, aber die Tatsache, dass er überhaupt improvisieren musste, machte ihn rasend. Er stampfte mit dem Fuß auf und umklammerte seinen Eisenspeer noch fester.

»Na komm! Komm schon und zeig, was du draufhast, du totes oder untotes Monster! Ich kämpfe auch zehn Tage lang gegen dich, wenn du willst. Ich habe Zeit. Regenerierst du wieder? Sammelst du all die abgestorbenen Körperteile zusammen, die ich dir abgehackt habe, und wirst wieder lebendig? Zur Hölle mit dir! Was soll das? Du dreckiger Bastard, nicht einmal ordentlich sprechen kannst du! Na, komm schon!«

»Der Lekon?«

Beinahe wäre Tinahan der Speer aus der Hand gerutscht.

»Du ... kannst doch sprechen? Deine Stimme hört sich gar nicht schlecht an. Aber glaub bloß nicht, dass ich mich deswegen zurückhalten werde!«

»Keine Ahnung, wovon du da redest, Lekon. Mit wem streitest du?«

Etwas stimmte da nicht. Tinahan hob den Kopf und schaute zur Öffnung an der gegenüberliegenden Wand, aus der die Flut aus Körperteilen herausströmte. Das Loch wirkte in diesem Moment wie eine Höhle, aus der massenweise Schlangen herausquollen. Und in dieser Öffnung, auf dem Rumpf der Schlange aus Körperresten, stand eine Naga.

»Die Attentäterin?« Gleichzeitig mit Tinahans Schrei wandte sich die Schlange um und zog ihren Rumpf zurück. Ihre zwei Köpfe, die aus Gliedmaßen, Eingeweiden und Knochen zusammengesetzt waren, sahen Samo Pey an.

Samo, die davon ausgegangen war, auf einem Leichenhaufen zu stehen, war äußerst verstört.

[Bei der Göttin, was zum Teufel ist das hier ...!]

283

»Chirurururu!«

Mit jenem höllischen Gebrüll richteten sich die Gliedmaßen der Schlange wie Haare auf. Es war ein entsetzlicher Anblick. Hände mit maximal gespreizten Fingern und Beine, deren Zehen krampfartig zuckten, streckten sich den gesamten Körper der Schlange entlang aus. Karu, der hinter Samo stand, trat panisch einen Schritt zurück. Mit gesträubten Schuppen zog Samo ihren Shiktol und durchbohrte damit den Rumpf der Schlange. Die Kreatur stieß ein irrsinniges Kreischen aus, das die Pyramide zum Erzittern brachte. Anschließend zog die Naga den Shiktol wieder heraus und nirmte: [Bist du wirklich am Leben?]

Vor Schmerz wimmernd, schlüpfte die Schlange in die Öffnung zurück, aus der sie herausgequollen war. Hinter ihrem riesigen Rumpf konnte Tinahan die Attentäterin nicht mehr sehen. Er klapperte laut mit dem Schnabel und drehte sich um.

»Bihyung, Nanui! Steht auf!«

Der Verteidiger ging an den beiden vorbei und eilte zu Ryun, der weiterhin verbissen kämpfte. Mit wüstem Gebrüll und dreimaligem Schwingen seines Eisenspeers verlängerte er den Rückweg, den Ryun in den letzten zehn Minuten unter größten Mühen gesichert hatte, kurzerhand um das Doppelte und bewies damit erneut seine erstaunliche Angriffskraft. Ryun fragte sich, ob Tinahan die Schlange aus Körperteilen bisher nur deshalb nicht hatte bezwingen können, weil er für einen ordentlichen Angriff nicht genug Platz gehabt hatte. Er hätte ihn gerne gefragt, wie er die Schlange letztlich niedergerungen hatte. Aber der Lekon hätte wohl keine Ruhe gehabt zu antworten, weil ihn das Durchbohren der Wand aus Duokxinis vollständig in Anspruch nahm. Davon abgesehen hatte Ryun nicht einmal mehr die Kraft, etwas zu sagen. Schwer atmend ging er in die Knie. Die Wirkung des Sodrags war restlos verflogen. Er war so erschöpft, dass er am liebsten in Ohnmacht gefallen wäre, und sein Körper schmerzte, als läge er auf einer Folterbank. Er stützte sich auf den Xyker wie auf einen Gehstock und keuchte. Da näherte sich ihm Bihyung von hinten und stützte ihn. Mit einem mühsamen Lächeln sah er den Dokebi an.

Doch Bihyung lächelte nicht zurück, sondern sah ihn mit einem eigenartigen Gesichtsausdruck an. Er half ihm beim Aufstehen und fragte: »Wollen wir gehen, Ryun?«

»Oh ja ...«

Der Duokxini-Haufen, der auf Ryun wie eine eiserne Mauer gewirkt hatte, schien dem Lekon nicht mehr entgegenzusetzen als eine Hecke aus Reisig. Mit der Kraft einer Flut, die über die Felder rauscht, zerstreute Tinahan die Duokxinis in alle Richtungen. Der Naga, der Dokebi und der Käfer mussten sich ihren Weg über die zerstückelten Überreste suchen. Dabei wurde Ryun Zeuge, wie Bihyung, der ihn weiter stützte, etwas Seltsames tat.

Der traurig aussehende Dokebi heftete eine Flamme an seine Füße. Dieses Feuer fügte weder Bihyung noch Ryun Schaden zu, aber es verbrannte bei jedem Schritt den Pfad aus Körperteilen.

Anfangs sagte Tinahan sein Instinkt, dass er möglichst weit fliehen sollte. Aber als sein rasender Atem regelmäßiger wurde und der Moment eintrat, an dem er nicht mehr mit vollem Tempo weiterrennen musste, kam ihm das gemächlichere Rennen unangenehm vor. Er kannte den Weg nicht!

»So eine verdammte Scheiße! In welche Richtung müssen wir überhaupt? Sollen wir einfach weiter planlos herumlaufen? Bringt das was?«

Ryun sah sich ebenfalls verwirrt um. Er und Bihyung flohen blindlings geradeaus, genauso wie sie in die Pyramide gesprungen waren. Einen Weg zu finden, war absolut unmöglich. Da sagte der Dokebi, der bisher still vorangeschritten war: »Dort auf dem Boden liegt etwas Eigenartiges. Was das wohl sein mag?« Er hob einen großen Stein vom Boden auf.

Tinahan sah ihn verständnislos an. »Das ist doch ein Stein. Schon vergessen, was das ist? Was soll damit sein?«

»Schaut nur. Ist der nicht wunderbar glatt? Er ist stark abgenutzt. Hier drinnen kann es so einen Stein nicht geben. Er muss also wohl von draußen stammen?«

»Warm ist er auch noch«, sagte Ryun, starrte dann ungläubig den Stein an und deutete auf den Gang vor ihnen. »Da vorne liegt auch einer. Das ist ein Stein, der von der Sonne erwärmt wurde. Da ich die Wärme noch sehen kann, würde ich sagen, dass er erst vor wenigen Stunden von draußen hierhergebracht worden ist.«

Tinahan und Bihyung hatten genau denselben Gedanken. Der Lekon berührte seinen Schnabel und sagte: »Ich denke, dass deine Schwester ihn hier hingelegt hat. Sehr schlau.«

»Hat sie mich bis hierher verfolgt?«

»Häh? Hast du sie vorhin nicht gehört? Ach so, natürlich konntest du sie nicht hören. Du hattest nicht genug Ruhe, um auf Geräusche zu achten.«

»Was meinst du?«

Tinahan wollte in die Richtung zeigen, wo die Schlange aus Körperteilen gewesen war, doch dafür war er viel zu lange völlig planlos herumgeirrt. Also deutete er in irgendeine Richtung und sagte: »Vorhin habe ich dort deine Schwester gesehen.«

»Was? Du hast sie gesehen?«

»Ja, habe ich. Sie ist in der Öffnung erschienen, aus der die Flut herausgeströmt ist und hat die Aufmerksamkeit der Schlange auf sich gezogen. Nur dank ihr konnte ich mich aus dem Staub machen.«

Ryun verstand die Welt nicht mehr. Zitternd sah er Tinahan an und drehte sich abrupt um. Gleich packte ihn der Lekon an der Schulter und schaute ihn verwirrt an.

»Lass mich los! Ich muss meiner Schwester helfen! Wie konntest du sie nur mit diesem Monster alleinlassen!«

»He, beruhige dich! Was soll das heißen, du willst ihr helfen? Bist du lebensmüde? Willst du durch ihre Schwerthand sterben?«

Ryun zuckte unvermittelt zusammen und schaute zu Tinahan hinauf. Der Lekon drückte mit seiner großen Hand Ryuns Schulter und fragte: »Das kannst du nicht ernsthaft wollen, oder?«

»Aber ... aber ...«

»Deiner Schwester wird nichts passieren. Sie hat uns selbst hier drin gefunden. Ja, sogar das hat sie geschafft. Wenn sie so was kann, wird sie bestimmt auch mit dieser Situation fertig. Wer jetzt die Beine in die Hand nehmen muss, sind wir! Wenn dieser Stein ganz abgekühlt ist, kannst du ihn nicht mehr sehen, richtig?«

Ryun nickte. Tinahan klapperte laut mit dem Schnabel.

»Dann los, wir müssen uns beeilen. Wenn diese Steine kalt geworden sind, finden wir hier nie im Leben wieder raus.«

»Aber meine Schwester ...«

Ryun zögerte immer noch und wollte zurückgehen. Tinahan verspürte den großen Drang, diesen dämlichen Naga mit Gewalt hinter sich herzuschleifen. Aber wenn sie den warmen Steinen folgen wollten, brauchten sie Ryuns Hilfe. Während die beiden stritten, fragte Bihyung plötzlich leise: »Ryun, kennst du denn den Weg, der zu deiner Schwester führt?«

Der Naga sah aus, als würde er gleich in Tränen ausbrechen. Tinahan wusste nicht einmal, aus welcher Richtung er und seine Gefährten gerade gekommen waren. Natürlich kannte Ryun den Weg zu seiner Schwester nicht. Der Naga ließ den Kopf hängen. Sich seinen Kamm raufend, meinte der Lekon: »Ryun, es tut mir leid, aber es wird Zeit! Die Steine werden kalt.«

Widerwillig setzte Ryun sich in Bewegung. Tinahan seufzte erleichtert und folgte ihm, und auch Bihyung sowie Nanui machten sich auf den Weg, ohne einen Ton von sich zu geben. Still gingen sie die Steine entlang, die in den stockdunklen Pyramidengängen lagen.

Der Boden war kalt. Gelegentlich hörte man ein undefinierbares Geräusch in der Ferne. Ryun hörte es zwar nicht, aber er spürte die Vibration des Bodens. Jedes Mal hielt er inne, und jedes Mal drängte Tinahan ihn weiterzugehen. Die Duokxinis, die sie in den letzten Stunden geplagt hatten, tauchten seltsamerweise nicht mehr auf.

Einige Zeit später traten sie ins Freie. Über ihnen brach gerade die Dunkelheit herein. Auf die Gruppe wirkte es jedoch unbeschreiblich hell.

Die darauffolgenden zehn Minuten brachten Tinahan in Verlegenheit.

Er wollte seine Freude mit seinen Gefährten teilen. So machte man das selbstverständlich, meinte er, wenn man es nach fast zehn Stunden Gefangenschaft in einem Labyrinth, in dem man nicht einmal die Hand vor Augen hatte sehen können, endlich herausgeschafft hatte. Aber Bihyung ließ ihn und Ryun einfach stehen, sobald sie aus der Pyramide getreten waren. Er setzte sich in einiger Entfernung auf einen Felsen und starrte ausdruckslos zum Himmel hinauf. Nanui folgte ihm und legte seinen müden Körper zu seinen Füßen. Tinahan dachte, dass der Dokebi wahrscheinlich ausgelaugt war, weil er pausenlos Flammen erschaffen hatte. Daher wollte er sich, auch wenn er es ein bisschen schade fand, zunächst nur mit Ryun freuen. Doch dieser ging in die entgegengesetzte Richtung und nahm ebenfalls eine Körperhaltung ein, die ausdrückte, dass er nicht mit den anderen reden wollte. Tinahan wusste nicht, was er tun sollte. Mit der Absicht, ihm Trost zu spenden, näherte er sich vorsichtig dem Naga.

»Ryun, deiner Schwester wird es schon gut gehen. Hast du nicht gesagt, dass die Körper der Duokxinis am Leben bleiben, weil in dem Durchgang im Zentrum der Pyramide eine magische Kraft oder so gebündelt wird? Dann kann die Flut nicht aus ihrem Schacht raus. Deine Schwester wird entkommen, dafür muss sie nur schnell genug rennen.«

Ryun sah Tinahan an. »Wirklich? Meinst du? Aber wenn die Duokxinis haufenweise zusammenkommen, so wie bei uns, und ihr den Weg versperren ...?«

»Nein. Die Duokxinis haben sich auf uns gestürzt, um uns aufzuhalten. Auf der anderen Seite war keiner, glaube ich. Deswegen konnte deine Schwester den ganzen Weg bis zu uns so ungehindert zurücklegen.«

»Danke, Tinahan.«

Der Lekon lächelte. Und er sprach seine unheilvolle Ahnung nicht aus. Auf dem Weg aus der Pyramide hinaus war kein einziger Duokxini zu sehen gewesen. Vielleicht kämpfte die Attentäterin gerade in diesem Moment in der Finsternis gegen diese Wesen, die wie eine tosende Welle auf sie herabstürzten.

Da meinte Ryun: »Aber ... eine Sache stört mich doch.«

»Hä? Ach ja? Was denn?«, fragte der Lekon zurück, als wäre er ertappt worden.

»Was die Flut aus Körperteilen gesagt hat. Das lässt mich nicht los.«

Tinahan war erleichtert. Der Naga betrachtete die Pyramide und fuhr fort: »Die Flut hat von einem geplanten Göttermord gesprochen. Sie hat behauptet, dass dieser Plan in meiner Erinnerung vorhanden ist. Ich habe das nicht verstanden. Aber wenn ich nicht der einzige Naga in der Pyramide war, könnte es sein, dass sie nicht meine Erinnerung, sondern die meiner Schwester gelesen hat. Das ist möglich, weil die Schlange mit so etwas wie einem Schwarm zu vergleichen ist.«

»Ein Schwarm?«

»Ja. Die Schlange ist ein Geist, der aus unzähligen Duokxini-Leibern besteht. Deswegen wäre es möglich, dass die Flut mich nicht von einem anderen Naga unterscheiden konnte.«

Tinahan bekam Kopfschmerzen, weil er Gedanken folgen musste, bei denen er mit den verwendeten Begriffen nicht vertraut war. Ryun erklärte ihm alles mehrmals, bis er es begriffen hatte.

»Heißt das, deine Schwester hat in ihrem Kopf den Plan, einen Gott zu töten? Und die Flut hat ihn gelesen und gedacht, dass das deine Erinnerung ist? Weil ihr beide Nagas seid und sie euch nicht voneinander unterscheiden konnte? Aber das ergibt doch keinen Sinn! Ist deine Schwester vielleicht eine Geschichtenerzählerin?«

Ryun schüttelte den Kopf. »Meine Schwester ist eine sehr vornehme Frau. Um absurde Geschichten schert sie sich nicht im Geringsten. Es kann jedoch sein, dass sie von irgendjemandem davon gehört und es im Gedächtnis behalten hat, eben weil es so absurd war. Etwas anderes kann ich mir nicht vorstellen.«

Tinahan nickte mehr oder weniger zustimmend. In Wirklichkeit war dieses Nicken aber nicht aus Überzeugung, sondern nur aus Höflichkeit. Ryuns Idee interessierte ihn kaum. Wie um alles in der Welt wollte jemand einen Gott töten? Allein die Tatsache, dass er darüber nachdenken musste, war ihm unangenehm. Trotzdem konnte er vor Ryun seiner Verärgerung keinen Ausdruck verleihen, da sich dessen Schwester in Lebensgefahr befand. Also wurde er sauer auf Bihyung, obwohl er gar keinen Grund dazu hatte.

Er näherte sich dem Dokebi, der immer noch alleine etwas abseits saß. Nanui bemerkte Tinahan und bewegte seine Fühler, aber sein Besitzer starrte weiter in den Himmel. Der Lekon hob seinen Eisenspeer an und drosch ihn kräftig auf den Boden. Erst da drehte sich Bihyung langsam zu ihm um.

»He, du! Warum hast du vorhin kein Feuer gelegt?«

»Vorhin?«

»Ja. Zum Glück ist die Attentäterin rechtzeitig aufgetaucht. Sonst wären wir alle draufgegangen. Oder wir wären Teil dieser beschissenen Flut geworden und die verkackte Wand runtergeflossen!«

Bihyung, der den Lekon teilnahmslos betrachtete, wandte sich wieder ab. Tinahan wartete, was dieser nun tun würde. Aber der Dokebi starrte lediglich weiter in den Himmel und bewegte sich kein bisschen. Da konnte Tinahan seine Geduld nicht länger im Zaum halten.

»He, du Arschloch!«

»Ja?«

»Ich habe dich gefragt, warum du kein Feuer gelegt hast! Raus mit der Sprache! Ich habe gegen diese Dinger gekämpft, genauso wie Ryun! Und du? Warum hast du nicht mitgekämpft? Weil es dir egal sein kann, ob du abkratzt oder nicht?«

»Egal?«

»Du stirbst ja nicht, selbst wenn du stirbst! Hast du uns deswegen im Stich gelassen?«

»Sind sie nicht bedauernswert?«

Tinahan dachte, er hätte sich verhört. »Was? Bedauernswert? Diese Scheißkerle wollten uns umbringen, und da soll ich sie bedauern?«

»Sie wollten uns umbringen – genau deswegen sollten wir sie bedauern, oder?«

»Was zum Teufel quatschst du da?«

»Erst nach eintausend Jahren ein Bewusstsein zu erlangen, aber die Wesen zu hassen, die einem dieses Bewusstsein verliehen haben, und dann zu versuchen, sie zu zerstören. Ist so jemand nicht bedauernswert?«

Tinahan schüttelte so heftig den Kopf, dass sein Kamm hin- und herwackelte. »So jemand ist nicht bedauernswert, sondern undankbar! Halt! Moment! Wehe, wenn du jetzt sagst, dass es eben bedauernswert ist, dass dieser Arsch undankbar ist.«

Bihyung starrte auf Tinahans Kamm und wandte den Blick wieder ab, als hätte er ihn nicht gehört. Der Mund des Dokebis war fest verschlossen, und es schien unwahrscheinlich, dass er ihn wieder öffnen würde.

Nachdem er ein bisschen gewartet hatte, gab Tinahan den Versuch, etwas aus Bihyung herauszubekommen, auf und sagte in einem mahnenden Ton: »Hör mir gut zu, Bihyung. Ich weiß, dass ihr Dokebis nicht sterbt, auch wenn ihr ins Gras beißt. Diese Fähigkeit habt ihr, aber ich und Kaygon haben sie nicht. Und Ryun auch nicht, weil er sich das Herz nicht hat herausnehmen lassen. Wenn wir sterben, weil du uns nicht geholfen hast, dann ist das so, als hättest du uns eigenhändig umgebracht. Daher bitte ich dich: Mach beim nächsten Mal Feuer. So eine Situation wird nicht häufig eintreten. Mit den meisten Dingen werde ich selbst fertig. Oder Kaygon würde es wie gewöhnlich übernehmen, vermute ich. Trotzdem kann es vorkommen, dass auch von dir mal Entschlossenheit gefordert wird, Bihyung. Bitte denk in so einem Fall nicht lange nach, sondern mach einfach Feuer. Ich glaube nicht, dass der Großtempel dich für den Rettungstrupp ausgewählt hat, damit du zusehen und genießen kannst, wie wir abkratzen, verdammt noch mal! Wenn es darauf hinausläuft, dass man entweder seine eigenen Hände mit Blut besudelt oder selbst blutet, dann sollte man sich immer für Ersteres entscheiden!«

Das Wort »Blut« versetzte den Dokebi auf der Stelle in Panik. Er sah Tinahan an, und in seinen Augen flackerte sogar Wut auf. Als er seinen Fehler bemerkte, entschuldigte sich der Lekon hastig: »Oh, tut mir leid. Ich bin einfach aufgebracht. Aber du verstehst, was ich damit sagen will, oder?«

Bihyung wandte sich entschieden von ihm ab. Nachdem er einen Fehler gemacht hatte, den man bei einem Dokebi niemals machen durfte, konnte Tinahan vor Scham nichts mehr sagen. Daher schluckte er nur und entfernte sich von ihm. Danach setzte er sich auf die Reste einer niedergerissenen Mauer und beschwerte sich im Stillen über seinen Dokebi-Gefährten. Für ihn waren Dokebis Kerle, mit denen man sich niemals anfreunden sollte, und wenn man irrigerweise dachte, dass man ihnen sein Leben anvertrauen konnte, dann hatte man nur eines davon: einen unerwarteten, gewaltsamen Tod. Davon war er durch und durch überzeugt und sah bei diesem Gedanken zur Pyramide.

Die Attentäterin hatte bewiesen, dass sie noch hinter Ryun her war. Erfreulicherweise war diesmal die Begegnung mit ihr ein unerwarteter Glücksfall gewesen, aber es gab keine Garantie dafür, dass es auch beim nächsten Mal ein freudiges Aufeinandertreffen werden würde. Tinahan befand sich auf einer Reise mit dem Ziel, Ryun Pey über die Grenzlinie zu bringen, und er nahm sich fest vor, während dieser gefährlichen Unternehmung keine Hoffnung in Bihyung zu setzen. Was konnte man von einem Feigling, der das Wort »Blut« nicht einmal hören wollte, schon erwarten! Plötzlich vermisste er Kaygon.

Moment mal, wo ist er denn eigentlich geblieben?

Er machte sich Sorgen um ihn.

»Seid ihr gekommen, um euch die Ruinen anzuschauen?«

Tinahan blickte hinter sich. Bihyung und Ryun taten es ihm gleich.

Kaygon kam auf sie zu. »Ich habe gejagt, und es hat etwas länger gedauert, als ich gedacht habe. Ich war in unserem Unterschlupf, aber ihr wart nicht da. Zum Glück hast du auf dem Weg sehr viele Federn verloren, Tinahan, von daher hatte ich keine Schwierigkeiten, euch zu finden. Aber woher wusstet ihr, dass es hier diese Ruinen gibt?«

Kaygon war überrascht, weil Tinahan ihn, statt zu antworten, plötzlich fest umarmte.

Während die Gruppe zum Unterschlupf zurückkehrte, erzählte der Lekon Kaygon, was er zusammen mit den anderen innerhalb der letzten Stunden erlebt hatte, nicht ohne die Geschichte hier und da etwas auszuschmücken. Kaygon lauschte mit leicht verzogenem Gesicht Tinahans Erzählung bis zum Ende und versank dann in Gedanken. Schließlich sagte er, einen kurzen Blick zum Himmel werfend: »Wenn uns die Attentäterin bis hierher verfolgt hat, haben wir keine

Zeit zu verlieren. Ich kann mir gut vorstellen, dass ihr alle sehr müde seid, trotzdem sollten wir schleunigst von hier verschwinden. Am besten wir wandern die ganze Nacht durch.«

Tinahan seufzte. »Muss das wirklich sein? Inzwischen müssten die Steine in der Pyramide abgekühlt sein. Wie soll die Attentäterin da wieder raus...« Er beendete seinen Satz nicht, denn der Bruder der Attentäterin ging direkt neben ihm. Der Bruder, der außerdem ihr Zielobjekt war. Tinahan bekam wieder Kopfschmerzen.

Ryun sagte tonlos: »Tinahan hat recht. Es wird schwer für meine Schwester, wieder rauszufinden.«

Kaygon betrachtete ihn ausdruckslos und sagte: »Glück für dich.«

»Sie ist immer noch meine Schwester.«

»Trotzdem willst du nicht, dass sie dir mit ihrem Shiktol die Kehle durchschneidet, oder?«

Ryuns Schuppen stellten sich auf, und er entgegnete gereizt: »Wenn du dich über meine Lage lustig machen willst, dann tu dir keinen Zwang an. Es ist und bleibt mein Wunsch, dass meine Schwester heil dort rauskommt.«

Kaygon ignorierte ihn und betrat den Unterschlupf. Er nahm sein Gepäck und sagte: »Dann ist es ja gut.«

»Wie bitte?«

»Es ist egal, ob die Steine mittlerweile abgekühlt sind oder nicht. Es gibt einen Ausweg für deine Schwester. Auch wenn ich hoffe, dass ihr der nicht einfällt. Aber das ist wohl eine törichte Hoffnung, denn sie war klug genug, auf die Idee mit den heißen Steinen zu kommen. Also, mach nicht so ein fröhliches Gesicht und pack lieber schnell deine Sachen zusammen. Worüber du dir jetzt Sorgen machen solltest, ist nicht sie, sondern du selbst. Wie ich bereits gesagt habe, sollten wir heute die ganze Nacht durchmarschieren.«

Danach ging er an Ryun vorbei und marschierte los.

Der Naga sagte hastig: »Ich bin nicht so klug wie meine Schwester. Ich kann deinen Worten leider nicht folgen. Welchen Ausweg gibt es?«

Kaygon sah zu ihm zurück, hob die Hand und deutete damit in Richtung Pyramide. Ryun schaute, wohin er zeigte, und stieß einen Ruf des Erstaunens aus.

Karu saß an die Wand des Durchgangs gelehnt und keuchte. Ihm gegenüber stand Samo, ebenfalls an die Wand gelehnt, und säuberte ihren Shiktol von Blut.

Es wäre Karu auch kein Trost gewesen, wenn ihm jemand erzählt hätte, dass andere vor einigen Stunden die gleiche Tortur durchgemacht hatten und heil aus der Pyramide herausgekommen waren. Vor der Schlange aus Körpern zu fliehen, war keine große Herausforderung gewesen. Sie war Karu und Samo gefolgt, indem sie sich möglichst weit ausgedehnt hatte, aber sie konnte sich nicht vollständig vom Schachtdurchgang trennen. Als sie jedoch hinter ihnen zurückblieb, kamen Duokxinis aus allen Gängen auf sie zugestürmt. Die beiden befanden sich in genau derselben Situation, die vor einigen Stunden Ryun und seine Gefährten hatten durchleben müssen.

In dieser verzweifelten Situation wurde Karu Zeuge der wahren Natur von Samo Peys Schwertkunst. Es wäre jedoch treffender, es so zu formulieren: Er sah gar nichts. Er konnte ihren Bewegungen kaum folgen. Natürlich war er völlig davon in Anspruch genommen, selbst den Angriffen der Duokxinis auszuweichen, aber vor allem waren Samos Bewegungen derart komplex und schnell, dass er sie mit bloßem Auge nicht verfolgen konnte. Schließlich gelang es ihnen, dank Samos erstaunlicher Schwertkunst und der Fähigkeit, bei Dunkel-

heit Wärme noch besser sehen zu können, die Duokxinis ab-
zuschütteln.

Trotzdem war Karu alles andere als glücklich. Er holte einen
Stein aus seinem Rucksack und betrachtete ihn traurig. Er
war kalt. Er warf ihn weg und nirmte: [Was sollen wir nun
machen, Samo Pey?]

Sie erwiderte nichts. Nachdem sie den Shiktol fertig ge-
säubert hatte, steckte sie ihn in seine Scheide. Anschließend
verschränkte sie die Arme und dachte nach. Karu wartete
ein wenig und nirmte sie erneut an: [Samo Pey? Worüber
denkt Ihr nach? Es wäre nicht schlecht, wenn Ihr Euch überlegen würdet, wie wir von diesem entsetzlichen Ort wegkom-
men können.]

[Ich denke darüber nach, was das Ungeheuer genirmt
hat.]

[Was?]

[Der Schrei, den es genirmt hatte, als es uns nicht mehr verfolgen konnte.]

[Tut mir leid, aber ich hatte unglaubliche Angst und nichts
davon mitbekommen. Was war es?]

[Nichts mitbekommen? Es nirmte: ›Ich lasse nicht zu, dass
ihr noch einmal einen Gott tötet.‹ Ich weiß nicht, was es damit
gemeint hat.]

Beinahe hätte Karu im Geiste aufgeschrien. Zuvor hatte
Samo genirmt: [Hier drinnen ist jemand, der wissen möchte,
warum die Duokxinis ihren Gott verloren haben.] Dieser Jemand war das Ungeheuer gewesen. Und dieses Ungeheuer
hatte Karus Erinnerung gelesen, ohne dass er es bemerkt
hatte. Er sah Samo angespannt an. Sie löste ihre verschränkten Arme wieder und nirmte: [Die Ungläubigen scheinen Ryun
seltsame Dinge erzählt zu haben.]

[Wie bitte?]

[Anscheinend haben die Ungläubigen Ryun seltsame Dinge erzählt. Und das Ungeheuer hat seine Erinnerung gelesen. Einer ihrer zahlreichen absurden Aberglauben. Meine Güte, einen Gott töten!]

Karu war erleichtert. [Ja, Ihr habt recht, was in aller Welt soll das nur bedeuten?]

[Das können wir die Ungläubigen fragen, wenn wir sie geschnappt haben. Lass uns gehen, Karu], nirmte sie so gelassen, als könne sie jederzeit einfach aus der Pyramide rausspazieren.

Schaudernd suchte Karu den Stein, den er vorhin weggeworfen hatte, aber der kalte Brocken war nicht mehr zu finden. Deshalb holte er einen weiteren aus dem Rucksack hervor und zeigte ihn Samo. Aber bevor er etwas nirmen konnte, meinte sie: [Lass mal gut sein. Du musst mir nicht erklären, dass die Steine kalt sind. Die interessieren mich nicht.]

Damit ging sie den Korridor entlang. Überrascht warf Karu seinen Stein weg und folgte ihr.

[Wie um Himmels willen wollt Ihr ohne die Steine hier rauskommen?]

[Wir folgen der Wärme.]

[Was? Aber Samo Pey, die Steine enthalten keine Wärme mehr. Sie sind völlig abgekühlt.]

[Wie ich dir bereits nirmte, interessieren mich die Steine nicht, Karu. Wie wäre es, wenn du ab und zu mal deinen Kopf anheben würdest?]

Verwirrt folgte er ihrem Ratschlag. In der Dunkelheit unter der Decke schwebten mehrere Hitzequellen. Sie waren ungefähr faustgroß und flogen umher, als wollten sie die beiden führen. Karu sah Samo fassungslos an. [Das ... habt Ihr geahnt?]

[Es ist schließlich Abend geworden. Komm, lass uns schnell gehen, Karu. Ich habe noch andere Dinge zu tun, außer Ryun zu verfolgen.]

Er fragte nicht, was es für sie noch zu tun gab, weil er nach wie vor von den Hitzequellen an der Decke begeistert war. Er schüttelte den Kopf. *Frauen sind wirklich außergewöhnlich.*

Auch wenn es in dieser tiefen Finsternis nicht zu erkennen war, flogen über den Köpfen der beiden Nagas Fledermäuse, die in der Dämmerung erwacht waren.

VIERTER TEIL

DER SCHLÄCHTER
DER KÖNIGE

Der Arasit-Krieger, der Dutzende Yutnori-Spielrunden verloren hatte, schrie schließlich wütend den Kitalzer Jäger an: »Sei dankbar für die Gnade meines Königs, du Ratte! Ihr unverschämten, respektlosen Kerle seid nur deswegen heute noch hier, weil mir mein König bisher nicht den Befehl gegeben hat, euch zu vernichten!«

Der Kitalzer Jäger sammelte die vier Yutnori-Stäbchen ein, die als Würfel dienten, gab sie dem Arasit-Krieger und sagte gelassen: »Du scheinst deinen König ja richtig zu lieben. Dann solltest du mir dankbar sein. Dein König ist heute einzig noch am Leben, weil ich ihn bisher nicht gejagt habe.«

Der Arasit-Krieger brach in Gelächter aus und warf die Yutnori-Stäbchen ein weiteres Mal. Und verlor erneut.

– AUS EINEM ALTEN VOLKSMÄRCHEN
AUS DER REGION PETSCHIREN

Als Vias Makerow und ihre Schwester Karindol in eine heftige Auseinandersetzung gerieten, machte das die Frauen des Hauses Makerow zwar verlegen, aber es überraschte sie nicht. Vielmehr dachten sie, dass das Unvermeidbare endlich eingetreten war.

Karindols Verhalten, das diesem Streit vorausgegangen war, schockierte nicht nur die Frauen des Hauses, sondern ganz Hatengrazu. In ihrem bisherigen Desinteresse an Männern war sie der berühmt-berüchtigten Samo Pey – aus völlig anderen Gründen wohlgemerkt – ebenbürtig gewesen. Aber im letzten Monat hatte sie rekordverdächtig viele Affären mit Männern gehabt. Plötzlich wollte sie mit jedem Mann schlafen, der sich im Haus Makerow aufhielt, und wenn das nicht klappte, verließ sie sogar das Haus, um Männer in ihr Bett zu holen. Die anderen Häuser waren über dieses unerhörte Verhalten empört, die Makerow-Frauen fassungslos. Letzten Endes konnte Vias das Benehmen ihrer Schwester nicht länger dulden und tadelte sie.

Vias sagte, selbst Samo Pey sei nicht so frivol gewesen, hilflosen Männern auf der Straße Angst einzujagen und sie nach Hause zu schleppen. Karindol habe das Recht der Männer, ihre Partnerin zu wählen, missachtet und damit die Ehre des Hauses Makerow beschmutzt. Doch Karindol lachte kalt und erwiderte, solche lächerlichen Wertvorstellungen seien genauso affig wie das Konzept eines Vaters.

[Oh, ich bitte dich, hör auf, Männern einen freien Willen und Intelligenz zuzusprechen. Das Wahlrecht der Männer ist doch im Grunde nichts anderes als ein Würfel. Niemand würde behaupten, dass ein Würfel wählt, ob er eine Zahl von Eins bis Sechs anzeigt. Wenn die anderen Frauen ein Würfelspiel mit Männern spielen möchten, dann bitte, nur zu. Aber ich finde nicht, dass ich an diesem Spiel teilnehmen muss.]

[Nein, das musst du auch nicht, aber du darfst es auch nicht stören. Warum nimmst du anderen Frauen die Würfel weg?]

[Weil ich sie brauche.]

[Dann halte dich an die Spielregeln!]

[Und wozu? Ich habe die Möglichkeit, das zu bekommen, was ich will, ohne bei diesem blöden Spiel mitmachen zu müssen. Und diese Möglichkeit nutze ich. Ich möchte anderen Frauen sogar raten, nicht so viel Angst vor den Männern zu haben. Dafür gibt es keinen Grund.]

Vias konnte nicht ganz folgen. [Angst vor Männern? Was willst du damit nirmen?]

[Weißt du, warum Frauen nur zu Hause hocken und auf Männer warten? Weil sie befürchten, dass diese hochnäsig werden könnten, wenn die Frauen auf die Straße gehen und um sie buhlen. Weil sie denken, dass Naga-Männer den Ungläubigen ähnlich werden könnten. Eine unnötige Sorge. Aus Männern wird nie etwas.]

Es wäre gut gewesen, wenn Karindol das Gespräch damit beendet hätte, aber sie fügte noch hinzu: [Sicher, man könnte das auch etwas eleganter auslegen. Indem Frauen zu Hause auf die Männer warten, nehmen sie Rücksicht auf andere

Frauen, damit diese nicht unglücklich werden. Schließlich gibt es einige bemitleidenswerte Frauen, die nicht einmal dann einen Mann abbekämen, wenn sie auf offener Straße um ihn kämpften.]

Dabei zeichnete sie in Gedanken das Gesicht von Vias Makerow und tat so, als wäre ihr das unbewusst passiert. Vias wurde wütend. Bei den Nagas bedeutete eine »heftige Auseinandersetzung« etwas völlig anderes als bei anderen Völkern, schließlich konnten sie sogar Gliedmaßen regenerieren. Am Ende musste Somero einschreiten und den beiden eine Standpauke halten. Vias und Karindol versöhnten sich miteinander, jedoch nicht, weil sie Angst vor Somero gehabt hätten, sondern weil sie wussten, dass sie den Zorn von Matriarchin Dusena auf sich ziehen würden, falls sie sich Somero widersetzten.

Natürlich war diese Versöhnung nur vorgetäuscht. Vias, die ihre Wut nicht ausleben durfte und deswegen innerlich kochte, begann ernsthaft darüber nachzudenken, wie sie eine Naga töten könnte, der das Herz entnommen worden war.

[Macht Ihr Euch keine Sorgen?]

[Sorgen? Doch.]

[Ihr macht Euch also schon Sorgen?]

[Ich mache mir Sorgen, dass sie ihr Vorhaben, mich zu töten, aufgibt, weil es schwierig für sie ist, mit ihrem schäbigen kleinen Spatzenhirn einen Plan für einen Mord an mir zu schmieden.]

Der Mann verspannte sich, was direkt auf Karindol übertragen wurde, da sie sich eng aneinander schmiegten. Lächelnd streichelte sie seinen Kopf.

[Warum hast du Angst?]

305

[Es ist nicht normal, dass Ihr keine Angst habt! Wie könnt Ihr so gelassen davon nirmen?]

[Ich muss keine Angst vor einem Ergebnis haben, das ich selbst herbeiführen will.]

[Bedeutet das, dass Ihr Vias absichtlich provoziert? Warum begebt Ihr Euch freiwillig in Gefahr?]

[Weil ich sie nur so dazu bringen kann, einen großen Fehler zu machen. In der Welt der Frauen gewinnt man ohne Risiko nichts, Swachi.]

Ihr koketter Ton, der typisch für Frauen war, brachte Swachi zum Lächeln.

[Mir braucht Ihr nichts vorzumachen. Es gibt keine Möglichkeit, einen Naga zu töten. Deswegen habt Ihr keine Angst, stimmt's?]

[Es gibt keine Möglichkeit, einen Naga zu töten? Mein Bruder wurde ermordet!]

[Hwarit? Aber er hatte sein Herz noch.]

[Ein Naga, der kein Herz mehr hat, kann also nicht so einfach sterben?]

[Ist es nicht so?]

Karindol schloss kurz ihren Geist und öffnete ihn wieder. [Nicht unbedingt.]

[Was wollt Ihr damit nirmen?]

[Swachi, wer etwas schließen kann, kann es auch öffnen.]

[Was? Ich verstehe nicht. Wovon nirmt Ihr?]

[Ich meine, dass der Herzturm, der das Tor zu unserem Tod geschlossen hat, es auch wieder öffnen kann.]

Swachis Körper versteifte sich erneut. Er wandte Karindol den Kopf zu und sah ihr Profil. [Meint Ihr eine Herz…zerstörung?]

[Ach? Warst du etwa Novize?]

Sofort bereute er seine Unachtsamkeit. Er dachte fieberhaft darüber nach, wie er sich wieder herausreden konnte, und entschloss sich schließlich zu einer Gegenfrage.

[Woher wisst Ihr von dieser Sache?]

[Dann hast du die Ausbildung zum Hüter wohl aufgegeben.]

Karindol glaubte offenbar, dass er einer Antwort ausweichen wollte. Das kam Swachi sehr gelegen, weil er nun nicht mehr überlegen musste, welche peinliche Lüge er ihr erzählen sollte, um seine wahre Identität nicht preiszugeben. Er setzte sich auf, sah sie direkt an und nirmte: [Ja, das habe ich. Woher wisst Ihr von dieser Sache? Hat Euch das Hwarit erzählt?]

[Wenn du selbst einst Novize warst, dann weißt du sehr genau, dass das ein Geheimnis ist, das auf keinen Fall weitererzählt werden darf. Hast du jemals irgendjemandem davon genirmt?]

[Nein, niemals. Woher wisst ihr davon, wenn Hwarit es euch nicht erzählt hat? Antwortet mir bitte! Das ist eine sehr wichtige Angelegenheit.]

Karindol gab ihm offen zu verstehen, dass ihr diese Sache lästig wurde. Doch ihr war klar, dass Swachi nicht so leicht nachgeben würde, daher nirmte sie unwillig: [In der Vergangenheit hat sich so etwas einmal im Haus Pey zugetragen.]

[Im Haus Pey?]

[Ja. Du weißt, dass Ryun und Hwarit beste Freunde waren, oder? Sie haben sich oft gegenseitig besucht. Ich habe mich damals gelegentlich für Hwarit verantwortlich gefühlt, weil wir von derselben Mutter zur Welt gebracht worden sind. Deswegen habe ich mich oft dazu bereit erklärt, ihn zum Haus Pey zu begleiten. Verstehst du, warum ich das getan habe?]

Swachi konnte es nachvollziehen. Erwachsene Frauen würden es niemals zulassen, dass ein kleiner Junge in Begleitung der Männer, die sich im Haus aufhielten, ein anderes Haus besuchte. Die Männer könnten ihnen weggeschnappt werden. Deshalb hatte Karindol sich bereit erklärt, Hwarit zu begleiten, sodass er aus dem Haus durfte. In seiner Kindheit war sie wohl die einzige Schwester gewesen, der er dankbar gewesen war. Obwohl er für sie nichts weiter als der lästige kleine Bruder gewesen war, dem sie aus einem naiven Verantwortungsgefühl heraus half.

[Eines Tages habe ich mit ihm das Haus Pey besucht und wurde Zeugin, wie ein Mann starb, der dort zu Gast war. Hwarit hat es nicht mitbekommen. Aber Ryun … Wie soll es so einem kleinen Jungen schon gehen, wenn er einen Mann vor seinen Augen sterben sieht? In jenem Augenblick hat sich sein Geist geöffnet.]

[Und Ihr konntet seinen Geist lesen!]

Karindol kicherte. [Ja. Die komische Bezeichnung ›Vater‹ war darin lange zu lesen.]

[Vater?]

[Der Mann war wohl ein Partner seiner Mutter. Jedoch habe ich noch etwas anderes gelesen. Damals war Ryun noch Novize.]

Swachi konnte sich ein ungefähres Bild von der Situation machen. Karindol sandte ein Nirm, das einem Nicken entsprach, und fuhr fort: [Ich wusste innerhalb eines Augenblickes Bescheid: dass der Mann bestraft wurde, dass man die Prozedur ›Herzzerstörung‹ nennt und dass die Herzzerstörung eine geheime und schreckliche Strafe ist, bei der das im Herzturm aufbewahrte Herz zum Platzen gebracht wird.]

Swachi hatte das Gefühl zu ersticken. Und das lag nicht nur an dem, was er soeben erfahren hatte. Ein Xyker war plötzlich auf seinen Hals gerichtet.

Karindol schob die Klinge zwischen seine Halsschuppen und nirmte langsam: [Also, da ich alle Geheimnisse der Hüter kenne – was wirst du nun mit mir machen?]

[Wenn Ihr das alles damals gelesen habt, Karindol Makerow, dann wisst Ihr auch, warum es ein Geheimnis ist, nicht wahr?], nirmte Swachi zitternd.

[Ja, das weiß ich. Wenn dieses Geheimnis gelüftet würde, würden sich Idioten aus Angst, dass man sie mit einem Fingerschnippen töten kann, das Herz nicht entnehmen lassen. Damit würden wir Nagas unsere größte Stärke verlieren und unter die Knute der Getreide fressenden Ungläubigen geraten.]

[Wenn Ihr den Grund versteht ...]

[Andere Frauen kennen dieses Geheimnis ebenfalls. Aber statt den Herzturm zu zerstören oder die Hüter zu verbrennen, lassen sie sie in Ruhe, sodass sie weiter Herzen entnehmen können, weil der Grund für diese Geheimnistuerei gerechtfertigt ist. Nur Männer können zum Bräutigam der Göttin werden. Deswegen sind wir Frauen in dieser Hinsicht machtlos. Und die Hüter nutzen die Herzzerstörung nicht nach Gutdünken, weil ...]

[Weil, wie Ihr so vortrefflich genirmt habt, die Gefahr hoch ist, dass die Frauen erzürnt sein könnten, wenn Männer die Gerichtsbarkeit über Leben und Tod in den Händen halten, und deswegen alle Hüter auf dem Scheiterhaufen verbrennen und den Herzturm zerstören könnten, was wiederum die Verbindung der Nagas zu unserer Göttin vernichten würde, womit wir das Schicksal der Duokxinis teilen würden.]

[Wirst du mich bei den Hütern im Herzturm verraten?]

[Nein, werde ich nicht. Ich weiß jetzt, dass Ihr anders als andere Frauen seid. Nur für die Frauen, die nicht rational denken, muss die Herzzerstörung ein Geheimnis bleiben.]

[Eine weise Entscheidung.]

Die Waffe verschwand. Swachi berührte seinen Hals und bemerkte, dass ein paar Schuppen fehlten. Woher hatte sie den Xyker? Er hatte keinen im Zimmer gesehen. Ob sie ihn unter dem Bett versteckt hatte?

[Seid Ihr nicht wütend, Karindol Makerow?]

[Wütend?]

[Während meiner Novizenzeit habe ich sehr oft von meinen Lehrern gehört, dass Frauen wütend werden könnten, falls sie von diesem Geheimnis erfahren. Weil sie glauben, unbesiegbar zu sein, aber in Wirklichkeit schwache Wesen sind, die jederzeit durch eine einfache Handbewegung, zu der nur Männer fähig sind, sterben können. Aber Ihr wirkt sehr gelassen auf mich.]

[Habe ich das nicht bereits genirmt? Die Herzentnahme ist für uns Nagas notwendig. Dass die Hüter damit ein bisschen Macht in die Hände bekommen, ist unvermeidlich. Außerdem ist den Hütern sehr wohl bewusst, was ihnen blüht, wenn sie diese Macht missbrauchen. Daher gibt es nichts, worüber man sich aufregen sollte.]

[Nicht jeder denkt so rational.]

[Ich habe vor elf Jahren von dieser Sache erfahren, Swachi. Fünf Jahre später bin ich in den Turm gegangen und habe mir das Herz entnehmen lassen. Ohne jegliche Furcht.]

Swachi verschlug es den Atem. Selbst wenn man glaubte, dass einem die Herzentnahmezeremonie die Unsterblichkeit brachte, hatten einige Nagas Angst davor. Karindol gehörte offenbar nicht dazu, obwohl sie gewusst hatte, dass die Entnahme bedeutete, ihr Leben in die Hände der Hüter zu legen.

[Ihr seid wahrlich eine mutige Frau.]

[Lass das. Das nirmen Männer nur, wenn sie selbst nichts tun und Frauen für sich arbeiten lassen wollen.] Doch dabei spielte ein Lächeln um ihre Lippen. [Mir ist bis heute nicht klar, warum das Herz jenes Mannes zerstört wurde.]

[Jenes Mannes?]

[Der Mann aus dem Haus Pey, der gestorben ist. Vielleicht weißt du etwas, weil du Novize warst. Warum hat man zur Herzzerstörung gegriffen, wenn man sie derart ungern zum Einsatz bringt? War er wirklich so gefährlich?]

[Wie war sein Name?]

[Ich kann mich nicht gut erinnern. Jos... Josbe oder Josbi, glaube ich.]

[Ja, es war Josbi. Nach diesem Vorfall hat Ryun sein Noviziat abgebrochen], nirmte Serisma.

Swachi nickte. Er massierte seine Beine, die nach dem Aufstieg ins fünfundfünfzigste Stockwerk protestierten. [Josbi war also Ryuns Vater. Dann verstehe ich, warum Ryun Angst vor der Herzentnahme hat.]

[Er hat alles mit angesehen, deswegen wollte er sein Herz nicht entfernen lassen.]

[Aber warum wurde Josbis Herz zerstört? War er wirklich so gefährlich?]

[Was weißt du über die Herzzerstörung?]

[Einiges.]

[Nein, du hast keine Ahnung. Du weißt vielleicht, was das ist, aber nicht, was es bedeutet. Wie Karindol Makerow vermutet hat, ist die Herzzerstörung ein sehr riskantes Werkzeug. Deswegen halten wir sie geheim, Swachi. Ebenso gefährlich wäre es, zu verraten, welche Schuld dieser Mann auf sich geladen hat. Es tut mir leid, aber ich kann deine Frage nicht beantworten.]

Swachi war nicht sonderlich unzufrieden, da ihn die Antwort auch nicht wirklich interessierte. Serisma, der Swachis gelassenen Geist wahrnahm, fuhr lächelnd fort: [Konntest du herausfinden, wer Hwarits Mörder ist? Hast du Beweise gefunden, die Karus Vermutung stützen, dass Vias ihn getötet hat?]

[Noch nicht. Der Umweg über Karindol erscheint mir zwar sicherer, aber mittlerweile denke ich, es wäre besser gewesen, wenn ich von Anfang an versucht hätte, Vias näherzukommen. Karindol hat mir keine nützlichen Informationen gegeben. Und wegen der Fehde zwischen den beiden ist es im Moment schwierig, an Vias ranzukommen.]

[Das bedeutet, dass der Plan an einem seidenen Faden hängt.]

Swachi senkte den Kopf.

[Ich muss nicht noch einmal betonen, wie wichtig das Gelingen des Plans ist. Karu oder du, einer von euch muss herausfinden, wer Hwarits Mörder ist. Nur dann wissen wir, wen wir zum Großtempel schicken dürfen und wen nicht. Es mag keine leichte Aufgabe sein, aber du musst dein Bestes geben, Swachi.]

Swachi nickte entschlossen. Es war von größter Bedeutung.

[Also, erzählst du mir von dem Plan?]

Zu Tode erschrocken sah Karu Samo an. Aber sie blickte bloß in den Himmel. Sie saßen auf mittlerer Höhe der Pyramide. Die Fledermäuse, die sie nach draußen geleitet hatten, schmückten, zu glänzenden heißen Lichtern geworden, den Nachthimmel, während sie über den Wald flogen. Widerstrebend öffnete Karu seinen Geist, den er bisher geschlossen gehalten hatte.

[Plan? Wovon nirmt Ihr?]

Samo drehte sich zu ihm um.

[Anscheinend geht es um etwas ziemlich Wichtiges. Dann will ich dir mal unter die Arme greifen, damit es dir etwas leichter fällt, eine Entscheidung zu treffen. Was hat es mit diesen Ungläubigen auf sich, die plötzlich aufgetaucht sind, als hätten sie nur darauf gewartet, meinen Bruder mitzunehmen? Wieso sollten Ungläubige, und dazu noch drei von ihnen, einfach so in Kiboren herumrennen? Das lässt nur eine Schlussfolgerung zu: Sie sind gekommen, um jemanden zu treffen. Und jetzt ist mein Bruder bei ihnen.]

Letzteres fand auch Karu seltsam. *Nur Hwarit kannte das Erkennungszeichen. Ryuns Gefährten muss klar sein, dass Ryun nicht die Person ist, die sie erwarteten. Warum haben sie ihn trotzdem mitgenommen? Hat er sie gebeten, ihm bei der Flucht zu helfen?*

Samo fuhr fort: [Sie müssen also gekommen sein, um meinen Bruder abzuholen. Und du, du bist gekommen, um zu gewährleisten, dass sie ihn mitnehmen.]

[Ich bin vom Haus Makerow ...]

[Karu, du kennst dich mit Duokxinis besser aus als ich. Ich denke nicht, dass du mir in diese schreckliche Pyramide gefolgt bist, bloß um sicherzugehen, dass ich meine Mission erfülle. Du hättest ebenso gut nach Hatengrazu zurückkehren und deinen Leuten mitteilen können, dass Ryun von Duokxinis gefressen wurde. Oder schlichtweg auf das Gold verzichten. Aber du hast mich in die Pyramide begleitet. Warum hättest du das tun sollen, außer du bist gar nicht im Auftrag des Hauses Makerow unterwegs? Man muss kein Genie sein, um zu erahnen, dass du einen Plan verfolgst, von dem ich nichts weiß.]

Karu rückte von Samo ab. Doch sie blieb weiter ruhig sitzen, als wäre es ihr gleichgültig, ob er floh oder nicht. Schließlich stieß Karu gegen einen hervorstehenden Stein, sodass er nicht mehr weiterkonnte. Ihm erschien die gesamte Situation absurd.

[Was soll mir das alles also sagen?], fuhr Samo fort. [Einige Nagas arbeiten heimlich mit den Ungläubigen nördlich der Grenzlinie zusammen. Ich weiß nicht, warum, aber es gibt wohl einen Plan, meinen Bruder über die Grenze zu bringen.]

Sie bedrohte Karu weder mit einem Messer noch mit der Faust. Sie erhob sich nicht einmal. Sie sandte lediglich besonnenes Nirm. Ihr Verhalten signalisierte Karu deutlich, dass er fliehen konnte, wenn er wollte, und genau deswegen tat er es nicht. Er wusste nicht, warum Samo sich so verhielt.

[Wir haben ein Problem, wenn du meine Fragen nicht beantwortest, Karu. Ich muss wissen, was das für ein Plan ist, für den mein Bruder seinen besten Freund so brutal ermordet hat?]

[Es kann sein, dass Ryun es nicht war.]

[Was?]

Samo war sichtlich überrascht. Er bereute sein voreiliges Nirm, aber er konnte es nicht mehr zurücknehmen.

Samo stellte ihn eindringlich zur Rede. [Was meinst du damit, es kann sein, dass Ryun es nicht war ...? Glaubst du nicht, dass er Hwarits Mörder ist?]

[Ich denke, dass man diese Möglichkeit nicht ausschließen kann. Ich bin Euch gefolgt, um genau das herauszufinden.]

[Wenn er Hwarit nicht getötet hat, wer dann?]

Karu hatte das Gefühl, dass er jetzt nichts mehr verheimlichen konnte. [Ich glaube, dass Vias Makerow es getan haben könnte.]

Samo verstand nicht. [Vias Makerow hat ihren eigenen Bruder getötet? Diese absurde Geschichte soll ich dir abkaufen?]

[Wäre das denn so abwegig? Ihr wollt doch genau dasselbe wie ich: Beweisen, dass Ryun es nicht war], entgegnete Karu angriffslustig und bereute es sogleich. Samo wandte ihr Gesicht ab, als leide sie.

[Es tut mir leid, Samo Pey.]

Sie nirmte, ohne ihn anzusehen: [Erklär mir, warum du Vias verdächtigst.]

[Niemand weiß, wo sie sich am Tag des Mordes aufgehalten hat. Aber sie besitzt eine Zugangserlaubnis für die Fachbibliothek. Sie hat ihren Bruder zutiefst gehasst. Das hat mir Hwarit selbst erzählt. Er hat sogar befürchtet, dass seine Schwester ihn umbringen will.]

Samo stieß einen tiefen Seufzer aus. [Meine Güte. Es war Vias.]

[Wie bitte?]

[Vias hat ihren eigenen Bruder ermordet. Wie grausam!]

[Aber ... warum seid Ihr Euch jetzt so sicher?]

[Ich wusste von Anfang an, dass Ryun seinen Freund nicht getötet hat], nirmte sie, den Blick wieder zum Himmel gerichtet.

Das erstaunte Karu. [Was? Was meint Ihr damit?]

[Weil Hwarit nicht von vorne niedergestreckt wurde.]

[Was?]

[Der Xyker hat ihn in den Rücken getroffen. Und der Tatort war in der Nähe des Eingangs. Ich denke nicht, dass er getötet wurde, als er die Bibliothek verlassen wollte. Er hätte den Mörder entdeckt, wenn er sich umgesehen hätte.]

[Könnte es nicht sein, dass er den Mörder gesehen hat und auf der Flucht getötet wurde?]

[Man flieht nur, wenn man sich sicher ist, dass jemand einen töten will. Hätte Hwarit geglaubt, dass Ryun ihn umbringen will? Wohl kaum. Außerdem ist es schwer, einem Flüchtenden mit einem Hieb den Rücken aufzuschlitzen. Hwarit hat die Bibliothek betreten und ist direkt am Eingang unerwartet von einem Schwerthieb niedergestreckt worden. Wie sollte das möglich sein, wenn Ryun sich in der Bibliothek versteckt hat?]

[Und wenn er nach Hwarit dort eingetroffen ist?]

[Dann wäre Hüter Yubex noch am Leben gewesen, als Ryun die Bibliothek betrat. Hätte er Hwarit dann nicht vor Ryun gewarnt? Hätte Hwarit dann nicht bemerkt, wenn Ryun zuerst Yubex umgebracht hätte? Mir scheint beides sehr unwahrscheinlich.]

[Da stimme ich Euch zu!]

[Der Mörder hat zuerst Yubex umgebracht. Dann hat er ihn grausam zerstückelt und die Leichenteile versteckt. Anschließend hat er die Bibliothek verlassen, hat dann heimlich Hwarit zu sich gerufen und ihn in die Bibliothek geführt. Hwarit ging vor, und der Mörder hat ihn dann von hinten mit dem Schwert erschlagen. Das ist nicht die Tat eines Nagas, der wegen seiner Angst vor der Herzentnahme nicht bei Sinnen ist. Diese Tat war akribisch geplant.]

Karu konnte nicht anders, als Samo zu bewundern. Gleichzeitig fiel ihm Swachis Theorie ein.

[Weiß man mit Sicherheit, dass es nicht Ryun gewesen sein kann? Was, wenn er nur so getan hat, als leide er an einer Herzentnahmephobie, weil das Teil seines Plans war?]

Samo sah ihn ausdruckslos an. [Also war die Person, die ihr ursprünglich über die Grenzlinie schicken wolltet, nicht Ryun, sondern Hwarit. Deswegen glaubst du, Ryun könnte ein Attentäter sein.]

Karu entschloss sich, ehrlich zu sein. Samo konnte man nicht mit einer Lüge hinters Licht führen.

[Ja, wir wollten eigentlich Hwarit schicken. Aber ausgerechnet er wurde getötet. Ich möchte herausfinden, ob es Ryun oder Vias war.]

[Wie konnte Ryun mit den Ungläubigen zusammenkommen, wenn es stimmt, was du sagst?]

[Äh ... Ryun gab vor, Hwarit zu sein, und fügte sich somit selbst in unseren Plan ein. Sozusagen ein Austausch.]

Samo schüttelte langsam den Kopf. [Du scheinst viel darüber nachgedacht zu haben. Trotzdem kann das nicht sein. Ich kenne Ryun. Doch ist das meine subjektive Meinung, deswegen wirst du mir ohne Beweise nicht zustimmen. Lass mich also objektiv bleiben. Hätte er Hwarits Platz einnehmen wollen, hätte er ihn nicht so brutal getötet. Natürlich ist es denkbar, dass die Umstände ihm keine andere Möglichkeit gelassen haben, dennoch bleibt eine Sache seltsam, und das bringt mich zu einem anderen Punkt: Ich wurde bisher von niemandem angegriffen.]

[Was?]

[Hätte Ryun Hwarits Platz einnehmen wollen, müsste es Leute geben, die das geplant und ihn dementsprechend vorbereitet haben. Ich glaube, nicht einmal dir fällt eine Erklärung ein, wie er das alles ganz alleine zustande gebracht haben soll. Wenn es Leute im Hintergrund gibt, die Ryun über die Grenzlinie bringen wollen, wie du und deine Leute zuvor Hwarit, bin ich ihnen ein Hindernis. Sie hätten bereits versucht, mich aus dem Weg zu räumen. Aber so ein Versuch wurde nie unternommen.]

Karu war beeindruckt. Samo lag mit ihrer Vermutung goldrichtig.

[Deswegen steht fest, dass dieser Austausch nicht geplant war. Euer Vorhaben, das mir unbekannt ist, ist nicht aufgeflogen, Karu. Die einfache Erklärung ist immer wahrscheinlicher als die komplizierte.]

[Die einfache?]

[Ich fasse es für dich zusammen. Erstens: Vias hat Hwarit ermordet. Warum, weiß ich nicht. Aber Hwarit scheint geglaubt zu haben, dass sie ihre Gründe hat. Ryun, der wegen seiner Angst geflohen ist, findet seinen im Sterben liegenden Freund. Dass er so etwas mit seinen eigenen Augen sehen

317

musste ... Jedenfalls hat Hwarit ihm den Plan anvertraut und seine Aufgabe an ihn übergeben, bevor er gestorben ist. Ryun hat die Bürde seines Freundes auf sich genommen. Es war einerseits die letzte Bitte seines Freundes, andererseits hatte er ohnehin vor zu fliehen und keinen Grund, ihm diese Bitte abzuschlagen. Das ist die einfachste Erklärung. Und sie passt auch gut zu der aktuellen Situation.]

[Alles, was Ihr genirmt habt, ergibt Sinn! Ryun ist also kein Mörder! Und Ihr wusstet das von Anfang an?], fragte Karu sichtlich erfreut.

[Ich wusste, dass Ryun kein Mörder ist.]

[Dann, äh, warum habt Ihr das nicht schon damals genirmt?]

[Wann?]

[Als das Haus Makerow das Shozain-te-Shiktol gefordert hat. Warum habt Ihr dem Rat nicht mitgeteilt, was Ihr mir gerade genirmt habt? Dann wäre Euer Bruder von dieser falschen Anschuldigung freigesprochen und Ihr nicht zur Attentäterin ernannt worden.]

Samo nirmte mit bitterer Miene: [Karu, mein Bruder hat seinen Freund vielleicht nicht getötet, aber er hat eine andere Sünde begangen.]

[Eine andere Sünde?]

[Er hat sich das Herz nicht entfernen lassen. Er wird sowieso nicht überleben.]

Karu spürte, wie sich seine Schuppen aufrichteten. [Das heißt ... Ihr wollt mit Euren eigenen Händen ...?]

Er konnte das Nirm nicht beenden und schloss seinen Geist, um ihn sogleich wieder zu öffnen, weil er Samos Vorhaben nicht akzeptieren konnte. [Wir brauchen Ryun!]

[Weil er an Hwarits Stelle euren Plan ausführen muss? Was sollte Hwarit denn tun, das nun Ryun übernehmen soll?]

[Das kann ich Euch leider nicht nirmen. Was ich Euch erzählen kann, ist, dass seine Aufgabe von ungeheurer Wichtigkeit ist. Er hat diese Aufgabe auf Bitten seines Freundes übernommen, ohne dass wir ihn dazu aufgefordert hätten. Bitte legt ihm keine Steine in den Weg. Ihr wisst, dass er nicht Hwarits Mörder ist. Die Voraussetzungen für das Shozainte-Shiktol sind nicht mehr erfüllt. Ich verstehe, dass Ihr ihn lieber selbst töten wollt, anstatt zusehen zu müssen, wie er von jemand anderem umgebracht wird. Aber wenn er sicher über die Grenzlinie kommt, wird ihn kein Naga mehr töten können! Ryuns Leben wäre gerettet!]

Samo sah ihn erbost an. Verblüfft von ihrer Wut nirmte er weiter: [Meint Ihr denn nicht auch? Ihr braucht Euch keine Sorgen wegen anderer Nagas zu machen. Solange Ihr ihn nicht verfolgt, wird er die Grenzlinie bald erreicht haben. Er hat schließlich hervorragende Gefährten. Welcher Naga soll ihn dann töten?]

[Karu!]

[Ja?]

[Mein Bruder ist ein Naga. Kein Naga überlebt nördlich der Grenzlinie.]

Als Karu begriff, worauf sie hinauswollte, rieben seine Schuppen laut aneinander.

Samo nickte. [Genau. Ihr habt schließlich nicht einfach aus einer Laune heraus entschieden, dass Hwarit sich das Herz entnehmen lassen sollte, bevor er aufbricht. Er hätte zurückkommen können. Mein Bruder nicht. Weil er sein Herz noch hat, wird er an jenem kalten Ort zunächst aufs Bitterste leiden und schließlich sterben. Du hast recht, kein Naga kann ihn töten. Stattdessen wird die schreckliche Kälte ihn qualvoll umbringen. Selbst Nagas ohne Herz können an diesem unbarmherzigen Ort nicht überleben, um wie viel größer müssen die Schmerzen meines Bruders, der sein Herz noch hat, dort ... Ach, vergiss es! Ich lasse das nicht zu! Das wäre noch entsetzlicher, als von einem fremden Naga getötet zu werden!]

Karu spürte, wie die Kraft aus seinem Körper wich. Er stützte sich mit beiden Händen auf dem Boden ab, um nicht umzukippen. Die Steine der Pyramide, die vom Tag aufgeheizt waren, gaben immer noch Wärme ab. In den Augen der Nagas glänzten sie.

[Ich bitte Euch um Ryuns willen, gewährt ihm diesen schrecklicheren Tod, Samo Pey ...]

Samo antwortete nicht. Karu begann zu schluchzen. Seine Tränen fielen auf einen Stein, wurden zu kleinen Blitzen und kühlten bald schwarz ab.

[Samo Pey, Ihr werdet mir niemals verzeihen, dass ich Euch so etwas nirme. Ja, ich habe erst jetzt erkannt, dass auf Ryun ein schrecklicher Tod wartet. Trotzdem, ja, trotzdem bleibt diese Angelegenheit äußerst wichtig. Dieser Auftrag, den Hwarit ausführen sollte und den jetzt Ryun ausführen wird, ist wichtiger als alles andere auf der Welt. Meint Ihr nicht auch, dass Ryun die Bedeutsamkeit dieser Angelegenheit bewusst war und er sie deswegen übernommen hat? Bitte, lasst Euren Bruder gehen. Ich weiß, dass Ihr ihm einen angenehmen Tod bereiten wollt. Ebenso weiß ich, dass Euch das enormen Kummer bereitet, weil es das letzte Geschenk ist, das Ihr ihm als seine Schwester machen könnt. Dennoch bitte ich Euch, lasst ihn seine Aufgabe erfüllen, auch wenn er dafür einen qualvollen Tod in Kauf nehmen muss. Ich bitte Euch.]

Samo schwieg weiter. Das erfüllte Karu mit Traurigkeit. Ihm wäre es lieber gewesen, sie hätte ihn beschimpft und beleidigt. Er konnte die Situation nicht länger ertragen und hob den Kopf.

Sie war nicht mehr da.

Überrascht stand er auf, sah sich um und entdeckte sie weit unten, beinahe schon am Fuße der Pyramide. Weder an ihrem kerzengeraden Rücken noch an ihren präzisen Schritten war ihre Traurigkeit zu erkennen. Bestürzt sah er ihr nach und wiederholte: [Es tut mir leid, Samo Pey. Es tut mir leid! Ich bitte Euch, lasst Euren Bruder gehen!]

Die Dunkelheit Kiborens, die sich in dem Tau wusch, der die Rinde harter Bäume herunterlief und die inmitten des feucht-schattigen Dufts der Pflanzen lautlos der Sonne entgegenheulte, war ein uneheliches Kind der Nacht. Sie lehnte seit töricht langer Zeit das Sonnenlicht beharrlich ab und war von dem grünen Boden aufgezogen worden. Ryun und seine Gefährten bewegten sich auf ihrem Weg nach Norden durch diese Dunkelheit, die von Westen nach Osten floss. Es gab nur einen einzigen Hinweis, dass sie der Grenzlinie mittlerweile ziemlich nah waren: die Temperatur. Ryuns Bewegungen wurden merklich langsamer.

In Anbetracht dessen, dass ihnen die Attentäterin auf den Fersen war, gefiel das Kaygon nicht. Schließlich befahl er dem Naga, Sodrag einzunehmen. Allerdings schränkte er die Dosis auf eine Pille am Tag ein, da er wegen der Nebenwirkungen Bedenken hatte. Ryun rannte siebzehn Minuten lang mit voller Geschwindigkeit, und die anderen folgten ihm. Um zu vermeiden, dass der Naga völlig erschöpft von der Gruppe getrennt zusammenbrach, bat Kaygon Tinahan, der als Einziger bei dieser Geschwindigkeit mithalten konnte, Ryun direkt zu begleiten. Dadurch gestaltete sich die Reise der Gruppe ziemlich seltsam. Im Morgengrauen schluckte Ryun, der sich zuvor dürftig am Feuer aufgewärmt hatte, das Sodrag und rannte zusammen mit Tinahan nach Norden. Wenn die Wirkung nachließ, warteten sie auf ihre Gefährten. Am Nachmittag holten Kaygon, Bihyung und Nanui sie ein. Die Gruppe schlug ihr Nachtlager auf, und am nächsten Tag begann alles von vorne. Bihyung war von der Wirkung des Sodrags beeindruckt und wollte es auch einmal probieren. Aber Kaygon riet ihm davon ab.

»Bei warmblütigen Kreaturen bleibt es wirkungslos. Es ist nur bei Nagas und Pflanzen effektiv.«

»Bei Pflanzen?«

»Soviel ich weiß, wurde Sodrag ursprünglich für Bäume entwickelt. Zufällig hat sich herausgestellt, dass es auch für Nagas nützlich ist.«

Dank Kaygons Notlösung konnte die Gruppe ihr hohes Tempo mehr oder weniger beibehalten. Aber je weiter sie nach Norden kamen, desto schneller ließ die Wirkung des Sodrags nach. Schließlich holten die anderen Ryun und Tinahan bereits vor der Mittagsstunde ein.

»In der Nähe der Grenzlinie entfaltet das Sodrag gerade einmal so viel Wirkung, dass ein Naga sich wie in seiner Heimat bewegen kann«, erinnerte Kaygon seine Gefährten. »Wir sind schon ziemlich weit nach Norden vorgedrungen. Für uns ist es immer noch warm, aber für Ryun ist es schon eisig kalt.«

Der Naga, der ziemlich mitgenommen aussah, stimmte Kaygon zu und fragte: »Und wenn ich das Sodrag zweimal am Tag nehme? Eine Pille am Vormittag und eine am Nachmittag.«

»Nein, so weit musst du nicht gehen. Die Attentäterin wird ebenso Schwierigkeiten haben, uns zu verfolgen. Außerdem müsstest du dann noch eine dritte nehmen, wenn uns ein Spähtrupp begegnen sollte. Dann wird es gefährlich für dich.«

»Was ist, wenn ich ihn auf dem Rücken trage und renne?«, schlug Tinahan vor.

»Wenn er kein Sodrag nimmt und er mit solcher Geschwindigkeit fortbewegt wird, könnte er erfrieren. Er hat sein Herz noch. Das Risiko ist zu groß«, meinte Kaygon.

Er dachte eine Weile über das Problem nach und sagte dann: »Tinahan, trag Ryun doch auf dem Rücken. Deine Federn und deine Körpertemperatur werden ihm helfen, die Kälte zu ertragen. Aber du rennst nicht vorneweg, sondern bleibst bei uns. Wir gehen so langsam, dass es dir nicht zu heiß wird. Sag bitte sofort, wenn es dir auch nur ein bisschen zu warm wird.«

Sowohl Bihyung als auch Tinahan konnten den Dschungel mittlerweile so gut einschätzen wie Kaygon. Das Wichtigste war die Körpertemperatur, um die Geräusche brauchte sich niemand zu kümmern. Im dichten Dschungel durfte man nach Herzenslust herumlaufen und rascheln, aber die Stellen, wo der Wald sich lichtete und man deshalb gut durchkam, sollte man eher meiden. Dort konnten Spähtrupps auftauchen, die den Wald aufforsteten. Über Erde oder Gras durfte man nach Belieben laufen, auch wenn dort Fußspuren zurückblieben, hingegen musste man vorsichtig sein, wenn man über Felsen lief, weil sie durch die Körpertemperatur erwärmt werden konnten. Das galt jedoch nicht für die Steine, die der Mittagssonne ausgesetzt waren.

Nach und nach eigneten sich der Dokebi und der Lekon auf der Reise ein beachtliches Wissen an. Sie waren erstaunt, als Kaygon plötzlich verkündete: »Wir haben die Grenzlinie überschritten.«

Tinahan sah sich um. Der Wald, der sich um ihn herum erstreckte, sah genauso aus wie die Tage zuvor. Die Bäume waren haargenau so majestätisch, und die Hitze nervte ihn immer noch. Dennoch fügte Kaygon ruhig hinzu: »Gut gemacht, alle miteinander.«

Kaygon hatte bisher keine der zahlreichen Dummheiten seiner Gefährten getadelt, aber gelobt hatte er sie ebenso wenig. Bihyung war überrumpelt. Als er die Reaktion des Dokebis bemerkte, machte Kaygon auf einmal ein merkwürdiges Gesicht. Es erinnerte Bihyung an seinen eigenen Gesichtsausdruck, den er aufsetzte, wenn er vor Bauh Moridol einen peinlichen Fehler gemacht hatte.

Kaygon erklärte mit der ihm eigenen freundlichen und zugleich monotonen Stimme: »Die Grenzlinie ist natürlich nicht genau messbar, aber weil bei diesen Temperaturen die Wahrscheinlichkeit, dass uns Spähtrupps über den Weg laufen, gleich null ist, kann man sagen, dass wir die Grenzlinie überschritten haben. Natürlich müssen wir jetzt damit rechnen, Wegelagerern zu begegnen, die sich gerne in diesem Gebiet aufhalten. Aber niemand, der einigermaßen bei Verstand ist, würde sich einer Gruppe mit einem Lekon nähern. Deswegen braucht Ihr nicht mehr so angespannt zu sein wie bisher. Bihyung, setz Ryun in Brand.«

Wegen seines ruhigen Tonfalls begriffen die Gefährten erst mit einiger Verzögerung, was Kaygon eben gesagt hatte. Ryun und Bihyung schrien fast gleichzeitig: »Wie bitte?«

Doch Kaygon hatte nicht vor, den Naga zur Feier des Tages zu braten. Er bat Bihyung um eine Dokebi-Flamme, die kein Licht, aber Wärme ausstrahlte, und Bihyung hüllte Ryun darin ein. Wie verzaubert kam der Naga wieder zu Kräften und war in der Lage, auf seinen eigenen Füßen zu stehen. Tinahan war begeistert und fragte, warum sie das erst jetzt machten.

Bevor Kaygon das Wort ergreifen konnte, sagte Ryun: »Die Flamme, die mich umhüllt, ist ungefähr genauso warm wie deine Körpertemperatur.«

»Das bedeutet, dass du so aussiehst wie wir. Wir wurden gesehen, was ist also schon dabei, wenn auch du noch sichtbar bist ...«

»Du verstehst mich nicht ganz. Mein gesamter Körper hat dieselbe Temperatur. Wie sehr würdest du auffallen, wenn du von Kopf bis Fuß in einer grellen Farbe gekleidet durch den Wald laufen würdest? In meinen Augen sehe ich jetzt aus wie eine Fackel.«

Der Lekon war einmal mehr von Kaygon beeindruckt. Wie gut sich dieser Mensch, der die Welt ganz anders wahrnahm, in den Geist der Nagas versetzen konnte!

Bihyung, der Kaygon früher in solchen Momenten überschwänglich bewundert hätte, betrachtete ihn jetzt nur, ohne ein Wort zu verlieren. Als Kaygon, dem dies nicht entging, zu ihm schaute, drehte er den Kopf weg und streichelte eines von Nanuis Hörnern. Kaygon entschloss sich zu warten. Und auch Bihyung erkannte, dass er auf den richtigen Moment warten musste.

In dieser Nacht saß Kaygon am Lagerfeuer. Bihyung setzte sich zu ihm, während Tinahan und Ryun nach langer Zeit wieder sorglos in einen erholsamen, tiefen Schlaf gesunken waren. Der Mensch sah den Dokebi ruhig an und schwieg.

Als die Sterne, die der fünften Tochter der Nacht so sehr glichen, am Himmel erschienen, öffnete Bihyung den Mund.

»Ich möchte dir danken, dass du uns sicher bis hierher gebracht hast. Du hast es schwer mit uns gehabt?«

»Es gab für mich nie einen Moment, der mir sonderlich schwergefallen ist.«

»Wir sind seit etwa drei Monaten zusammen unterwegs. Ich konnte sehen, dass das Wissen, das du dir bei der Jagd auf die Nagas angeeignet hast, wahrlich erstaunlich ist. Heißt es nicht, dass sich nicht der Hirtenjunge, sondern der Wolf am besten mit den Schafen auskennt?«

»Wahrscheinlich würden die Schafe das Wissen des Hirtenjungen mehr schätzen.«

»Und der Wolf ist eher daran interessiert, sein Wissen praktisch einzusetzen, als es bewerten zu lassen?«

»So ist es wohl.«

Bihyung wedelte urplötzlich mit der Hand. Daraufhin loderten die Flammen des Lagerfeuers wild auf, wurden höher, als Reisig und Laub es erlaubten, so hoch, dass sie fast das Gesicht des Menschen erreichten. Doch dieser sah Bihyung nur ruhig an.

Die Flamme war nicht heiß. Bihyung war erstaunt.

»Du bist nicht zurückgewichen. Hast du geahnt, dass ich nur dein Gesicht genauer betrachten wollte? Oder ist es dir egal, ob du verbrennst?«

»Was willst du mir eigentlich sagen, Bihyung?«

»Beantworte mir zuerst meine Frage. Das Erstere oder Letztere?«

»Das Erstere.«

»Das Erstere?«

»Ja. Wenn du mich verbrennen wolltest, hättest du mich direkt angezündet.«

Sichtlich erfreut rief Bihyung: »Du wirst keine Dokebis essen, habe ich recht?«

»Richtig. Und?«

»Dennoch kannst du die Absichten eines Dokebis absolut treffend einschätzen, obwohl du ein Kimm bist. Das heißt, dass du dich sehr gut in andere hineinversetzen kannst. Demnach kennst du dich mit Nagas nicht nur so gut aus, weil du sie jagst und isst, sondern ...«

Bihyung fuhr erschrocken zusammen und sah zu Ryun. Doch Kaygon blieb sorglos.

»Mach dir keine Gedanken, dass er aufwacht. Er kann uns nicht hören.«

»Hm ... Ich liege also richtig! Du kannst dich in die Lage der Nagas versetzen. Als wir uns zum ersten Mal begegnet sind, hast du gesagt, du weißt, dass sie nicht sterben wollen. Du erinnerst dich?«

»Ja, ich erinnere mich.«

Bihyung schlug sich mit der Faust kräftig gegen die Brust. »Mir ist es genauso gegangen!«

»Wie bitte?«

»Ich rede von den Duokxinis! Du hast von Tinahan gehört, was passiert ist?«

»Ja, das habe ich. Er war sauer, weil du kein Feuer gelegt hast.«

»Ich konnte sie nicht verbrennen. Ich habe ihre Traurigkeit gespürt. Von jenen, die ihren Gott verloren haben. Wie kann ich sie verbrennen, wenn ich ihre Traurigkeit und Wut fühlen kann?«

»Du wirst sterben.«

»Was?«

Kaygon neigte den Kopf ein wenig zur Seite und sah den Dokebi an. Plötzlich streckte er die rechte Hand aus und drückte die Flamme, die Bihyung zum Auflodern gebracht hatte, langsam nieder. Sogleich legte sich die Dunkelheit über sein Gesicht.

»Du wirst sterben, wenn du die Traurigkeit der anderen fühlst.«

Bihyung lief es eiskalt den Rücken herunter, und er schauderte. Das, worüber er nachdachte, seit er aus der Pyramide der Duokxinis entkommen war, und das er schlichtweg nicht in Worte fassen konnte, konkretisierte sich in diesem Gefühl.

Kaygon sprach, als ahme er Bihyung nach: »Ich liege falsch?«

Nein, er lag richtig. So war es ihm in der Pyramide ergangen. Konfrontiert mit blinder Wut, hatte er die Traurigkeit dahinter gesehen.

Der Dokebi ließ den Kopf hängen.

Kaygon fuhr fort: »Deshalb scheint der *Gott, der sich selbst tötet* euch Dokebis ein Leben gegeben zu haben, das euch nicht sterben lässt, selbst wenn es eure Körper tun.«

Bihyung hob ruckartig den Kopf. »*Der Gott, der sich selbst tötet* ...?«

»Leg dich schlafen, Bihyung. Es ist spät.«

Als Tinahan am nächsten Morgen die Augen aufschlug, glaubte er, noch zu träumen. Die Landschaft um ihn wirkte so surreal, dass man sie nicht einmal in der Fantasie eines wahnsinnig gewordenen Seelenwandlers zu sehen bekommen hätte.

Alle Bäume brannten lichterloh. Genauer gesagt, sie standen in Flammen, brannten aber nicht. Die Lohen schimmerten in allen möglichen Farben, was sie wie durchsichtige Juwelen aussehen ließ. Zwischen den Ästen hingen wabernde Wellen aus Feuer, die an Polarlichter erinnerten, und zwischen den Flammen flogen kleine Käfer, Skarabäen, Hirschkäfer und Langhornböcke mit flammenden Flügeln hindurch. Jeder Käfer, von der Größe eines Fingers, war von unterschiedlicher Farbe und Form und trug jeweils einen anderen Reiter. Hier und dort waren welche, die wie Dokebis, Lekons, Menschen oder Nagas aussahen, aber die meisten hatten eine sehr seltsame Gestalt, wie ein Glaskrug gefüllt mit Sternen, ein wirbelnder Blitz oder ein Vogel mit einem Hirschgeweih. Der spektakulärste unter ihnen war der Käfer, der eine fein gearbeitete Stadt auf dem Rücken trug. Er erinnerte Tinahan an einen Himmelsfisch. Mit heftig klopfendem Herzen sah Tinahan sich um und entdeckte schließlich Bihyung, der inmitten des Spektakels im Schneidersitz saß und seine Hände vor dem Gesicht zusammengefaltet hatte. Als er sie öffnete, flog ein kleiner Käfer daraus hervor. Er trug eine Flasche aus Blütenblättern auf dem Rücken, und darin befanden sich gläserne Blumen.

Ryun staunte und sah sich um. »Das Feuerbecken ist bereits abgekühlt!«

Bihyung änderte fortwährend nicht nur die Farben, sondern auch die Temperaturen. Der Naga sah eine etwas andere Umgebung als Tinahan, aber sie war nicht minder fantastisch. Da drehte Bihyung den Kopf.

»Habt ihr gut geträumt?«, fragte er mit einem breiten Grinsen im Gesicht.

»Ich glaube, ich träume jetzt! Was machst du da?«

Bihyung brach in Gelächter aus und erwiderte: »Ich hätte eigentlich gerne was getrunken, aber wir haben keinen Alkohol. Was meint ihr? Das ist nicht das Werk eines Betrunkenen?«

Tinahan sah den Dokebi verständnislos an, doch ehe er etwas sagen konnte, kam ihm Ryun zuvor: »Was ist Alkohol?«

»Das ist ein kaltes Feuer, in das man den Mond hineingetaucht hat. Ihr Nagas kennt keinen Alkohol?«

»Anscheinend nicht. Denn ich kann mir nicht einmal vorstellen, was das sein soll.«

Als die Gruppe nach dem Frühstück ihre Reise fortsetzen wollte, hielt Kaygon sie zurück.

»Bihyung, setz dich mit Ryun auf Nanui und flieg zum Großtempel.«

Damit überraschte er seine Gefährten.

Tinahan fand als erster seine Sprache wieder. »Äh, ist das nötig?«

»Südlich der Grenzlinie sind wir zu Fuß gegangen, um nicht die Aufmerksamkeit der Spähtrupps auf uns zu ziehen, nun aber haben wir keinen Grund mehr zu zögern. Der Großtempel will Ryun. Deswegen wäre es in Ordnung, wenn Tinahan etwas langsamer hinterherläuft. Natürlich würdest du nicht recht viel später dort ankommen, wenn du rennst.«

»Und du?«

»Ich komme nicht mit.«

Bihyung machte große Augen. »Du kommst nicht mit?«

»Nein. Wenn du Ryun auf dem Käfer mitnimmst, braucht ihr mich nicht mehr. Ich bin mit euch nach Kiboren hineingegangen und habe euch heil wieder herausgeführt. Damit ist meine Aufgabe als Lotse erledigt. Deswegen werde ich jetzt nach Hause gehen.«

»Aber solltest du nicht zum Großtempel mitkommen und deine Belohnung abholen?«

»Belohnung?«

»Äh, Zumunnuri hat mich zum Rettungstrupp geschickt und bekommt als Gegenleistung zweihundert Goldstücke vom Großtempel. Tinahan erhält finanzielle Unterstützung bei der Ausgrabung der Himmelsfisch-Ruinen?«

Tinahan nickte.

»Ich habe diese Aufgabe übernommen, weil es niemanden gibt, der besser über Kiboren und Nagas Bescheid weiß als ich«, sagte Kaygon. »Außerdem habe ich so etwas wie Schulden beim Großtempel. Es gibt also keine Belohnung, die auf mich warten würde.«

»Aber, äh, deine Aufgabe ist es, Ryun zum Großtempel zu bringen? Und das hier ist noch nicht der Großtempel?«, warf Bihyung ein.

»Auf dem Käfer ist nur Platz für zwei.«

Bihyung sah Tinahan Hilfe suchend an. Diesem fiel jedoch auch kein Argument ein, um Kaygons Worte zu entkräften. Es wäre in der Tat der schnellste und sicherste Weg, Ryun ans Ziel zu bringen, wenn Bihyung mit ihm auf dem Käfer dorthin fliegen würde. Dafür brauchte er Kaygon nicht, und Kaygon wusste das.

Nachdem er sich den Rucksack über die Schulter geworfen und Baragi an seinem Rücken befestigt hatte, schaute er seine Gefährten der Reihe nach an. Sein Blick blieb an Bihyung hängen. Dieser sah aus, als würde er gleich anfangen zu weinen.

Kaygon seufzte und sagte: »Bevor wir Abschied nehmen, möchte ich dir eine Geschichte erzählen, Bihyung.«

»Hm? Oh, was für eine Geschichte denn?«

»Eine Geschichte der Kitalzer Jäger. Es gab einst vier Vögel, sie waren Brüder. Jeder von ihnen ernährte sich von etwas anderem. Der Vogel, der Wasser trinkt, der Vogel, der Blut trinkt, der Vogel, der Gift trinkt, und der Vogel, der Tränen trinkt.

Der Vogel, der am längsten lebte, war der Vogel, der Blut trinkt. Welcher ist am frühesten gestorben, was glaubt ihr?«

»Der Vogel, der Gift trinkt!«, meinte Tinahan mit selbstgefälligem Gesichtsausdruck.

Aber Kaygon schüttelte den Kopf. »Nein. Es war der Tränenvogel.«

Peinlich berührt versteifte sich Tinahans Kamm. Ryun schmunzelte.

Bihyung, den es wegen des Wortes »Blut« immer noch schauderte, sagte mit zitternder Stimme: »Man stirbt schneller, wenn man die Tränen anderer trinkt?«

»Ja. Der Blutvogel lebt am längsten, weil er jenen kostbaren Schatz trinkt, den niemand hergeben will. Im Gegensatz dazu lässt man Tränen bereitwillig aus dem Körper strömen. Das kann doch nicht gut sein! Es ist ganz natürlich, dass man nicht lange lebt, wenn man so etwas Schädliches trinkt. Aber ...«

»Aber?«

»Es heißt auch, dass der Vogel, der Tränen trinkt, von allen am schönsten singt.«

Ryun und Tinahan konnten nicht ganz folgen. Bihyung jedoch strahlte.

»Lebt wohl.«

Damit wandte sich Kaygon ab und ging schnell davon. Die Gefährten waren irritiert und aufgewühlt. Als ihnen endlich passende Abschiedsworte eingefallen waren, war Kaygon schon so weit entfernt, dass er sie nicht mehr hören konnte, es sei denn, sie würden ihm hinterherschreien. Bihyung sah ihm gedankenverloren nach und nickte lächelnd.

Tinahan wiederum begann zu meckern: »Himmel noch mal, er scheint sich ja ziemlich zu freuen, uns endlich loszuwerden. Stapft davon, ohne sich auch nur ein einziges Mal umzudrehen.«

Doch seine beiden Gefährten konnten ihm nicht beipflichten, und er glaubte seinen eigenen Worten selbst nicht so recht. In den letzten drei Monaten hatte Kaygon sich kein einziges Mal so benommen, als wären sie ihm lästig gewesen. Unmöglich, dass er sie allein dank seiner Geduld die ganze Zeit über ertragen hatte.

Tinahan meinte schließlich ehrlich: »Tja, er fehlt mir jetzt schon. Bei ihm habe ich mich stets sicher gefühlt, aber nun fühle ich mich noch unsicherer als in Kiboren.«

»Wir werden ihn wiedersehen?«, fragte Bihyung, während er grinsend Nanui zu sich winkte.

»Ja, das werden wir. Bestimmt.«

Tinahan glaubte fest daran. Je länger er darüber nachdachte, desto überzeugter war er davon, dass es ein Wiedersehen geben würde.

Mit schnellen Schritten entfernte sich Kaygon von seinen Gefährten und verlangsamte sein Tempo erst, als er den Hügel auf der anderen Seite hinunterschritt.

Sein Auftrag war ausgeführt. Die Mönche des Großtempels taten allerlei seltsame Dinge, für die niemand eine zufriedenstellende Erklärung liefern konnte. Kaygon hatte auch nie eine von ihnen verlangt. Manchmal hatten die Mönche ihn auf eine Mission geschickt, die kein anderer auf der Welt ausführen konnte, und er hatte es getan, weil nur er dazu in der Lage war.

Auch nach diesem Auftrag empfand Kaygon keine Zufriedenheit. Es war müßig, wegen einer Sache zufrieden zu sein, die man unternommen hatte, ohne zu wissen, warum. Eines Tages würden die Mönche eine neue Mission für ihn haben. Bis dahin würde er sich um seine Hütte in Karabora kümmern und Nagas kochen; so würde er friedlich seine Tage verbringen.

Tage idyllischen Gemetzels.

Er sah sich um. Die Landschaft bewegte sich nicht mehr. Als er zu Boden sah, wurde ihm bewusst, dass er stehen geblieben war. Bedächtig sah er zu seinen Füßen hinunter.

Der Wind wehte.

»Der Blutvogel lebt am längsten, weil er jenen kostbaren Schatz trinkt, den niemand hergeben will. Aber wegen des Blutgeruchs leistet ihm niemand Gesellschaft.«

Kaygon ging in die Knie und ergriff Baragis Heft. Er spähte mit den blutunterlaufenen Augen einer Bestie in alle Richtungen. Dann erkannte er, dass die Stimme, die er eben gehört hatte, seine eigene gewesen war. Er stellte sich wieder aufrecht hin, ließ den Schwertgriff los und bedeckte das Gesicht mit beiden Händen.

»Es war nicht nötig, dem Dokebi das zu erzählen.«

Wie hießen sie noch mal?

Er war nicht irritiert, dass er sich weder an den Namen des Dokebis noch den des Lekons erinnern konnte. Was ihn verwirrte, war eher, dass er den Namen Ryun Pey noch nicht vergessen hatte. Es musste mit Josbi zu tun haben.

Er hat gesagt, dass er Josbis Sohn ist. Ein Verrückter, dieser Ryun!

»Ich bin Josbis Sohn, du verdammter Idiot! Was du von ihm bekommen hast, sind lediglich ein paar Tropfen Körperflüssigkeit, die notgedrungen aus ihm herausgeflossen sind. Dennoch betrachtest du ihn als deinen Vater? Ich habe seinen linken Arm gegessen!«

Kaygon tat energisch einige Schritte, als könnte er Ryuns Namen so schneller vergessen. Der wurde dadurch jedoch keineswegs ausgelöscht. Kaygon verspürte den Drang, Baragi zu ziehen und sich den Kopf, in dem Ryuns Name sich festgeklammert hatte, abzuschlagen.

Ich bin Josbis Sohn!

»Meine Väter sind ...«

Er zog Baragi, weil er es nicht länger ertragen konnte. Allerdings wich da bereits die Kraft aus seinen Knien. Er wollte sich auf Baragi abstützen, aber das Doppelklingenschwert rutschte zur Seite weg. Kaygon fiel vornüber zu Boden, wobei er mit Knien und Kinn heftig auf die Erde prallte. Baragi glitt aus seiner Hand.

Eine Wange auf der Erde, betrachtete er die Waffe. Sein Kopf schmerzte, doch er ignorierte es. Nach einer Weile lachte er auf. Von seinem Atem wirbelte Staub auf.

»Kaygon, du Dummkopf.«

»Kaygon, du Idiot.«

»Kaygon ...«

Wie heiße ich noch mal?

»Kaygon? Was machst du da?«

Er öffnete die Augen. Erst da merkte er, dass er in Ohnmacht gefallen war. Er stemmte sich mit beiden Händen vom Boden hoch, stand auf und sah in die Richtung, aus der die Stimme zu hören gewesen war. Der Dokebi kam näher.

Das ist Bihyung Slabl. Wie ein Sturm stiegen die Erinnerungen in ihm auf, sodass ihm ganz schwindlig wurde.

Er hat einen Käfer namens Nanui. Taumelnd setzte Kaygon sich wieder.

Oh, verdammt. Habe ich sie doch nicht vergessen? Angst übermannte ihn.

Auch die anderen nicht? Ist das möglich?

»Kaygon, geht es dir gut?«

Er klingt, als würde er sich wirklich Sorgen um mich machen. Kaygon runzelte die Stirn. *Aber er sieht irgendwie auch glücklich aus. Komisch. Er sorgt sich um mich, ist aber zugleich glücklich? Macht er sich etwa über mich lustig? Nein. Dann freut er sich vielleicht über unser Wiedersehen?*

»Du bist wohl verletzt. Tja, ich weiß nicht, ob ich mich freuen oder traurig sein soll.«

»Ich bin nicht verletzt. Aber warum solltest du dich freuen?«

Bihyung grinste breit. »Weil wir dich eingeholt haben, bevor du dich noch weiter von uns entfernen konntest. Du willst mich fragen, warum wir dir nachgelaufen sind?«

»Ja.«

»Nanui lässt Ryun nicht auf sich reiten! Was soll ich da machen?«, fragte Bihyung mit weit ausgebreiteten Armen.

Sein Gesichtsausdruck konnte seine Freude darüber nicht verbergen.

Ryun trat einen Schritt auf Nanui zu. Der Käfer, der an einem Stück Rinde kaute, das Tinahan ihm gegeben hatte, ruckte urplötzlich mit dem Kopf herum und streckte Ryun seine Hörner entgegen. Der Naga sah verunsichert zu Bihyung, aber der gab ihm mit der Hand ein Zeichen, dass er keine Angst zu haben brauche und einfach weitergehen solle. Ryun atmete tief ein und aus und machte wieder einen Schritt vor. Nanui ließ die Rinde fallen und trat zurück. Kaygon war nicht überrascht. Das war nun schon der dritte Versuch. Er sah den Dokebi an.

»Frag ihn, warum er ihn nicht aufsteigen lässt.«

»Ich habe ihn schon gefragt, bevor du gekommen bist. Er antwortet nicht?«

»Versuch es noch einmal.«

Bihyung zuckte mit den Schultern und näherte sich Nanui. Seine Hände bewegten sich, doch Nanui antwortete nicht. Normalerweise brachte der Käfer seine Meinung mit den Antennen zum Ausdruck. Aber wie lange Kaygon seine Antennen auch anstarren mochte und trotz Bihyungs wiederholter Gebärden, der Käfer schwieg beharrlich. Nachdem er Nanui wortlos beobachtet hatte, wandte sich Kaygon an Bihyung. Sein Blick verlangte eine Erklärung, aber bedauerlicherweise konnte dieser keine liefern.

»Ähm, hm, so ähnlich hat er auch reagiert, als er einmal einen Himmelsfisch gesehen hat. Ihr wisst, dass ein Käfer unter keinen Umständen in die Nähe eines Himmelsfisches will?«

»Und ob ich das weiß!«, rief Tinahan ungeduldig. »Ich bin nur deswegen immer noch nicht auf dem Rücken eines Himmelsfisches gewesen! Aber sieht Ryun etwa wie ein Himmels-fisch aus?«

»Ich sage ja nur, dass die Reaktion eine ähnliche ist. Wenn ich meinen Käfer frage, warum er sich auf keinen Fall einem Himmelsfisch nähern will, antwortet er nicht. Jetzt ist er auch so?«

»Da wir über einen Monat zusammen durch Kiboren ge-wandert sind, kann es nicht sein, dass ihm ein Naga fremd ist. Wirklich, ich habe keine Ahnung, was das soll«, meinte Kaygon und seufzte.

Seine Gefährten hatten alle denselben Gedanken: Kaygon würde Nanuis außergewöhnliches Benehmen nicht tadeln oder sich darüber beschweren.

»Dann wird sich der Großtempel noch etwas länger gedul-den müssen. Wir laufen alle zusammen«, sagte er schließlich.

»Heißt das, dass du wieder mit uns kommst, Kaygon?«, fragte Tinahan zufrieden.

»Wenn wir zu Fuß gehen, braucht ihr mich vermutlich.«

Auf den Gesichtern der anderen drei erschien ein Ausdruck der Erleichterung.

»Wegen dir verspäten wir uns. Warum bist du nur so stur?«, schimpfte Bihyung mit Nanui, aber den anderen entging sein breites Grinsen nicht.

Ryuns Lächeln war seltsam. Das bemerkte jedoch niemand, da Kaygon, der Einzige, der die Gesichtsausdrücke von Nagas genau deuten konnte, ihn nicht ansah. Während der Dokebi und der Lekon alle möglichen Spekulationen über das selt-same Verhalten Nanuis austauschten, strich Ryun sanft den Rucksack an seinem Rücken.

Wegen dem hier?

In diesem Moment zuckte Ryuns Rucksack kurz. Erschro-cken schrie er auf. Zum Glück war es nur ein geistiger Aufschrei, deshalb bekamen es die anderen nicht mit. Er sah sich in der Gruppe um und konzentrierte sich auf die Hand an seinem Rucksack. Aber er spürte nichts Außergewöhnliches.

Komisch, er hat sich doch gerade bewegt, oder?

Der Großtempel Hainsha nahm die gesamte Fläche des Parem-Berges von der Mitte bis direkt unterhalb der Gipfel ein. Von der Ebene aus betrachtet, sah er nicht wie ein einzelner Tempel aus. Zum einen, weil er die gigantische Fläche vom fünften bis zum achten Kamm des Berges einnahm, zum anderen, weil die einzelnen Gebäude kein einheitliches Bild abgaben. Zwischen ihnen gab es Täler, Wälder und Gipfel, sodass man nicht auf die Idee kam, sie gehörten zusammen. Das Gesamtbild erinnerte eher an eine Stadt, die den Berghang entlang gebaut worden war.

Die gewaltige Tempelanlage bewirkte, dass die Mönche stets eine gewisse Anspannung wie vor einer langen Reise verspürten, selbst wenn sie nur von einem Gebäude zum anderen gingen. Es wurde – selbstverständlich mit einer gewissen Übertreibung – sogar gescherzt, dass es einem Tod auf Wanderschaft gleichkomme, wenn ein Mönch innerhalb des Tempelgeländes starb. Wenn junge Novizen unterwegs zu einer anderen Klause auf dem Tempelgelände waren, fühlten sie sich, als würden sie durch ein abgelegenes Gebirge irren.

Der Tempel blickte auf eine lange und bewegte Geschichte voller faszinierender Ereignisse zurück, die seine kuriose Anlage erklärte. Orenol, der jüngste Mönch in der Ordensgeschichte, der den Rang »Große Tugend« erlangt hatte, kannte die Geschichte des Großtempels von der Grundsteinlegung bis zu diesem Tag in- und auswendig. Er ermahnte die jungen Mönche eindringlich, auf den Hainsha-Tempel stolz zu sein. Aber gerade fiel es ihm selbst schwer, auch nur einen Hauch dieses Stolzes zu empfinden, denn er war unterwegs zur Klause des Großmeisters Jutagi und litt mittlerweile unter Atemnot. Er fragte sich, welches Ereignis zuerst eintreten würde: sein Zusammenbruch aufgrund körperlicher Erschöpfung oder seine Ankunft beim Großmeister.

Es war unklar, ob er es dem Schutz des *Gottes, der nirgendwo existiert* oder seiner beachtlichen Beinmuskulatur, die sich während seines Mönchslebens herausgebildet hatte, zu verdanken hatte, jedenfalls brach er nicht zusammen, sondern konnte Großmeister Jutagi Bericht erstatten.

»Ein Drache ... hat ... die Augen ... geöffnet ... heißt es!«, keuchte er.

Dem Großmeister, der gerade den Gemüsegarten neben seiner Klause umgrub, fiel die Schaufel aus den Händen.

»Was hast du gerade gesagt? Ein Drache?«

»Ja, ein Drache hat die Augen geöffnet!«

Großmeister Jutagi fasste sich wieder, nachdem sein Bart kurz gezittert hatte, und hob die Schaufel auf.

»Lass uns erst einmal etwas trinken«, sagte er und lief zur schmalen Veranda; dort legte er Hut und Schaufel ab, ging in die kleine Küche und brachte Wasser in einer Kürbisschüssel hinaus. Er hielt sie Orenol entgegen, der ehrfürchtig, aber hastig trank.

Der Großmeister wischte sich mit einem Handtuch den Schweiß von der Stirn, bekam die Kürbisschüssel zurück und trank selbst einen Schluck. Dann sagte er: »Nun erzähl mal ganz ausführlich.«

»Unter den Meditierenden gibt es einen Seelenwandler.«

»Wie kann ein Seelenwandler ...?«

»Er hatte ein Empfehlungsschreiben vom Kashida-Tempel dabei, deswegen durfte er hier meditieren. Aber gestern soll er plötzlich erkannt haben, dass es in ihm einen Drachenmenschen gibt.«

»Erkannt?«

»Anscheinend wusste er das selbst nicht. Dieser Drachenmensch wurde vor sehr langer Zeit ein Teil des Seelenwandlers und hat wahrscheinlich bis jetzt in ihm geschlummert. Nun ist er urplötzlich erwacht und hat in der Arasit-Sprache gebrüllt, dass die Drachenwurzel ihre Augen geöffnet hat. Die Leute, die mit ihm gemeinsam meditierten, waren äußerst verunsichert.«

Das war ungewöhnlich, aber nicht unmöglich, dachte der Großmeister. Es kam vor, dass ein Seelenwandler eines Tages realisierte, dass in ihm die Seele eines vor mehreren Tausend Jahren verstorbenen Wesens schlummerte. Allerdings war es wahrscheinlicher, dass die jüngeren Seelen den Seelenwandler über die Existenz besagter Seele aufklärten. So alte Seelen erwachten nicht einfach. Wie sehr eine Person auch Teil des Seelenwandlers geworden sein mochte, war sie letzten Endes doch nicht unsterblich.

Wie konnte sie nach so langer Zeit erwachen?, fragte sich Jutagi. »Ist der Drachenmensch vollständig erwacht?«

»Nein. Er soll wieder eingeschlafen sein, nachdem er gebrüllt hat, dass ein Drache die Augen geöffnet hat. Dem Seelenwandler ist es auch nach mehrmaligen Versuchen nicht gelungen, ihn wiederzufinden. Anscheinend konnte er nur erwachen, weil der Seelenwandler tief in die Meditation versunken war.«

Großmeister Jutagi versuchte, seinen Geist zu beruhigen, und dachte über Orenols Worte nach. Meditation bedeutete, sich in sich selbst zu verlieren. Ein Seelenwandler hatte wahrscheinlich viele Selbsts, die es zu vergessen galt, und als der Meditierende all diese zahlreichen Selbsts vergessen hatte, ist möglicherweise das älteste unter ihnen an die Oberfläche getreten. Die Vermutung Orenols traf demnach ziemlich ins Schwarze.

»In der Arasit-Sprache, sagst du?«

»Ja. Der Seelenwandler scheint nicht einmal verstanden zu haben, was der Drachenmensch in ihm gesagt hat.«

»Woher weißt du, was gesagt wurde?«

»Großmeister Dehora, der die Meditation angeleitet hat, hat es mir unter vier Augen erzählt.«

Jutagi schlug sich auf den Oberschenkel. Großmeister Dehora war für sein fundiertes Wissen alter Sprachen und Schriften bekannt.

»Er hat auch gesagt, dass der Seelenwandler bereits das Interesse an dieser Sache verloren hat und es den anderen Meditationsteilnehmern ebenso ergehen würde. Während der Meditation schreien die Leute schließlich alle möglichen seltsamen Dinge heraus«, berichtete Orenol weiter.

Jutagi war erleichtert. »Bedeutet das, dass bisher nur Großmeister Dehora, du und ich davon wissen?«

»Und die Drachenmenschen, wenn es sie noch geben sollte.«

»Wieso sollte es sie noch geben? Um ein Drachenmensch zu werden, muss man eine Drachenwurzel essen. Wie lange ist es her, dass die Nagas die Drachenblumen ausgerottet haben?«

»In der säkularen Welt kursieren immer noch gelegentlich Gerüchte, dass Drachenwurzeln entdeckt wurden. Außerdem soll gestern eine Drachenwurzel die Augen geöffnet haben. Wenn das stimmt, bedeutet das, dass mindestens eine Drachenblume überlebt hat. Und wenn eine überlebt hat, können das auch andere getan haben, nicht wahr? Dann ist ebenfalls denkbar, dass sie jemand gegessen hat.«

Jutagi konnte Orenols Erklärung nachvollziehen. Er zählte die Perlen seiner Gebetskette, die er unbewusst in die Hand genommen hatte, und versank in Gedanken.

Orenol konnte seine Ungeduld nicht länger im Zaum halten und fuhr fort: »Wenn eine Drachenwurzel entdeckt worden ist, sie auch bereits gekeimt hat, aufgeblüht ist und dazu noch die Augen geöffnet hat, wird sie in den nächsten Tagen zu einem Drachen. Wir müssen sie schnell finden, bevor andere es tun. Bevor sie Ignoranten in die Hände fällt, die ihr Wesen beflecken und aus ihr eine Bestie machen. In der Welt wimmelt es nur so von Menschen, die sich zum König krönen wollen und dafür nicht einmal davor zurückschrecken, einen Drachen in ein Monster zu verwandeln.«

»Wie sollen wir das anstellen? Man muss ein Drachenmensch sein, um eine Drachenwurzel zu erkennen. Und der einzige Drachenmensch, den wir kennen, ist von tiefem Schlaf umfangen und kann nicht erwachen. Und selbst wenn wir einen anderen Drachenmenschen finden, er würde die Drachenwurzel essen wollen, also können wir von ihm keine Hilfe erwarten.«

»Wie schön wäre es, wenn Kaygon Draka hier wäre … Doch er befindet sich in einer Todeszone und wartet auf einen Naga, der niemals kommen wird.«

»Kaygon ist eine erstaunliche Persönlichkeit, das stimmt, aber selbst er kann aus einem gekochten Ei kein Küken hervorzaubern. Er ist kein Drachenmensch, deswegen wird auch er diesen Drachen nicht entdecken können – zumal wir nicht einmal wissen, wo wir suchen sollen. Dennoch, du hast recht. Wenn die Drachenwurzel bereits die Augen geöffnet hat, müssen wir sie so schnell wie möglich finden. Orenol, geh zu Meister Sohta und richte ihm aus, dass er einen Brief an alle Tempel aufsetzen soll.«

»Wie soll der Inhalt lauten?«

Die Gebetskette des Großmeisters hielt inne. Er betrachtete ruhig die Gipfel des Parem-Berges, die den Himmel auf ihren Köpfen trugen – von Jutagis Klause sah es aus, als wären sie direkt darunter –, und sagte: »Ich habe geträumt.«

»Wie bitte? Ihr habt geträumt?«

»Ja. In meinem Traum ist mir der *Gott, der nirgendwo existiert* erschienen. Er teilte mir mit, dass bald ein Drache auf der Welt erscheinen wird und dieser Drache seine Verkörperung ist, um unsere Welt zu retten, die sich in einer großen Not befindet.«

Mit offenem Mund starrte Orenol den Großmeister an. Jutagi lächelte mit den Augen, wobei sich seine tiefen Falten verzogen.

»Ich möchte die Mönche dazu verleiten, ein unsinniges Gerücht in die Welt zu setzen.«

»Was? Ein unsinniges Gerücht?«

»Ja. Müssen wir nicht die Menschen, die den Drachen zufällig entdecken, daran hindern, ihn nach Gutdünken an sich zu reißen? Wenn wir Glück haben, informieren diejenigen, welche die Drachenblume finden, einen Tempel über ihren Aufenthaltsort.«

Orenol stieß einen Ruf der Begeisterung aus. Doch er verzog gleich darauf das Gesicht. »Aber Großmeister, wäre das nicht eine Lüge?«

»Willst du damit sagen, dass das eine Verletzung des Gebots ›Du darfst nicht lügen‹ darstellt?«

»Ohne Zweifel. Die Mönche wären schockiert darüber, dass sie Lug und Trug in die Welt setzen sollen. Erst dann würden sie darüber diskutieren wollen, ob Eure Absicht hinter der Lüge richtig oder falsch ist. Wie könnt Ihr von ihnen verlangen, diese Lüge zu verbreiten?«

»Ach so, wenn es nur das ist … Damit habe ich kein Problem. Teile den Mönchen mit, dass das die Wahrheit ist. Dann verstoße nur ich allein gegen das Gebot.«

»Großmeister, wie könnt Ihr so etwas … Nein, das kommt nicht infrage.«

Orenol schüttelte entschieden den Kopf. Der Großmeister versuchte, Orenol zu überzeugen, aber als seine Bemühungen nicht fruchteten, schrie er ihn schließlich wütend an: »Hör mal zu, du ungezogener Bengel! Was erlaubst du dir eigentlich? Mir zu widersprechen, wenn ich sowieso schon alle möglichen Sünden mit mir herumschleppen muss und nun noch eine weitere auf mich nehmen will? Sitz nicht so faul da, sondern spute dich! Hast du schon vergessen, dass die Drachenwurzel die Augen geöffnet hat? Hoch von deinem Hintern, aber ein bisschen plötzlich!«

Großmeister Jutagi umfasste die Schaufel, die er an das Verandageländer gelehnt hatte. Bevor er noch Schläge kassierte, nahm Große Tugend Orenol die Beine in die Hand.

Mitten in der öden Ebene, wo selbst ein einziger Grashalm kostbar war, stand ein Turm, so einsam wie die verlorene Hoffnung.

Darin lag Ryun, den Blick nach oben gerichtet. Da der obere Teil des Turms vollständig zerstört war, konnte man einen runden Ausschnitt des Himmels sehen. Es war kein perfekter Kreis, sondern wirkte leicht eingedrückt, weil der etwa vier Meter hohe Teil des Turms etwas stärker beschädigt war als der Rest. Selbst der höchste verbleibende Teil war nicht höher als sechs Meter.

Um Ryun waren ein Dutzend Dokebi-Flammen im Kreis arrangiert.

»Dann gehe ich mal«, meinte Kaygon leise, der sich außerhalb des Flammenkreises auf ein Knie gestützt hatte.

Ryun erwiderte nur mit den Augen, dass er bitte nicht gehen möge, gleichzeitig aber, er solle ihn alleine lassen. Kaygon verstand ihn. Er erhob sich und näherte sich der Tür an der Westseite. Dort schob er seinen wetterfesten Mantel hoch, der als Vorhang diente, und warf erneut einen Blick auf Ryun.

Der Naga sah zum Himmel und zitterte am ganzen Leib.

Als Kaygon aus dem Turm trat, empfing ihn ein starker Ostwind. Gerade noch rechtzeitig griff er nach dem Mantel, der stolz in der Luft flatterte, bevor er weggeweht werden konnte. Er befestigte ihn etwas sicherer und so, dass das Innere des Turms von außen nicht einzusehen war.

Bihyung, der auf Nanui saß, fragte mit einem fröhlichen Lächeln: »Und? Geht's ihm gut?«

»Ja, alles in Ordnung.«

Über der Wildnis tobte der Ostwind wie ein wütender Himmelsfisch. Tinahans Federn waren gesträubt, sodass er wie ein vom Wind verwehtes Gerstenfeld aussah. Sich über die Kehllappen streichend, sagte er: »Ein Glück, dass wir den Turm hier gefunden haben. Aber wieso hat man einen Turm in dieser Wildnis errichtet, in der in allen Richtungen weit und breit nur der Horizont zu sehen ist?«

Kaygon setzte sich direkt neben die Tür und lehnte sich an die Wand. Der Ostwind war hier umso stärker, weil er die Wand entlangfuhr und sich Wirbel bildeten. Kaygon kämmte sich mit der Hand das zerzauste Haar nach hinten. »Das ist der Gregale-Turm.«

»Häh?«

»Einige Zeit, nachdem König Held den Thron bestiegen hatte, befahl er, hier eine Festung zu errichten. Er wollte die Nagas im Auge behalten. Damals galten sie als schwaches Volk, weil sie die Herzentnahme noch nicht kannten. Weil sie auch damals schon nur Lebendiges gegessen haben, lebten sie im Dschungel. Die Untertanen des Königs waren fest davon überzeugt, dass ihnen die Nagas niemals gefährlich werden konnten, da sie eben weder Getreide aßen, noch ihr warmes Gebiet verlassen konnten. Aber König Held stand den Nagas argwöhnisch gegenüber. Letzten Endes gingen der König und seine Untertanen einen Kompromiss ein, und so ist dieser Wachturm entstanden. Er erhielt in Anlehnung an den Ostwind den Namen Gregale-Turm. Seitdem ist so viel Zeit vergangen, dass niemand die Jahre genau zählen kann, aber heute wissen wir, dass sich König Helds Prophezeiung bewahrheitet hat ... was nicht gerade angenehm ist. Ob ihr das den Scharfblick von König Held nennen wollt oder den animalischen Instinkt der Lekons, das bleibt euch überlassen.«

Tinahan machte ein selbstgefälliges Gesicht, als er das hörte. Bihyung grinste beifällig, tat so, als schaue er in den Turm hinein, und sagte: »König Held würde uns verzeihen, dass ein Naga aus unvermeidlichen Gründen seinen Turm in Anspruch nimmt. Wie lange wird es noch dauern?«

»Schwer zu sagen. Meiner Einschätzung nach sehr lange. Soviel ich weiß, brauchen Naga-Frauen in der Geborgenheit ihres Zuhauses etwa einen halben Tag. Auch Männer besuchen, wenn es Zeit ist, sich zu häuten, irgendein Haus. Aber sie brauchen länger als Frauen. Ryun ist nicht nur nicht in einem Haus, sondern nicht einmal in seinem Land. Außerdem wird er sich in seiner Situation keinesfalls geborgen fühlen. Es ist nicht auszuschließen, dass es die längste Häutung in der Geschichte der Nagas wird. Wir können nur hoffen, dass die Flammen ihm helfen. Wie auch immer, uns bleibt nichts anderes übrig, als hier zu warten, bis er herauskommt.«

Menschen waschen sich mit Wasser. Dokebis verbrennen sich mit Feuer. Lekons fallen die alten Federn aus. Und Nagas werfen ihre alte Haut ab, um eine neue zu bekommen. Kaygon hatte vorausgeahnt, dass Ryun sich bald häuten würde. Weil er das vor den mittlerweile zwar vertrauten, dennoch ungläubigen Gefährten tun musste, hatte sich der Naga, als es so weit war, sehr unwohl gefühlt.

Glücklicherweise hatte Bihyung, der mit Nanui vorausgeflogen war, diesen einsamen Turm erspäht. Sobald die Gefährten ihn erreicht hatten, hatte Kaygon Bihyung gebeten, Feuer zu machen, und dann alle aus dem Turm geworfen. Bihyung wirkte, als würde er vor Unruhe gleich platzen, aber selbst die grenzenlose Neugier des Dokebis konnte nichts gegen die eiserne Haltung des Lotsen ausrichten. Kaygon hatte sich neben die Tür gesetzt, weil er Bihyung davon abhalten wollte, Ryun heimlich zu beobachten.

»Ich sage euch, was wir tun müssen. Wir wissen zwar nicht, wann er so weit sein wird, aber wenn Ryuns Häutung abgeschlossen ist, muss er sofort sehr viel Nahrung zu sich nehmen. Ich brauche nicht zu erwähnen, dass sie lebendig sein muss.«

Verlegen sah sich Tinahan um und fragte: »Wie viel muss er denn essen?«

»Ein Reh oder ein anderes Tier in etwa dieser Größe.«

»Verdammt! Ich kann nicht verstehen, wie ein ganzes Reh in seinen Magen hineinpassen soll. Müsste er nicht eigentlich platzen? Ich glaube, Nagas haben weder Knochen noch Muskeln, sondern bestehen nur aus einem Fressorgan. Na ja, egal, aber wie sollen wir an einem derart trostlosen Ort ein so großes Tier finden?«

Kaygon sah Bihyung an. Dieser neigte den Kopf, als hätte er diese Frage ebenfalls gerade stellen wollen. Dann verfiel er in Schockstarre.

»Wa... was? Du meinst ... Nanui? Weil Ryun nicht auf ihm fliegen kann und er deswegen völlig nutzlos ist? Was für eine herzlose ...«

»Ich habe nie etwas dergleichen gesagt, Bihyung. Er ist auch gar nicht genießbar.«

In den Ohren des Dokebis klang das so, als würde Kaygon keine Sekunde zögern, Nanui dem Naga vorzusetzen, wenn er essbar gewesen wäre. Ehe Bihyungs Fantasie endgültig mit ihm durchgehen konnte, fuhr Kaygon fort: »Flieg mit Tinahan los und schau nach, ob es in der Nähe einen Wald oder einen Ort gibt, an dem ihr ein Tier findet. Und versucht, eines von der Größe, die ich gerade beschrieben habe, zu fangen. Ich halte hier so lange Wache.«

Tinahan kratzte sich am Hinterkopf. »He, Kaygon. Natürlich habe ich nie das Vertrauen in meinen Eisenspeer verloren, seit dem Tag, an dem ich ihn in der Letzten Schmiede das erste Mal in die Hand genommen habe. Aber mit ihm zu jagen, ist etwas zu viel verlangt.«

Kaygon sah ihn ungerührt an. Tinahan hatte nicht vergessen, dass er mit einer einzigen Waffe, Baragi, genug Jagdbeute gebracht hatte, dass man einen ganzen Bauernhof hätte aufmachen können. Sein Kamm färbte sich knallrot, und er nahm hastig Bihyung als Ausrede: »Und der da kann ja nicht jagen. Ich denke, dass es besser ist, wenn du auf die Jagd gehst, wie in Kiboren.«

Ohne Kaygon wäre der größte Feind der Gefährten der Hunger.

Der Lotse warf einen kurzen Blick über die Schulter. »Ich denke, es ist besser, wenn ich bei Ryun bleibe. Traut ihr euch wirklich so wenig zu, wenn es ums Jagen geht?«

»Äh, ich strecke jederzeit einen Riesentiger nieder, wenn du willst. Aber wenn Ryun das Tier essen soll, muss ich es lebendig fangen.«

Kaygon erhob sich. »In Ordnung. Tinahan, du hältst hier Wache. Es könnte ziemlich lange dauern, bis wir zurück sind, da weit und breit nur der Horizont zu sehen ist. Du darfst auf keinen Fall in den Turm gehen, auch dann nicht, wenn Ryun um Hilfe ruft.«

»Was? Auch nicht, wenn er um Hilfe ruft?«

»Genau. Wegen der Schmerzen wird er das wahrscheinlich tun. Die Häutung fühlt sich an, als zerreiße das Fleisch, was es ja auch tut. Aber egal, wie sehr er dich auch anfleht, du darfst nicht zu ihm gehen. Abgesehen davon kannst du ihm sowieso nicht helfen.«

»Ah ja, gut, ich habe verstanden.«

»Na dann. Bihyung, lass uns gehen.«

Nanui ließ Kaygon wie selbstverständlich auf sich reiten. Bihyung wollte schon einen Spruch loswerden, weil Nanui Ryun nicht auf sich duldete, gab es aber auf, weil Kaygon ihn drängte, und so flogen sie hoch hinauf in den Himmel. Der Ostwind und Nanuis Flügelschläge erzeugten eine starke Böe, weswegen Tinahan für einen Moment die Augen schließen musste. Als er sie wieder öffnete, war der Käfer zu einem kleinen Punkt in weiter Ferne zusammengeschrumpft.

Der Lekon setzte sich und lehnte sich an den Gregale-Turm.

Heulend fegte der Ostwind über die leere Ebene. Die Luft war trüb vom Staub, und die fahle Scheibe der Sonne wanderte über den Himmel. Tinahan gefiel dieser verschleierte Himmel nicht. Er dachte an das Baiso-Tal, den klaren, lustigen Bach dort, und murrte wegen des Ostwinds. *Mir gefällt es hier gar nicht*.

Der staubige Wind verzerrte den Horizont, sodass er aussah, als rollten unzählige Wellen heran. Tinahan strich sich über die Federn unter seinem Kinn, weil sie sich permanent aufrichteten und seine Kehllappen kitzelten. *Was für ein verdammter Ort!*

Mehrere Stunden vergingen. Er kaute auf dem Räucher-fleisch, das Kaygon damals in ihrer Felshütte hergestellt hatte, als er eine Bewegung am Horizont wahrnahm.

Eine gute halbe Stunde verging, ehe er mit Sicherheit sagen konnte, dass es keine Staubwolke war, die über die Ebene tanzte. Nach einer weiteren halben Stunde erkannte er, dass Dutzende von Menschen auf den Turm zukamen. Einige ritten auf Pferden, andere gingen zu Fuß. Tinahan nahm das Räucherfleisch in die linke Hand und legte seine rechte auf den Eisenspeer. Er hielt es nicht für notwendig aufzustehen. Selbst im Sitzen würden er und sein Speer problemlos mit Menschen fertig.

Nach einer Weile war die Gruppe ihm so nahe gekommen, dass sie einander in die Augen sehen konnten. Sie alle waren bewaffnet.

Schade, dass Ryun die Pferde verpasst. Die würden ihm sicher gefallen.

Während er die Gruppe musterte, kam Tinahan ein Begriff in den Sinn. Woran erinnerte sie ihn bloß? Erst, als die Leute anhielten und einer vortrat, fiel ihm endlich das Wort ein. *Ist das etwas, was man* Armee *nennt?*

Der näher kommende Mann war recht eindrucksvoll. Er bemühte sich sichtlich, souverän aufzutreten, aber seine Blicke zuckten nervös hin und her. Ihm fehlte der Mumm, sich einem Lekon zu nähern, der ihn grimmig anstarrte und auf dessen Knien ein Eisenspeer lag, der aussah, als hätte sein Träger eine Säule aus einer uralten Ruine herausgerissen. Tinahan setzte zwar einen wohlwollenden Gesichtsausdruck auf, aber nach der dreimonatigen Reise durch Kiboren war sein äußeres Erscheinungsbild ziemlich wild und bedrohlich.

Der Mann blieb etwa acht Meter von ihm entfernt stehen – und bewies damit ein gutes Augenmaß, wie Tinahan feststellte. Der Mensch sah sich einmal nach seinen Leuten um und fragte daraufhin laut: »Seid ... seid Ihr Eure Majestät König Held?«

Tinahan war so überrascht, dass es etwas dauerte, bis er den Schnabel aufmachen konnte. »Äh, anscheinend hast du dich im Datum geirrt. Um etwa tausendfünfhundert Jahre.«

Der Mann sah aus, als würde er gleich in Tränen ausbrechen. »Ich habe gehört, dass Eure Majestät gerne scherzt, aber weil ich töricht bin, habe ich Eure Majestät nicht richtig verstanden. Was meint Eure Majestät? Eure Majestät ist gekommen, um im Ostwind-Turm nach dem Rechten zu sehen ...«

»Auch beim Ort hast du dich wohl geirrt. Das hier ist der Gregale-Turm.«

Tinahan war stolz, dass er diese Antwort geben konnte. Der Mann sah ihn nur ausdruckslos an. Dann verbeugte er sich plötzlich respektvoll, als wäre er gerade eben zur Besinnung gekommen. Tinahan neigte, leicht verwirrt, ebenfalls den Kopf. Der Mann kehrte zu seiner Gruppe zurück, wechselte ein paar Worte mit seinen Leuten und kam erneut zu ihm. Er sah wesentlich zuversichtlicher aus als zuvor.

»Unser Prophet hat mich darüber informiert, dass es sich bei jenem Namen um eine Übersetzung aus der heiligen Arasit-Sprache handelt. Ich entschuldige mich zutiefst dafür, dass ich die Ohren Eurer Majestät mit so ungehörigen Worten belästigt habe. Aber unser Prophet – ich bitte Eure Majestät um Verzeihung für seine Treu- und Respektlosigkeit – erlaubt sich immer noch, der Wahrheit, dass Eure Majestät König Held ist, keinen Glauben zu schenken ...«

»Wenn du mit dem Propheten eine Wette abgeschlossen hast, geh rüber zu ihm und händige ihm deinen Einsatz aus. Dein Prophet hat die Wette nämlich gewonnen.«

Tinahan begann zu ahnen, wem er da begegnet war.

Der Mann wurde blass und rief: »Seid Ihr etwa nicht König Held?«

»Nein. Ich möchte dir noch einmal raten, dich in deinem Leben wirklich ein bisschen mehr mit dem aktuellen Datum zu beschäftigen.«

Am ganzen Leib zitternd, kehrte der Mann zu seinen Leuten zurück. Unter ihnen machte sich Aufregung breit, und es kam zu einem heftigen Wortwechsel, aber wegen des heulenden Ostwindes hatte Tinahan Schwierigkeiten, sie zu verstehen. Kurz darauf kam die ganze Gruppe auf ihn zu. An der Spitze ritt ein Mensch auf einem Pferd, prächtig gekleidet und mit erhobenem Haupt. Die Gruppe blieb genau dort stehen, wo der Mann zuvor gestanden hatte. Sie sahen Tinahan an, als wäre er eine spektakuläre Attraktion. Dem Lekon gefiel das nicht, und er wurde ärgerlich. Als er etwas sagen wollte, hob der Mann in der prächtigen Kleidung an: »Bist du ein Reisender?«

Der einzige Grund, aus dem Tinahan dem Mann angesichts dieser unhöflichen Anrede nicht auf der Stelle die Kehle durchschnitt, war sein Freund Robs aus dem Baiso-Tal, der ihn tagtäglich so ansprach. Mühsam beruhigte er sich und erwiderte: »Bist du ein Seelenwandler? Vielleicht jetzt gerade ein Lekon?«

»Unerhört! Vierteilt ihn!«, schrie ein alter Mann mit kurzem Haar, der neben dem prächtig Gekleideten auf einem Pferd saß. Tinahan zügelte seine Wut fürs Erste. *Habe ich es etwa mit einer ganzen Armee aus Seelenwandlern zu tun?* Dieser absurde Gedanke war irgendwie tröstlich.

»Beruhigt Euch, großer Prophet«, sagte der Prächtige. »Die Lekons sind von Natur aus maßlos arrogant. Erklärt ihm, wer wir sind.«

Der Prophet sah Tinahan an, als wollte er ihn mit einem Blick töten, und schrie so wütend, dass seine Halsschlagadern hervortraten: »Hör gut zu, du arroganter und erbärmlicher Bastard! Dieser Herr hier ist Seine Majestät König Unbesiegbar, der neunundvierzigste Nachkomme Seiner Majestät König Held! Du hast dich vor dem rechtmäßigen Nachkommen von König Held als Seine Majestät ausgegeben, und das ist eine Sünde, die zum Himmel stinkt!«

Tinahan hatte nur ein Lachen übrig. »Habe ich das? Tut mir leid. Aber der da ist ein Mensch.«

»Du dämlicher Narr! Du versuchst uns also immer noch mit deinem teuflischen Aberglauben zu verspotten! Aber ich habe das Wort Gottes vernommen. König Held war kein Lekon, sondern ein Mensch! Dank dieser Offenbarung habe ich längst erkannt, dass du dich fälschlicherweise als König Held ausgibst!«

Als Tinahan den weißen Schaum in den Mundwinkeln des Propheten sah, verzichtete er darauf, ihm ein Lekon-Krähen entgegenzuschmettern und anzugreifen. Stattdessen holte er ein weiteres Stück Räucherfleisch aus dem Rucksack hervor.

»Jaja, schon gut, tut mir leid. Ich tu dir mal den Gefallen und entschuldige mich dafür, dass ich hier so würdevoll gesessen habe, dass ihr mich mit König Held verwechselt habt. Und ich verzichte auf deine Entschuldigung, dass du mich beim Essen gestört hast. Kannst du dich jetzt wieder verziehen?«

Damit nahm er einen Bissen vom Räucherfleisch. In diesem Augenblick hörte er ein seltsames Geräusch. Misstrauisch sah er den Propheten an und erkannte, dass er sich nicht getäuscht hatte: Der Prophet betrachtete das Räucherfleisch mit leuchtenden Augen und schluckte noch einmal laut.

»Vielleicht … könntet Ihr vielleicht Seiner Majestät König Unbesiegbar als Zeichen der Freundschaft und des Respekts einen kleinen Tribut zollen?«

Tinahan blickte zu König Unbesiegbar und entdeckte in dessen Gesicht ein noch viel größeres Verlangen als das nach einem Königreich.

Tinahan verteilte sein Räucherfleisch nicht, weil er als göttlicher Bote, der in der Einöde aufgetaucht und Sand in Fleisch verwandelt hatte, in den Gründungsmythos des Königreichs eingehen wollte – sollte es König Unbesiegbar je gelingen, ein Reich zu gründen. Er verteilte es aus einem wesentlich praktischeren Grund: Sollte die Reichsgründung gelingen, konnte er sich vielleicht eines Tages Gold von König Unbesiegbar leihen. Tinahans Traum, den Rücken eines Himmelsfisches zu erobern, war sehr kostspielig.

Deswegen verschenkte er Kaygons Räucherfleisch mit würdevollem Gesichtsausdruck und brach auch nicht in Gelächter aus, als König Unbesiegbar ihm anbot, ihn als Zeichen seiner Dankbarkeit zum Arasit-Krieger zu ernennen.

»Hast du ›Arasit-Krieger‹ gesagt?«

König Unbesiegbar schien Tinahans Ton gar nicht zu gefallen, trotzdem sah er großzügig darüber hinweg. »Ja. Ich nehme mir meinen Vorfahren, Seine Majestät König Held, zum Vorbild und nenne meine mächtigen Kämpfer ebenfalls Arasit-Krieger.«

Tinahan betrachtete diese »mächtigen Krieger«. Es schienen entweder junge Leute zu sein, die von zu Hause weggelaufen waren, weil sie nicht arbeiten wollten, oder Schurken, die das Zecheprellen zu ihrem Lebensinhalt auserkoren hatten. Wahrscheinlich hoben sie ihre Speere jubelnd in die Luft und machten auch beim Rest des Spiels, bei dem man unter anderem solchen Unsinn wie »Eure Majestät« sagen musste, mit, weil sie kostenlos etwas zu essen bekamen. Diese Vermutung behielt der Lekon jedoch für sich.

»Ich danke dir, aber ich muss leider ablehnen. Ich habe meine eigene Aufgabe zu erfüllen. Ach, es kann sein, dass ich dabei irgendwann mal deine Hilfe brauche, und dann wäre es nett von dir, wenn du etwas Gold lockermachst.«

»Das werde ich bestimmt. Dokumentar! Halte dieses Ereignis fest.«

Ein Soldat, der auf seinem Fleisch herumkaute, durchwühlte ein Gepäckstück nach dem anderen. Weil Kaygon bestimmt einiges an Jagdbeute mitbringen würde, hatte Tinahan fast alles verteilt, was er noch hatte. Von daher hatten alle vierzig Männer König Unbesiegbars ein bisschen Fleisch abbekommen. Sie sahen ziemlich glücklich aus.

Dem Dokumentar, der ihn um seinen Namen bat, antwortete Tinahan, er könne einfach irgendetwas schreiben, und wandte sich dann an König Unbesiegbar: »Anscheinend habt ihr schon lange gehungert. Warum bist du an diesen Ort gekommen, an dem es so schwer ist, etwas zu essen zu finden?«

Der König blickte den Propheten an. Dieser zog sich den langen Bart, der ihm in den Mund geweht war, zwischen den Lippen hervor und erklärte: »Seine Majestät, der große König Unbesiegbar, hat einst in Petschiren ein Ledergeschäft geführt. Das war eines rechtmäßigen Nachkommen König Helds alles andere als würdig, aber Seine Majestät wusste zu jenem Zeitpunkt noch nichts von seiner wahren Herkunft. An dem Tag, an dem der rote Blitz Petschiren traf, hat Seine Majestät jedoch mit einem einzigen Schwertstreich die dämonische Schlange-mit-dem-Fuß, die zwischen dem Leder in seinem Laden hervorgekrochen war, besiegt und damit seine edle Abstammung offenbart.«

»Eine Schlange mit einem Fuß?«

Der Prophet winkte den Soldaten. Sogleich brachten sie eine Holzkiste herbei. Er atmete einmal tief durch und hob den Deckel der Kiste an. Ihr Inneres war mit edlem Stoff ausgekleidet. Tinahan sah eine Art deformierte Schlange. Sie war etwa vierzig Zentimeter lang, ihr Kopf war abgetrennt, und am Körper befand sich eine Wucherung, die man für einen Fuß halten konnte, wenn man unbedingt einen sehen wollte. Tinahan hatte eher den Verdacht, dass die Schlange zwei Schwänze hatte und deswegen nicht lebensfähig gewesen war. *Hat der Mann aus Petschiren eine tote Schlange erschlagen?*

Der Prophet wandte sich von der Kiste ab, als bekomme er allein beim Anblick des Inhalts Albträume, und sagte: »Ist das nicht wahrlich schrecklich? Ich möchte die Kiste wieder schließen, wenn Ihr die Schlange zur Genüge betrachtet habt. Diese dämonische Kreatur ist zwar tot, aber als sie noch am Leben war, hat sie Frauen mit bloßem Blick geschwängert und Männer mit Krankheiten geschlagen. Die Tochter Seiner Majestät König Unbesiegbar wurde tatsächlich schwanger, nur weil der Blick dieser Kreatur sie getroffen hat, und ...«

»Ja, ja. Schon gut, du kannst den Deckel wieder zumachen.«

Der Prophet sah unzufrieden aus, weil er unterbrochen wurde, aber er schloss widerstandslos die Kiste und fuhr erneut mit kraftvoller Stimme fort: »Jedenfalls hat Seine Majestät König Unbesiegbar hohes Ansehen erlangt, als er dieses teuflische Monster erschlug. Ich war damals Wandermönch und habe Seine Majestät sofort aufgesucht, als ich von seiner Tat erfahren habe.«

Nun verstand Tinahan, warum das Haar des Propheten so kurz war. Der alte Mann wies mit dem Kinn auf die Holzkiste und fuhr fort: »Als ich erst diese Schlange und dann das Antlitz Seiner Majestät sah, erkannte ich augenblicklich, dass Seine Majestät der rechtmäßige Nachfahre Seiner Majestät König Held ist. Wenn ich an meine tiefe Rührung von damals zurückdenke, wird mir ganz warm ums Herz. Nachdem Seine Majestät meine Erklärung gehört hatte, schloss er noch am selben Tag das Ledergeschäft, wählte junge Burschen mit starkem Willen und Schneid aus, bewaffnete sie und machte sich daran, ein großes Königreich aufzubauen. Die Namensgebung Seiner Majestät war eine sehr leichte Entscheidung. Zu Ehren seiner herausragenden Tat gab ich ihm den Königsnamen ›Unbesiegbar‹. Und Seine Majestät war so gnädig, meiner Wenigkeit zu meiner großen Ehre den Titel ›Prophet‹ zu verleihen.«

König und Prophet sahen einander gerührt an. Tinahan richtete seinen Blick zum Himmel, um das in ihm aufwallende Lachen zu unterdrücken. Glücklicherweise fasste der Prophet sein Verhalten als Bewunderung der mysteriösen Pfade, die der göttliche Wille manchmal einschlug, auf.

»Wie Ihr seht, ist alles für den Wiederaufbau des Reichs vorbereitet – bis auf eine Sache. Ein König braucht eine Königin. Seine Majestät ist jedoch seit Langem verwitwet. Ich erkenne darin allerdings den Willen des Himmels. Das dämonische Monster wurde geschickt, um den rechtmäßigen Nachfahren von König Held zu enthüllen, und hat mich zu Seiner Majestät geführt, damit ich feststelle, dass er königlicher Abstammung ist. Und nun wird der Himmel auch eine Frau schicken.«

»Aha, ihr seid also unterwegs, um eine Königin zu finden. Das muss eine besondere Frau sein, nehme ich an.«

»So ist es. Als das Monster auftauchte, schlug ein roter Blitz ein, und ich vermute, dass wir dort, wo ein blauer Blitz einschlägt, die Königin finden werden. Aber bisher habe ich nichts darüber gehört. Unsere tapferen Arasit-Krieger wollen nicht lange an einem Ort verweilen. Deshalb habe ich Seiner Majestät vorgeschlagen, den Spuren von König Held zu folgen und eine Pilgerfahrt zu unternehmen. Denn dort, wo er die Errungenschaften und Heldentaten von König Held ehrt, wird er dessen geistige Essenz empfangen und mit höchster Wahrscheinlichkeit ein Zeichen in Bezug auf die Königin erhalten.«

»Seid ihr deswegen zum Gregale-Turm gekommen? Weil König Held ihn erbaut hat?«

»Ja. Aber hier scheint es wohl keine Frau zu geben, die unsere Königin werden könnte.«

Der Prophet sah Tinahan mit so großem Bedauern an, als wünschte er nichts sehnlicher, als dass dieser sich vor seinen Augen in eine Frau verwandeln würde. Tinahan verspürte regelrecht das Bedürfnis, dem Wunsch des Propheten nachzukommen.

Und da geschah es.

»Helft ... mir«, drang Ryuns Stimme aus dem Turm.

Tinahan erhob sich halb, setzte sich jedoch gleich wieder, weil er sich an Kaygons Warnung erinnerte. König Unbesiegbar und sein Prophet starrten den Turm mit weit aufgerissenen Augen an.

Der König fand als Erster die Sprache wieder. »Das klang ... wunderschön. Wirklich wunderschön! So eine schöne Stimme habe ich noch nie gehört, noch nie in meinem Leben, das schwöre ich Euch auf das Grab meiner Oma!«

Der edle Ton, den er sich so mühsam angeeignet hatte, war vergessen – König Unbesiegbar redete wieder wie ein gewöhnlicher Kaufmann. Tinahan kicherte. Seine Herkunft konnte eben niemand verbergen.

Daraufhin sprang der Prophet empört auf und schrie: »Du Teufel!«

Tinahan fühlte sich erst beleidigt, doch es war unhöflich, einen König auszulachen, und so wollte er sich entschuldigen, aber dazu ließ ihm der Prophet keine Zeit. »Tapfere Arasit-Krieger«, rief er den Soldaten zu. »Beschützt den König! Das hier ist der Teufel!«

»Es tut mir leid, dass ich gelacht habe, aber ›Teufel‹? Damit gehst du zu weit!«

Der Prophet schenkte den Worten des Lekons keine Aufmerksamkeit. Die Soldaten, die die veränderte Lage nicht begriffen, schauten einander verwirrt an, und auch die Blicke des ehemaligen Lederhändlers wanderten ratlos zwischen Tinahan und dem Propheten hin und her. Der Prophet packte den König am Arm und zog ihn zurück. »Eure Majestät! Das da ist ein Teufel. Ein Teufel!«

Der König wollte aufstehen, konnte es aber nicht, weil der Prophet so heftig an ihm zog. Endlich rappelte er sich auf, nachdem er die Hand des Propheten abgeschüttelt hatte. Mit rotem Gesicht klopfte er seine Kleidung ab.

»Prophet, wovon in aller Welt redet Ihr?«

»Das da ist ein Teufel!«

»Aber Pro... Prophet! Er hat uns etwas zu essen gegeben!«

Jetzt versuchte der alte Mann, seine Finger in den Mund des Königs zu stecken. »Erbrecht! Erbrecht schnell! Das ist ein Teufel!«, schrie er wie ein Wahnsinniger. Der König duckte sich, um den Fingern auszuweichen.

Da deutete der alte Mann auf den Gregale-Turm und brüllte etwas, was Tinahan nie vergessen würde, weil es so absurd war: »Die Frau, die uns der Himmel gesandt hat, befindet sich dort drin! Dieser Dämon hat sie eingesperrt! Er hat Eure

Majestät Staub und Insekten essen lassen, um zu verhindern, dass Eure Majestät auf die Königin trifft!«

König Unbesiegbar wurde bleich. Er steckte sich schnell einen Finger in den Mund und wollte sich übergeben, aber sein Prophet erteilte ihm bereits einen neuen Befehl: »Eure Majestät! Das Schwert!«

Verblüfft griff König Unbesiegbar nach dem Schwert an seiner Hüfte. Es rutschte ihm aus der Hand, weil diese nicht nur zitterte, sondern auch voller Speichel war. Fluchend griff er erneut danach, und unter dem Geräusch zerreißender Kleidung konnte er die Klinge schließlich ziehen. Erst jetzt wandten sich auch die Soldaten ihnen zu und umklammerten ihre Waffen.

Tinahan legte seine Hand auf den Eisenspeer und wartete ruhig ab. Er war neugierig, was diese Leute tun würden. König Unbesiegbar hatte zwar sein Schwert gezogen, sah aber nicht so aus, als wüsste er etwas damit anzufangen. Selbst die Soldaten, die zu ihrem König gerannt kamen, traten keinen Schritt weiter nach vorne als dieser.

Da sagte Ryun erneut: »Bitte ... helft mir. Bitte!«

Tinahan hatte sich mittlerweile an die Stimme des Nagas gewöhnt und ihr deswegen nicht mehr sonderlich viel Aufmerksamkeit geschenkt, doch nun fiel ihm auf, wie schön sie war. *Man kann sie wirklich für die einer Frau halten.*

Der König und seine Soldaten setzten grimmige Gesichter auf. Der Prophet schöpfte etwas Mut und rief tapfer: »Du Bastard, du Teufel! Verschwinde gefälligst, dein Zauber ist durchschaut!«

Die Soldaten hoben ihre Waffen. Tinahan zuckte nicht einmal mit der Wimper und sagte: »Hört mir gut zu. Ich verzeihe euch nur noch dieses einzige Mal. Der da drin ist mein Gefährte. Ihm geht es nicht gut, deswegen ruht er sich dort aus.«

»Gefährte? Rede keinen Unsinn! Warum kümmerst du dich dann nicht um ihn?«

»Weil ich nicht zu ihm darf«, erklärte er, wusste aber, wie unglaubwürdig sich seine Worte anhören mussten. Wie erwartet, sah er nur Misstrauen in den Gesichtern der Menschen.

»Du lügst! Alles, was du gesagt hast, ist eine Lüge!«, kreischte der Prophet.

Tinahans Geduld kam an ihre Grenzen. Er starrte den Propheten an, der ihn so frech duzte, obwohl er kein Lekon war. Das wagte nicht mal der Großmeister eines Tempels. Aber dieser abtrünnige Mönch sah auf ihn herab!

»Ich habe dir vieles durchgehen lassen, aber du ... Soll ich dir mal zeigen, wozu ein Teufel wirklich fähig ist?«

Die letzten Worte waren beinahe ein Lekon-Krähen. König Unbesiegbar und seine Soldaten wichen zurück, aber der Prophet fing an zu lachen. »Aha, jetzt zeigst du also endlich dein wahres Gesicht!«

»Mein wahres Gesicht? Mach dich nicht lächerlich. Hör mir gut zu! Das da drin ist ein Naga! Keine vom Himmel gesandte Frau oder sonst wer!«

Daraufhin lachte sogar König Unbesiegbar, obwohl er große Angst hatte. Der Prophet erlaubte sich, mit dem Finger auf Tinahan zu zeigen, und knurrte: »Sag uns zur Abwechslung mal etwas, was auch nur im Entferntesten vernünftig klingt! Zuerst behauptest du, dass er ein Gefährte von dir ist, und jetzt soll er ein Naga sein, ja? Heißt das, dass du einen Naga-Gefährten hast? Im Ernst? Hat dieser Naga die Grenzlinie überschritten, ist dein Gefährte geworden und hat dazu noch eine Stimme erlangt? Was für ein verrückter Teufel du doch bist!«

Tinahan stand mit bebendem Kamm auf. König, Prophet und die vierzig Soldaten hoben wie in einer Komödie gleichzeitig die Köpfe. Dem ehemaligen Lederwarenhändler aus Petschiren stockte der Atem. *Ach du lieber Himmel! Als würde sich ein Berg in Bewegung setzen!*

Tinahan rammte seinen Eisenspeer in den Boden. Jetzt sahen der König und seine Gefolgschaft so aus, als würde ihnen gleich das Genick brechen, als sie zur Speerspitze hinaufblickten.

»Schluss jetzt! Ich dulde diese Respektlosigkeit nicht länger. Man kann verrückt sein – aber in Maßen! Aber Scheiße noch mal, seid ihr durchgeknallt! Also gut! Wenn ihr wirklich nicht anders wollt, dann lasst das EI-SEEEEN SPREEEECH-EEN!«

Das Lekon-Krähen, das Tinahan nun endlich ausstieß, riss einige Soldaten von den Füßen. Diejenigen, die nicht zu Boden gegangen waren, traten, sich mit den Händen die Ohren zuhaltend, die Flucht an, während ihre Pferde wie verrückt wieherten und scheuten.

»Wir sollen das Eisen sprechen lassen? Häh?«, fragte der König, der an seinem Platz stehen geblieben war und mit dem Finger ein paarmal in seinen klingelnden Ohren herumgestochert hatte.

»Ein Gespräch, aber nicht mit dem Mund, sondern mit dem Eisen, Eure Majestät«, erklärte der Prophet, der Tinahan wütend anstarrte.

»Und was soll das heißen?«

»Nicht mit der Zunge, sondern mit der Waffe. Wir sollen kämpfen, heißt das, Eure Majestät. Eure Majestät wurde gerade herausgefordert.«

Das Gesicht des Königs wurde blass. Tinahan verstand die Welt nicht mehr. Er hatte den frechen Propheten herausgefordert, aber dieser gab die Herausforderung listig an den König weiter. Allerdings konnte Tinahan das nicht richtigstellen, und der Prophet kannte den Grund dafür.

»Da wir abgemacht haben, das Eisen sprechen zu lassen, wird er nun nichts mehr sagen. Und auch den ersten Angriff wird er Eurer Majestät überlassen. Der Herausgeforderte hat das Recht auf den ersten Angriff.«

»Egal, ob erster oder zweiter Angriff, wie soll man gegen einen Lekon ...«, fing König Unbesiegbar an, verschluckte aber den restlichen Satz. Tinahan hätte es nicht gewundert, wenn er seiner Armee befohlen hätte, in die entgegengesetzte Richtung zu stürmen. Aber der Prophet erwiderte gelassen: »Macht Euch keine Sorgen, König Unbesiegbar. Dieser Teufel kann einen Lekon zwar gut imitieren, aber kein Teufel kann gegen mich etwas ausrichten. Überlasst das mir.«

Der König sah den Propheten voller Bewunderung an. Tinahan war erleichtert. Sobald der Alte ihn angreifen würde, würde er ihn in den Schwitzkasten nehmen, ihm ein paar leichte – ganz leichte – Kopfnüsse verpassen und ihn bitter bereuen lassen, dass er einen Lekon beleidigt hatte.

Anstatt vorzutreten, flüsterte der Prophet jedoch einem der Soldaten, die sich inzwischen wieder hochgerappelt hatten, etwas ins Ohr. Der Soldat rannte nach hinten und brachte etwas mit. Der Prophet nahm es entgegen und ging dann mit einem kalten Lächeln auf Tinahan zu.

Hä? He, was soll das? Doch Tinahan durfte nicht sprechen. Der Prophet stolzierte zuversichtlich auf ihn zu. Tinahan plusterte sich auf die dreifache Größe auf.

In diesem Augenblick schrie Ryun erneut: »Helft mir, bitte!«

»Macht Euch keine Sorgen, meine Königin!«, rief König Unbesiegbar. »Der Prophet wird diesen Teufel besiegen! Und dann werde ich bei Euch sein!«

Trotz dieses dramatischen Ausrufs des Königs war Tinahan das Lachen vergangen. Sein Blick von dem Gegenstand gebannt, den der Prophet in der Hand hielt.

Der Prophet kicherte. »Du Teufel! Jetzt wirst du dafür bezahlen, dass du es gewagt hast, dich über den König lustig zu machen!«

Dann zog der Prophet den Korken aus einem großen Wasserkrug.

Kaygon seufzte. »Und dann bist du weggelaufen.«

Tinahan nickte.

»Wie kannst du nur so blöd sein! Du solltest dich schämen! Was für ein elender Schwachkopf. Ich habe mich auf dich verlassen, aber du haust wegen ein paar Tropfen Wasser ab!«

Solche Worte hätte man in dieser Situation erwartet. Doch das sagte Kaygon nicht. Stattdessen fragte er gelassen: »Und dann?«

Tinahan krächzte: »Dann habe ich sie aus der Ferne beobachtet. Sie sind in den Turm gegangen. Es muss einen ziemlichen Aufruhr gegeben haben, aber ich konnte sie nicht gut hören, weil ich zu weit weg war. Nach einer Weile hat dieser Propheten-Arsch was in meine Richtung geschrien.« Tinahans Hände zitterten vor kaum kontrollierter Wut.

»Was hat er geschrien?«, fragte Bihyung, der im Gegensatz zu Kaygon nicht geduldig abwarten konnte.

»›Renn doch weg, wenn du willst, aber warum hast du die Königin vorher in einen Naga verwandelt?‹«

Bihyung stieß einen Seufzer aus, Kaygon schüttelte den Kopf.

»Ich war fassungslos und bekam kein Wort heraus. Dann hat der Kerl noch geschrien: ›Du Teufel! Mit deiner bösen Magie wird es bald zu Ende sein. Als die Hand Seiner Majestät die Königin berührt hat, ist die scheußliche Naga-Hülle zerrissen. Das ist die Erhabenheit eines Herrn, der einer königlichen Blutlinie entstammt!‹ Dann haben die Mistkerle eine Trage zusammengebastelt und Ryun daraufgeladen und sind fortgegangen. Wegen dieses verdammten ... ist alle Kraft aus mir gewichen, sodass ich sie nicht einmal verfolgen konnte.«

»Das war ein ziemlich unglücklicher Zufall. Wahrscheinlich hat Ryun gerade mit der Häutung begonnen.«

Tinahan nickte erneut.

»Der Propheten-Kimm ist wirklich beeindruckend!«, sagte Bihyung bewundernd. »Warum ist er kein Geschichtenerzähler geworden, wenn er so viel Talent besitzt?«

Tinahan starrte den Fuchs, den Kaygon für Ryun mitgebracht hatte, an, als wolle er ihm den Hals umdrehen. Stattdessen fing er mit Selbstvorwürfen an.

»Das ist alles meine Schuld! Ich hätte diese Irren sofort verjagen sollen. Was sollen Verrückte schon tun, außer Verrücktes anzustellen? Was habe ich mir nur dabei gedacht, einen Menschen herauszufordern? Ich glaube, dass auch ich kurz den Verstand verloren habe.«

Kaygon sah zu Boden und schwieg. Die Sonne ging langsam unter, dennoch waren die Spuren von vierzig Leuten leicht zu finden. »Ryun macht mir Sorgen«, sagte er dann leise. »Er wurde während seiner Häutung entwürdigt.«

Daraufhin hob Tinahan den Kopf, als wäre ihm etwas eingefallen. »Vorher konnte ich das ja nicht fragen, aber warum durfte ich nicht in den Turm? Ich dachte, dass sonst etwas sehr Schlimmes passiert, aber Ryun schien nichts zu fehlen, auch wenn er auf einer Trage rausgeschleppt wurde.«

»Hm? Ach so. Er war nackt.«

Augenblicklich hörte der Lekon auf zu zittern. »Was? Das war der Grund? Nur deswegen durfte ich nicht in den Turm?«

»Ja, Tinahan.«

Kaygon nickte ernst. Der Lekon griff sich an den Kamm und schrie: »Willst du mich verarschen? Hätte ich das gewusst, hätte ich mir Ryun geschnappt und wäre mit ihm zusammen geflohen! Ich bin nur alleine weggerannt, weil du mir gesagt hast, dass ich den Turm auf keinen Fall betreten darf! Nackt? Was ist so schlimm daran, nackt zu sein?«

Kaygon legte den Kopf ein wenig schief, musterte Tinahan und erklärte ruhig: »Es ist nicht unbedingt die angemessenste Erklärung, aber ich will es mit einer Metapher versuchen. Im Allgemeinen zeigt eine anständige, junge Frau ihren bloßen Körper nicht jedem.«

Tinahan fragte sich, ob Kaygon Witze machte, doch dessen Gesicht war ernst.

»Aber Ryun ist ein Mann!«, winselte der Lekon.

»Ja. Ein Naga-Mann. Die Stellung von Mann und Frau in der Naga-Gesellschaft unterscheidet sich von der unseren. Wäre Ryun eine Naga-Frau und jemand würde ihn nackt sehen, würde er sich vielleicht nicht so schämen.«

Bihyung stieß erneut einen Seufzer aus. Und auch Tinahan verstand jetzt, was Kaygon meinte. »Oh *Göttin, die niedriger steht als alle anderen* ... Was für ein dämlicher Mist!«

Eine gute Weile fluchte er so vor sich hin. Bihyung hielt sich mit übertriebener Geste die Ohren zu, als wollte er ihm sagen, dass er aufhören solle, aber Tinahan ignorierte ihn.

Schließlich fragte der Dokebi: »Äh, Kaygon? Für eine anständige junge Frau wäre es doch nicht so schlimm, wenn eine andere Frau sie nackt sieht? Für Ryun sind wir doch auch Männer?«

»Deswegen habe ich gesagt, dass es nicht unbedingt die logischste Erklärung ist. Ich weiß nicht, wie ich das am besten ausdrücken kann, aber vielleicht so: Naga-Männer dürfen ihren nackten Körper nur zeigen, wenn sie ein Haus besuchen und eine Frau sie entkleidet. In allen anderen Fällen ist es für sie etwas Entwürdigendes. Ich vermute, die Frauen in der Naga-Gesellschaft haben den Männern so strenge Regeln auferlegt, weil die Männer bei ihnen frei umherziehen. Die Männer haben keine andere Wahl, als ein Haus zu besuchen, wenn sie eine Frau treffen wollen, ohne sich schämen zu müssen, anstatt sich im Dschungel mit ihnen zu vergnügen.«

Bihyung stand der Mund offen. Tinahan belegte den Himmel noch immer mit allen möglichen Flüchen.

»Lasst uns gehen«, sagte Kaygon. »Ryun befindet sich wahrscheinlich in einer entsetzlichen Situation. Wir können uns gar nicht vorstellen, wie sehr er sich schämen muss. Außerdem ist sein Leben in Gefahr. Wir müssen ihn retten.«

Erschrocken beendete Tinahan sein Gefluche. »Sein Leben? Was soll das bedeuten? Er wird doch wie eine Königin behandelt.«

»Unter den Geisteskranken, die am Königssyndrom leiden, gibt es viele gefährliche Menschen. Der Lederwarenhändler wahrscheinlich nicht, aber der abtrünnige Mönch, der ihn anstachelt, schon. Wenn er sieht, dass Ryun auch nach der Häutung noch ein Naga ist, wird er möglicherweise versuchen, ihm die Haut mit Gewalt abzuziehen. Ein Naga mit Herz wird daran sterben.«

Bihyung und Tinahan waren bestürzt. Der Lekon umklammerte seinen Eisenspeer und sagte: »In Ordnung. Aber vorher stellen wir noch eine Sache klar. Wir machen diese Schweine fertig und retten Ryun, danach überlässt du den verrückten Alten allein mir!«

Kaygon widersprach nicht, weil er nur zu gut wusste, dass es nichts bringen würde, und nickte stumm. Der Prophet hatte einen Lekon mit Wasser bedroht, damit war sein Leben verwirkt. So eine Beleidigung war nur schwer rückgängig zu machen. Kaygon schickte Bihyung und Nanui zum Auskundschaften voran. Er selbst lief mit Tinahan, der nach Vergeltung lechzte, über die Ebene hinterher. Hinter ihnen wurde der Gregale-Turm langsam von der Abenddämmerung eingehüllt.

Ein paar Stunden, nachdem Kaygon und seine Begleiter aufgebrochen waren, näherte sich von Süden her eine Gestalt dem Gregale-Turm.

Sie schnupperte. Der ungewohnte Geruch der Ebene machte sie ebenso nervös wie der Staub, der bei jedem ihrer Schritte aufwirbelte. In ihrem leichten, aber festen Gang war diese Unruhe jedoch nicht zu erkennen. Aus tiefster Überzeugung weigerte sie sich, ihr Ausdruck zu verleihen. Die Gestalt war von ihrer Überlegenheit vollkommen überzeugt, auch ohne dass andere sie bestätigt hätten. Niemand war ihr ebenbürtig, deswegen war die Zustimmung anderer nicht nur unnötig, sondern eine Beleidigung. Alles an der Gestalt war majestätisch, angefangen mit dem Kopf, der um ein Vielfaches größer als ein Getreidestampfer war, bis zum Schweif, der dicker war als der Oberschenkel eines Menschen.

Voller Erhabenheit durchquerte der Riesentiger die Ebene. Er hatte keinen Namen. In längst vergangenen Zeiten hatten die Kitalzer Jäger den gefährlichsten unter den Riesentigern als Zeichen ihres Respekts Namen verliehen. So war es zum Beispiel der großartige Byulbi, von dem es hieß, er sei mit dem Lieblingspferd von Maripgan Mura im Maul über die Mauer seiner Stadt gesprungen. Die Kitalzer Jäger hatten ihm diesen Namen, der »Besen, der die Sterne hinwegfegt« bedeutete, gegeben, weil alle Sterne verschwanden, wenn er vorüberzog. Wären jene Jäger heute noch am Leben, hätten sie wahrscheinlich ihren besonderen Sinn für Namensgebung auch bei diesem majestätischen Riesentiger unter Beweis gestellt. Aber sie weilten nicht mehr auf dieser Welt. Urplötzlich fragte sich der Tiger, wie es wäre, einen Namen zu haben, und warf einen kurzen Blick zu der Naga auf seinem Rücken. Sie lag dort und schlief wie eine Tote. Er dachte, wenn ihm jemand einen Namen geben sollte, dann diese Naga.

Der Riesentiger näherte sich dem eingestürzten Turm. Er betrachtete ihn und staunte über die mannigfaltigen Gerüche, die um ihn herum schwebten. Eine große Zahl an Leuten war hier gewesen. Der Tiger legte die Ohren an, sträubte seine drahtartigen Schnurrhaare und sah sich um. Diese Leute hatten die Gegend bereits verlassen, aber sie konnten zurückkommen. Unter ihnen war unglücklicherweise auch ein Lekon. Der Riesentiger wollte den Turm meiden. Er fürchtete sich vor nichts auf der Welt, aber wenn es um Lekons ging, beschlich auch ihn ein ungutes Gefühl.

Auch dass die Naga auf seinem Rücken sich kein bisschen rührte, beschäftigte ihn. Widerwillig betrat er schließlich den Turm. Dieser hatte zwar kein Dach, würde die Naga aber vor dem kalten Ostwind schützen. Er setzte sich in die Mitte des Turms. Daraufhin rutschte die Naga von seinem Rücken und fiel mit dem Gesicht nach unten zu Boden. Besorgt und leise knurrend, wollte der Tiger der Naga, die sich verletzt haben könnte, leicht in den Nacken beißen, um sie zu bewegen – so würde er auch ein Neugeborenes transportieren. Aber die Nackenhaut der Naga war nicht so flexibel wie die eines Tigerjungen. Der Riesentiger überlegte kurz und drehte die Naga dann unbeholfen mit der Vorderpfote um. Nun lag sie auf dem Rücken, Arme und Beine kraftlos von sich gestreckt. Sie sah aus wie eine Leiche. Der Tiger legte sich auf die Seite, schmiegte sich eng an die Naga und konnte sie mit seinem großen linken Hinterbein, das er auf sie legte, fast vollständig bedecken.

Etwa eine halbe Stunde lang rührte sich der Riesentiger nicht von der Stelle.

Die Naga erwärmte sich langsam an der Körpertemperatur des Tigers. Endlich schlug sie die Augen auf. Sie war noch nicht ganz bei Bewusstsein, aber die schreckliche Kälte sorgte dafür, dass sie instinktiv noch näher an den Riesentiger heranrückte. Bald darauf hatte die Naga das Bewusstsein wiedererlangt. Für einen Moment war sie verwirrt, weil sie nicht wusste, wo sie war. Ja, sie wusste nicht einmal, *wer* sie war. Offenbar war sie zu lange der Kälte ausgeliefert gewesen. Und so wartete sie geduldig, ohne nervös zu werden.

Letzten Endes begriff die Naga, dass sie Samo Pey war und sich tief ins Fell eines Riesentigers gekuschelt hatte. Lächelnd setzte sie sich auf. Sie schob ihre Beine ins Fell ihres Beschützers und legte den Kopf auf seine Taille. Aus dieser Position drehte sie ihren Kopf dem Gesicht des Tigers zu.

[Danke, Riesentiger.]

Dieser zeigte keinerlei Reaktion, weil er das Nirm nicht vernehmen konnte. Samo sagte dasselbe noch einmal mit der Stimme, woraufhin der Riesentiger den Kopf ein wenig anhob, sie ansah und ihn wieder auf dem Boden ablegte. Sie lächelte und sah sich um. Sie erkannte, dass sie sich in einem zerstörten Turm befand, und wollte hinausgehen, um das zu überprüfen, konnte es aber nicht. Wenn sie jetzt nach draußen ging, würde sie sofort wieder in Ohnmacht fallen. Sie war den ganzen Tag lang bewusstlos gewesen. Sie grub den Kopf und beide Arme ins Fell des Riesentigers und suchte nach einer Möglichkeit, sich vollständig aufzuwärmen, auch wenn es nur für kurze Zeit sein sollte.

[Wie schön wäre es, wenn auch ich so ein dichtes Fell wie du hätte.]

Keine Reaktion. Wieder stieg die Sorge, die sie bereits die letzten Tage mit sich herumgetragen hatte, in Samo auf. Sie war sich nicht sicher, ob sie den Geist dieses Tiers wirklich gebändigt hatte.

Als ihr dieser Riesentiger an der Grenzlinie Kiborens völlig unerwartet begegnet war, war sie von seinem Anblick überwältigt gewesen. Er hatte vor einer Elefantenherde gesessen. Es war klar, dass er wegen seiner Größe nicht im nächsten Gebüsch lauern und auf seine Chance warten konnte, aber sich direkt vor die Elefanten zu setzen und sie anzustarren? Das war selbst für ein fleischfressendes Raubtier äußerst ungewöhnlich. Noch kurioser erschien ihr die Elefantenherde, die stehen geblieben war, anstatt zu fliehen.

Samo hatte sich hinter einem Felsen versteckt und das Geschehen beobachtet. Die alte Leitkuh trat aus der Herde vor. Sobald sie sich von der Herde gelöst hatte, sprang der Riesentiger auf, als hätte er nur auf sie gewartet. Die Anführerin stieß mit bebendem Rüssel ein Trompeten aus, das die Welt zum Erzittern brachte. Der Riesentiger gab keinen Laut von sich, sondern fuhr seine Krallen aus.

Der Kampf zwischen den beiden Giganten war erbittert. Es war aber weniger dieser beeindruckende Kampf als vielmehr die Reaktion der anderen Elefanten, die Samo verwunderte. Sobald es losging, verteilten sich die Elefanten, die zuvor zusammengestanden hatten, und begannen zu fressen. Der Riesentiger sprang der Elefantenkuh auf den Rücken, biss ihr in den Nacken, kratzte ihr die Augen aus und brachte sie schließlich mit einem lauten Aufprall zu Fall. Die Elefantenherde zeigte dabei keine nennenswerte Regung. Auch der Riesentiger kümmerte sich nicht um sie. Er tötete die Leitkuh und fing auf der Stelle an zu fressen. Es entstand fast der Eindruck, als würden Tiger und Elefanten einträchtig ihre

Mahlzeit genießen, ein jeder sein Lieblingsgericht. Schließlich wurde Samo klar, was sich zugetragen hatte: Die Elefantenkuh hatte sich geopfert, und der Riesentiger hatte gewartet, bis sie so weit war.

Hätten sie sich zusammengetan und gemeinsam gegen den Tiger gekämpft, hätten sie vielleicht gewonnen. Warum haben sie das nicht getan?, fragte sich Samo und drang in den Geist der Elefanten ein. In ihren weisen Köpfen waren ziemlich viele nützliche Bilder vorhanden, dank derer sie sich eine Vorstellung von den Umständen machen konnte.

Ein Elefant genügte, um den Bauch eines Riesentigers zu füllen. Hätten alle Elefanten gegen diesen Gegner gekämpft, hätte das wütende Tier auch die getötet, die es nicht fressen konnte. Auf diese Weise wäre kein Elefant am Leben geblieben, und auch der Riesentiger wäre irgendwann verhungert. Das furchterregende Raubtier und seine weise Beute waren schon vor langer Zeit zu diesem pragmatischen Schluss gelangt.

In diesem Moment fand der Blick des Riesentigers, der seine Zähne in die Rippen der Elefantenkuh geschlagen hatte, den Felsen, hinter dem Samo hervorlugte. Verängstigt duckte sie sich und überlegte, wie sie fliehen konnte. Sie konnte nicht schneller rennen als ein Riesentiger. Sie machte sich hinter dem Felsen noch kleiner.

Selbst wenn sie keine Naga gewesen wäre, hätte sie die Schritte des Riesentigers unmöglich hören können. Er schlich sich an und streckte urplötzlich den Kopf hinter dem Felsen hervor. Als sie direkt mit seinem blutverschmierten Gesicht konfrontiert war, versuchte sie panisch, seinen Geist zu bändigen.

Der Riesentiger fraß Samo nicht. Er griff sie auch nicht an. Er setzte sich bloß hin und sah auf sie herab.

Auch sie setzte sich plump auf ihr Hinterteil.

Seitdem machte der Tiger, was Samo wollte. Sandte sie ihm ihren Willen und einige Begriffe, dann handelte er dementsprechend. Trotzdem konnte sie sich nicht hundertprozentig sicher sein, ob sie seinen Geist gebändigt hatte. Er war nicht dumm. Als Samo vor Kälte in Ohnmacht gefallen war und ihm keine Anweisungen hatte geben können, hatte er sie von sich aus wieder ins Leben zurückgeholt. Den Geist eines so klugen Lebewesens zu bändigen, stellte selbst für äußerst fähige Geistesbändiger eine große Herausforderung dar. Und Samos Fähigkeiten waren nicht nennenswert. Man könnte sagen, sie hätte einen Riesentiger mit einem Küchenmesser gebändigt – oder mit einem feinen Pfeil einen Drachen erlegt, um ein Naga-Sprichwort heranzuziehen. Wenn sie ihn denn überhaupt unter Kontrolle hatte.

Sie fragte: »Riesentiger, habe ich wirklich deinen Geist gebändigt?«

Das Haupt des Tiers lag nach wie vor auf der Seite, und er rührte sich nicht. Samo machte den Hals lang, warf einen Blick auf sein Gesicht und erkannte, dass er eingeschlafen war. Mit einem Schmunzeln kuschelte sie sich wieder in sein Fell. Und machte sich Sorgen, welche Prüfungen sie am nächsten Tag erwarten würden.

Obwohl sie darauf gefasst gewesen war, hatte sie die Kälte nördlich der Grenzlinie überrumpelt. Heute war sie direkt auf dem Tigerrücken in Ohnmacht gefallen. Und morgen würde es ihr nicht anders ergehen. Sie musste sich etwas einfallen lassen, doch ihr kam nichts Vernünftiges in den Sinn. Ihr Vorhaben kam ihr so absurd vor, als wolle sie das Wetter ändern. Voller verzweifelter Gedanken schlief sie schließlich ein.

Mit bürgerlichem Namen hieß König Unbesiegbar Todi Shinok. Diesen Namen hatte er vierundfünfzig Jahre lang für seinen eigenen gehalten. Die Verwandlung vom Lederwarenhändler Todi Shinok aus Petschiren in König Unbesiegbar, Nachfahre von König Held in der neunundvierzigsten Generation, hatte kaum ein Jahr gedauert, und mittlerweile hatte König Unbesiegbar den Namen Todi Shinok vergessen.

Er richtete den Blick auf sein Zelt – das einzige, das sein Trupp besaß. Obwohl er seinen gesamten Besitz, den er als Lederwarenhändler angehäuft hatte, veräußert hatte, konnte er sich nicht mehr als ein Zelt leisten. Selbst das hätte es nicht gegeben, hätte er es nicht mit seiner Tochter aus den Überresten seiner Lederwaren selbst zusammengenäht. Er hegte die Hoffnung, dieses Zelt als Schatz der königlichen Familie aufzubewahren. Wenn das Königreich wieder errichtet, die Hauptstadt bestimmt und der Königspalast erbaut wäre, wollte er es seinen königlichen Nachkommen zeigen. »Das hier war mein erster Palast«, würde er ihnen erzählen. Aber der Prophet war dagegen. Er behauptete, das sei der Würde eines Königs nicht angemessen. Diesen heiligen Menschen, der die Stimme Gottes vernahm, vom Gegenteil zu überzeugen, war für König Unbesiegbar eine unmögliche Herausforderung. Deswegen sprach er in seiner Gegenwart nicht mehr über diese Hoffnung und tröstete sich damit, dass einst der Tag kommen würde, an dem dieser sture, alte Mann keine andere Wahl hätte, als sich seinen Wünschen unterzuordnen.

Gerade fügte König Unbesiegbar der Geschichte, die er seinen königlichen Nachkommen zu erzählen hatte, in Gedanken ein weiteres Kapitel hinzu. »Genau in diesem Zelt hat eure Mutter die Naga-Haut, mit der ein böser Teufel sie eingehüllt hatte, abgestreift und sich in einen Menschen zurückverwandelt.«

König Unbesiegbar schmunzelte zufrieden, als er sich vorstellte, wie seine Kinder und Enkelkinder vollkommen fasziniert seiner Erzählung lauschten. Seit seine Tochter, seine einzige Familie, von der dämonischen Schlange geschwängert worden und bei der Entbindung ums Leben gekommen war, verging kein Tag, an dem er nicht an seine Nachkommenschaft dachte. Die Erinnerung an seine Tochter betrübte ihn für einen Moment, aber er befreite sich sogleich mit einem heftigen Kopfschütteln von diesen tristen Gedanken. Der Prophet pflegte zu betonen, ein König dürfe keine Schwäche zeigen. Er bemühte sich stets, diesem Rat zu folgen. Sofort dachte er an etwas Hoffnungsvolles. *Bald werde ich eine Königin haben. Sie wird eine ebenso große Schönheit wie die legendäre Dame Nanui sein. Dann werden Prinzen und Prinzessinnen zur Welt kommen, und ich werde wieder eine Familie haben.* Seine Bemühungen waren von Erfolg gekrönt: Um seine Lippen spielte tatsächlich ein Lächeln.

Als der Prophet aus dem Zelt trat, bemerkte er es sogleich.

»Ist Eurer Majestät etwas Erquickendes in den Sinn gekommen?«

»Oh, Prophet! Wenn ich dieses Zelt betrachte, erfüllt sich mein Herz mit Freude. Geht es ihr gut?«

»Ja. Sie ist bequem gebettet.«

»Sie hat ein wirklich unansehnliches Erscheinungsbild. Sehen alle Nagas so aus?«

Der Prophet lächelte kurz. »Eure Majestät, wer von den Leuten, die nördlich der Grenzlinie leben, soll denn schon einmal einen Naga zu Gesicht bekommen haben? Auch ich war äußerst überrascht. Hätte der Teufel nicht von Nagas gesprochen, hätte selbst ich nicht daran gedacht, sondern sie für eine Art Dämon gehalten. Ich habe sie mir genau angeschaut und mich davon überzeugt, dass sie eine ziemlich attraktive Person ist. Wie dem auch sei, Nagas sind eines der vier auserwählten Völker, nicht wahr? Sie wären von uns ebenso entsetzt, weil wir für sie so kurios wie Fische aussehen.«

»Meint Ihr? Ich glaube nicht, dass ich jemanden, der so aussieht wie sie, lieben kann. Wann wird sie ihre Naga-Hülle abwerfen und mir ihre Schönheit offenbaren?«

»Ich weiß nicht viel über die Magie des Teufels, weil man ihr unweigerlich anheimfallen würde, wenn man sich so dämonischem Wissen widmet. Aber der Teufel ist uns entkommen, und wir haben die zukünftige Königin zu Eurer Majestät gebracht, also denke ich, dass sie bald ein Mensch werden wird. Als ich sie vorhin untersucht habe, konnte ich feststellen, dass ihre Haut am gesamten Körper angefangen hat, sich zu lösen.«

»Hm ... Übrigens, als ich sie berührt habe, ist sofort ein Stück Haut abgefallen. Meint Ihr nicht, dass ich damit weitermachen sollte, statt sie alleine zu lassen?«

»Nein. Es genügt, dass Eure Majestät sie mit Eurer heiligen Hand erweckt hat. Nun muss sie aus eigener Kraft zu sich finden. Das ist die ihr auferlegte Probe, wie es die dämonische Schlange-mit-dem-Fuß für Eure Majestät war. Ohne eine Prüfung erringt man nichts im Leben.«

König Unbesiegbar nickte bewundernd. »War der Teufel dann Eure Prüfung?«

»Möglicherweise.«

»Ähm, dieser Teufel ... Er wird uns doch keinen Ärger mehr machen? Als mein Vater noch am Leben war ...«

»Meint Eure Majestät den ehrwürdigen König Gerechtigkeit?«

Als der Prophet ihn nach seinem Vater gefragt hatte, hatte er geantwortet, dass dieser »ein Mann war, der ausnahmslos seine Schulden zurückgezahlt hatte«, und prompt hatte der Prophet ihn auf diesen wunderbaren Namen getauft.

König Unbesiegbar korrigierte sich sofort: »Ja, König Gerechtigkeit hatte einmal einen heftigen Streit mit einem Lekon,
der in seinen Laden gekommen war, um Leder zu kaufen. Ich
stand neben ihm und konnte, grün hinter den Ohren, wie
ich war, meine Wut nicht länger im Zaum halten. Deswegen
wollte ich einen Eimer holen und den Lekon mit Wasser be-
gießen. Aber König Gerechtigkeit hielt mich zurück. Nachdem der Lekon gegangen war, tadelte er mich und erklärte:
›Es ist der törichteste Fehler der Welt, Wasser auf einen Lekon
zu schütten, nur weil er sich davor am meisten fürchtet. Letzten Endes machst du dir damit jemanden zum Feind, dem
du nicht gewachsen bist.‹ Wenn ich an seine Worte denke,
mache ich mir etwas Sorgen um Euch.«

»Eure Majestät, König Gerechtigkeit war sehr weise. Seine
Majestät hat recht. Aber dieses Wesen, das uns begegnet ist,
war kein Lekon, sondern ein Teufel. Den kann ich jederzeit besiegen, wie oft er auch wiederkommen mag.«

»Ihr seid wirklich großartig! Es ist der Segen von König Held,
dass Ihr mir begegnet seid.«

Der Prophet schüttelte würdevoll den Kopf. »Nein. Es war
Schicksal, das mich zu Eurer Majestät geführt hat.«

König Unbesiegbar war vor Rührung den Tränen nahe.

»Und auch dieses Schwert ist das Schicksal Eurer Majestät«, fuhr der Prophet fort. Er holte Ryuns Xyker hervor, den
er auf seinem Rücken getragen hatte, und hielt ihn dem König
ehrerbietig entgegen.

König Unbesiegbar nahm das Schwert und war begeistert.
»Ist das ... ist das ein Xyker?«

»Nein. Das ist unmöglich. Das ist ein Hochzeitsgeschenk
desselben Himmels, der Eurer Majestät eine Königin gesandt
hat. Das ist ein Schwert, das eines Königs würdig ist, also muss
es ein Shiktol sein.«

»Ein Shiktol!«

Völlig perplex zog König Unbesiegbar den Xyker aus der Scheide. Die gebogene Klinge glänzte im Feuerschein. Der ehemalige Lederwarenhändler spürte, wie tief in ihm der Instinkt eines Schwertkämpfers erwachte, obwohl er in den letzten vierundfünfzig Jahren nur mit einem stumpfen Messer hantiert hatte.

Der Prophet neigte demütig den Kopf. »Ja, Eure Majestät. Das ist der berühmte Shiktol. Kein einziger hat es bisher über die Grenzlinie geschafft.«

König Unbesiegbar erhob sich. Er hielt das Schwert mit beiden Händen fest, stieß es in den Nachthimmel und brüllte: »Gnädiger Himmel! Ich danke Euch für Euer kostbares Geschenk, mit dem Ihr den vergessenen königlichen Sohn bedacht habt. Ich, König Unbesiegbar, werde mit diesem Schwert eintausend Kühe schlachten und dem Himmel als Opfergabe darbringen, wenn mein Tag gekommen ist! Das schwöre ich!«

Der Prophet kniete vor ihm nieder und rief: »Lang lebe Seine Majestät König Unbesiegbar!«

Während König Unbesiegbar und der Prophet ihrem Frohmut Ausdruck verliehen, lag Ryun im Zelt und vergoss Tränen der Schmerzen und Scham. Er konnte nicht einmal den kleinen Finger bewegen. Dieser schreckliche Schmerz war ihm vertraut, weil er die Häutung ein- bis zweimal im Jahr durchmachte. Doch dass er von einer so schrecklichen Kälte umfangen war und unter so schmachvollen Umständen seine Haut abwarf, versetzte ihn in ein unvergleichliches Elend. Im Gegensatz zu Kaygon, der dafür gesorgt hatte, dass er im Turm von Dokebi-Flammen umgeben war, hatten die Leute von König Unbesiegbar im Zelt kein Feuer entzündet, weil es nach ihren Maßstäben eine angenehm milde Nacht war. Doch Ryun konnte diese Kälte umbringen. Als wäre das alles nicht genug, gab ihm der alte Mann, der bis vor Kurzem neben ihm gesessen und Blödsinn dahergeschwatzt hatte, während er seinen ganzen Körper begutachtete, noch zusätzlich ein so miserables Gefühl, wie er es noch nie erlebt hatte. »Bald löst sie sich komplett. Bemüht Euch weiter!«

Während Ryun silberne Tränen vergoss, kam ihm plötzlich eine entsetzliche Frage in den Sinn. *Wo werde ich mich wohl das nächste Mal häuten?*

Es gab kein Haus, das er zu diesem Zweck besuchen konnte, denn er hatte die Grenzlinie überschritten. Nach Hatengrazu konnte er nicht zurückkehren, weil er ein Bie-Naga war, der sein Herz noch hatte. Ihm wurde klar, dass auch seine nächste Häutung im eiskalten Norden vonstattengehen würde, und er erschauderte. Nein, nicht nur die nächste, sondern alle seine Häutungen bis an sein Lebensende. Nun, von Kaygon getrennt, der alles immer aus Ryuns Sicht betrachtet und ihn einfühlsam beschützt hatte, lernte er die Angst vor dem Norden kennen.

Josbi hatte genirmt: [Leb wohl, mein Sohn.] Weil er nicht wie Josbi sterben wollte, hatte Ryun sich der Herzentnahme verweigert und Kiboren verlassen.

Hwarit hatte genirmt: [Geh, Didyusryuno Rargand Pey!] Deswegen war Ryun in dieses eiskalte Land gekommen, in dem die schlimmsten Albträume der Nagas wahr wurden.

Um einem unbarmherzigen Tod zu entgehen, um seine Freundschaft mit Hwarit zu ehren, war er in dieses Land gekommen, doch was er hier fand, war eine Kälte, die dem Tod in nichts nachstand, und Einwohner, die sich durch einen bizarren Fanatismus auszeichneten. Er brach in stummes Gelächter aus. Es war eine perfekte Komödie. Mit von silbernen Tränen benetztem Gesicht lachte er schließlich laut auf.

Am lustigsten war, dass er sich nicht einmal das Leben nehmen konnte. Ein gewöhnlicher Bie-Naga hätte dieser Schmierenkomödie entfliehen können, wann immer er es wollte, doch Ryun nicht. Hwarit hatte ihn gebeten, seine Mission zu Ende zu führen. Diese Bitte war für Ryun wichtiger als alles andere, weil sein Freund damals die absolute Macht über seinen Geist besessen hatte. Da Hwarit seine Schuldgefühle vollständig weggeschlossen hatte, konnte Ryun ihn wenigstens verfluchen, so viel er wollte.

[Du Drache! Du Dokebi!]

Er lachte wieder. Er fluchte immer noch wie ein Naga aus Hatengrazu. Und das, obwohl ein Dokebi sein Gefährte war und er einen Drachen in seinem Rucksack hatte. Weil er nicht einmal die Kraft hatte, den Kopf zu wenden, bewegte er nur die Augen und schielte auf seinen Rucksack. Dieser lag zusammen mit seiner Kleidung neben ihm. Der selbsternannte Prophet hatte nur Interesse an Ryuns Xyker gezeigt und sein Gepäck nicht durchstöbert. Traurig, dass man ihm Josbis Nachlass geraubt hatte, nirmte er zum Rucksack:

[Ashwarital, ich bin trotz allem froh, dass du nicht entdeckt worden bist. Aber bald werden die Leute mein Gepäck durchsuchen. Also, bitte öffne die Augen und mach dich davon. Ich habe es nicht einmal geschafft, mich selbst zu schützen, und liege hier unehrenhaft entblößt. Leider kann ich auch dich nicht länger beschützen.]

Sein Rucksack zuckte. Erschrocken starrte er ihn an. Seine Augen mussten ihm wegen der silbernen Tränen einen Streich gespielt haben. Der Rucksack rührte sich kein bisschen.

[Du hast dich bewegt! Damals hast du dich bestimmt bewegt. Mach die Augen bitte auf! Ich bitte dich!]

Am Rande seines Blickfeldes huschte etwas vorüber. Er blinzelte hastig die silbernen Tränen fort. Es war auch diesmal nicht der Rucksack gewesen.

Der Saum des Zeltes war in fliegender Hast hochgerissen worden. Der Prophet stand dort, mit dem Rücken zum Licht, und betrachtete ihn mit einem Gesicht voller Schatten. Das Licht, das Ryun sehen konnte, war eindeutig Wärme. Verwundert fragte er sich, warum die Nacht plötzlich so warm geworden war.

Etwa die Hälfte des Lichts, das Ryun gesehen hatte, war Bihyungs Werk. Die andere Hälfte war Tinahans. Durch die Reibung mit der Luft erhitzte sich sein Eisenspeer jedes Mal, wenn er ihn schwang, und erzeugte einen Funkenregen, wenn er den Boden berührte. Die Soldaten holten zwar Wasserflaschen, um es dem Propheten gleichzutun, diese wurden aber von Kaygon, der stets wie aus dem Nichts auftauchte, mit Baragi zerschmettert.

Es waren vierzig bewaffnete Soldaten, doch sie konnten weder dem Verteidiger noch dem Lotsen auch nur einen einzigen Kratzer zufügen. Denn der Zauberer flog auf Nanui über die Köpfe der Soldaten hinweg und schickte Dokebi-Flammen auf sie herab, die zwar nicht heiß, aber ziemlich hell waren. Geblendet schwangen sie ihre Waffen hin und her und verletzten damit entweder ihre Kameraden oder gar sich selbst. Bihyung war hin und weg von dieser Strategie, die Kaygon entwickelt hatte. In seiner Faszination konnte er es nicht dabei belassen, die Soldaten zu blenden, er zauberte ihnen zudem noch Hasenohren auf die Köpfe, Käferflügel an die Rücken, und an die Hintern klebte er buschige Eichhörnchenschwänze. Ein paar Soldaten wurden auch mit Fischschwänzen bedacht, die täuschend echt aussahen. Bei diesem

Anblick konnte nicht einmal Tinahan, der wie die Inkarnation des Zorns angriff, seine Wut richtig ausleben. Er schrie zum Himmel hinauf, dass Bihyung mit diesem lächerlichen Unsinn aufhören solle, aber der Dokebi konnte ihn wegen der schlagenden Flügel des Käfers nicht verstehen.

»Na ja, das ist doch nichts Besonderes! Hast du noch einen speziellen Wunsch, was du unbedingt sehen willst?«

Tinahan gab auf. Er trat hinter die Soldaten, die blind umhertaumelten, und fing an, ihnen leicht gegen den Hinterkopf zu klopfen. Sofort gingen sie ohnmächtig zu Boden. Seit Beginn des Überfalls waren nur einige Minuten vergangen, aber im Feldlager stand kein einziger Soldat mehr auf den Beinen. König Unbesiegbar starrte seine Gegner entsetzt an.

Kaygon ignorierte den König und schleifte die bewusstlosen Soldaten zu einem Sammelplatz. Als Tinahan sah, was er tat, klaubte er zwei, drei der sogenannten Arasit-Krieger gleichzeitig auf und trug sie zu ihren Kameraden. Als alle ohnmächtigen Soldaten auf einem Haufen waren, gab Kaygon dem Dokebi ein Handzeichen, woraufhin dieser landete.

Kaygon sagte: »Bihyung, errichte einen Feuerzaun um sie herum, damit sie nicht fliehen können.«

Der Dokebi grinste und vollführte einige Gesten. Um die bewusstlosen Soldaten herum loderte ein Kreis aus Feuer auf. Nachdem sie eingesperrt waren, hängte Kaygon Baragi wieder an seinen Rücken und schritt auf König Unbesiegbar zu. Tinahan, Bihyung und Nanui folgten ihm.

König Unbesiegbar bewies den größten Mut seit seiner Krönung. Er zog den Xyker und richtete ihn auf Kaygons Brust.

Tinahan brach in Gelächter aus, aber Kaygon sagte leise: »Ich möchte mich dafür entschuldigen, dass wir bei unserer

Ankunft so einen Tumult verursacht haben. Aber wir hatten nicht die Muße, uns höflich vorzustellen, weil Ihr unseren Gefährten gefangen haltet.«

»Ge... Ge... Gefährten?«

Kaygon überging wohlwollend das Stottern des Königs. »Ja. Ihr habt wohl etwas missverstanden, denn der Mann, den Ihr mitgenommen habt, ist mein Naga-Gefährte. Wir wollen ihn zurückhaben. Das Schwert, das Ihr in der Hand haltet, gehört ihm, deshalb muss ich auch das zurückfordern.«

Kaygons ruhiger Tonfall irritierte den König sehr, denn er passte nicht zu der erschreckenden Machtdemonstration, deren Zeuge er geworden war. Langsam machte sich in ihm das Gefühl breit, dass er und seine Gefolgschaft einen Fehler begangen haben könnten. Ein Fehler, der seine gesamte einjährige Reise einschloss.

Todi Shinok, der ehemalige Lederwarenhändler aus Petschiren, sah seine Soldaten auf dem Boden liegen und dachte: *Was in aller Welt mache ich hier eigentlich?* Es war eine Frage, die sich jeder im Leben ein- oder zweimal stellte, aber für ihn hatte sie eine besondere Bedeutung. Langsam ließ er den Xyker sinken.

»Wie könnt ihr es wagen, dem König Befehle zu erteilen, ihr Wahnsinnigen!«

Unter donnerndem Gebrüll wurde der Zeltvorhang aufgerissen, und der Prophet trat heraus. Augenblicklich heulte Tinahan wie eine Bestie auf und stürmte auf den Propheten los. »Duuu!«

Kaygon packte seinen linken Arm. Er hätte beim Versuch, ein galoppierendes Pferd einzufangen, besser ausgesehen. Für einen kurzen Moment verloren seine Füße den Kontakt zum Boden, und er wurde mitgeschleift. Als Tinahan ihn nach wenigen Schritten bemerkte, blieb er stehen, sodass Kaygon sich mühsam wieder aufrichten konnte. Doch nun geriet Bihyung in eine missliche Lage. Denn um Kaygon zu retten, hatte er sich an Tinahans rechten Arm geklammert, der ihn dort aber gar nicht bemerkt hatte und jetzt heftig mit dem Eisenspeer in seiner Rechten gestikulierte.

»Du Arschloch! Du hast ernsthaft *dieses Zeug* auf mich geschüttet! Auf mich! Das ist eine verdammte Schweinerei! Heute wirst du erleben, wie sich die Anzahl deiner Knochen ganz leicht verdoppeln kann!«, schrie er.

König Unbesiegbar starrte ihn mit offenem Mund an. Kaygon bedeutete ihm, zu seinem rechten Arm zu sehen. Dort entdeckte er den baumelnden Dokebi, der kurz davor war, in Ohnmacht zu fallen.

Während Tinahan seinen Gefährten auf den Boden stellte und festhielt, bis er nicht mehr wankte, kreischte der Prophet: »Ihr Bastarde! Als wäre es nicht schlimm genug, Seiner Majestät Befehle zu erteilen, wagt ihr es auch noch ihm zu drohen! Mit eurer Unverfrorenheit könnt ihr Seine Majestät kein bisschen beeindrucken!«

Tinahans Kamm sträubte sich, aber Kaygon hielt ihn mit einer Geste zurück und sagte zum Propheten: »Gebt uns den Naga zurück, alter Mann.«

»Rede keinen Unsinn. Das ist die Mutter unseres Königreichs. Sie ist der heilige Schoß, aus dem der königliche Sohn hervorgehen wird! Sieh nur!«

Der Prophet drehte sich um und hob etwas Großes hoch. Als er vollends aus dem Zelt trat, stöhnten Bihyung und Tinahan auf. Der Prophet trug Ryun in seinen Armen. Der Naga sah schrecklich aus. Seine Haut hatte ihren Glanz verloren, war blass und spröde und löste sich ab wie verfaulte Rinde.

»Schaut her! Sie befreit sich von der schrecklichen Hülle, in die ihr sie eingewickelt habt. Ihr seid zu spät!«, rief der alte Mann siegessicher.

Kaygon hörte ihm nicht zu, sondern konzentrierte sich auf Ryuns Augen. Um seine Augenpartie hatte sich bereits viel Haut gelöst. Kaygon konnte Ryuns Gefühle in seinem Blick lesen, auch wenn er kein Nirm wahrnahm.

»Nagas mögen nicht, was Ihr da tut, alter Mann.«

»Von wegen, Naga! Das ist die Mutter unseres Königreiches!«

»So sehr wünscht Ihr Euch einen König?«

»Was?«

Kaygon bedachte König Unbesiegbar mit einem flüchtigen Blick und fuhr fort: »Was ist ein König?«

»Was?«

»Seit die Kitalzer Jäger vor etwa achthundert Jahren nach ihrer ungerechtfertigten Beleidigung die Vollversammlung der Stämme verlassen haben, gibt es nördlich der Grenzlinie keinen König mehr. Man macht sich lächerlich, wenn man den Sohn von König Autorität, der ihm in Sachen Torheit in nichts nachstand, als seinen Nachfolger ansieht. Was ist ein König? Wer ist diese Person, die dieses Land vor achthundert Jahren vergessen hat, diese Person, nach der dieses Land seit achthundert Jahren sucht? Sagt es mir!«

»Er ist der Größte von allen. Der wahre und einzige Herr aller Dinge und der allmächtige Hüter des Gesetzes! In ihm allein versammelt sich alle Glorie der Welt, und einzig und allein durch seine Allmacht ist Größe zu erlangen! Er ist der Herr, der trotz des Fluchs, den die bösartigen Barbaren aus Kitalzer ausgesprochen haben, zu uns zurückgekehrt ist!«

»Falsch.«

»Wie, falsch?«

»Ihr habt keine Ahnung, was ein König ist. Deswegen habt Ihr jemanden wie ihn hier ausgewählt.« Kaygon zeigte auf Todi, ohne den Blick von dem Propheten abzuwenden. »Wenn ich raten müsste, würde ich sagen, dass Ihr sehr wohl wusstet, dass das ein Fehler war.«

Todi trat einen Schritt zurück, als wäre Kaygons nackte Hand eine Waffe, stolperte und fiel zu Boden.

»Ihr wisst, dass er kein König ist, nicht wahr?«, fragte Kaygon den Propheten.

»Halt dein freches Maul! Beschmutze den Königsthron nicht mit deinen dreckigen Worten!«

»Lasst es gut sein. Ich habe gehört, dass Ihr einst ein Wandermönch wart. Ich vermute, dass Ihr über die Häutung der Nagas Bescheid wisst. So wie Ihr wusstet, dass der da kein König ist, wusstet Ihr von Anfang an, dass mein Gefährte ein Naga ist.«

Tinahan und Bihyung sahen Kaygon überrascht an.

»Ist es nicht so?«, hakte Kaygon nach.

Verängstigt trat der Prophet einen Schritt zurück. Als wäre Ryun in seinen Armen plötzlich um ein Vielfaches schwerer geworden, taumelte der Alte noch ein paar Schritte zurück, bis er den Naga schließlich fallen ließ. Mit einem Aufschrei wollte Bihyung auf der Stelle zu Ryun eilen, aber er verharrte nach wenigen Schritten, denn der Prophet hatte sich über den Naga geworfen.

»Komm nicht näher!«

Wie ein Raubtier, das seine Beute mit den Vorderpfoten zu Boden drückte, presste der Prophet die Hände auf Ryuns Brust und sah grimmig in die Runde. Tinahan hielt seinen Eisenspeer fest und spähte zu Kaygon. *Jetzt?*

Kaygon schüttelte leicht den Kopf.

»Ein Naga? Schaut genau hin, ihr Bastarde!«, schrie der Prophet mit brüchiger Stimme und begann, Ryun die Haut abzuziehen.

Bihyung wandte sich ab und würgte. Auch Todi, der noch auf dem Hosenboden saß, schaute weg. Die Teile der Haut, die sich bereits gelöst hatten, ließen sich ziemlich leicht entfernen, aber als der alte Mann zu den Stellen kam, an denen sie noch festsaß, spritzte Blut, und Ryun fing an, wild zu zucken.

Tinahan sah Kaygon erneut flehend an. *Darf ich jetzt? Bitte!*

Aber Kaygon schüttelte erneut den Kopf. Er stand mit verschränkten Armen da und sah den Propheten kühl an. Nachdem er den größten Teil der Haut abgezogen hatte, hob der Alte die Hautfetzen triumphal in die Höhe: »So sehet, wenn ihr zu sehen vermögt! Ist das etwa ein Naga?«

Todi starrte den Propheten entgeistert an. Vor ihm lag eine blutende Kreatur, der stellenweise das Fleisch vom Körper gerissen worden war – und sie war kein Mensch. Sie war ein Naga.

»Prophet!«, rief Todi mit zitternder Stimme.

Der Kopf des Propheten ruckte herum. In seinen weit aufgerissenen Augen flackerte ein seltsames Licht. »Seht, Eure Majestät! Das ist Ihre Majestät, die Königin!«

Todi schüttelte den Kopf. »Nein, nein … das ist ein Naga, kein Mensch. Das ist kein Mensch!«

»Eure Majestät … kann Eure Majestät sie nicht erkennen? Es ist doch Ihre Majestät, die Königin!« Der Blick des Propheten zuckte zwischen Ryun und Todi hin und her. Seine Stimme klang weinerlich.

»Du … du bist verrückt! Vollkommen verrückt!«

»Bitte wacht auf, Eure Majestät. Was um Himmels willen blendet Euch?«, fragte der alte Mann und kroch auf Todi zu.

Sofort ging Kaygon zu Ryun, warf einen kurzen Blick auf den Naga, der zu ihm hochschaute und dabei nicht einmal in der Lage war, zu stöhnen, griff nach dem Zeltvorhang, zerschnitt ihn und bedeckte damit seinen Gefährten.

Währenddessen kroch der Prophet weiter auf Todi zu. »Eure Majestät, Eure Majestät! Wieso erkennt Eure Majestät die Frau nicht, die der Himmel gesandt hat?«

»Komm nicht näher!«

»Eure Majestät, bitte …!«

Plötzlich hielt der Prophet inne und richtete sich auf. Er starrte auf seine Hände, in denen er immer noch Ryuns Haut hielt. Die Haut des Gesichts blickte ihn mit einem Furcht einflößend verzerrten Lächeln an. Er brüllte auf: »Verruchtes Ding! Du bist schuld!«

»Halt! Was machst du da?«, schrie Tinahan. Kaygon, der gerade Ryun hochheben wollte, hob den Kopf.

Der Prophet rannte zum Feuerzaun, der die Soldaten einsperrte. »Ich muss es verbrennen! Dieser verfluchte Zauber blendet die Augen Seiner Majestät!« Er warf die Haut ins Feuer. »Verruchter Zauber, hinfort mit dir!«

Mit einem Zischen fing die Naga-Haut Feuer, Funken stoben auf. Der Ostwind erfasste einen der brennenden Hautfetzen und schleuderte ihn ins Gesicht des Propheten. Als die Funken seine Augen versengten, stieß er einen schrecklichen Schrei aus. Kaygon, der Ryun in den Armen hielt und deswegen nichts unternehmen konnte, rief dem Dokebi zu: »Bihyung! Das Feuer! Lass es verschwinden!«

Doch als Bihyung sich zu Kaygon umdrehte und Ryuns blutiges Gesicht sah, übergab er sich erneut. Ehe Kaygon Tinahans Namen rufen konnte, war der alte Mann, der mit beiden Händen sein Gesicht bedeckte, bereits ins Feuer gesprungen. Ein markerschütternder Schrei, der sogar Ryun zusammenfahren ließ, gellte durch die Nacht.

Todi sah alles mit an.

Er sah die Flammen, die an der weiten Kleidung des Propheten entlangflossen, bis sie aus Mund, Ohren, Augen und jeder Pore des Propheten loderten. *Er brennt aus dem Inneren seines Körpers heraus!*

Ungläubig rieb sich Todi die Augen. Als er sie wieder öffnete, erkannte er den Propheten nicht mehr. Er war eine Feuersäule in der Gestalt eines Menschen.

Tinahan versuchte fluchend, die Flammen auszuklopfen. Seine Federn fingen Feuer, aber das kümmerte ihn nicht. Als das Feuer gelöscht war, war auch die Lebensflamme des Propheten erloschen. Tinahan sank zu Boden, bedeckte mit der rechten Hand seine Augen und ließ den Kopf hängen. Er war voller verbrannter Federn und Asche.

Todi hatte die Augen weit aufgerissen und atmete normal, dennoch schien er nicht wahrzunehmen, was um ihn herum geschah. Merkwürdigerweise war er in diesem Moment kein bisschen aufgewühlt. Er dachte an seine Tochter. Auch der Lehrling aus der Lederherstellung, der seine Tochter geliebt hatte, kam ihm in den Sinn. Nüchtern fragte er sich, warum er die Erklärung, eine Dämonenschlange habe seine Tochter geschwängert, so viel logischer gefunden hatte als die Vermutung, dass seine Tochter sich auch in den Lehrling verliebt hatte.

Nach einer Weile merkte er, dass ihn jemand beobachtete. Er drehte den Kopf. Kaygon sah auf ihn herab. In seinen Armen lag Ryun, blutig und in den ledernen Zeltstoff eingewickelt. Das Gesicht des Mannes war ausdruckslos, doch in seinem Blick lag eine seltsame Traurigkeit. Todi begegneten so traurige Augen zum ersten Mal.

Kaygon sagte ruhig: »Das Fest ist vorbei. Geht nach Hause.«

Das Letzte, worum Todi sich kümmerte, nachdem er den Soldaten alle Waffen und Kleidungsstücke, die er ihnen gegeben hatte, überlassen und ihnen dazu noch sein gesamtes verbliebenes Geld geschenkt hatte, war die dämonische Schlange-mit-dem-Fuß. Er nahm die Kiste entgegen, die ein junger Soldat ihm brachte, und sah eine Weile hinein. Dann drehte er sie um.

Der Schlangenkadaver fiel schlaff zu Boden. Todi trampelte darauf herum und zerquetschte ihn. Wieder und wieder stampfte er auf, bis der Kadaver zu einer formlosen Masse geworden war. Dabei weinte er die ganze Zeit. Schließlich wischte er sich die Tränen ab und gab dem Soldaten die Holzkiste zurück. »Sie ist von guter Qualität und mit Seide ausgekleidet. Du kannst sie verkaufen.«

Der Soldat bedankte sich, aber sein Blick war auf den zertretenen Kadaver gerichtet. Er schien zu überlegen, wie er die deformierte Schlange zu einem kuriosen Ausstellungsstück machen oder sie vielleicht zu einem guten Preis verkaufen konnte. Todi durchschaute den jungen Mann, sagte aber nichts.

Dann wollte er dem gequälten Naga sein Pferd schenken, aber Kaygon lehnte ab. Verletzt wie er war, würde Ryun kaum Reiten lernen, und nachdem er sein ganzes Hab und Gut verschenkt hatte, sollte Todi für den Neuanfang wenigstens ein Pferd besitzen. Der Lederwarenhändler nickte wortlos, stieg auf das Pferd und ritt davon.

Die Soldaten, die sich gut miteinander verstanden, bildeten kleine Gruppen und verstreuten sich in alle Richtungen. Einige von ihnen fragten Kaygon, ob sie sich seiner Gruppe anschließen dürften. »Ihr seid ziemlich stark. Ich denke, dass Ihr Großes erreichen werdet, deswegen würden wir Euch gerne begleiten.«

»Wir sind im Auftrag des Großtempels unterwegs. Wir können Euch nicht mitnehmen.«

»Ich glaube, dass Euch eine große Zukunft bestimmt ist. Auch ich kann gut mit dem Schwert umgehen. Vielleicht möchtet Ihr ja König werden? Ich denke, Ihr habt das Zeug dazu. Ihr scheint euch grundlegend von den Schurken zu unterscheiden, denen man sonst so über den Weg läuft.«

»Nein, das geht nicht.«

»Verdammt, seid doch nicht so wählerisch! Lasst uns mit Euch kommen! Wenn man aus dem gleichen Holz geschnitzt ist, tut man sich doch zusammen!«

Kaygon redete bis zuletzt ruhig auf die Männer ein und schickte sie einen nach dem anderen weg. Die sogenannten Arasit-Krieger gaben schließlich auf, aber Bihyungs Meinung nach hatte der Lekon, der sich neben Kaygon aufgebaut und die Soldaten grimmig angestarrt hatte, mehr zu ihrem Entschluss beigetragen als Kaygons vernünftige Worte.

Als sie wieder alleine waren, kratzte sich Bihyung am Kinn und fragte: »Niemand hat uns Hilfe angeboten. Das ist also wohl unsere Aufgabe?«

»Bringen wir es hinter uns. Nanui kann dabei helfen.«

Bihyung nickte und befahl Nanui, die Erde aufzubuddeln. Kaygon zog Baragi und grub damit, nur Tinahan benutzte die bloßen Hände, weil er seinen Eisenspeer für so eine Arbeit nicht verwenden wollte. Während Ryun sich ausruhte, hoben die drei eine große Grube aus. Als sie fertig waren, dämmerte es bereits.

Bihyung trat zurück und wandte sich ab, während Kaygon den toten Propheten vorsichtig hineinlegte. Zusammen mit

Tinahan schaufelte er die Grube wieder zu. Anschließend standen die drei dort einen Moment. Die langen Schatten der Morgendämmerung fielen auf das schlichte Grab.

Zögernd ergriff Tinahan das Wort: »Verdammter Mistkerl. Gestorben, bevor ich mich an ihm rächen konnte. Trotzdem, muss man hier nicht irgendetwas sagen? Kaygon, mach du mal.«

»Ich möchte nichts sagen. Lassen wir das einfach.«

Er drehte sich um und ging. Bihyung und Tinahan sahen einander an, verbeugten sich halb vor dem Grab und gingen ebenfalls.

Es war eine Weile her, seit Todi Shinok und die Soldaten fortgegangen waren, dennoch konnten die Gefährten sie immer noch auf der weiten Ebene erkennen. Kaygon blickte in die Richtung, in die Todi geritten war. Er war nur noch ein Punkt in der Ferne.

Bihyung trat zu ihm und klopfte sich die Erde an seiner Hose ab. »Kaygon, darf ich dir jetzt die Frage stellen, die du heute Nacht gestellt hast?« Kaygons kurzen Blick deutete er als Zustimmung und fuhr fort: »Was ist ein König?«

Kaygon antwortete nicht.

Bihyung streichelte über eines von Nanuis Hörnern. »Schlossherr, Fürst, Maripgan, Häuptling, Oberhaupt – überall auf der Welt gibt es solche, die andere regieren und führen. Aber keinen König. Nur Leute, die herumwandern und König werden wollen. Ich habe gehört, dass es manchen von ihnen gelungen ist, große Städte zu besetzen. Obwohl das nicht lange von Erfolg gekrönt war. Ich dachte immer, dass die wohl mehr Ehrgeiz zu regieren hatten als andere. Das nennt man Ambition, oder? Nein, Herrschsucht?«

Kaygon hörte ihm schweigend zu.

Bihyung ließ den Blick über die Menschen draußen auf der Ebene schweifen. »Na ja, das war so in etwa mein einfältiger Gedanke: Wer König werden will, will über andere herrschen. Aber das ist nicht der Fall, wie ich inzwischen festgestellt habe. Es ist so offensichtlich, und dennoch bin ich nicht darauf gekommen. Wer König werden will, hegt diesen Wunsch nur, weil er Leute um sich hat, die beherrscht werden wollen. Und die sind eigentlich von Bedeutung. Im Vergleich zu ihnen spielen die sogenannten Könige keine so große Rolle. Deswegen hast du nicht mit Todi, sondern mit dem Propheten gesprochen?«

Kaygon nickte.

»Egal, wie groß der Wunsch auch sein mag, über andere zu herrschen, er geht nicht in Erfüllung, wenn es niemanden gibt, der einen als König anerkennt. Nur mit einer treuen Gefolgschaft kann man alles aufgeben und auf Wanderschaft gehen. Was also ist ein König? Ich weiß es nicht. Ist die Königswürde das Ziel derjenigen, die am Königssyndrom erkrankt sind? Oder ist sie das Ziel derjenigen, die den Erkrankten auf dem Thron sehen wollen?«

»Es ist der Tränenvogel.«

»Wie bitte?«

Todis Gestalt verschwand langsam am Horizont.

»Der König ist der Vogel, der Tränen trinkt. Er ist der prächtigste und schönste, aber er stirbt als Erster.«

»Der König trinkt die Tränen der anderen?«

»Todi Shinok wird überleben, weil er nun nicht mehr die Tränen trinken muss, die der Prophet vergossen hat.«

Ratlos betrachtete Bihyung Kaygons Profil. Kaygon wandte sich ab und ging zu Ryun.

Der Naga saß auf dem Boden. Während Kaygon den Zeltstoff klein geschnitten, seine Wunden verbunden und ihn anschließend angekleidet hatte, hatte Ryun kein Wort gesagt. Und auch jetzt starrte er auf den Boden, ohne einen Ton von sich zu geben. Nachdem er ihn kurz gemustert hatte, ging Kaygon an ihm vorbei und holte den Fuchs.

Da er lange mit fest verschnürter Schnauze und zusammengebundenen Beinen liegen gelassen worden war, rührte sich der Fuchs nicht mehr, als Kaygon das Tier vor Ryun ablegte. Der Naga starrte weiter auf den Boden.

»Du solltest etwas essen. Der Fuchs wird es nicht mehr lange machen, also solltest du dich beeilen.«

Ryun antwortete nicht.

»Ich will dich nicht zwingen müssen.«

»Hast du gestern Nacht mein Nirm wahrgenommen?«, fragte Ryun unvermittelt.

Kaygon verneinte. »Ich bin ein Mensch. Ich kann Nirms nicht wahrnehmen.«

»Du hast mein Nirm also nicht wahrgenommen, als der Mensch mir die Haut heruntergerissen hat?«

»Nein. Was hast du genirmt?«

»Dass du mich sterben lassen sollst.«

»Aha.«

»Ich dachte, dass du mich verstanden hast. Weil du ihn hast weitermachen lassen.«

»Deine Haut hatte sich bereits fast komplett abgeschält. Sicher, an einigen Stellen war es noch nicht ganz so weit, deswegen hast du ein paar Wunden davongetragen. Aber ihr Nagas kümmert euch nicht um Narben.«

»Narben?«

»Die Spuren, die Wunden auf der Haut hinterlassen.«

Ryuns Schuppen rieben aneinander und erzeugten ein unangenehmes Geräusch. Soweit Kaygon wusste, war das eine Schamreaktion.

»Auch bei Nagas, denen das Herz nicht entnommen wurde, verschwinden solche Narben bei der nächsten Häutung. Deswegen dachte ich, dass es dir nicht viel ausmacht, wenn du ein paar Wunden davonträgst. Es wäre gefährlicher gewesen, wenn ich versucht hätte, dich zu retten und dadurch den Propheten gereizt hätte.«

Nach langem Schweigen fragte Ryun: »Ich werde noch hier sein, wenn ich das nächste Mal meine Haut abwerfe, nicht wahr?«

»Hier?«

»Im Norden. Ich kann nie wieder in den Süden zurückgehen, ist es nicht so?«

»Über kurz oder lang wirst du sterben, da dein Herz nicht entnommen wurde.«

»Kann ein Naga nicht in diesem Land leben?«

»Nur sehr schwer.«

»Ich glaube nicht, dass ich das ertragen kann.«

»Ich dachte, dass du bereit bist, das in Kauf zu nehmen, und deshalb hergekommen bist.«

Ryun schwieg wieder. Schließlich sagte er, als spucke er jedes Wort einzeln aus: »Ich ... bin ... anstelle ... meines ... Freundes ... gekommen.«

Kaygon riss die Augen auf. Auch Tinahan und Bihyung sahen den Naga überrascht an.

»Erkläre dich«, forderte Kaygon mit scharfem Blick.

Ryun erzählte alles, was er bisher verschwiegen hatte, weil er den anderen Völkern die Schande seines eigenen nicht offenbaren wollte. Mit gesenktem Kopf erzählte er von Hwarits Tod und wie es dazu gekommen war, dass er dessen Platz eingenommen hatte. Bihyung konnte nicht glauben, dass Vias Makerow ihren eigenen Bruder getötet hatte, und fragte mehrmals nach, ob er das richtig verstanden habe. Als Ryun immer wieder bejahte, kam Bihyung zu dem Schluss, dass Naga-Frauen es als Hobby betrachteten, ihre jüngeren Brüder zu töten. Immerhin besaß er so viel Urteilsvermögen, Ryun, der ja ebenfalls von seiner Schwester verfolgt wurde, nicht zu fragen, ob er damit richtiglag.

Kaygon nickte, als Ryun geendet hatte. »Dann kann ich mir denken, warum deine Schwester dich verfolgt.«

»Weil ich mir das Herz nicht habe entnehmen lassen.«

»Nein.«

»Wie?« Ryun sah überrascht zu Kaygon hoch.

»Jetzt siehst du mich endlich an. Du liegst falsch mit deiner Vermutung. Ihr Naga-Männer kennt euch wirklich kaum mit eurer eigenen Gesellschaft aus. Wobei man euch das nicht vorwerfen kann, weil ihr kaum Möglichkeiten habt, an dieser Gesellschaft teilzuhaben. Das Shozain-te-Shiktol ist ein Blutpreis, der einem Haus auferlegt wird. Dieses Recht wird nicht in Anspruch genommen, um einen Mann auszuschalten, dem das Herz nicht entnommen wurde. Man hält dich für den Mörder von Hwarit Makerow.«

Ryun war völlig entgeistert. »Wie ... wie könnte ich? Warum sollte ich meinen Freund töten? Das ist Wahnsinn!«

»Und doch bist du vom Tatort geflohen. Wie sollte man dich da nicht verdächtigen?«

»Was? Nur deswegen?«

»Ja. Du, ein Mitglied des Hauses Pey, sollst Hwarit aus dem Hause Makerow getötet haben, und deshalb kann das Haus Makerow das Shozain-te-Shiktol fordern. Es ist ein bisschen eigenartig, dass es eingefordert wurde, obwohl es nur um zwei Männer geht. Anscheinend wurdet ihr beide noch als Mitglieder eurer Häuser betrachtet, weil der Mord vor eurer Herzentnahme geschehen ist. Deswegen hat das Haus Makerow deine Schwester zur Attentäterin bestimmt. Wahrscheinlich ist auch das eine Intrige von Vias, um ihr Verbrechen zu vertuschen.«

Ryun war fassungslos. Er wusste nicht, was er sagen sollte. Als er sich daran erinnerte, dass niemand sein Nirm vernehmen konnte, und seine Sprache wieder fand, sagte er: »Ist das ... ist das wahr?«

»Das ist eine seltsame Frage. Natürlich ist das nur eine Vermutung. Aber ich halte es für sehr wahrscheinlich.«

Urplötzlich erkannte Ryun die Zusammenhänge. Als er von Samo das Wort Shozain-te-Shiktol vernommen hatte, hatte er überhaupt nicht Hwarits gedacht. Wieso auch? Er hatte schließlich gesehen, wie Vias ihren Bruder getötet hatte. Außerdem war bekannt, dass er und Hwarit beste Freunde waren. Nie im Leben wäre er auf die Idee gekommen, dass man ihn für den Mörder halten könnte.

»Das kann nicht wahr sein ... nein, das kann nicht wahr sein!«

»Es mag sein, dass es nicht wahr ist, dennoch bist du dem Willen deines Freundes gefolgt. Deswegen sage ich dir noch einmal: Iss jetzt diesen Fuchs. Sonst ...«

»Halt verdammt noch mal die Klappe!« Ryuns Schuppen sträubten sich, und er starrte Kaygon grimmig an. »Meine eigene Schwester will mich töten! Und das wegen eines Verbrechens, das ich nicht begangen habe! Und da sagst du mir, dass ich etwas essen soll?«

Der blickte ungerührt zurück und hielt drei Finger hoch. »Erstens, wir drei tun unser Bestes, damit die Bemühungen deiner Schwester nicht von Erfolg gekrönt werden. Nur deswegen hast du es so weit geschafft. Nur wegen uns hat sie dich noch nicht getötet. Zweitens, dein Freund wollte nicht von dir, dass du seinen Mörder bestrafst, sondern dass du seine Mission zu Ende bringst. Darum solltest du dich kümmern, statt das Verbrechen von Vias Makerow aufzudecken. Drittens, und das ist das Wichtigste ...«

»Ja?«

»Wenn du nicht sofort diesen Fuchs isst, ist er tot.«

Bihyung lachte kurz auf. Auch Ryun, der Kaygon wütend angestarrt hatte, lächelte schließlich.

»Ich verstehe jetzt, dass du auf das Leid, das dich in diesem Land erwarten würde, nicht vorbereitet warst«, fuhr Kaygon fort. »Und ich verstehe, was es für dich bedeuten muss, dass du nicht mehr in deine Heimat zurückkehren kannst und dass deine Schwester dir nach dem Leben trachtet. Die Frage ist allerdings: Was willst du dagegen unternehmen? Willst du den Fuchs essen und mit uns mitkommen? Oder willst du hier sitzen bleiben und die Tragödie deines Lebens beweinen? Oder willst du vielleicht lieber nach Süden gehen und deine Kehle unter die Klinge deiner Schwester legen? Ich denke, die Entscheidung sollte dir nicht schwerfallen. Also, Ryun Pey, was wirst du tun?«

Ryun aß den Fuchs. Dann verließen die Gefährten die Ebene und machten sich auf den Weg ins Gebirge. Unterwegs hatte Bihyung eine amüsante Erkenntnis: Ryun hatte zwar kein Problem damit, einen lebenden Fuchs zu verschlingen, schämte sich aber, wenn er von anderen Männern nackt gesehen wurde. Unverhohlen machte er sich darüber lustig und hätte den Naga damit beinahe zum Weinen gebracht.

Todi Shinok saß auf seinem Hinterteil und betrachtete den Riesentiger, der sein Pferd fraß. Er konnte kaum glauben, was er da sah.

Der Riesentiger musste vom Himmel gefallen sein, anders konnte Todi es sich nicht erklären, dass er nicht bemerkt hatte, wie das Tier sich angeschlichen hatte. Mit einem einzigen Prankenhieb hatte er den Schädel des Pferdes zerschmettert. Todi war mitsamt dem Sattel durch die Luft geflogen, bevor er schließlich unsanft auf dem Boden gelandet war. Obwohl er beim Aufprall das Gefühl hatte, in Stücke gerissen zu werden, wagte er es nicht aufzuschreien. Was jedoch völlig in Ordnung gewesen wäre, denn der Riesentiger interessierte sich nicht im Geringsten für ihn, sondern fraß in aller Ruhe das Pferd.

Als der erste Schreck vorbei war und Todis Herzschlag sich normalisiert hatte, schossen ihm Tränen des Mitleids in die Augen. *Wegen mir bist du an diesen sonderbaren Ort geschleppt worden und musst nun so qualvoll sterben.* Er konnte es sich nicht leisten, um sein Pferd zu trauern, denn er musste sich über seine Flucht Gedanken machen, bevor der Tiger fertig gefressen hatte. Doch im Angesicht dieser Bestie, die an den Knochen seines Pferdes herumnagte, traute Todi sich nicht aufzustehen – ja, er zog nicht einmal die Beine unter dem Sattel hervor. Er hoffte inbrünstig, das Pferd möge eine zufriedenstellende Mahlzeit für den Tiger sein. Es wäre alles andere als in seinem Sinne, wenn er zum Dessert würde.

»Ist das ein Pferd? Es sieht interessant aus.«

Todi fuhr vor Schreck zusammen und sah entgeistert in die Richtung, aus der die Stimme kam.

Dort stand ein Naga. Ihm schien kalt zu sein, da er die Arme um die Brust geschlungen hatte, während er dem Riesentiger beim Fressen zusah.

»Deswegen hat er also meinen Befehl missachtet und ist hierher gestürmt. Er hatte wohl großen Hunger.«

Todi fragte sich, ob es derselbe Naga war, den er gestern getroffen hatte. Nein, das konnte nicht sein. Das hier war eine Naga-Frau.

Sie sah auf Todi herunter. »Ich bin Samo Pey. Eine Naga. Du bist ein Mensch, nicht wahr? Ist das da wirklich ein Pferd?«

»Pf-pf-pf-pf-pferd.«

»Also kein Pferd? Hm, dieser Name ist ziemlich lang. Ist es verwandt mit einem Pferd?«

Todi verstand nicht, wovon die Naga redete, wagte es aber nicht, nachzufragen. Samo wiederum verstand nicht, was die Beine des Menschen bedeckte. Sie nahm an, dass es eine seltsame Fessel war, die seine Beine zusammenband, und dass der Mensch deswegen noch nicht hatte aufstehen können. Sie zog ihr Schwert.

Und so bekam Todi doch noch einen echten Shiktol zu sehen.

»Bitte tötet mich nicht!«

Samo sah den Menschen überrascht an, doch Todi konnte den Gesichtsausdruck von Nagas nicht lesen. Er drückte die Stirn in den Staub und fing an zu weinen. »Ich gebe Euch alles, was ich habe! Nur lasst mich bitte am Leben!«

Daraufhin fing Samo an zu lachen. »Dein Pf-pf-pf-pf-pferd ist tot, und mehr hast du doch nicht.«

»Ich kann zu Fuß gehen! Das kann ich! Aber bitte lasst mich am Leben«, bettelte Todi. »Alles, was ich habe, gehört Euch. Wie wäre es denn mit dem hier? Ich brauche kein Gepäck, wenn ich zu Fuß gehe. Nehmt alles! Aber mein Leben braucht Ihr doch nicht!«

Todi begann, in seinem Rucksack zu kramen, bevor Samo irgendetwas entgegnen konnte. Sie wollte ihn zuerst davon abhalten, ließ ihn jedoch weiterwühlen, weil sie neugierig war, welche Dinge der Ungläubige zutage fördern würde. Und sie erkannte auch, dass sie die Situation missverstanden hatte, als sie sah, wie der Mensch den Sattel einfach zur Seite schob. Kurz danach präsentierte er ihr einen dichten Pelz, den er geschickt auseinanderfaltete. Dann sagte er, ganz Händler, der seinem Kunden eifrig die Vorzüge seiner Ware aufzeigen wollte: »Schaut Euch das an! Dieses perfekte Schwarz! Ihr werdet sofort erkennen, dass das nicht gefärbt ist. Das ist natürliches Schwarz. Würde das Fell eines schwarzen Leoparden so aussehen oder das eines schwarzen Pferdes? Schaut Euch dieses schwarze Fell nur an! Wenn Ihr ein geschultes Auge habt, werdet Ihr sofort erkennen, was das für ein Fell ist.«

Samo war überrascht. Todi sagte, das Fell sei schwarz, aber in ihren Augen fiel nicht die Farbe, sondern etwas anderes auf.

»Das ist ...«

»Ja, genau! Das ist das Fell eines Schwarzen Löwen. Fasst es mal an. Richtig! Fasst es ruhig an.«

Samo steckte ihren Shiktol weg und betastete das Fell. Ihre Augen hatten sie nicht getrogen. Das Fell war warm, da in seinem Inneren Wärme erzeugt wurde.

»Woher hast du das?«

Todi erzählte, dass er dieses Fell aufbewahrt habe, um daraus einen Umhang schneidern zu lassen, wenn er König geworden sei, doch diese Erklärung irritierte Samo.

»König? Du willst König werden?«

»Ein verrückter Traum, ich weiß. Es war wie eine leidenschaftliche, aber späte Affäre. Ich mache niemandem Vorwürfe. Es war alles allein meine Schuld. Wenn ich nur ein wenig aufmerksamer gewesen wäre, hätte ich erkennen müssen, dass dieser Mönch nicht bei Sinnen war. Es war allein meine Schuld. Gnädige Frau, nein, soll ich Euch mit gnädiger Dame ansprechen? Wenn man so alt ist wie ich, fragt man sich, was man bisher im Leben erreicht hat. Diese Frage lässt einen einige verrückte Dinge tun.«

Samo wurde aus seinen Worten nicht schlauer. Sie fasste sich ratlos an die Stirn und fragte: »Bist du nun ein König oder nicht?«

»Nein, beileibe nicht!«

»In Ordnung, ich verstehe. Obwohl, eigentlich verstehe ich nicht. Jedenfalls hast du da etwas ziemlich Wertvolles, und du möchtest mir das geben. Richtig?«

»Selbstverständlich gebe ich es Euch.«

Er hatte den Pelz des Schwarzen Löwen eigentlich als Startkapital für seinen Neuanfang verwenden wollen und hatte befürchtet, dass die Soldaten ihn entdecken könnten, als er seine Habseligkeiten verschenkt hatte. Aber um neu anfangen zu können, musste er erst einmal mit heiler Haut hier rauskommen. Er hob den Pelz hoch und gab Samo zu verstehen, dass sie ihn nehmen solle.

Aber Samo griff nicht zu. Sie fasste an ihren Gürtel und holte einen Beutel hervor. Todis Augen funkelten. Das scharfsinnige Auge eines erfahrenen Kaufmanns erkannte sofort, dass die Naga einen Geldbeutel gezückt hatte.

»Ich habe nicht vor, dir den Pelz wegzunehmen. Jedoch gefällt er mir sehr gut, deswegen werde ich dafür bezahlen. Und auch für dein Pf-pf-pf-pf-pferd werde ich bezahlen.«

Im Dschungel hatte sie alles gefunden, was sie brauchte, deswegen hatte sie bisher kein einziges Goldstück ausgegeben. Doch Todi Shinok war ein Kaufmann bis ins Mark. Er begann zu feilschen, als hätte er völlig vergessen, dass er der Naga gerade eben alles versprochen hatte, was er besaß. Samo war das fremd. Während der Riesentiger genüsslich seine Mahlzeit beendete, musste sie sich ernsthaft fragen, ob die Person, die sich gerade bedroht fühlte, nicht in Wahrheit sie selbst war.

Bihyung wachte früh auf und streckte sich. Dabei entdeckte er Tinahan, der mit dem Rücken zu ihm stand und ruhig in die Ferne sah. Der Dokebi stand auf und ging zu ihm. »Hast du gut geträumt, Tinahan? Was schaust du dir da an?«

Der Lekon hob die Hand und deutete in die Richtung, ohne etwas zu sagen. Bihyung rieb sich die Augen.

Ein Trupp Soldaten kam zu Fuß den Bergpfad herauf. Es waren ungefähr fünfzig Mann, ausschließlich Menschen und allesamt bewaffnet.

»Soll ich Kaygon und Ryun wecken?«

»Nein, lass sie schlafen.«

»Wie bitte?«

Ohne zu antworten, setzte Tinahan sich in Bewegung. Sein Gefährte zögerte einen Moment und folgte ihm dann.

Der Lekon blieb etwa fünfzig Meter von den Ankömmlingen entfernt mitten auf dem Bergpfad stehen, hielt seinen Eisenspeer in die Höhe und wartete, bis die Männer herangekommen waren. Zögernd stellte sich Bihyung neben ihn.

Als der Trupp die beiden entdeckte, hielt er an. Es herrschte kurz Aufregung. Die Menschen diskutierten miteinander, dann trat ein alter Mann mit langem Bart vor. Er hielt einen seltsam krummen Wanderstock in der Hand. Zwei bewaffnete Männer folgten ihm.

Als der alte Mann näher kam, zeigte er seine bis auf den Wanderstock leeren Hände, als wolle er ihnen mitteilen, dass er in Frieden kam. Tinahan ahmte mit der Linken die Geste nach.

Ordentlich mitgenommen vom Aufstieg, rang der alte Mann nach Luft und sagte dann: »Seid gegrüßt, Wanderer!«

»Grüß dich!«

»Ich bin der Einäugige Hellseher!«

Bihyung und Tinahan sahen misstrauisch in beide Augen des alten Mannes. Tinahan fragte: »Hm ... ich zähle dann wohl falsch?«

Der selbst ernannte Einäugige Hellseher deutete elegant auf sein linkes Auge, als hätte er mit dieser Reaktion gerechnet, und erklärte: »Dieses Auge sieht nicht die Gegenwart, dafür aber die Zukunft und die Vergangenheit. Deshalb Einäugiger Hellseher.«

»Aha, du kannst die Zukunft und die Vergangenheit sehen. Dann bist du der Anführer dieser Leute?«

»Nein, ein anderer befehligt uns.«

Er hob die Hand und deutete in die Mitte der Gruppe, auf einen Menschen, der auf einem Schimmel saß und wesentlich prunkvoller gekleidet war als die anderen. Er hob arrogant das Kinn. Bihyung ahnte, was hier los war, und fand es ziemlich lästig, aber Tinahan fragte: »Wer soll das sein?«

Der alte Mann senkte die Stimme, als sage er etwas Ungehöriges. »Seine Majestät König Weisheit.«

Bihyung wollte Tinahan vorschlagen, es gut sein zu lassen und zurückzugehen. Aber der Lekon sagte überrascht: »Seine Majestät König Weisheit? Ha! Du meinst, dass der da ein König ist?«

»Ich habe Euch doch soeben erzählt, dass dieses Auge in die Zukunft und die Vergangenheit sehen kann. Als er mir begegnete, konnte ich einen Blick auf seine Vergangenheit und auch die Vergangenheit seiner Vorfahren erhaschen. Und wen habe ich da am Beginn seiner Blutlinie entdeckt? Seine Majestät König Held höchstpersönlich! Dieser Herr ist sein fünfundfünfzigster Nachfahre.«

Tinahan klatschte in die Hände. »Ach, wirklich?«

Der alte Mann lächelte milde und nickte. »Ja, nichts auf der Welt könnte wahrer sein. Jener Herr ist Seine Majestät, der große König Weisheit.«

»PEEEEECH FÜÜ-R DII-CH!«

Das Lekon-Krähen riss Kaygon aus dem Schlaf. Er griff nach Baragi und blickte in die Richtung, aus der er den Schrei vernommen hatte. Weiter unten schwang Tinahan seinen schrecklichen Eisenspeer hoch über dem Kopf, als wollte er einen Wirbelsturm erzeugen. Während Kaygon sich bemühte, die Situation einzuschätzen, dröhnte der Lekon wütend: »Wie gut, dass du freiwillig zu mir gekommen bist. Wunderbar! Ihr verdammten Arschlöcher, wisst ihr, wer ich bin? Genau, ich bin der Schlächter der Könige!«

Kaygon seufzte und legte Baragi wieder zur Seite. Dann bereitete er in aller Ruhe das Frühstück vor, während er die jämmerlichen Schreie der Soldaten ignorierte, die wie Spielsteine durch die Luft flogen. Als er den, trotz dieses Aufruhrs, tief schlafenden Ryun weckte, hörte er, wie Tinahan selbstgefällig rief: »Das Fest ist vorbei. Geht nach Hause!«

FÜNFTER TEIL

EISENBLUT

Die Flagge des großen Schwarzen Löwen, die einst jedes Herz mit Angst und Respekt erfüllt hatte, wehte nicht mehr über dem Schlachtfeld. Sie hing nun im Palast und schien die törichten und trägen Nachkommen des Königs zu tadeln, die ihre geerbte Autorität und ihren Reichtum aufzehrten, statt ihrem Titel Würde zu verleihen. Das Königreich wurde von fruchtloser Angst und bitterer Verzweiflung beherrscht. In jenen dunklen Zeiten gab es nur eine helfende Hand, die dem König gereicht wurde: das Erscheinen der tapferen Kitalzer Jäger bei der Vollversammlung der Stämme. Aber König Autorität, bei dem man sich fragen muss, ob er auch nur einen Funken Verstand besaß, beleidigte diese Männer, woraufhin sie die Versammlung verließen, als wäre eine Erwiderung auf diese Ehrverletzung reine Zeitverschwendung. Doch bevor sie in ihre Heimat zurückkehrten, stieß einer der Jäger jenen berühmten Fluch aus: »Es gibt keinen König mehr, und solange er sich für die Beleidigung nicht entschuldigt, wird es auch in Zukunft keinen König mehr geben!«

Seitdem gab es im Norden in der Tat keinen König mehr. Und heute sind die Kitalzer Jäger nach über neunzig Jahren des einsamen Kampfes ebenfalls verschwunden, womit eine Entschuldigung unmöglich geworden ist.

– AUS: »DER ZERFALL DES
KÖNIGREICHS« VON RASU

Vias Makerow kochte vor Wut.

Es gab verschiedene Wege, einen Naga zu töten, der kein Herz mehr besaß – und sie hatte einen davon schon einmal beschritten: Die sicherste Methode war, den ganzen Körper zu zerstückeln. Aber das konnte sie mit einer Frau aus ihrem eigenen Haus nicht tun. Man konnte die Person auch vollständig verbrennen, einschließlich der Knochen, oder sie in einen Fluss werfen, aber allein bei der Vorstellung wurde Vias schlecht. Sie musste also nach anderen Möglichkeiten suchen, und das fachte ihre Wut auf Karindol noch weiter an. Weil sie ihre Schwester nicht so leicht töten konnte, wurde ihre Mordlust immer größer.

Karindol verspottete Vias mit steigender Intensität. [Du bist doch eine berühmte Apothekerin. Wie wäre es, wenn du mal versuchst, das Zeug der Männer selbst herzustellen? Dann kannst du alleine ein Kind zeugen und musst dem Unmöglichen nicht länger hinterherrennen.]

Somero, die älteste Tochter des Hauses, wies sie zurecht. [Hör auf damit, Karindol. Ich will nicht sagen, dass du den Älteren gegenüber höflicher sein sollst. Aber wegen euch beiden ist die Atmosphäre in unserem Haus so vergiftet, dass uns keine Männer mehr besuchen. Und die wenigen, die zu Gast sind, verlassen uns schnell wieder. Sie interessieren sich nicht dafür, wer von euch beiden recht hat. Sie wollen es einzig und allein behaglich haben.]

Tatsächlich war die Zahl der Besucher im Haus Makerow drastisch zurückgegangen. Karindol reagierte darauf mit Gleichgültigkeit. [Dann geh doch auf die Straße und bring Männer nach Hause, so wie ich.]

[So etwas Würdeloses würde ich nie tun. Betrachte es als letzte Warnung und pass gut auf, was ich jetzt nirme: Kein Streit mehr mit Vias. Verdirb die Stimmung bei uns zu Hause nicht noch mehr.]

[Folgt auf eine Warnung nicht normalerweise eine Drohung? Hast du auch die parat?]

[Natürlich habe ich die. Leistest du meinem Nirm nicht Folge, schicke ich dich zu den Spähtrupps. Das müsste dir doch gefallen, da du ja so gerne draußen herumwanderst.]

Karindol warf ihrer Schwester einen bösen Blick zu. Im Prinzip hatte Somero nicht die nötige Autorität, sie aus dem Haus zu werfen – das war das Vorrecht der Matriarchin. Aber Somero hatte deren Vertrauen in sie noch weiter gefestigt, während Karindol und Vias sich zankten. Wenn Somero erklären würde, dass dies die angemessenste Maßnahme sei, würde Matriarchin Dusena dem nachkommen.

Karindol blieb nichts anderes übrig, als zu nicken. Natürlich wurde Somero von der Matriarchin gelobt, weil sie den Streit zwischen den beiden Schwestern beendet hatte, was ihr wiederum noch mehr Vertrauen einbrachte.

Vias war kurz davor, vor Wut den Verstand zu verlieren. In ihren Augen raubte Karindol ihr die Chance, schwanger zu werden, indem sie ihr die Männer wegnahm, und verschaffte obendrein ihrer Kontrahentin Somero Vorteile. Somero stand in dem Ruf äußerster Tugendhaftigkeit, Ehrgeiz oder List lägen ihr fern. Und hinter diesem Ruf stand Karindol. Sie hatte all das geplant.

[Ja, ich habe gehofft, dass Somero sich einmischt. Zwar später als erwartet, aber sie hat es immerhin getan], nirmte Karindol, während sie nach einer Ratte griff.

Swachi, einer der wenigen verbliebenen Besucher im Haus Makerow, nirmte bewundernd: [Die Welt der Frauen ist sehr kompliziert. Wollt Ihr Somero Makerow zur Matriarchin machen?]

[So ist es. Jedoch nur, weil ich nicht will, dass Vias es wird.]

[Gibt es keine Möglichkeit, dass Ihr selbst diese Position übernehmt?], fragte Swachi und schaute den Ratten zu, die im Karton herumrannten.

[Mein einziger Vorzug ist, dass ich die leibliche Tochter der Matriarchin bin. Davon abgesehen habe ich nichts vorzuweisen. Ich bin die jüngste und noch kinderlos.]

[Sind die anderen nicht auch kinderlos?]

[Ja. Deswegen habe ich vor, etwas von dir zu fordern.]

[Fordern?]

Karindol streckte blitzartig ihre Hand aus. Überrascht wich Swachi zurück. Aber sie schnappte sich lediglich eine weitere Ratte aus der Kiste. Sie gab sie ihm und nirmte: [Somero befindet sich bald in ihrer fruchtbaren Zeit. Wenn sie so weit ist, sollst du ihr zu Diensten sein, Swachi.]

Er war außerstande, die Ratte entgegenzunehmen, und starrte Karindol lediglich an. Ihn überkam das Gefühl, dass er gerade verraten wurde.

[Gebt Ihr mich an sie ab?]

[Ja. Mach ihr ein Kind. Das Vertrauen der Matriarchin in Somero wird dann noch weiter gefestigt.]

[Warum sollte ich das tun? Ich könnte wie all die anderen Männer das Haus Makerow verlassen, das wisst Ihr? Warum denkt Ihr, dass Ihr mir das befehlen könnt?]

411

Karindol führte ihre Ratte zum Mund und nirmte: [Weil ich dir dafür etwas gebe, das du dir wünschst.]

[Was ich mir wünsche?]

[Tu nicht so scheinheilig, Swachi. Bestimmt gibt es etwas, wonach du dich sehnst. Du hast nicht wie all die anderen Männer das Haus Makerow verlassen, wie du eben selbst genirmt hast. Warum nicht? Ich denke, weil du etwas Bestimmtes möchtest. Ich habe wirklich keinen Schimmer, was Männer wollen, also frage ich dich direkt: Was wünschst du dir?]

Swachi schloss kurz seinen Geist. *Kann ich sie fragen? Nein, das Risiko ist zu groß. Andererseits kann es sein, dass sich mir nie wieder eine solche Chance präsentiert.*

Er nirmte vorsichtig: [Es gibt nichts, was ich mir wünsche. Nur, dass Ihr mir den Grund nennt, warum ich Eurer Forderung nachkommen soll.]

[Weil ich es von dir fordere.]

[Das meine ich nicht. Ihr habt genirmt, dass Ihr mich Somero geben wollt, weil Ihr nicht wollt, dass Vias Matriarchin wird. Wenn das stimmt, dann erklärt mir bitte, warum sie nicht Oberhaupt des Hauses werden sollte.]

[Weil sie mich umbringen will.]

[Ihr habt sie provoziert. Ihr habt sie dazu gebracht, dass sie Euch umbringen will und damit einen großen Fehler begeht. Warum habt Ihr das getan? Ich würde es verstehen, wenn Ihr selbst Matriarchin werden wolltet. Aber das trifft nicht zu. Warum also wollt Ihr Vias Makerow zugrunde richten? Wenn Ihr mir einen Grund nennen könnt, werde ich Somero zu Diensten sein.]

Karindol sah ihn ruhig an und nirmte nüchtern: [Wäre es Grund genug, eine Frau beseitigen zu wollen, wenn sie eines ihrer jüngeren Geschwister tötet, weil es sie verärgert hat?]

Swachi wurde mit einem Schlag hellwach. Vias hatte nur zwei jüngere Geschwister, Hwarit und Karindol. Karindol hatte »tötet« genirmt, nicht »töten will«. Sie meinte also nicht sich selbst. Hwarit auch nicht, sonst hätte sie »getötet hat« genirmt. Aber »tötet«? Swachi dachte fieberhaft nach, was er Karindol entgegnen sollte.

[Gibt es denn eine Frau, die nie solche Gedanken über die eigene Schwester hat? Schwestern konkurrieren letzten Endes immer um die Nachfolge der Matriarchin.]

Swachi erwartete, dass Karindol etwas nirmte wie: [Vias hat es nicht bei dem Gedanken belassen, sondern bereits einmal einen Blutsverwandten getötet.] Aber das tat sie nicht.

[Wie du schon festgestellt hast, möchte ich nicht Matriarchin werden. Und Vias, mit der ich die letzten achtundzwanzig Jahre unter einem Dach gelebt habe, kennt mich wesentlich besser als du. Sie weiß nur zu gut, dass ich keine Konkurrentin bin. Ich denke, dass es beweist, wie gefährlich eine Person ist, wenn sie trotzdem ihre jüngere Schwester ermorden will.]

Swachi versuchte, seine Schuppen, die sich wegen der Anspannung aufstellten, unter Kontrolle zu bringen, und schüttelte langsam den Kopf. [Es kann doch auch sein, dass sie Euch missverstanden hat, weil Ihr sie verspottet habt. Wäre es denkbar, dass Vias Makerow glaubt, dass Ihr doch Matriarchin werden wollt ... Ach, das führt doch nirgendwo hin. Das passt alles nicht zusammen. Vias soll gefährlich sein, weil sie Euch töten will, da Ihr sie verspottet habt, und deswegen ärgert Ihr sie weiter. Das Ganze ergibt keinen Sinn, oder?]

Karindol lächelte. [Ja, du hast recht.]

Swachi tat so, als wäre er die Ruhe selbst, und griff nach einer neuen Ratte. Mit vollem Mund nirmte er: [Wenn Euer

413

Hass auf Vias so widersprüchlich ist, kann ich Eurer Forderung nicht nachkommen.]

Er war dankbar dafür, dass die Ratte im Mund seinen Gesichtsausdruck – Erwartung und Nervosität – verbarg. Es konnte sein, dass Karindol ihren Geist schließen würde, anstatt einem Mann, der von Haus zu Haus zog, ein Geheimnis anzuvertrauen.

»Swachi.«

Beinahe hätte er die Ratte wieder ausgespuckt. Karindol zeigte auf ihre Ohren.

»Ja, ich benutze meine Stimme. Konzentriere dich auf dein Gehör. Und auch du sollst mir mit der Stimme antworten.«

»Wa... was ist los?«, fragte er, nachdem er mühsam die Ratte runtergeschluckt hatte.

»Ich möchte nicht, dass uns jemand heimlich belauscht.«

Er holte tief Luft und nickte. »Wie Ihr meinen Namen mit Eurer Stimme ausgesprochen habt, klang sehr schön. Mein Leben lang dachte ich, dass ich einen sehr hässlichen Namen trage.«

Karindol grinste. »Swachi, ich weiß nicht, wie du meine Worte auffassen wirst, aber ich sage dir nun die reine Wahrheit. Ich werde sterben, wenn Vias Matriarchin wird. Ich kenne ein Geheimnis, das sie um jeden Preis verbergen will.«

Er spürte, wie sich seine Schuppen erneut aufrichteten. Er konnte sie schlecht direkt fragen, ob dieses Geheimnis lautete, dass Vias den jüngeren Bruder ermordet hatte.

»Handelt es sich um ein derart gefährliches Geheimnis?«

»Es wird nicht dazu kommen, aber falls es ihr gelingen sollte, mich umzubringen, dann wäre es ihr erster und zugleich ihr dritter Mord.«

Swachi machte in Gedanken Luftsprünge.

Hüter Serisma konnte sich keinen Reim darauf machen.

[Der erste und zugleich der dritte? Was soll das bedeuten?]

[Ganz einfach: der erste Mord an einer Frau und der dritte, wenn Männer dazugezählt werden. Hwarit und Yubex.]

Serisma überkam ein hilfloses Lachen. [So hält man das also auseinander? Karindol darf man wirklich nicht unterschätzen. Das bedeutet, dass Vias Makerow die Mörderin ist?]

[Ja. Und damit kann Ryun Pey Hwarit ersetzen. Schließlich hat er einen göttlichen Namen. Ein Problem haben wir allerdings: Die Attentäterin ist hinter ihm her. Karu muss unbedingt verhindern, dass sie ihn umbringt, auch wenn er nicht weiß, dass Ryun kein Mörder ist.]

[Wir sollten Vertrauen in Karu haben. Hat er nicht selbst den Verdacht geäußert, dass Vias die Mörderin sein könnte? Vielleicht hat er den Beweis dafür längst gefunden], nirmte Serisma lächelnd.

Swachi dachte, wie gut es wäre, wenn das stimmen sollte, doch das Lächeln des Hüters kam ihm eigenartig vor.

Serismas Grinsen wurde breiter, als er fortfuhr: [Wer weiß? Vielleicht ist er bereits nach Hatengrazu zurückgekehrt und ruht seinen geschundenen Körper in einem Bett aus.]

Swachi rannte zur Tür, die zu Serismas Schlafkammer führte, und riss sie auf. Tatsächlich: Dort lag Karu und schlief tief und fest.

Es dauerte eine Weile, bis er wieder aufwachte. Er sah alles andere als erholt aus – er war von der Grenzlinie ohne Pause hierhergerannt. Dennoch erzählte er Swachi, was er erlebt hatte. Swachi staunte über Samos Schlussfolgerungen und war verblüfft von ihrem Handeln.

[Heißt das, dass Samo Pey die Ernennung zur Attentäterin angenommen hat, obwohl sie wusste, dass ihr Bruder kein Mörder ist, um ihm einen angenehmeren Tod schenken zu können?]

[Sie hat das selbst nicht so formuliert, aber ich glaube schon.]

[Das Ganze wird immer verzwickter ... Was ist aus Ryun geworden? Ist er im Norden?]

[Ich vermute es. Es war nicht mehr weit bis zur Grenzlinie, als ich mich von Samo Pey verabschiedet habe. Es kann sein, dass sie die Gruppe eingeholt hat, aber Ryun zu töten, wird nicht so einfach werden, da ein Lekon und ein Dokebi dabei sind. Außerdem gehört auch der Naga-Schlächter, von dem ich dachte, er sei nur eine Legende, zu der Gruppe.]

[Von allem, was du erzählt hast, sind die Duokxini-Monster und der Naga-Schlächter am schwersten für bare Münze zu nehmen. Eine unglaubliche Geschichte!]

[Mir geht es nicht anders, obwohl ich alles mit eigenen Augen gesehen habe. Auf jeden Fall bin ich überzeugt, dass der Rettungstrupp Samo Pey höchstwahrscheinlich besiegen und es über die Grenzlinie schaffen wird. Deswegen habe ich beschlossen, nach Hatengrazu zurückzukehren, statt ihr weiter zu folgen und sie an der Ausführung des Attentats zu hindern.]

[Und dann hast du beschlossen, erst einmal zu schlafen?]

Karu lachte auf, als wären Swachis Worte unfair. [Denk mal an die Entfernung, die ich zurücklegen musste! Aber dein Vorwurf ist gerechtfertigt. Wir sollten uns zügig an die Arbeit machen.]

[Ich weiß nicht, wie ich euch für das danken soll, was ihr beide geleistet habt], nirmte Hüter Serisma. [Aber im Moment sorge ich mich nicht um euch, sondern um Ryun Pey. Es schmerzt mich, wenn ich an diesen jungen Naga denke, der für uns arbeitet, ohne von unserem Plan zu wissen, und das, während sein Leben von einer Blutsverwandten bedroht wird.]

Karu nirmte nickend: [Haben wir keine Möglichkeit, ihn nach Kiboren zurückzuholen, wenn die Mission erfüllt ist? Für das, was er tun wird, sind ihm alle Lebewesen auf der Welt zu Dank verpflichtet. Gibt es also etwas, was wir im Gegenzug für ihn tun können?]

[Nicht wirklich, aber ... Lasst uns die Hoffnung nicht aufgeben und weiter darüber nachdenken. Zunächst aber kümmern wir uns um die dringlichste Angelegenheit.]

Karu nickte, stand auf und ging. Als er zurückkehrte, trug er einen Krug mit Schlangen in den Händen. In der Zwischenzeit hatte Swachi den Boden freigeräumt. Karu schüttete die Schlangen aus und trat mit Swachi zurück, damit sie genug Platz hatten. Hüter Serisma begann, den Geist der Schlangen zu bändigen.

Große Tugend Orenol, der die über den Boden gleitenden Schlangen betrachtete, war außerordentlich erfreut.

»Der Plan ist gerettet!«

Großmeister Jutagi fiel ein Stein vom Herzen. Er war verzweifelt gewesen, als er die Nachricht vom Tod des Naga-Novizen erhalten hatte. Doch nun hatte, ganz unvermutet, jemand Hwarits letzten Willen gewürdigt und den Plan weiterverfolgt.

»Es ist wirklich erstaunlich. Diese andere Person, die für die Mission geeignet ist, war ein Freund von Hwarit und hatte vor, aus der Stadt der Stille zu fliehen. Und er ist inzwischen Kaygon Draka begegnet! Das ist nur möglich, weil der *Gott, der nirgendwo existiert* über uns wacht«, sagte Orenol, der am liebsten einen Freudentanz aufgeführt hätte.

»Es gibt so viele Fragen, die ich gerne stellen würde, wenn wir die Geistesbändigung beherrschen würden. Schade. Ich bin sehr neugierig auf den jungen Ryun Pey. Aber da sie uns sagen, dass er für die Aufgabe geeignet ist, müssen wir uns wohl damit zufriedengeben ... Ach! Und er hat vor etwa zwei Wochen die Grenzlinie passiert? Hervorragend!«

Da sein Gesprächspartner keine Fragen stellen konnte, beendete Hüter Serisma die Übertragung, nachdem er sehr ausführlich und bis ins kleinste Detail alles berichtet hatte. Danach waren die Schlangen völlig erschöpft, sodass Orenol sie einsammeln und in den Krug zurückstopfen musste. Derweil versank der Großmeister tief in Gedanken. Als er bemerkte, dass Orenol betrübt dreinblickte, fragte er: »Warum ziehst du so ein Gesicht?«

»Großmeister, sicher ist es ein sehr glücklicher Umstand, dass die erlöschende Glut des Plans neu entfacht worden ist und sie dank eines unvorhergesehenen Windes wieder brennt. Aber auf der Kehrseite dieser Medaille ist zu viel Traurigkeit eingraviert. Was für eine Frau ist diese Vias Makerow? Eine Wahnsinnige? Überdies ist auch Samo Pey schwer zu durchschauen. Der Hüter in Hatengrazu beschrieb sie als ganz wunderbar, aber ist es für Nagas wirklich so wunderbar, den eigenen Bruder zu töten? Inwiefern unterscheidet sich Samo Pey von Vias Makerow?«

»Die Umstände sind anders. Vias hat ihren Bruder getötet, weil er für sie nutzlos war und sie verärgert hat, während Samo ihren Bruder liebt und ihn töten will, weil sie es nicht ertragen kann, dass er Schmerzen erleiden muss, die schlimmer sind als der Tod. Der Standpunkt der beiden zu ihren Brüdern könnte unterschiedlicher nicht sein.«

»Aber sie sind beide kaltblütige Mörderinnen! Sie scheren sich nicht um ihre Opfer oder deren Pläne!«

»Richtig. Und dieses Problem betrifft auch uns. Wenn unser Plan auffliegt, könnte die säkulare Welt erzürnt sein, dass einige Mönche eine dermaßen wichtige Angelegenheit dirigieren, ohne sie miteinzubinden.«

»Niemand wäre erzürnt, es sei denn, er litte am Königssyndrom. Man würde uns applaudieren«, erwiderte Orenol zuversichtlich.

Diese Antwort verursachte dem Großmeister erst recht Kopfschmerzen. »Und du willst mein Lieblingsschüler sein. Die Sünden, die ich auf meine Schultern geladen und mitzuschleppen habe, wiegen wahrlich schwer.«

»Wie bitte?«

Der Großmeister schrie ihn an: »Du Dummkopf! Wenn du recht hast, könnte genauso gut auch Ryun Pey seiner Schwester applaudieren oder Wassertropfen ins Feuerbecken sprengen oder was auch immer Nagas so tun!«

Orenol fiel aus allen Wolken. Sogleich versuchte er, sich herauszureden: »Aber das sind doch zwei verschiedene Paar Schuhe! Samo will ihren Bruder umbringen. Wir hingegen wollen alle Lebewesen retten.«

»Hast du denn alle Lebewesen gefragt, ob sie auch am Leben bleiben wollen?«

Diese Worte ließen Orenol verstummen. Der junge Mönch sah seinen Meister an und schürzte die Lippen wie ein Kind. Und wie immer, wenn sein Lieblingsschüler diesen Gesichtsausdruck aufsetzte, spürte Jutagi, wie der Ärger aus ihm entwich. Mechanisch zählte er die Perlen seiner Gebetskette.

»Orenol, zweifle an dem, dessen du dir am sichersten bist, und gib das auf, was am offensichtlichsten ist. Samo Pey will ihren Bruder töten, um ihm den Schmerz zu nehmen. Wir führen unseren Plan durch, um alle Lebewesen am Leben zu halten. Der Unterschied zwischen ihr und uns ist nicht so groß, wie du denkst.«

»Nicht?«

»Nein, genau genommen sagen die beiden das Gleiche aus. Ob man nun den Tod erzwingt oder das Leben, ist und bleibt dasselbe.« Das Glöckchen am Vordach der Klause erklang. Der Großmeister legte die Gebetskette beiseite und fügte leise hinzu: »Weil Leben und Tod eins sind.«

»Ist das so?«

»Deswegen sagen die Ehrwürdigen, dass sie sich Sünde auf die Schultern geladen haben.«

Orenol nickte. Da sagte der Großmeister grinsend: »Und wer soll sich die Sünde auf die Schultern laden, wenn nicht wir, die Mönche? Also, kümmere dich um die Vorbereitungen, jetzt, da der Plan gerettet ist. Ich denke, dass sie spätestens in einem Monat hier ankommen werden. Geh zu Meister Sohta und bitte ihn, die Klause Eisenblut frei zu machen.«

»Reicht die Klause Eisenblut denn?«

»Sie ist angemessen. Dort können wir sie problemlos unterbringen, und sie ist auch weit genug entfernt von den anderen. Warte mal kurz.«

Jutagi holte eine Bambusrolle hervor. Orenol nahm sie vorsichtig entgegen.

»Dort drin steht alles, was wir tun müssen. Du trägst die Verantwortung und kümmerst dich darum. Alles alleine zu bewerkstelligen, wird schwierig, also nimm dir einige Novizen, die voller Energie und Tatendrang sind. Denen erzählst du unseren Plan im Detail. Wenn sie nicht mit aufrichtigem Herzen dabei sein können, solltest du sie lieber nicht aufnehmen. Ich werde dich gelegentlich aufsuchen, aber die Hauptverantwortung liegt bei dir. Ich muss nicht noch einmal betonen, wie wichtig diese Verantwortung ist.«

Orenol spürte das schwere Gewicht jener Aufgabe schon jetzt auf seinen Schultern und entfaltete die Rolle. Er las sie und runzelte die Stirn. »... Muss ich auch Blut versprengen?«

»Bist du etwa ein Dokebi? Was ist schon dabei, wenn du ein bisschen Blut verspritzt? Nimm ein paar Wilderer in die Mangel, dann werden sie dir schon ein Tier verschaffen, dessen Blut du verwenden kannst.«

Orenol konnte sich nicht vorstellen, wie er, ein Mönch, mit Blut hantierte. Außerdem lief es ihm kalt den Rücken hinunter, als er an die skrupellosen Wilderer dachte. Orenol führte die langjährige, fast legendäre Fehde zwischen Mönchen und Wilderern auf dem Berg Parem leidenschaftlich fort. Als er noch ein unreifer und arroganter Novize gewesen war, war er oft mit anderen Novizen herumgewandert und hatte Wilderer verprügelt. Seine Abenteuer waren heute noch unter den Novizen beliebt. Hätten die Wilderer dadurch einen großartigen Sinneswandel erfahren und wären Mönche geworden, wären es wunderbare Geschichten geworden. Aber nachdem sie im Großtempel ihre Verletzungen auskuriert hatten, verließen die Wilderer ihn wieder. Das Einzige, was sie mitnahmen, war die Kenntnis über Orenols skurrilen Ruf. Obwohl sie keine Ahnung hatten, wer der Abt des Großtempels war, den »verrückten Kuttenträger« kannten sie alle. Wie sich die Wilderer über ihn lustig machen würden, wenn er jetzt zu ihnen kam und sie um ein Tier bat!

»Wer sonst soll sich die Sünde auf die Schultern laden, wenn nicht ein Mönch? Ich sollte bereit sein, noch viel Schlimmeres auf mich zu nehmen, wenn ich damit die Ermordung eines Gottes verhindern kann«, grummelte Orenol missmutig.

Als seine Federn, die in alle Himmelsrichtungen davongestoben waren, langsam zu Boden sanken, klopfte sich Tinahan die Hände ab.

»Glaubst du auch, dass diese Prügeleien langsam zu einer Sucht werden?«, fragte Bihyung.

Ryun erwiderte ein schüchternes Lächeln und Kopfnicken.

Tinahans Federn schwebten lautlos auf die Menschen nieder, die er grün und blau geschlagen hatte. Sie richteten stöhnend wütende Blicke auf ihn. Er klappte jedoch nur seinen Schnabel zu, zog selbstzufrieden den Eisenspeer aus dem Boden und stolzierte mit geschwellter Brust zurück zu seinen Gefährten. Seine aufgeplusterten Federn glätteten sich wieder. Vor Kaygon blieb er stehen.

Erwartungsvoll blickten Bihyung und Ryun ihren Gefährten an, da sie dachten, dass es jetzt lustig werden würde. Während Tinahan die Menschen verdroschen hatte, hatte Kaygon in aller Ruhe Pflanzen gesammelt.

»Ich habe doch gesagt, dass ich weniger als fünf Minuten brauchen werde. Hm, diese fünf Minuten sind noch nicht um, oder?«, meinte Tinahan verlegen.

Kaygon hob langsam den Kopf. »Bist du fertig? Können wir abreisen?«

»Fertig. Wir können.«

König Eiserne Faust war zum König ernannt worden, weil er die besondere Fähigkeit besaß, mit der bloßen Faust einen Quarz zu zerschlagen. Daraufhin hatte Tinahan seine Hände auf die Knie gestützt, seinen Schnabel vorgereckt und gesagt, König Eiserne Faust solle doch mal versuchen, ihn zu schlagen. Und der König hatte verwegen seine Faust gegen den Lekon geschwungen. Vermutlich würde er sich König Einarm nennen, sollte er erneut Anspruch auf den Thron erheben – denn er wälzte sich vor Schmerzen stöhnend auf dem Boden. Das Verhalten des Lekons, nachdem dieser seine Männer vernichtend geschlagen hatte, verwirrte ihn. Warum kuschte dieser mächtige Krieger vor diesem Menschen, an dem nichts Besonderes war? Hätte Bihyung die Gedanken des armen Mannes lesen können und die Zeit dazu gehabt, hätte er ihm gerne ausführlich erklärt, warum Kaygon, der nie wütend wurde und dessen Freundlichkeit keine Grenzen zu kennen schien, den Lekon in Verlegenheit brachte.

Der Kampf war zwar zu Ende, aber Tinahans Aufregung hatte sich noch nicht gelegt. Während er versuchte, herauszufinden, ob Kaygon, der vor ihm herging, vielleicht unzufrieden mit ihm war, plauderte er übertrieben unbeschwert mit Bihyung und Ryun. »Wisst ihr, ich dachte, dass diese Scheißkerle mit Königssyndrom mir leidtun. Deswegen habe ich sie mehr oder weniger in Ruhe gelassen. Ehrlich gesagt habe ich mich ihnen sogar ein bisschen verbunden gefühlt. Ich will zu einem Himmelsfisch fliegen, und sie wollen König werden. Beides ziemlich große Herausforderungen, nicht wahr? Aber von nun an werde ich diese Typen nicht mehr dulden. Ich werde diesen Arschlöchern nie wieder etwas durchgehen lassen, wenn sie mir unter die Augen kommen. Jetzt weiß ich, dass ich ihnen einen Gefallen tue, wenn ich sie verprügele und wimmernd wieder nach Hause schicke.«

»Heißt das also, das Königssyndrom ist keine echte Krankheit? Sondern man bezeichnet die Leute, die König werden wollen, damit?«, hakte Ryun nach, der das alles nicht ganz nachvollziehen konnte.

»Ja, genau.«

»Gibt es im Norden viele von denen? Das war schon der Vierte, der uns begegnet ist. Ich verstehe nicht, warum so viele Menschen ihre Arbeit aufgeben und auf der Suche nach der

Erfüllung eines unerreichbaren Traums herumirren. Und was ist mit den Leuten los, die so einem Möchtegernkönig folgen? Wollen die etwa Vasallen eines Königs sein?«

Erfreut wollte Bihyung die Frage beantworten, aber als er loslegen wollte, wurde ihm klar, dass er Kaygons Ausführungen zu dem Thema noch nicht ganz verstanden hatte. Also hielt er den Mund. Tinahan, der keine Vorstellung davon hatte, was es bedeutete, jemandem zu dienen, zuckte bloß mit den Schultern.

Während der ganzen Reise wussten Tinahan, Ryun und Bihyung nie so genau, wo sie sich gerade befanden – sie überließen alles Kaygon und genossen die angenehme Wanderung. Kaygon plante ihre Route so, dass Wüsten, Einöden, zu tiefe Täler und zu hohe Berge vermieden wurden, damit es für seine Gefährten nicht zu beschwerlich wurde. Aber wegen dieser Rücksichtnahme plagte ihn seit mehreren Tagen eine bestimmte Sorge: Ihr Weg würde sie unweigerlich durch eine Stadt der Menschen führen. Er bat seine Gefährten um ihre Meinung. Sie hörten ernst zu, warteten aber bloß auf den Augenblick, in dem sie sagen konnten: »Ich bin dafür!«

»Morgen oder spätestens übermorgen erreichen wir Zaboro. Der Herrscher dieses Landes ist Maripgan Sedo, über den es unterschiedliche Meinungen gibt. Er stammt aus einem starken und fähigen Clan, der seine Stadt seit Generationen erfolgreich verteidigt. Zaboro ist ein politisch stabiles Land. Aber es heißt, er sei ein komischer Kauz.«

»Oh, über Maripgan Sedo weiß ich auch etwas«, rief Bihyung. »Ich habe ihn sogar einmal getroffen! Vor langer Zeit hat mein Schlossherr einen Shirem-Wettkampf veranstaltet, bei dem man einen Dokebi-Hut gewinnen konnte. Zu jener Zeit hat Maripgan Sedo Zumunnuri besucht. Warum ein so alter Kimm unbedingt so ein Spielzeug gewinnen wollte?«

Tinahan lachte auf. Es mochte sein, dass ein Dokebi-Hut für die Dokebis bloß ein Spielzeug war, aber andere Völker sahen das ganz anders. »Es muss ziemlich erbärmlich ausgesehen haben, als er mit leeren Händen wieder gehen musste.«

»Ja, das stimmt. Er hatte auch einige Kimms mitgebracht, die kräftig gebaut waren, aber sie alle haben ihre Runde haushoch verloren«, sagte Bihyung. »Da fällt mir ein – Kaygon, wie um alles in der Welt konntest du als Sieger aus diesem Ringkampf hervorgehen?«

»Es gab keinen Shirem-Kämpfer mehr, der gegen mich antrat«, antwortete Kaygon mit der Definition für den Sieger bei einem Shirem-Wettbewerb. »Du dienst dem Schlossherrn Bauh Moridol, deswegen wird uns Maripgan Sedo, trotz seiner unangenehmen Erfahrung beim Shirem-Kampf, sicher nicht schlecht behandeln. Allerdings könnten wir unnötig Misstrauen erwecken, wenn wir eine Erklärung für Ryun abgeben müssten. Wenn ihr alle meint, dass ihr das Leben unter freiem Himmel noch etwas länger ertragen könnt, könnten wir Zaboro umgehen. Für Zaboro spricht jedoch, dass sich dort ein Tempel befindet. Ich denke, dass es nicht schlecht wäre, wenn wir ihn aufsuchen und uns erkundigen, ob es eine Nachricht vom Großtempel für uns gibt.«

Wie aus einem Munde sagten die drei: »Dafür!«

Kaygon führte die Gruppe weiter, ohne noch ein Wort darüber zu verlieren. Wie er vermutet hatte, sahen sie gegen Abend des nächsten Tages die Stadtmauer am Horizont. Kaygon holte seinen wetterfesten Mantel aus dem Rucksack hervor und gab ihn Ryun. Mit dem Stofftuch, das er bei seiner Reise durch die Wüste getragen hatte, umwickelte er Ryuns Gesicht und seinen Kopf. Tinahan meinte, dass Ryun nun wie ein Mensch aussehe, während Bihyung vorschlug, dass sie seine Erscheinung durch kleine Details wie einen falschen Bart, falsche Augenbrauen, eine Augenklappe, eine Perücke und ein Holzbein noch perfektionieren sollten.

Kaygon ließ ihn geduldig ausreden und meinte dann: »Ich glaube nicht, dass er wie ein Duokxini aussehen muss.«

Am Abend erreichten sie die Stadt.

Zaboro war riesig. Der südliche Teil des Siguriat-Gebirges schützte die Stadt, die von einer großen Mauer umgeben war, vor dem heißen Wind aus der Punten-Wüste. Die Mauer erstaunte Ryun sehr. Er fragte seine Gefährten, warum die Menschen ein so hohes Gebilde um die Stadt herum errichteten, wenn das doch Schwierigkeiten bereitete, hinein- und wieder hinauszugelangen. Tinahan und Bihyung versuchten sich an einer Erklärung, aber keine davon war so klar wie die Kaygons: »Die Mauer ist wie der Kiboren-Dschungel. Man will damit sagen: Wenn du kein Freund bist, darfst du hier nicht rein.«

Kaygons Worte ließen die Stimmung in der Gruppe kippen. Um sie wieder aufzuhellen, zeigte Bihyung gespielt überrascht auf einen bestimmten Teil der Mauer. »Schau dir das an, Ryun! Kannst du das erkennen?«

Dem Naga fiel in der oberen Hälfte der Mauer ein Stein auf. Er hatte zwar die gleiche Form wie die anderen Steine, aber in Farbe und Material unterschied er sich deutlich.

»Man hat absichtlich einen Stein in einer anderen Farbe in die Mauer gesetzt, um diese Stelle zu markieren. Der Riesentiger Byulbi soll mit dem Pferd des Maripgans im Maul genau an dieser Stelle über die Mauer gesprungen sein. Davon habe ich bisher nur in Geschichten gehört, aber man hat die Stelle tatsächlich gekennzeichnet. An dem Stein, der sich ursprünglich dort befand, soll Byulbi mit seinen Krallen tiefe

Spuren hinterlassen haben. Er wird seitdem im Maripgan-Palast aufbewahrt. Stimmt das, Kaygon?«

Kaygon nickte.

Ryun blickte die Mauer hinauf und fragte: »Aber wieso steckt der Stein auf mittlerer Höhe? Der Riesentiger ist doch sicherlich nicht durch die Mauer gesprungen.«

»Nachdem Byulbi mit einem Satz über die Mauer ist, war Maripgan Mura so empört, dass er sie höher bauen ließ. Deshalb steckt der Stein dort mittendrin. Aber dass der Riesentiger diese Höhe erreicht hat, ist unglaublich! Wie hoch kommt so ein Tiger überhaupt?«

»Das ist ja gar nichts! Das schaffe ich mit nur einem Bein. Soll ich es dir mal zeigen?«

Bevor der Dokebi auf Tinahans Vorschlag eingehen konnte, schüttelte Kaygon den Kopf. »Das solltest du lassen, Tinahan. Du darfst die Bewohner von Zaboro nicht beleidigen. Sie wissen selbst, dass diese Mauer gegen einen Dokebi auf einem Käfer oder gegen einen Lekon nichts nützt, wollen es aber nicht wahrhaben, deswegen spricht niemand darüber. Sie haben diese Mauer unter großen Opfern errichtet. Es wäre respektlos, wenn du ihnen vor Augen führst, wie sinnlos sie ist. Lasst uns durch das Haupttor gehen.«

Die Haltung der Soldaten, die das Haupttor bewachten, offenbarte, dass Kaygon den Nagel auf den Kopf getroffen hatte. Sie hielten es nicht für nötig, der Gruppe, zu der auch ein Dokebi gehörte, besonders argwöhnisch gegenüberzutreten.

»Willkommen in Zaboro. Wir freuen uns, Reisende empfangen zu dürfen, die wissen, was sich ziemt.«

Tinahan warf dem Hauptmann einen fragenden Blick zu.

»Andere Lekons springen in der Regel einfach über die Mauer, und das verursacht uns einiges an Kopfschmerzen. Wir verstehen zwar, dass sie das tun, so wie wir Menschen über eine Baumwurzel oder einen Stein springen, aber trotzdem ist das für uns unangenehm. Nicht nur, weil wir diese Mauer mühsam errichtet haben, sondern auch, weil sich direkt dahinter die Armen angesiedelt haben. Die Mauer ist sozusagen ihre Hauswand. Sie können Lekons nicht ausstehen, die urplötzlich durch die Decke in ihre Hütte fallen. Wenn also einer einfach so über die Mauer springt …«

Kaygon unterbrach das Geschwätz des Hauptmanns kurzerhand: »Gehabt Euch wohl.«

Als er das Haupttor passieren wollte, streckte der Hauptmann die Hand aus und hielt ihn auf. »Das macht sechs Silberlinge.«

»Was meint Ihr?«

»Oh, Ihr habt mich nicht ausreden lassen. Was ich noch sagen wollte, war, dass wir den Lekons dann nachlaufen müssen, um die Gebühr zu kassieren. Eine sehr lästige Arbeit.«

Bihyung sah Tinahan verständnislos an. Dieser war zunehmend verärgert – das zeigte sich nur allzu deutlich an seinem anschwellenden Kamm.

»Ich kann mich nicht daran erinnern, dass die Bewohner Zaboros wie Banditen oder Zollbeamte eine Passiergebühr verlangen«, meinte Kaygon nüchtern.

»Hm, tja, das haben wir vor einer Weile eingeführt. Sechs Silberlinge pro Person.«

»Ich denke, das ist nicht fair. Kein Reisender wird mehr nach Zaboro kommen, wenn Ihr das verlangt, und das wird Zaboro zum Nachteil.«

»Na ja, ich bin ein einfacher Soldat. Ich befolge nur meine Befehle. Und zu den Befehlen König Würdes gehört auch, dass ich diejenigen bestrafen muss, die die Gebühr nicht zahlen wollen.«

Die anderen Soldaten griffen bereits nach ihren Waffen. Dabei sahen sie den Lekon an, als wollten sie ihn um Verständnis für ihre Lage bitten. Tinahan bemerkte ihre jämmerliche Geste nicht, denn sobald er von »König Würde« hörte, plusterte er seine Schulterfedern auf. Kaygon hielt ihn mit ausgestreckter Hand zurück und fragte den Hauptmann: »Verzeiht, aber der Name ›König Würde‹ ist mir nicht vertraut. Herrscht Maripgan Sedo nicht mehr über Zaboro?«

»Maripgan Sedo hat vor einigen Jahren das Zeitliche gesegnet. Danach ist Sigrim Zaboro zum Maripgan erhoben und von den Bewohnern Zaboros als Herrscher anerkannt worden. Allerdings hat er den Maripgan-Titel aufgegeben und den des Königs angenommen. Und er hat per königlichem Dekret angeordnet, von denen, die Zaboro betreten wollen, eine Passiergebühr einzufordern.«

Zornig bestand Tinahan darauf weiterzureisen. Bihyung, ebenso unzufrieden, pflichtete ihm bei. Aber Kaygon holte einige Silberlinge aus seiner Brusttasche und bezahlte die Gebühr. Bihyung und Tinahan fanden das seltsam. Der Hauptmann war hocherfreut, dass er das Geld ohne große Auseinandersetzung einkassieren konnte, und beantwortete ausführlich Kaygons Frage nach dem Standort des Tempels. Kaygon nickte den Torwächtern zum Abschied zu und führte seine Gefährten durch das Stadttor.

Was hinter der Mauer lag, erstickte Ryun beinahe. Er konnte nicht glauben, dass so eine Stadt existieren konnte. Dicht an dicht stehende Häuser, schmutzige Straßen, willkürlich errichtete Gebäude. Nirgends waren ästhetische Elemente zu finden, die Beständigkeit oder Ausgeglichenheit ausdrückten. Und die meisten Häuser waren aus Holz! Ryun war entsetzt und traurig. In einem ruhigen Moment, als nicht allzu viele Menschen in der Nähe waren, fragte er Bihyung, ob die dafür verwendeten Bäume eine angemessene Bestattungszeremonie bekommen hätten.

Sein Gefährte verneinte mit einem Kopfschütteln. »Die Bäume werden einfach gefällt und genutzt. Aber ich glaube nicht, dass du deswegen ein so entsetztes Gesicht machen musst.« Bihyung konnte Ryuns Gesichtsausdrücke mittlerweile gut lesen. »Denk mal an deine Gewohnheit, nur Lebendiges zu essen. Das könnte von den anderen drei Völkern auch als etwas ziemlich Entsetzliches betrachtet werden?«

Ryun nickte verwirrt. »Ist das sehr unangenehm für dich?«

»Nein, ich habe kein Problem damit. Obwohl ich mich immer noch nicht dazu durchringen kann, dir beim Essen zuzuschauen. Aber he, Kaygon, warum hast du so viel Geld verschwendet?«

»Genau!«, sagte Tinahan wütend. »Da hat er recht. Ist das hier eine Zollstraße oder was? Wir hätten einfach an dieser Stadt vorbeigehen können. Warum hast du das Geld aus dem Fenster geworfen? Verdammt noch mal! Vierundzwanzig Silberlinge! Bist du reich?«

»Ich würde mich nicht als reich bezeichnen, aber ich habe so viel, dass ich auch mal was ausgeben kann, wenn es die Situation erfordert. Natürlich hätten wir diese Stadt einfach umgehen können, aber ich dachte, wir sollten uns im Tempel nach ein paar Dingen erkundigen. Deswegen habe ich bezahlt.«

»Und wonach willst du dich erkundigen?«

Kaygon schwieg und blickte weiter die Straße an. Als Tinahans Geduld beinahe zu Ende war, sagte er plötzlich: »Selbstverständlich denke ich nicht, dass Sigrim Zaboro das Zeug hat, wirklich König zu sein, aber er herrscht über diese

Stadt und kann den Leuten hier üblen Schaden zufügen, weil er über Vermögen und Macht verfügt, die der Zaboro-Clan seit Generationen angehäuft hat.«

»Üblen Schaden? Als König?«

»Sigrim Zaboro kassiert eine hohe Passiergebühr, was Reisende verärgern wird. Dass er es trotzdem tut, könnte darauf hindeuten, dass er Geld für einen Krieg sammelt. Und um einen Krieg zu beginnen, braucht man einen Feind. Die Städte in der Nähe, die er erobern könnte, wären Petschiren, Schrados und Mehem. Sie alle befinden sich auf den Routen, die für unsere Reise infrage kommen. Wenn Sigrim Zaboro vorhaben sollte, einen Expansionskrieg zu führen, müssen wir sie meiden. Das wäre natürlich auch eine nützliche Information für den Rückweg, nachdem wir Ryun zum Großtempel begleitet haben.«

»Himmel! Was für ein Wahnsinniger! Ein Krieg?«

Kaygon nickte. »Tinahan, die Leute, mit denen du deinen Spaß hattest, sind harmlose Narren, die niemandem nennenswerten Schaden zufügen. Diejenigen mit Königssyndrom, die tatsächlich Macht und Vermögen besitzen, sind viel gefährlicher.«

Der Lekon schwieg betreten.

»Gibt es auch im Norden Nagas?«, fragte Ryun plötzlich. Seine Gefährten sahen ihn verwirrt an.

»Ich glaube, dass du im Augenblick der einzige Naga bist, der sich nördlich der Grenzlinie befindet. Warum fragst du?«

»Ihr habt von Krieg gesprochen. Braucht dieser König denn keine Nagas als Feinde, wenn er Krieg führen will?«

Tinahan und Bihyung fragten, wozu man Nagas brauchen sollte, um einen Krieg zu führen, und ihre Verwunderung über etwas so Offensichtliches verwirrte wiederum Ryun. Doch Kaygon verstand ihn. Der letzte Krieg, von dem Ryun

gehört hatte, war wahrscheinlich der Große Expansionskrieg.

»Im Gegensatz zu Nagas führen Menschen auch untereinander Krieg.«

»Warum?«

»Weil sie Getreide essen. Um Getreide anzubauen, brauchen sie Land. Wer mehr Land besitzt, kann mehr Getreide
ernten. Deswegen führen die Menschen Kriege. Um anderen
das Land zu rauben, auf dem sie leben.«

»So etwas Absurdes ...«

»Ihr wart genauso.«

»Was?«

»Ihr habt einen Dschungel gebraucht, in dem viele Tiere
leben können. Deshalb habt ihr den Großen Expansionskrieg
begonnen, alle Länder südlich der heutigen Grenzlinie besetzt und dort schließlich einen Dschungel gepflanzt.«

In die Enge getrieben, entgegnete Ryun: »Das war unvermeidlich, weil wir und die anderen Völker eine unterschiedliche Lebensweise haben! Wir Nagas versuchen nicht, andere
ihres Dschungels zu berauben, damit wir die dort lebenden
Tiere für uns gewinnen können.«

»Nagas bekommen nur wenige Kinder und haben dennoch die Hälfte der Welt in ihrem Besitz. Es gibt genug Tiere
für alle. Aber die Menschen haben zahlreiche Kinder, und
es gibt nicht genug Land, auf dem sie Getreide anbauen können. Deswegen führen sie Krieg. Und wenn zu allem Über-
fluss noch ein König gekrönt wird, dann bedeutet das fast
immer, dass ein Krieg ausbricht.«

»Warum?«

Tinahan rechnete damit, dass Kaygon den großen Erobe-
rungs- oder Herrscherwillen der Menschen anführen würde.
Aber seine Antwort war eine völlig andere.

»Menschen können tränenlos und kaltherzig werden, weil der König alle ihre Tränen trinkt. Das ist der Schaden, den der König verursacht.«

Nur Bihyung konnte die Bedeutung hinter Kaygons Worten erahnen. Sie forderten eine genauere Erklärung, aber da waren sie schon am Tempel angekommen.

Der Hauptmann am Haupttor hieß Dagert Shuleit. Er war überaus glücklich. Wie auch nicht? König Würde forderte nur fünf Silberlinge Passiergebühr. Diese dämlichen Reisenden hatten sechs pro Person bezahlt, und so blieben vier in seiner eigenen Tasche. Selbstverständlich musste er sie mit seinen Kameraden teilen, dennoch würde ihm noch genug übrig bleiben. Die anderen Soldaten waren ebenfalls sichtlich erfreut.

»He, schließt das Tor! Die Sonne ist längst untergegangen.«

Damit meinten sie freilich, dass sie schnell Feierabend machen und sich unerlaubten Freuden hingeben sollten. Dagert wollte gerade das Tor schließen lassen, da sagte ein Soldat: »Wartet! Da kommt noch jemand.«

Die anderen sahen in die Richtung, in die ihr Kamerad gezeigt hatte, und stellten fest, dass sich in der Dämmerung etwas auf Zaboro zubewegte. Die Soldaten hielten inne. Ob sie Rücksicht auf den Reisenden nahmen, der verspätet in der Stadt ankommen würde, oder sich mehr für den unterhaltsamen Abend interessierten, den fünf unrechtmäßig abgeknöpfte Silberlinge ermöglichen würden, war unklar.

Da sagte Dagert mit gerunzelter Stirn: »Ist das noch ein Lekon? Der ist verdammt schnell.«

Auch die anderen spähten jetzt hinaus. Falls ein Lekon über die Mauer springen würde, müssten sie ihn suchen und dann die Passiergebühr einfordern, was den Lekon verärgern würde. Den Soldaten kam der Gedanke, dass ihr heutiges Glück vielleicht zu einem Unglück werden könnte.

Doch was sich ihnen näherte, war kein Unglück. Es war eine Katastrophe.

Die Torwächter konnten kaum glauben, was sie sahen. Die Gestalt, die immer größer wurde, war ein rennendes vierbeiniges Tier. Sie sahen einander wieder an. Jeder entdeckte die eigene Angst in den Gesichtern der anderen.

Es gab keinen Zweifel. Der Umriss, der so groß wie ein Haus war, das klare Streifenmuster, die vier mächtigen Pranken, die über den Boden trommelten und Staubwolken aufwirbelten: »Ein Rie... Riesen...tiger!« Dagert brüllte so laut, dass sich seine Stimme überschlug. »Schließen! Schließt das Tor!«

Er und seine Kameraden warfen sich gegen das Tor. Während sie die riesigen metallbeschlagenen Flügel unter Knarren in Bewegung setzten, verspürten sie den Drang, das Tor einfach Tor sein zu lassen und davonzulaufen. Der Riesentiger kam mit irrwitziger Geschwindigkeit näher. Aber schließlich schafften die Soldaten es, das Tor zu schließen. In dem Moment, in dem Dagert es mit dem schweren Holzbalken verriegelte, prallte etwas dagegen. Die Soldaten traten hastig einige Schritte zurück, einer von ihnen sogar so hastig, dass er auf dem Hosenboden landete. Als sie außen das Kratzen scharfer Krallen hörten, waren sie Maripgan Mura, der die Stadtmauer noch höher hatte bauen lassen, unendlich dankbar.

Aber Dagerts Gedanken kreisten um etwas anderes. Kurz bevor er das Tor verriegelt hatte, hatte er durch den kleinen Spalt einen genaueren Blick auf die grauenvolle Gestalt des Riesentigers erhascht. Er versuchte sich einzureden, die Gestalt, die er gesehen hatte, sei eine Illusion gewesen, hervorgerufen durch die tief stehende Sonne. Aber seine Erinnerung behauptete beharrlich weiter, dass eine Person in einem schwarzen Pelzumhang auf dem Rücken des Riesentigers ritt.

Wieder einmal machte Bihyung nur allzu gut Bekanntschaft mit einem Lekon, der bis in die Spitzen seines Kamms aufgebracht war. Sobald Große Tugend Godain, der Abt des Zaboro-Tempels, erzählte, dass die Passiergebühr eigentlich nur fünf Silberlinge betrug, tobte Tinahan und drohte damit, alle Torwächter hintereinander auf seinem Speer aufzuspießen. Bihyung und Ryun sahen Kaygon an, als wollten sie ihn auffordern, er möge den Lekon irgendwie beruhigen, aber dieser betrachtete lediglich seine Teetasse und sagte: »Es sind naive Leute.«

Große Tugend Godain erwiderte mit einem müden Ausdruck im Gesicht: »Richtig. König? Von wegen, König! Wie Ihr bei den Soldaten gesehen habt, wissen die Leute in dieser Stadt nicht einmal genau, was ein König ist. Gäbe es hier einen echten König, würde er seinen Untertanen solche Spielchen nicht ungestraft durchgehen lassen. Und die Untertanen selbst kämen nicht einmal auf die Idee, sich solch erbärmlicher Tricks zu bedienen. Die Schurken, die sich die Soldaten König Würdes nennen, sind nicht disziplinierter als Wegelagerer oder die Anhänger eines am Königssyndrom Leidenden, die durch die Wildnis wandern.«

Kaygon nickte und wandte sich endlich an den Lekon: »Tinahan, setz dich. Im Gegenzug für die Gebühr weiß ich nun, welchen Charakter die Soldaten von Sigrim Zaboro haben. Wenn solche Leute als Torwächter abgestellt werden, braucht man sich die anderen Stadtbewohner nicht einmal anzuschauen. Große Tugend Godain, auch Ihr seid recht naiv.«

Der Lekon setzte sich grummelnd, und Godain war irritiert.

»Ein Spion, der vom König geschickt wird, um in Erfahrung zu bringen, was Ihr wirklich von ihm haltet, wird sich nicht als Spion des Königs vorstellen«, sagte Kaygon, ohne dabei zu lächeln.

»Hehe, ich glaube nicht, dass Sigrim mir einen auf den Hals hetzt. Ich bin bloß ein einfacher Kuttenträger und stelle keine Bedrohung für einen König dar.«

»Vielleicht keine Bedrohung, aber eine Hilfe. Wäre Sigrim in der Lage, eins und eins zusammenzuzählen, wäre ihm klar, dass es nützlich für ihn wäre, mit Euch zusammenzuarbeiten. Vor Kurzem ist mir ein am Königssyndrom Leidender begegnet, an den sich ein abtrünniger Mönch geklammert hatte. Mit seinem umfangreichen Wissen hat er dem Erkrankten viel Autorität verschafft. Es mag sein, dass auch Ihr bald gebeten werdet, dem König Eure Weisheit zur Verfügung zu stellen.«

Nun wirkte Godain besorgt. »Und was soll ich in diesem Fall machen? Gebt mir bitte einen Rat.«

»Ich wollte Euch nur darauf hinweisen, als Gegenleistung dafür, dass wir heute die Nacht in Eurem Tempel verbringen dürfen. Der Rest ist Eure Sache.«

»Ich bitte Euch, gebt mir einen Rat! Seit Sigrim Zaboro sich König Würde nennt, benimmt er sich, als wäre er der Herrscher der Welt. Ich kenne niemanden, der schamloser wäre als er. Ihm ist nichts heilig. Wenn er mir ein Angebot macht, wäre ich aus Angst schlichtweg nicht in der Lage, es auszuschlagen.«

Kaygon verzog das Gesicht. Bihyung interpretierte das so, dass er bereute, das Thema überhaupt angesprochen zu haben. Aber als er sprach, waren seine Worte wie immer leise und freundlich: »Beantwortet mir zuerst Folgendes: Bereitet sich

Sigrim Zaboro auf einen Krieg vor? Häuft er deshalb das ganze Geld an?«

Godain entgegnete überrascht: »Ja. Er rekrutiert Soldaten und lässt schreckliche Waffen schmieden. Natürlich keine, die so Furcht einflößend sind wie die Eure oder die Eures Lekon-Gefährten.«

»Wann wird er angreifen?«

»Es kursieren verschiedene Gerüchte. Am wahrscheinlichsten klingt der Herbst, weil dann die Getreidespeicher gefüllt sind.«

»Das würde ihm nicht viel bringen. Er täte besser daran, den Krieg entweder vor oder nach dem Herbst zu beginnen. Es ist einfacher, ein Land zu erobern und die Bewohner das Getreide ernten zu lassen, statt ihnen ihre Ernte wegzunehmen, die sie mit allen Mitteln schützen werden. Habt Ihr vielleicht auch gehört, welches Gebiet er im Auge hat?«

»Oh, das steht relativ eindeutig fest. Mehem und Zaboro sind seit Langem verfeindet. Die beiden Städte führten bereits in der Vergangenheit, als es in Zaboro noch einen Maripgan gegeben hat, einige Male Krieg gegeneinander. König Würde scheint sich vorgenommen zu haben, Mehem diesmal endgültig zu erobern und damit sein Ansehen als König zu festigen. Deswegen bereitet sich auch Mehem auf einen Krieg vor, wie ich gehört habe.«

»Verstehe. Mehem also. Dann gebe ich Euch folgenden Rat: Schließt den Tempel.«

Große Tugend Godain war verblüfft. »Ich soll den Tempel schließen?«

»Ja, schließt den Tempel und begebt Euch in Klausur. In alten Zeiten haben selbst die wahren Könige die geschlossenen Pforten eines Tempels stets geachtet. Selbst wenn der Tempel einem geflohenen Verbrecher Exil gewährte.«

»Das ist mir bekannt. Aber wenn ich den Tempel schließe, sind wir vom Großtempel abgeschottet.«

»Sigrim wird nicht lange König spielen können. Erstens gibt es keine Kitalzer Jäger mehr, bei denen er sich noch entschuldigen könnte, und zweitens wird sein weiser Clan ihm bald Einhalt gebieten. Übt Euch solange in Geduld. Es versteht sich, dass das nur ein Vorschlag von mir ist. Ich denke, den Tempel zu schließen, ist der sicherste Weg, aber die Entscheidung liegt bei Euch.«

Godain nickte unsicher. Bevor sich die Gefährten für die Nacht zurückzogen, brachte Kaygon eine Geldspende dar, deren Höhe Tinahan erneut staunen ließ, und bat, man möge das Gästezimmer heizen. Das überraschte den Mönch, weil es zu dieser Jahreszeit unüblich war, die Räume zu heizen. Die Novizen im Tempel wunderten sich ebenfalls über diese seltsame Bitte, taten aber wie geheißen.

Nachdem die Ordensbrüder gegangen waren, zog Ryun den wetterfesten Mantel aus und nahm das Tuch ab. Er war erstaunt, als er feststellte, dass der Zimmerboden warm war. Bihyung erklärte ihm das Prinzip des Ondols, der Fußbodenheizung, was Ryuns Verwunderung nur noch weiter steigerte.

»Verbrennt man Holz, um das Zimmer zu heizen?«

Bihyung stockte und blickte Hilfe suchend zu Kaygon. Dieser erklärte nüchtern: »Bihyung muss sich ebenfalls ausruhen. Er kann nicht gut schlafen, wenn er dich die ganze Zeit mit einer Dokebi-Flamme wärmen muss. Bihyung, du kannst die Flamme nun löschen.«

Ryun entgegnete eindringlich: »Aber ich will nicht, dass wegen mir Holz verbrannt wird! Dann schlafe ich lieber in einem kalten Zimmer.«

»Dann hätten wir morgen früh die größte Mühe, dich zu wecken. Außerdem kann es gefährlich für dich werden.«

Bihyung kam dem Naga vorsichtig zu Hilfe. »Äh, Kaygon, es macht mir keine großen Umstände, Ryun in die Dokebi-Flamme zu hüllen. Wollen wir es so machen, dass wir das Zimmer nicht weiter heizen lassen und ich Ryun wie bisher wärme?«

»Nach langer Reise sind wir endlich an einem Ort angekommen, an dem wir uns etwas erholen können, und da solltest auch du dich ausruhen. Das rate ich dir als dein Lotse. Ryun, es wird nur Holz verbrannt, das bereits zu Brennholz verarbeitet worden ist. Kümmere dich nicht weiter darum und schlaf.«

Mit einem Ausdruck der Missbilligung nahm Ryun Kaygons Entscheidung hin. Die Dokebi-Flamme verschwand.

Tinahan hingegen beschäftigte etwas ganz anderes. Seit er gesehen hatte, wie Kaygon die Passiergebühr bezahlt und dem Tempel eine großzügige Spende gemacht hatte, glaubte er, Kaygon sei reich. Kurzerhand fragte er ihn, ob er unter Umständen Interesse an den Ruinen der Himmelsfische habe. Kaygon ignorierte ihn jedoch und machte sich stattdessen Gedanken über ihre weitere Reise.

Sie würden einen weiten Bogen um die Stadt Mehem schlagen müssen. Gerade als die Route in seinem Kopf Gestalt annahm, stellte ihm Bihyung, der sich zuvor noch mit Ryun unterhalten hatte, eine Frage: »Kaygon, es tut mir leid, aber kannst du noch einmal wiederholen, was du vorhin gesagt hast?«

»Was meinst du?«

»Dass es keine Kitalzer Jäger mehr gibt, bei denen man sich entschuldigen könnte. Kehrt der König deshalb nicht zurück?«

Kaygon seufzte. »Ich interessiere mich nicht sonderlich für solche Widersprüche. Ich habe das nur gesagt, weil es ein allgemein bekanntes Sprichwort ist.«

»Welche Widersprüche?«

»Man sagt, der König könne nur zurückkehren, wenn die Kitalzer Jäger eine Entschuldigung erhalten, aber es gibt keine Kitalzer Jäger mehr, bei denen man sich entschuldigen könnte. Und so kann der König nicht zurückkehren. Dieser Fluch ist und bleibt ein Widerspruch, selbst wenn es noch Kitalzer Jäger gäbe. Denk mal darüber nach. Der König kann nur zurückkehren, wenn die Kitalzer Jäger eine Entschuldigung erhalten. Aber der Einzige, der sich bei den Kitalzer Jägern entschuldigen kann, ist der König. Ist das etwa nicht widersprüchlich?«

Bihyung und Ryun ließen sich das Ganze durch den Kopf gehen. Kaygon hatte recht.

»Das ist es tatsächlich. Warum dann so ein unsinniger Fluch?«

Kaygon zog die Decke hoch und sagte: »Die Kitalzer Jäger glaubten, dass Widersprüchen eine besondere Macht innewohnt. Wenn sie jemanden verfluchten, dann immer in Form eines Widerspruchs. Ach, und Tinahan, ich habe dir vorhin zugehört. Aber ich bin nicht neugierig auf die Ruinen eines Himmelsfisches. Ich möchte, dass wir uns vorerst ausschließlich auf unsere Reise konzentrieren, in Ordnung? Na dann, lasst uns schlafen.«

Ob der Zaboro-Clan die Stadt gegründet und sie dann auf seinen Clannamen getauft hatte, oder der Clan sich in Anlehnung an die Stadt Zaboro benannt hatte, wussten selbst seine Mitglieder nicht genau. Zaboro war zwar wirklich eine alte Stadt, aber der Zaboro-Clan war ebenso alt. Stadt und Clan teilten sich nicht nur den Namen, sondern auch ihre Geschichte. Seit der Stadtgründung kam der Maripgan stets aus dem Zaboro-Clan. Tatsächlich stand nirgends geschrieben, dass der Herrscher über die Stadt aus dem gleichnamigen Clan stammen musste, und kein Maripgan hatte jemals darauf bestanden, doch es war Tradition, und weil es schon immer so gewesen war, kam kaum jemand auf die Idee, dass es auch anders sein könnte. Deshalb galt während der Trauerphase um den verstorbenen Maripgan die Aufmerksamkeit der Stadtbewohner ganz selbstverständlich der Ratssitzung des Zaboro-Clans, bei der der neue Anführer gewählt wurde. Sie machten sich sogar Sorgen und drängten den Clan zur Eile, wenn er sich mit der Ratssitzung Zeit ließ. Und hatte der Clan seinen Anführer gewählt, akzeptierten die Stadtbewohner ihn als den nächsten Maripgan. Das bedeutete jedoch nicht, dass diese lange Tradition kein einziges Mal angefochten wurde. Aber die Gegenstimmen sahen sich weniger mit dem Widerstand des Zaboro-Clans konfrontiert als vielmehr mit dem ihrer eigenen Clans und der Bevölkerung: Die Leute fanden jene Gegenstimmen zu ungehörig. »Warum belästigt man die Leute, die ihre Arbeit ordentlich machen? Wenn dadurch wenigstens der König zurückkehren würde ...« Diese Reaktion der Bürger brachte jeden potenziellen Anwärter auf die Herrschaft dazu, seine Ambitionen aufzugeben und unter Scham und Wut die Stadt zu verlassen.

Als Sedo Zaboro starb und Sigrim Zaboro zum neuen Clan-Oberhaupt gewählt wurde, zollten die Bürger den Zaboros zunächst ihren Respekt dafür, dass sie für die nahtlose Weiterführung der Tradition gesorgt hatten. Aber Sigrim enttäuschte nicht nur die Mitglieder seines Clans, sondern auch die Bürger der Stadt, die nicht wussten, wie ihnen geschah, als er sich plötzlich König Würde nannte.

Die Clanmitglieder und die angesehensten Bürger der Stadt suchten Sigrim auf, um ihn umzustimmen, aber sie stießen auf taube Ohren. Es war einzig und alleine ihrem Traditionsbewusstsein zu verdanken, dass es zu keiner offenen Auseinandersetzung kam. Die Clanmitglieder und die Würdenträger der Stadt waren davon überzeugt, dass Sigrim am Ende seinen Fehler einsehen und erkennen würde, welche Bedeutung ihrer jahrhundertealten Tradition innewohnte.

Das machte Sigrim jedoch nur umso rasender: »Kann eine Katze niemals ein Schwarzer Löwe werden, selbst wenn sie sich eine Mähne aufsetzt und sich schwarz färbt?«

Die Würdenträger erwiderten nichts. Sie schmeichelten ihm geduldig wie ein Vater, der darauf wartete, dass sein kleiner Sohn endlich die Augen vor den Schrecken der Realität öffnete.

Allerdings genoss Kitata Zaboro, Sigrims Onkel und zugleich Generaloberst – wobei er vor Wut schäumte, wenn ihn jemand anderes als König Würde so ansprach –, das widerspenstige Spielchen seines Neffen in vollen Zügen. Grinsend stand er nun auf der Stadtmauer und verkündete: »Eure Majestät König Würde, das da ist die erste Herausforderung für Eure Herrschaft. Wird sich Eure Majestät diesen frechen Usurpator selbst vorknöpfen?«

König Würde war nicht dumm, aber er wusste nicht, was er auf die Frage seines Onkels erwidern sollte, ohne zugleich sein Gesicht zu verlieren. Aus diesem Grund starrte er bloß auf das riesige Tier hinunter, das an der Stadtmauer entlang hin und her tigerte. Kitata Zaboro und alle anderen schauten ebenfalls hinunter, da der Riesentiger sie mehr interessierte als die Reaktion ihres Königs.

Die Stadtbewohner hatten schon mit der Muttermilch die Geschichte von Byulbi und Maripgan Mura aufgenommen, und deshalb hatte der Riesentiger, der dort unterhalb der Mauer lauerte, eine besondere Bedeutung für sie. Es war, als würden ihre Kindheitsfantasien, die mit der Zeit verloren gegangen waren, urplötzlich wieder lebendig. Das Erscheinen des Tigers allein rief großes Entsetzen bei ihnen hervor, und der in einen schwarzen Pelzumhang gehüllte Reiter machte einen ungemein mysteriösen Eindruck.

Schließlich fiel König Würde eine angemessene Antwort ein: »Ich hätte kein Problem damit, gegen den Riesentiger zu kämpfen, wenn er denn alleine wäre, aber da ist jemand, mit dem ich wohl zuerst sprechen sollte.«

Was er sagte, war nicht falsch, von daher hielten sich die Leute mit Buhrufen und Spott zurück.

König Würde räusperte sich und erhob die Stimme: »Wer seid Ihr? Seid Ihr mit Liebe oder mit Hass im Herzen in dieses Land gekommen? Und wieso reitet Ihr auf einer so gefährlichen Kreatur?«

Der Reiter, der mit dem schwarzen Umhang nicht nur den Körper, sondern auch sein Haupt bedeckt hatte, hob den Kopf an.

»Mein Name ist Samo Pey. Ich bin weder mit Liebe noch mit Hass gekommen. Doch ich werde eins von beidem wählen, je nachdem, wie meine Forderung aufgenommen wird. Und die Beziehung zwischen diesem Riesentiger und mir tut nichts zur Sache.«

Die Leute waren wie vor den Kopf gestoßen. König Würde war durchaus fasziniert und sagte: »Was für eine erstaunliche Stimme! Seid Ihr eine Frau? Nein, so eine Stimme kann selbst eine Frau nicht haben.«

Kitata Zaboro pflichtete seinem Neffen bei und riet ihm, auf seine Wortwahl zu achten, weil es sich bei der Fremden um ein göttliches Wesen handeln könnte.

König Würde befolgte den Rat seines Onkels.

»Bei mir findet Ihr ein offenes Ohr, Samo Pey. Nennt mir Eure Forderung.«

»Hinter dieser Mauer hält sich ein Naga auf. Ich will, dass du ihn zu mir rausschickst.«

Außer sich sah König Würde den Generaloberst an. Statt auf einen Befehl des Königs zu warten, rief Kitata auf der Stelle die Torwächter herbei. Kurz darauf knieten sie vor dem König nieder.

»Ihr habt heute die Tore bewacht. Ein Naga soll unsere Stadt betreten haben. Ist das wahr?«

»Nein, Generaloberst! Das hätten wir Euch berichtet.«

»Verdammt noch mal. Ihr wisst doch nicht einmal, wie ein Naga aussieht!«

»Nun, das ist wahr, aber ich weiß, wenn jemand kein Naga ist. Die Personen, die heute das Tor passiert haben, waren Menschen sowie ein Dokebi und ein Lekon. Unter ihnen war kein Naga.«

Ratlos schaute König Würde Kitata an. Auch dieser fand das Ganze ziemlich merkwürdig und blickte zu Samo hinunter. Doch niemand der Anwesenden einschließlich Kitata wollte glauben, dass eine Person, die so eine wunderschöne Stimme hatte, die Unwahrheit sagte. Kitata sah sich erneut unter den Torwächtern um und bemerkte, dass bei einem von ihnen das Augenlid eigenartig zuckte. Mit einem großen Satz schnellte er auf den Mann zu und knurrte: »Wer dem König Unsinn erzählt, spielt mit seinem Leben! Bist du sicher, dass kein Naga unter den Fremden war?«

Der Mann war Dagert Shuleit.

Dagert erwiderte entgeistert: »Äh, äh, ta... tatsächlich gab es einen Besucher, dessen Identität nicht eindeutig festzustellen war. Er gehörte zu der Gruppe, die das Haupttor passierte, kurz bevor der Riesentiger erschienen ist. Sie waren zu viert. Ein Mensch, ein Lekon, ein Dokebi und einer, der einen weiten Mantel anhatte, wie ihn die Wüstenbewohner

444

tragen. Er war so groß wie ein Mensch. Deswegen dachte ich, dass es auch einer sei.«

Kitata schnaufte erschrocken. »Heißt das, dass du ihn nicht überprüft hast?«

Dagert faselte irgendeinen Blödsinn daher, weshalb Kitata nicht einmal den Nerv hatte, ihn zurechtzuweisen. Er kannte diese jungen Männer, seit sie Kleinkinder gewesen waren. Niemand mit einem Funken gesunden Menschenverstand hätte diese Kerle disziplinierte Soldaten genannt. Oder Sigrim Zaboro König.

König Würde hingegen wurde angesichts der Schlampigkeit seiner Männer rasend. Den schrecklichen Verwünschungen des Königs entgegnete Dagert völlig ratlos: »Aber es kann kein Naga gewesen sein. Denn ich habe gehört, dass ein Dokebi einen Naga schlägt, und einer aus der Gruppe war ein Dokebi. Heißt es nicht außerdem, dass Nagas in unserem Land erfrieren? Er hat zwar weite Kleidung getragen, aber er hat nicht gezittert.«

»Hast du das gerade wirklich gesagt?«, schrie König Würde. »Willst du dann etwa drei Geschichtenerzähler mitbringen, wenn du einen Dokebi töten willst? Ich sollte dir mit glühenden Nadeln die Augen ausstechen lassen, du Idiot!«

Vor lauter Schreck landete Dagert auf dem Hosenboden. »Es tut mir leid, Onkel Sigrim!«

Das war sein entscheidender Fehler. Die Versammelten, die bisher diesem unbehaglichen Wortwechsel, der eines Königs und eines tapferen Soldaten unwürdig war, beigewohnt hatten, brachen in brüllendes Gelächter aus. König Würde tobte wie ein Wahnsinniger, zog sein Schwert und wollte Dagert auf der Stelle die Kehle durchschneiden.

Kitata Zaboro hielt ihn hastig zurück und sagte: »Beruhigt Euch, Eure Majestät. Das sind Soldaten, die noch nicht mit ihren Pflichten vertraut sind. Eure Majestät sollte die Gnade eines Königs walten lassen. Außerdem möchte ich noch eine Sache erwähnen.«

Sich auf seine Königswürde besinnend, steckte Sigrim Zaboro sein Schwert letztlich wieder weg, obwohl er immer noch wütend schnaubte.

»Was wolltest du noch erwähnen, Generaloberst?«

»Wie unbedeutend eine Kreatur auch sein mag, sie hat das Recht, den Schutz des Königs zu erfahren, wenn sie einmal das Reich des Königs betreten hat.«

König Würde sah seinen Onkel verdutzt an. »Ich soll einen Naga schützen?«

»Nein, das meinte ich nicht«, stellte Kitata richtig und riss sich mit Mühe zusammen, um seine Gedanken nicht laut auszusprechen. *Du Tölpel! Und du willst König sein?* Stattdessen sagte er: »Ich meinte, dass es das Recht des Königs ist, zu entscheiden, ob Eure Majestät ihm Schutz gewährt oder ihn bestraft. Fragt diese Person, ob sie die Befugnis hat, jemanden, der diese Stadt betreten hat, einzufordern.«

König Würde, der seine innere Erregung langsam unter Kontrolle bekam, verstand Kitata mehr schlecht als recht. Nachdem er Dagert einen letzten vernichtenden Blick zugeworfen hatte, wandte er sich an Samo: »Ich kann noch nicht mit Gewissheit sagen, ob sich ein Naga hier aufhält oder nicht. Aber als König bin ich für all jene verantwortlich, die meine Stadt betreten. Wer seid Ihr, dass Ihr die Herausgabe des Nagas fordert?«

Samo antwortete erst nach einer Weile: »Schon wieder?«

»Was soll das heißen ›schon wieder‹? Was meint Ihr mit ›schon wieder‹?«

»Schon wieder ein König? Ich glaube, in diesen Landen gibt es mehr Könige als Spatzen.«

Auch diesmal echauffierte sich nur König Würde über Samos Worte. Die anderen mussten alles in ihrer Macht Stehende tun, um nicht augenblicklich loszuprusten.

Doch bevor der König vor Wut aufschreien konnte, fügte Samo in einem etwas sanfteren Ton hinzu: »Immerhin siehst du danach aus. Ein König, der so eine hohe Mauer hat, ist mir noch nie untergekommen. Du bist wahrscheinlich König Mauer.«

»Ich bin König Würde!«

»König Würde? Auch gut. Du hast gerade etwas von der Verantwortung eines Königs erzählt, aber ehrlich gesagt, weiß ich nicht genau, was du damit meinst. Doch mit welchem Recht ich die Herausgabe des Nagas fordere, kann ich dir zeigen.«

Ihre Hände kamen unter dem Umhang hervor. Als die Leute in der Abenddämmerung ihre schuppigen Arme sahen, meinten sie zunächst, dass sie eine Art Panzer trug. Als Samo jedoch ihre Kapuze zurückzog, schrien sie auf. So ein Gesicht hatten sie noch nie gesehen, aber zu wem es gehörte, konnten sie ahnen.

»Wie du siehst, bin auch ich eine Naga. Es geht um eine Angelegenheit, die nur uns etwas angeht. Ungläubige haben sich hier nicht einzumischen. Ich hoffe, wir verstehen uns jetzt?«

Ihren höflichen Worten wurde allerdings keine gebührende Entgegnung zuteil.

»Du Monster! Wie kannst du es wagen, hier aufzutauchen! Du bist wohl über die Grenzlinie gekommen, weil du unbedingt sterben willst! Schießt auf dieses Ungeheuer und den Riesentiger!«, kreischte König Würde entgeistert.

Drei, vier Soldaten holten ihren Bogen hervor.

Kitata sagte verblüfft: »Das ist wahrscheinlich gar kein Naga. Die können nicht sprechen.«

»Dann muss es ein noch schrecklicheres Monster sein! Erschießt es! Auf der Stelle!«

Samo unternahm nichts. Sie schaute nur die Mauer hinauf, als fände sie das alles äußerst unterhaltsam. Die Soldaten ließen auf den Befehl des Königs hin ihre Pfeile fliegen. Diese trafen den Boden und prallten davon ab, aber weder der Riesentiger noch Samo rührten sich vom Fleck. Rasend ob der erbärmlichen Fertigkeiten seiner Soldaten spannte König Würde selbst seinen Bogen. Der Pfeil, den er von der Sehne springen ließ, flog direkt auf Samo zu. Aber sie zog blitzschnell ihren Shiktol unter dem Umhang hervor und parierte den Pfeil mühelos. König Würde fluchte bitterlich, Samo starrte ihn an und sagte kein Wort. Sie streckte lediglich ihren linken Arm aus und legte ihn sanft auf den großen Kopf des Riesentigers.

Der drehte sich um und rannte in die Dunkelheit.

König Würde schrie: »Ich lasse nicht zu, dass der Tiger flieht! Öffnet das Tor! Verfolgt ihn.«

»Er flieht nicht, Eure Majestät«, meinte Kitata ruhig.

Unschlüssig blinzelte König Würde ein paarmal. Dann sah er es. Zwei blaue Funken starrten in der Dunkelheit zu ihm herauf. Starr vor Schreck, brauchte der König eine Weile, um zu erkennen, dass sich der Tiger wieder umgedreht hatte.

Das Wesen rannte los.

Bevor König Würde einen Befehl erteilen konnte, stieß sich der Riesentiger, der wie ein Blitz angerast kam, etwa zwanzig Meter vor der Mauer vom Boden ab. Dieser furchterregende, schier unglaubliche Sprung erschien den Bürgern Zaboros, als würde das Wesen fliegen. Die Soldaten, die mit springenden Lekons vertraut waren, duckten sich, während die anderen stumm in Schockstarre verfielen. Kitata packte den König an der Schulter, stieß ihn nach hinten und zog sein Schwert.

Kurz bevor er die Mauer erreichte, erkannte der Tiger, dass es schwierig werden würde, über die Mauer zu gelangen. Er wendete in der Luft und stieß sich mit den Hinterbeinen von der Mauer ab. Unter enormem Getöse erbebte die Mauer, die Kreatur landete auf dem Boden und starrte mit gesträubtem Fell zu den Menschen hoch. Die Bürger der Stadt bekamen eine Angst, die ihnen durch Mark und Bein ging. Denn der Riesentiger knurrte.

König Würde hatte den Kopf in den Händen vergraben und zitterte am ganzen Leib. Obwohl er seinem Neffen am liebsten in den Hintern getreten hätte, näherte sich Kitata der Mauerzinne, streckte sein Schwert aus und brüllte: »Sei nicht töricht! Kein zweiter Riesentiger wird je über Zaboros Mauern springen!«

Samo betrachtete Kitata, dann wieder den Kopf des Tigers. Dieser knurrte wütend die Mauer an und ignorierte die Befehle, die Samo ihm sandte. Doch sie blieb geduldig, und schließlich wandte sich das Tier leichtfüßig um und rannte zurück.

Ziemlich weit entfernt drehte der Tiger um und stürzte erneut auf die Stadt zu. Kitata schnalzte mit der Zunge, weil er dachte, das Unterfangen sei zwecklos. Während er Zeuge wurde, wie der Riesentiger in einer etwas niedrigeren Bahn als zuvor emporsprang, stützte er sich auf die Zinne und schrie: »Das schaffst du niemals!«

Doch Samo hatte nicht vor, über die Mauer zu springen. In dem Moment, als der Tiger sich vom Boden abdrückte, zog sie den Shiktol. Dann hob sie ihn auf Schulterhöhe an, als wollte sie einen Speer werfen. Kurz bevor die Pranken des Tigers die Mauer berührten, stieß sie sich von seinem Rücken nach oben ab und rammte den Shiktol tief in einen Spalt in der Mauer. Das furchtbare Geräusch, als Metall auf Stein traf, kreischte in den Ohren der Bürger Zaboros. Der Tiger stieß sich wieder ab und landete am Boden – ohne seine Reiterin. Die Leute waren entsetzt, als sie das sahen. Kitata und einige andere Tapfere streckten vorsichtig die Köpfe über die Zinnen.

Samo Pey hing auf mittlerer Höhe der Mauer an ihrem Shiktol. Kitata stöhnte angesichts dieser außerordentlichen Leistung, die von herausragendem Geschick zeugte. *Aber was hat sie jetzt vor?* In diesem Augenblick schrien einige Soldaten bestürzt auf. Kitata blickte erneut zum Tiger.

Die Angst ließ ihm das Blut in den Adern gefrieren.

Der Riesentiger nahm zum dritten Mal Anlauf. Nun viel leichter, weil er ohne Reiter war, sprang er mit gewaltiger Kraft empor. Kitata schaute zu Samo hinunter, die sich mit den Füßen an der Mauer abstützte und den Rücken krümmte. Er traute seinen Augen kaum.

Der Riesentiger stieß sich von Samos Rücken ab und flog weiter hinauf.

Er hatte seine Krallen eingezogen, als er Samo berührte, dennoch hätte die Wucht des Aufpralls ohne Weiteres Samos Wirbelsäule zertrümmern können. Der Shiktol wurde aus der Mauer gerissen, und Samo flog in hohem Bogen Dutzende Meter weit, bevor sie schließlich auf dem Boden aufkam und über die Erde rollte. Aber Kitata konnte diese kühne Szene nicht bis zum Ende beobachten.

Denn zum ersten Mal seit vielen Hundert Jahren war ein Riesentiger über die Mauern Zaboros gesprungen. Und er brüllte Kitata geradewegs ins Gesicht.

Tinahan fuhr aus dem Schlaf hoch. Als er nach seinem Eisenspeer greifen wollte, stieg Zorn in ihm auf, weil ihm einfiel, dass er seine Waffe nicht im Zimmer, sondern draußen abgestellt hatte. Das Gästezimmer war zu klein für seine sieben Meter lange Waffe. Da wurde die Zimmertür aufgerissen. Tinahans Federn stellten sich auf.

Es war Kaygon, der durch die geöffnete Tür hinausrannte, stellte Tinahan erleichtert fest. Er folgte ihm, schnappte sich seinen Eisenspeer, stellte sich neben den Lotsen in den Hof und starrte zusammen mit ihm in die Ferne. »Da war ein seltsames Geräusch«, sagte er schließlich.

»Das war ein Riesentiger.«

»Ein Riesentiger?«

»Ja. Ausgeschlossen, dass ich mich verhört habe. Seit Byulbi ist Zaboro nicht mehr von einem Riesentiger angegriffen worden. Schau mal zum Wachturm. Dort brennen viele Lichter. Was siehst du?«

Tinahan starrte zum Wachturm über dem Stadttor hinüber.

»Dort sind Menschen. Einige sind bewaffnet. Sie sehen ziemlich nervös aus, aber noch kämpfen sie nicht. Sie laufen nur kopflos hin und her. Einer von ihnen wird gestützt.«

Kaygon runzelte die Stirn. »Gestützt?«

»Sonst würde er sich nicht so komisch fortbewegen. Wobei ich sagen muss, dass ich mir nicht sicher bin, weil die Entfernung zu groß ist. Vielleicht ist der Kerl in Ohnmacht gefallen, als er den Riesentiger gesehen hat?«

Kaygon dachte kurz nach und meinte dann: »Ich habe kein gutes Gefühl bei der Sache. Zieh dich an und weck die anderen auf. Wir warten etwa eine Stunde. Wenn bis dahin nichts weiter vorgefallen ist, legen wir uns wieder hin.«

Doch sie mussten keine Stunde warten. Wenig später stürmte ein Trupp Soldaten durch das Tor des Tempels. Von dem Getrampel und den lauten Rufen aufgeschreckt, stolperten die Mönche aus ihren Zellen, traten aber, von den vielen Soldaten eingeschüchtert, bald einige Schritte zurück. Währenddessen steuerte ihr Anführer Kitata Zaboro direkt aufs Gästezimmer zu, blieb jedoch angesichts des unerwarteten Anblicks, der sich ihm bot, abrupt stehen.

Auf der schmalen Veranda saß ein Mann. Seine Hände lagen auf dem Knauf eines seltsam anmutenden Doppelklingenschwertes, das aufrecht zwischen seinen Knien stand. Neben ihm stand ein riesiger Lekon, der eine arrogante Miene aufgesetzt hatte. Er hielt einen Eisenspeer in der Hand, bei dem Kitata nicht ganz sicher war, ob es wirklich ein Speer war oder eher eine Säule mit einem auf der Spitze sitzenden Vogel.

Beim Anblick dieses Lekons fuhren nicht nur seine Soldaten, sondern auch Kitata selbst zusammen. Er ließ seine Männer in einer Reihe antreten und bemühte sich, gefasst zu bleiben. »Ich bin Kitata Zaboro, der Generaloberst Zaboros«, sagte er. »Sprecht, wer seid Ihr?«

Der Mann antwortete: »Ich bin Kaygon Draka. Und das hier ist Tinahan. Wir sind Reisende. Was gibt es?«

»Vor Kurzem ist ein Riesentiger über unsere Mauer gesprungen.«

Das kam Kaygon äußerst fragwürdig vor. »Seit Byulbi hat kein Riesentiger mehr die Mauer Zaboros überwunden. Und selbst Byulbi wäre dazu nicht mehr in der Lage, nachdem Maripgan Mura die Mauer erhöht hat.«

»Davon war auch ich überzeugt. Aber eine Naga hat dem Riesentiger geholfen. Ihre Fähigkeiten waren außergewöhnlich, und ich kann es selbst immer noch nicht glauben, obwohl ich es mit eigenen Augen gesehen habe. Der Tiger scheint ihr zu gehorchen. Er hat viele Soldaten kampfunfähig gemacht und ist mit König Würde im Maul wieder von der Mauer gesprungen. Wenn wir unseren König zurückhaben wollen, sollen wir der Naga den Naga ausliefern, den sie verfolgt. Verdammt, Ihr werdet mir nicht glauben, aber sie kann sprechen.«

»Mir ist bekannt, dass Nagas sprechen können. Sie tun es nur selten.«

»Das ... ist Euch ... bekannt? Wenn dem so ist, gehört zu Eurer Gruppe tatsächlich ...«

Kitata sprach den Rest der Frage nicht aus, da sie schon beantwortet wurde. Die Tür hinter Kaygon ging auf, und ein mit Schuppen bedeckter Naga trat aus dem Zimmer. Er ignorierte die Blicke von Kitata und seinen Soldaten, die aus allen Wolken fielen, und sah zum Stadttor. Sein Gesicht war angespannt.

Im nächsten Augenblick sprangen der Lotse und der Verteidiger vor.

Seite an Seite in der Mitte des Hofes sorgten sie mit gezückten Waffen dafür, dass ihnen kein Soldat zu nahe kam. Eingeschüchtert traten Kitata und seine Männer einen Schritt zurück.

Kitata packte sein Schwert und fragte: »Was hat das zu bedeuten?«

Kaygon richtete Baragi auf Kitata. Von der Doppelklinge bedroht, schnürte sich dem Generaloberst die Kehle zu. Kaygon funkelte ihn aus Augen, die den Spitzen der beiden Klingen ähnelten, scharf an.

»Dieser Naga wird niemals ausgeliefert.«

Kitata hob zähneknirschend die Hand, woraufhin die Soldaten in Angriffsposition gingen. Mehrere Dutzend gegen zwei, doch Kitata erkannte nicht den Hauch eines Vorteils für seine Männer. Von dem Menschen mit dem seltsamen Schwert einmal abgesehen, kam ihm vor allem der grinsende Lekon mit seinem riesigen Eisenspeer wie ein Albtraum vor. Und so traf er eine folgenschwere Entscheidung.

»Holt Wasser.«

Augenblicklich plusterte sich Tinahan auf die dreifache Größe auf. Sein Kamm mutete wie eine scharfe Axtschneide an. Die Soldaten fuhren erschrocken zusammen und traten erneut mehrere Schritte zurück.

Kaygon schüttelte den Kopf und sagte: »Lasst solche Dummheiten mal lieber, Generaloberst. Ihr werdet sonst noch auf schrecklichste Art und Weise sterben.«

Auch einige Mönche, die inzwischen wieder in den Hof gekommen waren, schüttelten mit angsterfüllter Miene den Kopf. Unter ihnen trat nun Große Tugend Godain vor: »Kitata, hör auf! Der Kleine ist es nicht wert!«

»Der Kleine?«, fragte dieser fassungslos, den Blick dabei nach wie vor auf Tinahan gerichtet.

»Ich rede von Sigrim!«

»Du meinst, Sigrim sei es nicht wert, König zu sein? Aber dieser ›Kleine‹, von dem du da sprichst, Godain, ist der Anführer unseres Clans! Und der Maripgan von Zaboro. Er ist es wert!«

Godain blieb die Stimme weg.

Kaygon meldete sich mit bitterer Miene zu Wort: »Ihr scheint euch gut zu kennen, dann hört auf Euren Freund, Generaloberst. Es wird nichts ändern, auch wenn Ihr zu sterben bereit seid. Ihr denkt wohl, dass Ihr bekommt, was Ihr wollt, wenn Ihr meinen Gefährten vertreibt, aber das wird nicht passieren.«

»Wollt Ihr behaupten, Ihr ganz alleine seid diesen Soldaten gewachsen?«

»Das habe ich nicht gesagt«, erwiderte Kaygon und rief: »Bihyung!«

Hinter dem Naga trat ein großer Dokebi hervor. Als Kitata seiner gewahr wurde, wuchs seine Anspannung noch weiter. Jedoch konnte er sich nicht vorstellen, dass ihnen ein Dokebi gefährlich werden konnte, schließlich konnte er nicht wissen, dass Kaygon seinem Gefährten eine großartige Kampftechnik beigebracht hatte, bei der er kein Blut sehen musste. Auf Kaygons Zeichen hin beschwor Bihyung seine Dokebi-Flammen herauf und blendete damit die Soldaten. Sie schrien lauthals auf, und Kitata glaubte, ihm würde schwarz vor Augen. Bihyung ließ die Flammen wieder verschwinden.

»Wer sich das Unmögliche eingestehen kann, ist weise«, sagte Kaygon. »Gebt auf, Generaloberst.«

Kitata hatte das Gefühl, alle Kraft würde aus seinen Beinen weichen.

Da sagte Ryun: »Ich möchte gehen.«

Tinahan sah ihn resigniert an, während sich auf Bihyungs Gesicht Mitleid breitmachte. Kaygon fragte den Naga mit unverändert ausdruckslosem Gesicht: »Wohin möchtest du gehen?«

»Ich möchte meine Schwester sehen, Kaygon.«

Während Kitata ihn hoffnungsvoll anschaute, versank Kaygon für einen Moment in Gedanken und nickte dann. Es gab jedoch keinen sentimentalen Grund für seine Zustimmung. »Auch ich bin neugierig. Wenn sie es bis hierher geschafft hat, wird sie uns auch weiter verfolgen. Ich muss herausfinden, welche Fähigkeiten sie hat.«

Nachdem er den Wachturm erklommen hatte, erschuf Bihyung zwei Dokebi-Flammen und warf sie hoch hinauf in den Nachthimmel, ohne die anderen nach ihrer Meinung zu fragen. Tinahan meckerte, wobei er seine Augen nicht von dem Anblick, den die Flammen zum Vorschein brachten, abwenden konnte.

Nicht weit vom Haupttor entfernt lag ein Riesentiger auf dem Bauch. Er war so groß wie ein Haus, und wenn König Würde nicht aus seinem Maul herausgeragt hätte, hätte man meinen können, dass er ganz gemütlich schlief. Der König lag ausgestreckt auf dem Rücken, und vom Hals abwärts konnte man ihn vollständig sehen, sein Kopf aber steckte komplett im Maul des Tigers. Es sah so aus, als wäre er tot. Doch Tinahan konnte sehen, dass seine Gliedmaßen zitterten, und teilte den anderen nonchalant mit: »Er lebt. Nur sein Kopf ist da drin.«

Anders als sein Gefährte hatte Bihyung Mitleid mit dem König, der in dieser entsetzlichen Situation feststeckte. *Da sein Kopf im Maul dieses Tiers steckt, kann er wahrscheinlich nichts sehen. Das Einzige, was er mitbekommt, sind die Zähne, die an seinen Hals drücken, und der heiße Speichel, der in seinem Gesicht klebt. Er muss unsägliche Angst haben.* Bihyung presste sich die Hände vor den Mund und stöhnte.

Tinahan versuchte derweil, die Attentäterin auszumachen – vergeblich. Auch Ryun erkannte erst nach einer Weile, dass eine Stelle am Körper des Tigers etwas wärmer war. Er fixierte diesen Punkt genauer. Als sich dort eine vage Kontur abzeichnete, sagte Kaygon: »Das ist ein Kaygon.«

Damit versetzte er seine drei Begleiter in großes Erstaunen. Er verschränkte die Arme und fuhr fort: »Ein Kaygon, ein Schwarzer Löwe, meine ich. Das ist das Fell eines Schwarzen Löwen. Da, zwischen den Schultern des Riesentigers liegt jemand. Wegen der Entfernung ist es nicht so einfach, aber wenn ihr genau hinschaut, erkennt ihr es. So hat sie es also bis hierher geschafft.«

Auch Tinahan entdeckte Samo bald. Obwohl sie von Ryuns Anblick völlig verstört waren, erzählten die Leute auf dem Wachturm auf Kaygons Frage hin bereitwillig, wie die Naga

König Würde gefangen genommen hatte. Kaygon war ebenso überrascht wie seine Gefährten. Er sah in Samos Richtung und schüttelte den Kopf. »Man darf deine Schwester wirklich nicht unterschätzen«, sagte er zu Ryun. »Wie konnte sie nur auf die Idee kommen, den Riesentiger von sich abspringen zu lassen! Was für ein Glück sie hatte, dass sie nicht in Stücke gerissen wurde. Und wo hat sie das Fell eines Schwarzen Löwen her?«

Ryun verlor die Geduld und nirmte: [Samo!]

Ein Teil der schwarzen Tigerstreifen zuckte. Er zeichnete sich langsam immer klarer vom Riesentiger ab und wirkte erst wie eine Wucherung, ehe sie sich in eine Gestalt verwandelte. Sobald dieses schwarze Geschwür aufgeplatzt war, kam in der Mitte Samos Gesicht zum Vorschein.

[Ryun.]

Glücklich stellte Ryun seine Schuppen auf. Es war so lange her, dass ihn jemand mit einem Naga-Nirm angesprochen hatte. Erst jetzt merkte er, wie sehr ihm das gefehlt hatte. Es waren immer Personen um ihn, mit denen er reden konnte, aber das Sprechen mit der Stimme war für ihn unnatürlich. Außerdem war es anstrengend.

Samo saß aufrecht da und lächelte, während sie über den Kopf des Tigers hinweg auf den Menschen hinunterblickte. Sie nirmte: [Dieser Ungläubige nennt sich König Würde. Das geht mich zwar nichts an, dennoch wurde ich kein einziges Mal Zeugin seiner Würde, seit er mir begegnet ist. Von daher wäre es gut, wenn er Verständnis dafür hätte, dass ich seinen Titel nicht anerkenne.]

Ryun lächelte zwar, sah aber aus, als würde er gleich in Tränen ausbrechen. [Er ist nur ein Mensch. Ein Mensch, der jeden Tag bangen muss, dass er stirbt. Es wäre nicht gerecht, von ihm die Würde zu erwarten, die einem Naga zu eigen ist.]

Samo schloss kurz ihren Geist und öffnete ihn wieder. [Geht es dir auch so?]

[Wie bitte?]

[Hast auch du jeden Tag Angst zu sterben? Meinetwegen?]

Ryun vermochte nicht zu antworten.

Samo nirmte ruhig fort: [Mein armer Bruder ...]

[Mir geht es gut, Samo. Meine Gefährten sind aufrechte Personen, die sich liebevoll um mich gekümmert und mich beschützt haben. Ich habe mir vielmehr Sorgen um Euch gemacht. Ich hatte solche Angst, als ich Euch in der Pyramide zurückließ.]

Samo lächelte wieder.

Kitata Zaboro konnte seine Ungeduld nicht länger zügeln. Die vier Personen, die auf den Wachturm gestiegen waren, hielten den Mund fest geschlossen und rührten sich kein bisschen vom Fleck. Letzten Endes unterbrach er ihr Schweigen: »Werte Herren, was macht Ihr da eigentlich? Ist das ein Spiel zwischen Euch und dieser Naga, wer zuerst blinzelt?«

Bihyung erwiderte: »Gerade tauscht Ryun mit der Naga dort ein Nirm aus. Wir können es nicht vernehmen. Es mag Euch langweilen, aber könntet Ihr bitte noch ein wenig ausharren?«

»Wieso sollte ich? Der König schwebt in Lebensgefahr ...«

»Diese Naga ist seine Schwester. Sie hat ihn über die Grenzlinie bis hierher verfolgt, weil sie ihn töten will. Ist das Grund genug, noch etwas zu warten?«

Kitata klappte die Kinnlade runter.

[Wie habt Ihr den Geist dieses Riesentigers gebändigt? Ich hatte keine Ahnung, dass Ihr die Geistesbändigung in so einem hohen Grad beherrscht.]

[Wie du weißt, kann ich normalerweise gerade mal eine Ratte lähmen. Ich verstehe selbst nicht, wie es mir gelungen ist, den Geist dieses Riesentigers zu bändigen. Ehrlich gesagt, ich bin mir nicht einmal sicher, dass ich das tatsächlich tue. Obwohl er meinen Befehlen stets folgt, habe ich ab und zu das Gefühl, dass er es tut, weil er es möchte.]

Ryun war sich nicht sicher, ob er sie richtig verstanden hatte. Doch das war nicht von Belang, denn in diesem Moment zog sie ihren Shiktol.

Er war zwar überrascht, machte sich aber gleichzeitig Sorgen um sie, als er bemerkte, dass ihre Bewegungen nicht so kraftvoll waren, wie er es von ihr gewohnt war. Er hatte gehört, dass der Riesentiger auf sie gesprungen war und sie daraufhin Dutzende Meter weit weggeschleudert worden war. Es lag auf der Hand, dass es ihr nicht gut ging.

Dennoch nirmte sie ruhig: [Komm runter, Ryun.]

[Samo ...]

[Wie ich dir schon mal genirmt habe, handelt es sich um ein Shozain-te-Shiktol.]

[Ich habe Hwarit nicht getötet! Die Mörderin ist ...]

[Vias Makerow.]

Ryun war wie vom Blitz getroffen. Samo stützte sich mit der Schwerthand am Rücken des Tigers ab, als falle es ihr zu schwer, den Shiktol zu halten. Als der Shiktol ihn berührte, spannte sich der Tiger an, und diese Anspannung übertrug sich auf seinen Kiefer. König Würde zuckte. Aber der Tiger lockerte seine Kiefermuskulatur wieder, und der König beruhigte sich.

[Ich weiß, dass Vias Hwarit getötet hat, Ryun. Und du erfüllst seinen letzten Willen. Deswegen bist du in das Land der Ungläubigen gekommen.]

[Aber wie? Wie habt Ihr das erfahren?]

[Das zu erklären, ist sehr kompliziert. Ich fasse es kurz zusammen. Mir ist ein Bekannter Hwarits begegnet. Von ihm habe ich einiges erfahren, und dann habe ich eins und eins zusammengezählt.]

[Dann wisst Ihr auch, dass das Shozain-te-Shiktol keinen Bestand mehr haben kann!]

[Ryun, es hat bereits begonnen.]

[Wie bitte?]

Samo zog den Pelz um ihren Hals fester und nirmte: [Das Shozain-te-Shiktol hat bereits angefangen. Einmal begonnen, kann es nicht mehr abgebrochen werden.]

[Ihr wollt mich ... töten? Einen Unschuldigen? Und das, obwohl Ihr wisst, dass ich nichts getan habe?]

[Ryun, solange du hier in diesem Land bist, kannst du nicht am Leben bleiben.]

Ryun stützte sich mit beiden Händen auf der Mauerzinne ab. Seine Schuppen sträubten sich, rieben dabei an dem Gemäuer und erzeugten ein unangenehmes Geräusch. Es erinnerte ihn an König Unbesiegbar und seine schändliche Häutung, und er schämte sich erneut.

Samo nirmte fort: [Nagas leben in Kiboren. Das ist ein unumstößliches Gesetz.]

Daraufhin wechselte sie unvermittelt zur Sprache: »Ihr Menschen auf der Mauer, ich spreche zu euch.«

Als ihre Stimme plötzlich zu hören war, wäre Kitata beinahe vor Schreck in die Luft gesprungen. Er und die Soldaten schauten augenblicklich die Mauer hinunter. Statt es ihnen gleichzutun, gab Kaygon Tinahan ein Zeichen. Der Lekon nickte kaum merklich.

Die Naga hob den Shiktol an und deutete damit auf Ryun. »Schickt ihn runter. Sonst beißt der Riesentiger eurem König den Kopf ab.«

Kaygon schubste Ryun plötzlich nach hinten. Der taumelte, und Tinahan, der nur darauf gewartet hatte, fing ihn schnell auf. Nachdem er Ryun losgelassen hatte, zog Kaygon Baragi hinter dem Rücken hervor. Kitata bemerkte zwei Dinge: Ryun war nun in Sicherheit, und Kaygon hielt sein riesiges Doppelklingenschwert in der Hand und starrte Samo grimmig an. Obwohl er angesichts der Situation völlig verzweifelt war, zog Kitata ebenfalls sein Schwert. Kaygon schüttelte den Kopf. »Macht keinen Unsinn.«

Mit bebendem schlohweißem Bart warf Kitata ihm einen finsteren Blick zu. Unvermittelt streckte er den linken Arm zur Seite aus, packte den Soldaten, der neben ihm stand, und zog ihn zu sich heran. »Niemand bewegt sich!«, sagte er, während er dem Soldaten die Klinge an die Kehle hielt.

Mit einem Schlag herrschte Stille auf dem Wachturm.

»Soll das etwa eine Geisel sein? Dein eigener Soldat?«, fragte Tinahan dann verständnislos.

Neben den anderen Soldaten warf auch die Geisel einen verwirrten Seitenblick auf Kitata und fragte völlig verdutzt: »Generaloberst?«

Aber Kitata starrte lediglich mit blutunterlaufenen Augen Kaygon an. Dieser biss sich auf die Lippen. Ihm war bewusst, dass Kitata Zaboro, der die Weisheit seines mächtigen Clans geerbt und diese durch seine eigenen Erfahrungen weiter verfeinert hatte, keine schwache Persönlichkeit war. Sonst würde er wohl kaum einen so abenteuerlichen Plan, an den ein normaler Mensch nicht einmal im Traum denken würde, in die Tat umsetzen.

Der Generaloberst flüsterte der Geisel ins Ohr: »Ich bitte dich im Voraus um Vergebung, Harkren. Verzeih mir.«

»Generaloberst? Was in aller Welt habt Ihr vor …«

»Dokebi! Hefte Flammen an die Augen deiner Gefährten! Sonst verspreche ich dir, dass du von oben bis unten voller Blut sein wirst! Wenn ich ihm die Kehle durchschneide, wird sein Blut unter Garantie bis zu dir spritzen!«

Ach du heilige Scheiße! stand in Tinahans Gesicht geschrieben, der Bihyung ansah. Das Gesicht des Dokebis war totenbleich. Tinahan bekam Angst und richtete unweigerlich seinen Kamm auf.

Kaygon durchbohrte Kitata mit einem grimmigen Blick. Seine Augen sprühten regelrecht Funken. Da rief Godain aus der Menschenmenge heraus: »Hör auf! Hör auf, Kitata!«

»Bleib, wo du bist, Godain!«

Der Mönch, der im Begriff gewesen war, auf den Generaloberst zuzugehen, verharrte. Er stampfte mit dem Fuß auf und schrie: »Bist du verrückt geworden? Du darfst einen Dokebi nicht reizen! Sonst nimmt es mit uns das gleiche Ende wie mit den Leuten in der Akinsrow-Schlucht oder auf der Insel Peshiron. Wir werden alle sterben, wenn das schiefgeht! Zaboro wird dem Erdboden gleichgemacht!«

Augenblicklich wurden die Soldaten, die erst jetzt verstanden, in welcher Gefahr sie schwebten, kreideweiß. Die Geisel war kurz davor, ohnmächtig zu werden.

»Was für ein Abenteuer, nicht wahr?«, fragte Kitata.

Tinahan bewegte seinen Speer ein wenig zur Seite und sagte hastig: »He, du! Zur Hölle mit dir! Sigrim Zaboro ist kein König. Und in dieser Stadt gibt es nicht nur den Zaboro-Clan. Ich glaube nicht, dass du die Befugnis hast, das Leben aller Stadtbewohner aufs Spiel zu setzen. Und das nur wegen eines einzigen Mitglieds deines Clans.«

Kitata zog den zappelnden Harkren gewaltsam wieder hoch und entgegnete: »Das stimmt. Ich habe kein Recht, die

Menschen in Zaboro in Gefahr zu bringen, nur um meinen Neffen zu retten. Er ist kein König, sondern lediglich ein Maripgan, den man jederzeit neu wählen kann. Ihr habt recht mit dem, was Ihr gesagt habt. Aber ich möchte Euch eine Frage stellen: Warum gilt das nur für meinen Neffen? Mein Neffe, der Maripgan dieser Stadt, schwebt wegen eines schuppigen Monsters in Lebensgefahr. Wegen eines Monsters, dem die eigene Schwester nach dem Leben trachtet. Ist das etwa gerecht? Ihr seid weder Mitglieder des Zaboro-Clans noch Einwohner dieser Stadt, von daher habt Ihr nicht das Recht, von uns zu verlangen, dass wir Sigrim Zaboro opfern!«

Darauf wusste Tinahan nichts zu erwidern. »Nenn meinen Gefährten nicht Monster!«, meckerte er nur und sah peinlich berührt zu Kaygon. Dieser hielt Baragi weiter auf Kitata gerichtet und rührte sich keinen Zentimeter.

»He, Dokebi! Tu sofort, was ich dir gesagt habe!«, schrie Kitata.

»Das wird nicht nötig sein«, entgegnete Kaygon, während er Baragi wieder an der Vorrichtung an seinem Rücken befestigte. Kaygon verschränkte die Arme. Er sagte Tinahan, dass auch er seine Waffe wegstecken solle. Betrübt drehte der Lekon seinen Eisenspeer um und drosch ihn mit der Spitze so kräftig auf den Boden, dass er darin stecken blieb, weil es für ihn weder infrage kam, seine Waffe jemandem zu übergeben, noch sie auf den Boden zu legen. Doch damit erschreckte er sowohl Kitata als auch die Soldaten. Danach verschränkte auch Tinahan die Arme. Bihyung atmete erleichtert aus, zuckte aber gleich zusammen, als er dem vorwurfsvollen Blick des Lekons begegnete.

Kaygon meinte ruhig: »Wir haben unsere Waffen niedergelegt. Wollt Ihr wirklich, dass wir Ryun dort hinunterschicken?«

»Ja!«

»Ich spreche mit ihm«, sagte Kaygon und trat zu Ryun. Er wollte zuerst flüstern, änderte aber seine Meinung. Damit Ryun ihn verstehen konnte, müsste er so laut flüstern, dass die anderen ihn ohnehin hören würden. Er führte den Naga zur Mauerzinne. Dann legte er einen Arm um seine Schulter und schrieb mit dem Zeigefinger der anderen Hand schnell etwas auf den Stein. An die Stelle, die er mit dem warmen Finger berührte, wurde seine Körperwärme übertragen. Ryun konnte problemlos die Schriftzeichen erkennen, die auf dem kalten Untergrund erschienen.

»Geh runter.«

Verwirrt sah er Kaygon an. Dessen Finger bewegte sich wieder.

»Geh runter, und töte deine Schwester.«

Ryuns Schuppen richteten sich auf und stachen Kaygon in Arm und Hand. Er ignorierte es und schrieb weiter.

»Deine Schwester ist im Augenblick nicht einmal in der Lage, sich normal zu bewegen. Geh runter und nimm das Shozain-te-Shiktol an. Und dann töte sie.«

»Was für ein Unsinn ...«

Kaygon hielt ihm den Mund zu. Ryun schüttelte seine Hand ab und starrte ihn wütend an. Doch der betrachtete ihn ausdruckslos und schrieb weiter.

»Ich habe gedacht, wir seien in Sicherheit, jetzt da wir die Grenzlinie überschritten haben, doch ich habe mich geirrt. Es wäre gut gewesen, wenn Nanui dich auf sich hätte reiten lassen. Deine Schwester hat das Fell eines Schwarzen Löwen, deswegen wird sie dir immer weiter auf den Fersen sein. Jetzt ist sie schwach, und das ist die einzige Gelegenheit. So eine Chance bekommst du nie wieder. Geh runter und töte sie.«

»Das kann ich nicht!«

»Nicht sprechen, schreiben. Wegen des Riesentigers musst du dich nicht sorgen. Wenn deine Schwester tot ist, ist er frei und wird davonlaufen. Dieses Land ist nicht sein natürlicher Lebensraum, und wenn er doch gefährlich wird, kann Tina-han ihn mit seinem Lekon-Krähen ...«

Ryun schob Kaygons Hand zur Seite und schrieb wütend selbst etwas. Kaygon konnte die Wärme zwar nicht sehen, aber er las, was Ryun schrieb, indem er seinem Finger folgte.

»Der Riesentiger ist mir egal! Ich werde meine Schwester nicht töten!«

»Willst du dann selbst sterben?«

Ryun versteifte sich. Kaygons Finger huschte unbarmherzig über die Mauerfläche.

»Deine Schwester wird dich bis ans Ende deiner Tage verfolgen. Also, willst du sterben?«

»Ja, verdammt noch mal! Ja, ich will sterben!«

»Bihyung und Zumunnuri werden ihr Geld nicht bekommen.«

Ryun sah Kaygon verwirrt an, als könne er kaum glauben, was dieser da schrieb. Mit ausdrucksloser Miene schrieb Kaygon weiter: »Tinahan bekommt keine Unterstützung bei seinem Vorhaben. Und der Großtempel wird enttäuscht sein.«

»Ihr ... wie könnt Ihr von so etwas ...«, keuchte Ryun.

»Hwarit Makerow wird umsonst gestorben sein.«

Ryun wurde schwarz vor Augen. Er taumelte. Kaygon packte ihn unter den Achseln und zog ihn kräftig hoch. Sich an ihm festklammernd, betrachtete Ryun das Gesicht des Menschen.

Es war kälter als das eines mit Schuppen bedeckten Nagas.

Vor Schmerzen und Erschöpfung hörte Samo Pey nicht, wie das Tor geöffnet wurde. Doch der Riesentiger bekam es mit.

Er knurrte leise, und in seinem Maul verkrampfte König Würde seine Glieder. Als sie das Beben des Tigers wahrnahm, hob Samo den Kopf.

Das Tor von Zaboro stand offen. Sie zwang sich, ihren Blick zu fokussieren. Sie nahm eine weißliche Gestalt wahr, die wie ein Mensch aussah. Auch ihren Bruder hatte sie nicht gesehen, als sie zuvor mit ihm genirmt hatte. Sie hatte nur sein Nirm vernommen.

Sie suchte mit den Augen nach ihm.

Da ging das Tor wieder zu. Und der eigenartig aussehende Mensch trat vor. Samo musterte ihn. Ihre Sicht war immer noch getrübt, und die Schmerzen hatten ihr auch noch eine Magenverstimmung beschert. Nachdem sie es unter Mühen geschafft hatte, sich nicht zu erbrechen, kämpfte sie nun damit, die Augen richtig aufzubekommen.

Dann erkannte sie, dass die Person, die langsam auf sie zuschritt, doch kein Mensch war. Es war Ryun. *Warum ist er so warm?* Er war vom Kopf bis zu den Füßen warm. Samo war verwirrt. Da fiel ihr der Dokebi ein, und sie war begeistert. *Er hat Ryun in eine Dokebi-Flamme gehüllt. Deswegen konnte ich ihn nicht erkennen.* Sie konnte Ryuns Bewegungen gut folgen, und sie stellte fest, dass die Flamme, die ihn umgab, nicht sonderlich heiß war. Sie war dankbar dafür, dass ihr Bruder nicht unter der Kälte leiden musste, und blickte zum Wachturm hinauf. Kaygon und Tinahan sahen auf sie herab. Der Dokebi, der besorgt wirkte, warf Kitata einen verstohlenen Blick zu, während dieser weiter seiner Geisel das Schwert an die Kehle hielt. Samo verstand das alles nicht, kümmerte sich aber nicht weiter darum.

Ryun kam langsam auf sie zu und blieb in etwa zwanzig Metern Entfernung stehen. [Ich bin hier, Samo.]

[Ja.]

Sie wollte vom Rücken des Riesentigers absteigen, schaffte es aber nicht. Schließlich rutschte sie runter und fiel kopfüber zu Boden. Erschrocken wollte Ryun zu ihr eilen, aber der Tiger legte drohend die Ohren an, woraufhin König Würde, dessen Kopf noch immer in seinem Maul steckte, wenig würdevoll zappelte.

Der Naga blieb stehen und erkundigte sich: [Samo! Ist alles in Ordnung mit Euch?]

Sie rappelte sich mühsam hoch, indem sie sich mit dem Shiktol in einer Hand vom Boden abstützte und mit der anderen nach dem Fell des Tigers griff. Sie lehnte sich an ihn und schüttelte die Hand mit dem Shiktol ein paarmal hin und her. Sie schien zu überprüfen, ob sie ihren Arm normal bewegen konnte. Dann holte sie tief Luft und stellte sich aufrecht hin.

[Zieh deinen Xyker, Ryun.]

[Samo. Ich habe Hwarit nicht getötet. Ihr habt selbst genirmt, dass Ihr wisst, dass ich unschuldig bin.]

[Dafür gibt es keine Beweise.]

[Wozu brauchen wir Beweise? Wir beide stehen hier und jetzt voreinander. Wir benötigen keine Beweise, mit denen wir die anderen zufriedenstellen können. Die anderen richten nicht das Schwert auf denjenigen, den sie lieben. Nicht sie, sondern wir tun es. Warum um Himmels willen müssen wir die anderen zufriedenstellen, die uns doch gestohlen bleiben können?]

Samo taumelte wieder. Wahrscheinlich hatte sie sich das linke Bein gebrochen, deshalb verlagerte sie ihr Gewicht auf das rechte. Nach vorne zu treten, war unmöglich. Sie hob den Shiktol an und richtete ihn auf Ryuns Taille.

[Ryun, zieh deinen Xyker.]

[Samo!]

Verärgert nirmte sie: [Was willst du hier? In diesem schrecklichen Land, wo dir die Kälte bis in die Knochen kriecht und
es nur so von Narren wimmelt, die sich für einen König halten. Was, in aller Welt, willst du in diesem Land, in dem sich
einem die Schuppen sträuben?]

[Ich habe hier etwas zu erledigen. Ich muss Hwarits letzten Wunsch erfüllen.]

[Und was zum Teufel ist das?]

[Das weiß ich nicht. Hwarit nirmte mir, dass die Feinde
der Nagas im Herzturm sitzen. Er trug mir auf, mich mit
den Menschen zusammenzutun und diese Feinde zu besiegen.]

Mit einem durch die enormen Schmerzen gereizten Geist
schrie Samo: [Der Feind der Nagas? Im Herzturm gibt es nur
die Herzen der Nagas und die Hüter!]

[Dann müssen wohl die Hüter die Feinde sein.]

[Was? Die Hüter? Die Bräutigame der Göttin? Bist du von
Sinnen?], fragte Samo fassungslos.

[Im Herzturm gibt es nur Herzen und Hüter, wie Ihr eben
genirmt habt. Hwarit teilte mir unmissverständlich mit, dass
die Feinde der Nagas im Herzturm sind. Also müssen es die
Hüter sein.]

[Du willst diesen guten Leuten, die allen Nagas dienen ...]

[Diese guten Leute sind Männer, die sich dem Dienst an
der Göttin verschrieben haben, weil sie in eine Welt der
Frauen hineingeboren wurden, in der sie sonst nichts werden können! Sucht man die Personen, die die Naga-Gesellschaft am meisten hassen, wird man in jeder Naga-Stadt schnell
fündig. Man muss sich nur zum höchsten Gebäude der Stadt
begeben!]

Samo verlor das Gleichgewicht und krallte sich am Fell des
Riesentigers fest.

Doch Ryun war noch nicht fertig. [Sicher gibt es unter ihnen einige, die aus Überzeugung zum Hüter geworden sind. Aber es sind ebenso viele unter ihnen, die die Nagas hassen! Vias Makerow hat Hwarit getötet, als wäre er nicht mehr als ein Insekt! Männer, die die arroganten Blicke der Frauen nicht mehr ertragen können; Männer, die es satthaben, dass Frauen sie behandeln, als wären sie weniger wert als ein Tier und die deshalb nichts als Hass in sich tragen, solche Männer sitzen im Herzturm! Das sind die Feinde der Nagas. Das sind *unsere* Feinde!]

[Ryun. Das ist Irrsinn ...]

[Sie haben Vater getötet!]

Samo hatte ratlos seinem Nirm gelauscht, aber nun verschwand ihre Verwirrung augenblicklich. Ihr Bruder war offensichtlich dem Aberglauben der Ungläubigen verfallen.

[Nirmst du von Josbi? Er ist an einer Krankheit gestorben.]

[Wie kann ein Naga, dem das Herz entnommen wurde, an einer Krankheit sterben? Was für eine Krankheit soll das gewesen sein, bei der man in einem Augenblick ruhig dasitzt und im nächsten tot umfällt, während der ganze Körper anfängt zu bluten?]

[Eine seltsame ..., na ja, es war eine seltsame, ansteckende Krankheit. Deswegen hat man alles verbrannt, was ihm gehört hat.]

[Das habt Ihr selbst nicht geglaubt!]

[Was?]

[Ihr selbst habt nicht geglaubt, dass Vater an einer ansteckenden Krankheit gestorben ist! Deswegen habt Ihr seinen Xyker aufbewahrt!]

Ryun zog die Waffe und deutete auf die eingravierten Schriftzeichen. In diesem Moment stürmte Samo los.

Als er Samo mit ihrem Shiktol in der Hand auf sich zurennen sah, trat Ryun erschrocken einen Schritt zurück. Ihr erster kraftloser Hieb landete im Boden.

Ryun streckte den Xyker vor und nirmte: [Samo! Hört auf!]

Aber sie warf sich nach vorne und versuchte erneut, ihn mit dem Shiktol zu durchbohren. Er wich aus, sodass Samo mit dem Gesicht nach vorne zu Boden fiel.

»Schlag zu!«, schrie Tinahan, woraufhin Ryun zum Wachturm blickte. Der Lekon fluchte laut und wortreich, wie man nur so blöd sein konnte, sich während eines Schwertkampfes umzuschauen. Ryun richtete seinen Blick wieder auf Samo. Sie stützte sich mit dem linken Ellbogen vom Boden ab und sah zu ihm hinauf. Er bekam den Eindruck, dass sie nicht mehr in der Lage war, aufzustehen.

Er streckte ihr seine Hand entgegen.

Tinahan fluchte abermals aufs Unsäglichste. »Bist du verrückt? Was machst du denn da, du Arschloch!« Er war kurz davor, seinen Eisenspeer zu packen und über die Mauer zu springen. Kaygon hielt ihn zurück und deutete auf Kitata. Der Lekon sah zwischen Bihyung und Kitata hin und her und schnaubte wie ein Stier.

Samos Blick ruhte derweil auf der Hand ihres Bruders, aber sie ergriff sie nicht. Sie stand aus eigener Kraft auf, auch wenn sie dabei vor Schmerzen stöhnte. Obwohl sie ein paarmal strauchelte, stand sie nun mit Müh und Not aufrecht und richtete abermals ihren Shiktol auf Ryun. Die Spitze zitterte so heftig wie Schilf in einem Sturm.

Ryun, der seine Waffe ebenfalls hochhielt, bewegte sich nicht und nirmte stattdessen: [Schwester. Ihr müsst Euch ausruhen. Ihr braucht Ruhe, damit Ihr heilen könnt.]

[Sorge dich nicht um mich. Ich werde mich bald ausruhen können.]

[In diesem Zustand schafft Ihr das nicht. Normalerweise hätte ich keine Chance gegen Euch, aber jetzt ... Ich bitte Euch! Seid nicht übermütig.]

Er flehte sie an und war verwirrt, als er das schwache Lächeln sah, das sich auf ihrem Gesicht abzeichnete. Aber es verschwand sogleich wieder. Sie umklammerte ihre Waffe fest mit beiden Händen, damit sie weniger zitterte.

[Das ist ein Shozain-te-Shiktol. Er kann weder gestoppt noch unterbrochen werden, ebenso wenig kann er rückgängig gemacht werden.]

Ryun konnte nicht glauben, was sie nirmte. Sie war nicht einmal in der Lage, zu gehen, geschweige denn ihre Mission auszuführen. In seinen Augen war sie krank und brauchte auf der Stelle Bettruhe.

Und er war nicht der Einzige, der davon überzeugt war.

Seit einer Ewigkeit war Sigrim Zaboro in einer sehr engen Welt gefangen, die aus heißem Speichel, einem schrecklich stinkenden Atem und Zähnen wie aus Stahl bestand. Die Angst verzerrte nicht nur sein Zeitgefühl, sondern auch das für seinen Körper. Er empfand alles unterhalb des Halses als eine böse Lüge. Er zweifelte daran, dass er jemals einen Rumpf gehabt hatte oder Glieder, die sich Arme und Beine nannten.

Dann schlug für ihn die Stunde der schrecklichen Offenbarung.

Er wurde als Person mit Gliedmaßen, die ihm fremd geworden waren, plötzlich aus der Welt verbannt, in die er eingesperrt gewesen war. Man hätte erwartet, dass er die Hand heben und sich das Gesicht abwischen würde, aber er wusste nicht mehr, wo seine Hände waren. Deshalb blieb er einfach da liegen, wo er war, und sah dem Maul des Riesentigers nach, das sich von ihm entfernte. Es war ein entsetzlich großes Maul.

Nachdem er König Würde ausgespuckt hatte, brüllte der Tiger Ryun an. Daraufhin trat der Naga taumelnd einen Schritt zurück. Auf dem Wachturm brach Unruhe aus. Tinahans Kamm versteifte sich. Sein Gefährte befand sich in Gefahr, und er stieß unverzüglich ein Lekon-Krähen aus: »HAA-LT DEI-N MA-UUL, KÄ-TZ-CHEN!«

Die Schultern des Riesentigers sanken nieder, und er starrte beleidigt zum Wachturm herauf. Er konnte die Worte des Verteidigers unmöglich verstehen, aber das mächtige Lekon-Krähen reichte aus, ihn zu verärgern. Da wurde Kitata klar, dass der wütende Tiger immer noch vor König Würde stand, und er drohte Tinahan damit, Harkren auf der Stelle die Kehle durchzuschneiden.

Der Verteidiger klapperte mit dem Schnabel und meinte: »Zur Hölle mit dir! Wenn dieses übergroße Kätzchen meinem Gefährten auch nur eine Schuppe krümmt, springe ich da runter, und es ist mir scheißegal, ob Zaboro dem Erdboden gleichgemacht wird oder nicht! Kaygon und ich machen uns mit Ryun aus dem Staub, und Bihyung lassen wir hier bei euch zurück!«

Kitata wurde bleich. Der Dokebi erstarrte bei der Aussicht, dass Blut auf ihn spritzen könnte, wenn etwas schieflief. Kaygon kratzte sich am Kinn, als fände er Tinahans Idee durchaus verlockend, und versetzte die beiden – und Harkren – damit in eine noch entsetzlichere Stimmung als zuvor.

Zum Glück griff der Riesentiger Ryun nicht an. Mit einem Sprung war er bei Samo. Als sich sein großer Kopf ihr näherte, nirmte sie verärgert: [Was machst du denn da? Ich habe dir doch gesagt, dass du diesen Menschen festhalten sollst.]

472

Der Tiger gab nicht nach. Stattdessen neigte er den Kopf zur Seite und schnappte nach Samo. Erschrocken wich sie zur Seite, und Ryun stieß einen geistigen Schrei aus. Als der Tiger erneut nach Samo schnappte, erkannten die beiden Nagas, dass seine Bewegung keineswegs aggressiv war.

Samo tat so, als könnte sie das Maul des Tigers, das sich ihr näherte, zur Seite schieben, und sagte: »Willst du mich etwa von hier wegbringen? Lass das. Das ist ein Shozain-te-Shiktol.«

Der Tiger sah unbeeindruckt auf sie hinunter. Es war kein Nirm, sondern ihre Stimme gewesen, deshalb hatte er sie zwar gehört, aber nicht verstanden. Also griff Samo in sein Fell und nirmte: [Mir geht es gut, Riesentiger. Mir geht es wirklich gut, mach dir keine Sorgen um mich.]

»Lauf weg, Riesentiger! Nimm sie mit!«

Der Kopf des Tigers ruckte blitzartig zu Ryun herum. Dieser brüllte noch einmal: »Riesentiger! Nimm sie mit! Geh mit ihr irgendwohin, wo sie sich ungestört ausruhen kann. Ich bitte dich!«

Seine Absicht war rührend, aber er machte einen fatalen Fehler. Er hatte den Xyker auf Samo gerichtet. Der Tiger sah die funkelnde Klinge, legte die Ohren an und knurrte leise. Aber dieses leise Knurren, das selbst Menschen nicht hätten hören können, nahm Ryun selbstverständlich nicht wahr.

»Dieser blöde Idiot!«

Tinahan seufzte und schüttelte dabei heftig den Kopf.

»Tinahan! Spring runter. Geh und rette Ryun!«, rief Kaygon.

Der Lekon sah ihn verwirrt an. Wenn er sprang, würde Kitata Harkren töten, aus dessen Kehle würde Blut strömen und Bihyung in Ohnmacht fallen. Und wenn er wieder aufwachte, wäre er zweifellos wahnsinnig geworden und würde Zaboro in ein Flammenmeer verwandeln. Sich und Ryun rechtzeitig in Sicherheit zu bringen, traute sich Tinahan nicht zu, obwohl er genau das zuvor in seiner Wut hinausposaunt hatte. Als er Kaygon seine Bedenken mitteilen wollte, spielte sich vor seinen Augen eine Szene ab, die ihm den Atem raubte.

Kaygon glitt beinahe lautlos über den Boden, und schon befand er sich hinter Bihyung. Er trat ihm kraftvoll gegen die Beine, woraufhin dieser überrascht in die Knie ging. Kaygon packte Bihyungs Kopf an den Haaren und hielt ihm Baragi an die Kehle.

»Ah! Kaygon?«, stieß der Dokebi irritiert aus.

Aber Kaygon beachtete ihn nicht und sagte: »Generaloberst. Wenn Ihr Euren Soldaten tötet, töte ich meinen Gefährten!«

Auf dem Wachturm herrschte erneut eine unheimliche Stille. Keiner traute seinen Augen. Oder seinen Ohren, als der Dokebi anfing, schallend zu lachen.

»Hahahaha! Famos, Kaygon! Habt Ihr das gehört, Generaloberst? Er will mich töten. Ich denke, dass das schön dumm für Euch gelaufen ist?«

Kitata stand der Mund offen. Es tropfte sogar etwas Speichel herunter, und er machte ein Gesicht, als verstünde er die Welt nicht mehr.

»Tinahan! Los!«, schrie Kaygon den Lekon nochmals an, der genauso perplex dastand wie die anderen.

Einen Augenblick später kam er zu sich und zog seinen Eisenspeer aus dem Boden. Doch bevor er über die Mauerzinne springen konnte, stürmte der Riesentiger auf Ryun los.

Der Naga verstand das Verhalten des Tigers nicht, auch nicht, als dieser ihn beinahe erreicht hatte.

»Nein, hör auf! Bleib stehen, Riesentiger!«, schrie Samo hastig.

Erst da erkannte Ryun, dass der Tiger wegen des Xykers wütend geworden war.

Das Tier ignorierte Samos Schrei und rannte weiter auf den Naga zu. Ryun schrie auf und hielt den Xyker mit der Spitze nach vorne, aber der Tiger fegte die Waffe zur Seite. Mit einem Prankenhieb, der einen Felsen hätte zerschmettern können, schleuderte der Tiger nicht nur Ryuns Schwert weg, sondern wirbelte auch den Naga einmal um die eigene Achse. Während der Xyker weit entfernt im Boden stecken blieb, landete Ryun mit dem Hintern auf der Erde. Das mächtige Wesen riss das Maul auf, das so gigantisch wie eine Höhle wirkte, und brüllte den Naga an. Dessen Schuppen waren aufgerichtet, und er sah zum Maul des Riesentigers hinauf, das den Nachthimmel zu verdecken schien. Im nächsten Augenblick würde der Tiger ihn verschlingen. Der Naga bedeckte mit beiden Händen sein Gesicht.

Dann explodierte sein Rucksack.

Tinahan erstarrte in der Bewegung, ein Bein über die Mauerzinne geschwungen. Warum er nicht runtersprang, verstanden weder Bihyung noch Kaygon.

»Tinahan, was ist los?«

Der Lekon drehte sich weder um, noch erwiderte er etwas. Kaygon war ratlos, konnte sich aber wegen Kitata nicht vom Fleck rühren. Bihyung hingegen hielt es für eine schöne Tugend, sich nicht zurückzuhalten, wenn etwas seine Neugierde weckte. Auf den Knien rutschte er auf Tinahan zu und zog Kaygon mit sich. Alle außer Kitata und Harkren folgten Bihyung und Kaygon zur Mauerzinne.

Der Dokebi lugte zwischen den Zinnen hindurch. Und schreckte hoch, sodass er Kaygon beinahe umgeworfen hätte. *Was für eine unbeschreiblich anstrengende Geisel …*

Der Lotse hob rasch Baragi an, damit sein Gefährte sich nicht daran verletzte, und fragte: »Was ist los?«

Bihyung griff ungestüm nach Baragi und drückte die Waffe gegen die eigene Kehle. »Ich halte das mal, komm vor und sieh dir das selbst an. Umbringen kann ich mich auch alleine, verlass dich drauf. Sehe ich wirklich das, was ich glaube zu sehen?«

Nachdem er ein langes Seufzen ausgestoßen hatte, warf Kaygon einen kurzen Blick auf Kitata. Der General sah aus, als wollte er mit dieser absurden Situation nichts mehr zu tun haben. Kaygon überließ Bihyung Baragi, trat vor und stellte sich neben ihn. Er legte die Hand auf die Mauerzinne und murmelte müde: »Ein Draka.«

Der Riesentiger knurrte und ging in Lauerstellung. Direkt vor ihm saß Ryun, doch der Riesentiger beachtete ihn gar nicht mehr. Sein Fell war gesträubt, und er beäugte misstrauisch das mythische Wesen, das Ryuns Rucksack zerrissen und sich in die Luft katapultiert hatte.

Das Wesen schwebte ein paar Meter über dem Kopf des Nagas und sah auf den Riesentiger herunter. Dichtes Gefieder bedeckte seine gespreizten Flügel, sodass sie an eine Mimose erinnerten. Sie zitterten leicht im Wind. Seine weit aufgerissenen Augen leuchteten feurig, als würden gleich Funken aus ihnen hervorsprühen, und darunter stand etwas wie ein Kinn hervor, doch es hatte keinen Mund. Dafür gab es aber am Kinn entlang eigenartige Rillen. An den zwei Vorderbeinen waren scharfe Krallen auszumachen, und hinter den zwei kräftigen Hinterbeinen zuckte ein Schwanz, der an eine Ranke erinnerte und in Flimmerhärchen endete.

Flügel, wie sie kein Vogel besaß, ein Kopf, der sich von dem eines jeden Landbewohners unterschied, und ein Schwanz,

476

wie er bei keinem Meerestier zu finden war. Ein Drache. Ein kleiner Drache zwar – selbst, wenn man den Schwanz mit einrechnete, der ungefähr die Hälfte der Körperlänge ausmachte, maß er vielleicht gerade einmal zwei Meter –, aber zweifellos ein Drache, der dort gebieterisch am Himmel schwebte.

Der Riesentiger knurrte wieder. Der Drache, der bisher bloß auf den Tiger hinabgeblickt hatte, legte den Kopf in den Nacken. Sein Schwanz begann, merkwürdig zu vibrieren. Die Flimmerhärchen am Ende rieben aneinander und zogen sich zusammen. Das Fell des Tigers sträubte sich noch mehr. Seine scharfen Krallen kratzten über den Boden.

Plötzlich ruckte der Kopf des Drachen vor. Im Gegensatz zu den anderen war Samo, Ryun und Kaygon vollkommen klar, was der Drache gleich tun würde – Kaygon dank seines Wissens und den anderen beiden, weil sie es mit ihren Naga-Augen sehen konnten. Aus den Rillen am Kopf des Drachen strömte kaltes Gas. Der Riesentiger sprang zurück, und im nächsten Augenblick sprühte der vibrierende Drachenschwanz Funken, die vor dem Kopf des Tigers aufstoben.

Das Gas entzündete sich in einer gewaltigen Stichflamme.

Ryun schützte seinen Kopf mit den Armen und warf sich zur Seite. Das Drachenfeuer war so heiß, dass er hätte erblinden können, wenn er sich nicht die Augen zugehalten hätte. Samo stand zwar relativ weit entfernt, wandte aber ebenfalls den Kopf ab, weil auch sie nicht direkt in die Flammen sehen konnte. Der Riesentiger war rechtzeitig ausgewichen, sodass das Drachenfeuer lediglich den Boden verbrannte. Aber der Drache ließ nicht von ihm ab. Er glitt durch die Luft und verfolgte seinen Gegner mit seinen Feuerstrahlen.

Ein stürmisches Flammenmeer überzog den Boden, als das Drachenfeuer darüber hinwegfegte.

Der Tiger machte einen großen Satz und brüllte. Er schlug mit seinen Pranken nach dem Drachen, doch der wich dem Angriff geschickt aus. Die Federn an seinen Flügeln zogen sich zusammen und entfalteten sich, und dabei schlugen die beiden Flügel völlig unabhängig voneinander. Da sich die Form der Flügel ständig zu verändern schien, folgte der Drache einer komplexen Flugbahn, den selbst die Meister der Lüfte unter den Vögeln nicht hätten nachahmen können. Den Leuten, die das Geschehen von der Stadtmauer aus verfolgten, wurde alleine schon vom Zusehen schwindlig. Der Riesentiger katapultierte sich mehrmals mit gewaltigen Sprüngen in die Höhe, aber seine Angriffe liefen jedes Mal ins Leere, als würde er versuchen, den Wind einzufangen.

Als das Drachenfeuer einen guten Teil seines Fells versengt hatte, gab er schließlich auf. Er wich ein letztes Mal flink aus und machte dann einen großen Satz zurück, als hätte er die Nase voll. Er landete direkt neben Samo. Er nahm sie vorsichtig ins Maul, woraufhin sie ihm nirmte, er solle sie sofort wieder runterlassen. Aber er kümmerte sich nicht darum, sondern tat erneut einen großen Sprung und verschwand mit Samo in der Dunkelheit.

Der Drache spuckte kein Feuer mehr, aber auf dem Boden tanzten noch Funken umher, und an einigen Stellen brannte das Unkraut. Mit zitterndem Gefieder flog der Drache auf Ryun zu.

Der Naga streckte den rechten Arm aus, bevor er wusste, was er tat, und der Drache landete darauf. Mit großer Vertrautheit ringelte sich der Drachenschwanz um ihn. Nachdem er die Flügel angelegt hatte, neigte das Wesen den Kopf und sah Ryun an. Völlig überwältigt rief dieser den Namen seines geliebten Freundes, der in Form eines Drachen auferstanden war: »Ashwarital!«

Als die Bewohner Zaboros König Würde vorfanden, war er nicht mehr der, den sie einmal gekannt hatten. Er war völlig geistesabwesend. Die Angst, die er im Maul des Riesentigers verspürt hatte, machte ihm immer noch zu schaffen. Er vermochte weder zu laufen noch die Fragen zu beantworten, die man ihm stellte. Als er seinen Neffen in diesem Zustand sah, heulte Kitata wie ein Schlosshund.

Kaygon und seine Gefährten nutzten den allgemeinen Aufruhr, um unbemerkt zum Tempel zurückzukehren. Unterwegs fragte Tinahan, der sich seiner Neugier geschlagen geben musste: »Hattest du wirklich vor, Bihyung zu töten?«

Als Ryun den Lekon überrascht ansah, fasste er kurz zusammen, was auf der Mauer geschehen war.

Kaygon antwortete lakonisch: »Es ist besser, er wird vorzeitig ein Ahn, als dass alle Bewohner Zaboros sterben.«

Tinahan und Ryun waren gespannt, was Bihyung davon hielt. Als sie jedoch sahen, wie er nickte und grinste, als würde er Kaygon vollkommen recht geben, wussten sie nicht, was sie dazu sagen sollten.

Nachdem sie wieder im Gästezimmer des Tempels waren, näherte sich Bihyung, neugierig wie er war, dem Drachen. Ashwarital schien von seinen Annäherungsversuchen genervt zu sein, aber seine mächtigste Waffe, das Feuer, war gegen einen Dokebi wirkungslos. Weil er keinen Mund hatte, konnte er ihn nicht mal beißen, also breitete er schließlich wild seine Flügel aus, schüttelte Bihyungs Hand ab und brachte alle auf die Palme, indem er hektisch im Zimmer herumflatterte. Erst als Kaygon Bihyung bat, den Drachen in Ruhe zu lassen, setzte sich Ashwarital auf Ryuns Schulter, und im Zimmer kehrte wieder Frieden ein.

Kaygon wies mit dem Kopf zum Wesen auf Ryuns Schulter und fragte: »Seit wann hast du ihn bei dir?«

»Ich habe die Drachenblume entdeckt und die Wurzel ausgegraben, bevor ich euch begegnet bin.«

»Dann passt es zeitlich, dass er gerade jetzt die Augen geöffnet hat. Warum hast du die Wurzel ausgegraben?«

»Weil sie sonst durch die Hand der Nagas gestorben wäre.«

»Und du hattest sie die ganze Zeit in deinem Rucksack? Wie hast du sie ernährt?«

»Ich habe etwas Sodrag gemahlen und auf sie gestreut.«

»Deswegen folgt er dir also. Drachen sind weise. Sie erkennen den, der ihnen zugetan ist und für sie sorgt.«

»Stimmt. In einer feindlichen Umgebung keimen sie nicht einmal.«

»Warum hast du deine Schwester nicht getötet?«

Tinahan war unbehaglich zumute, als das bisher friedliche Gespräch eine grauenhafte Wendung nahm. Auch Bihyung, der trotz Kaygons Bitte weiter seine Späße mit Ashwarital treiben wollte und sich gerade von hinten an Ryun anschlich, erstarrte verdutzt. Ryun warf Kaygon einen bösen Blick zu und schwieg. Seine Augen brannten lichterloh.

Ungerührt sagte Kaygon: »Du hattest die Chance dazu, Ryun.«

»Ich kann meine Schwester nicht töten.«

»Auch wenn ihr das Herz entnommen wurde, kann sie durchaus sterben. Denk nur an Yubex, den Bibliothekar.«

»Das meine ich nicht! Ich will meine Schwester nicht töten!«

»Dann wird sie dich töten.«

»Bisher hat sie es nicht geschafft. Und sie wird es auch in Zukunft nicht schaffen.«

»Du glaubst also, dass das Glück weiter auf deiner Seite sein wird.«

»Nein. Ich glaube an mein Vorhaben, dass ich weder meine Schwester töten will noch mich von ihr töten lasse!«

Kaygon betrachtete ihn weiter ungerührt.

»Ich beschütze dich, bis wir den Großtempel Hainsha erreicht haben.«

»Wie bitte?«

»Ich habe mein Wort gegeben, dich so lange zu beschützen. Danach bist du auf dich allein gestellt.«

Verletzt betrachtete Ryun den Lotsen und rief: »Tu, was du nicht lassen kannst! Dann trage ich eben allein die Verantwortung, egal, ob sie mich umbringt oder nicht!«

»Gut. Dann lasst uns jetzt schlafen. Wir haben bei diesem unnützen Tumult viel Zeit verloren.«

Ryuns Schuppen rieben mit einem unangenehmen Geräusch aneinander, und er sagte: »Einverstanden. Aber vorher möchte ich dich eine Sache fragen, Kaygon. Was zum Teufel fließt eigentlich durch deine Adern?«

»Durch meine Adern?«

»Ja, durch deine Adern! Wer bist du, dass du mich vollkommen gefühllos fragst, warum ich meine Schwester nicht getötet habe? Wer zum Teufel bist du, dass du eigenhändig deinen Gefährten töten würdest, für das Wohl einer Stadt, die nicht die deine ist?«

Bestürzt mischte sich Bihyung ein: »Ryun, das war richtig von ihm. Außerdem werde ich doch nur ein Ahn, wenn mein Körper stirbt.«

»Ich rede nicht von richtig oder falsch! Verdammt noch mal, darüber brauchen wir gar nicht sprechen, weil er immer das Richtige sagt und macht. Ich rede davon, dass ich wissen will, was in seinen Adern fließt. Kaygon, fließt in deinen Adern Eisenblut?« Ryun zeigte mit der ausgestreckten Hand auf ihn und schrie: »Hat sich mein Vater wirklich für so jemanden wie dich den Arm abgeschnitten?«

481

Kaygons Augen flammten kurz auf. Doch das sah nur Ashwarital. Als der Drache plötzlich von der Schulter des Nagas aufflog, folgten ihm panische Blicke. Er flog einmal im Kreis und setzte sich dann auf ein Regal.

»Ryun.«

Kaygon hatte den Kopf geneigt und musterte den Naga. Sein ausdrucksloses Gesicht ließ ihn wie in eine Statue verwandelt erscheinen. Ryun schluckte.

»Ich habe geschworen, dich zu beschützen, und deshalb kann ich dir nicht erzählen, was in meinen Adern fließt.«

»Was soll das heißen?«

»Das heißt, dass es deinen Geist in Stücke reißen würde, wenn ich es täte.«

Ryun verstand nicht, wagte es aber nicht, nachzuhaken. Denn er erkannte, dass Kaygon die Wahrheit gesagt hatte.

Vias Makerow betrachtete erst das nächtliche Hatengrazu, dann ihre Hände.

In ihnen hielt sie ein dünnes Holzbrett. Die Nagas hatten ihm den sehr schlichten Namen Schriftbrett gegeben, doch es war ein wichtiger Gegenstand zum Dokumentieren. Dieses Brett war von besonders hoher Qualität und bestimmt zwei Silberlinge wert. Ohne das Siegel des Herstellers auf der Rückseite gesehen zu haben, konnte Vias erkennen, dass es nach der herrlichsten Bestattungszeremonie von dem besten Holzbearbeiter Kiborens angefertigt worden war. Sie hatte zum ersten Mal in ihrem Leben ein Schriftbrett bekommen. Und diese Tatsache erzeugte in ihr eine große Anspannung, obwohl sie das gerne geleugnet hätte. Als sie die Nachricht bekommen hatte, bei der sie nicht feststellen konnte, von welchem Haus sie geschickt worden war, hatte sie weniger der Inhalt der Nachricht beeindruckt als vielmehr, dass diese auf einem Schriftbrett geschrieben stand. Deshalb las sie schließlich die Nachricht zum sechsten Mal durch.

»Diesmal wird das Werk von Radiol Sen zum Glück wohl von einem Verriss durch die Kritiker verschont bleiben. Denn es kursieren Gerüchte, dass selbst der hartnäckigste Kritiker keine andere Wahl hat, als sich der Schläfrigkeit zu beugen. Ich wünsche mir dennoch, dass Ihr heute Abend das Haus Sen besucht und Radiol Sens Aufführung genießt, wenn es Euch zeitlich passt. In diesem Fall würdet Ihr von ihr ein Dankeschön erhalten. Sowie mein Wohlwollen.«

Es stand keine Unterschrift darunter. Das und der ominöse Inhalt wirbelten Vias' Gedanken ziemlich durcheinander.

Anfangs hatte sie es für eines von Karindols Spielchen gehalten. Als sie die Nachricht zum dritten Mal gelesen hatte, hatte sie jedoch festgestellt, dass es nicht ihre Handschrift war. Und jetzt, beim sechsten Mal, war sie vollkommen davon überzeugt, dass Karindol hier auf keinen Fall ihre Finger im Spiel hatte. Sie bevorzugte ein direkteres Vorgehen. Und Vias wusste nicht, welchen Schaden sie nehmen sollte, wenn sie der Aufführung einer Idiotin beiwohnte, die fest daran glaubte, die größte Bühnenstückautorin, Regisseurin und Schauspielerin dieser Ära zu sein. Wenn Karindol Vias unbedingt ins Haus Sen hätte locken wollen, hätte sie Suishin Sen, die älteste Tochter des Hauses, erwähnt. Aber nicht Radiol.

Vias entschloss sich letztlich, die Einladung anzunehmen. Als sie vor Haus Sen stand, holte sie tief Luft und wies einen der Männer, die sie begleiteten, an, ihre Ankunft anzukündigen. Er ging hinein, und kurz darauf kam Radiol Sen mit einem strahlenden Lächeln durch das Tor gerannt. Vias machte ihr im Geheimen große Vorwürfe. So ein Verhalten war dem Mitglied einer so angesehenen Familie unwürdig.

[Vias Makerow! Fantastisch, Frau Vias Makerow! Willkommen und herzlichen Dank, dass Ihr mich mit Eurer Anwesenheit beehrt. Ich freue mich überaus, dass Ihr mein Stück zu sehen wünscht! Ich habe Euch nicht einmal eine Einladung geschickt. Oh, ich meine damit natürlich nicht, dass ich nicht wollte, dass Ihr kommt. Ich wagte nur nicht, eine so berühmte Persönlichkeit wie Euch einzuladen!]

Keine fünf Minuten, nachdem Radiol mit dem Nirmen angefangen hatte, bereute Vias, der Nachricht auf dem Schriftbrett gefolgt zu sein. Unsinnigerweise hakte Radiol sich bei ihr unter, als stünden sie sich nahe, und stolzierte mit ihr durch das ganze Haus. Es war schuppensträubend. Vias war eine anerkannte Expertin auf ihrem Gebiet, während Radiol eine eingebildete Dilettantin war, die von den anderen Künstlerinnen der Branche nur ungern als Kollegin betrachtet wurde. Obwohl sie sich nicht sonderlich für Kunst interessierte, wusste selbst Vias, dass Radiol bloß deshalb von den schlimmsten Verrissen verschont blieb, weil sie aus dem Haus Sen war. Doch Radiol hatte keine Ahnung, was Hatengrazus Öffentlichkeit von ihrer Kunst hielt.

Nachdem sie eine halbe Stunde über die Ähnlichkeiten zwischen Arzneikunst und Theater (*Was für ein absurdes Thema!*) oder das Sinnieren eines Künstlers genirmt hatte, ließ Radiol endlich von Vias ab. (Ein Dokebi – ein weitaus passenderer Gesprächspartner für Radiol – wäre wohl ziemlich sauer, wenn sie ihm von ihren Grübeleien erzählen würde.) Es verstand sich von selbst, dass Vias erleichtert war, als Radiol ihr mitteilte, sie müsse sich jetzt bedauerlicherweise auf ihre Aufführung vorbereiten. Erst dann hatte Vias die Ruhe, sich zu orientieren.

Sie befand sich in der Galerie des Sen-Anwesens. Riesige Säulen standen nebeneinander, und die Leute, die vermutlich gekommen waren, um sich Radiols Stück anzusehen, standen in kleinen Gruppen zusammen und unterhielten sich. Während Vias sich so umsah, fiel ihr auf, dass sich die Leute ausnahmslos in der Nähe der Säulen versammelt hatten. Wie Pilze, die unter einem Baum wuchsen. Natürlich war man dort den Vorbeigehenden nicht im Weg, dennoch fand Vias das interessant und fragte sich kurz, ob auch Menschen, Lekons und Dokebis sich auf diese Weise versammeln würden.

Dann entdeckte sie einen Mann, der nicht in der Nähe einer Säule stand. Bei diesem war das allerdings auch nicht anders zu erwarten. Er hielt jeweils einen Tanzstab in jeder Hand und tanzte. Wie eigenartig, dass er keine Zuschauer hatte. Vias stellte sich neben eine Säule in der Nähe des Mannes und fand den Grund dafür schnell heraus. Seine Darbietung war nicht unbedingt grauenhaft, aber auf keinen Fall der Mühe wert, extra stehen zu bleiben und aus Höflichkeit ein paar Wassertropfen auf das Feuerbecken zu sprengen. Der Mann selbst schien auch keine Zuschauer zu erwarten. Er hielt oft inne, passte seine Bewegungen etwas an oder wiederholte seine Schritte, als würde er seine Choreografie üben. Aber für Tanzübungen war das hier nicht der richtige Ort, da sehr viele Gäste zu einem Theaterstück eingeladen worden waren. Vias fühlte sich fehl am Platz, blieb aber neben der Säule stehen, weil sie keinen Nirmpartner gefunden hatte.

Die Tanzstäbe des Mannes kühlten ab. Er steckte sie in das Feuerbecken in der Nähe und drehte sich um. In diesem Moment begegneten sich ihre Blicke. Lächelnd kam er auf sie zu. Das war ein äußerst unmännliches Benehmen, weswegen

Vias ihm einen fragenden Blick zuwarf. Daraufhin sandte er ihr ein sanftes Nirm: [Frau Vias Makerow?]

[Woher kennst du mich?]

[Ich habe Euch ein paarmal aus der Ferne gesehen. Als Ihr zum Herzturm kamt.]

[Zum Herzturm?]

[Ja. Ich heiße Gallotek. Ich bin Hüter im Herzturm.]

Vias wollte ein Lächeln aufsetzen, ihr gelang jedoch nur ein argwöhnischer Blick. Er schien ihre Mimik interessant zu finden.

[Seid Ihr wirklich ein Hüter?], nirmte Vias etwas unbeholfen, aber immerhin höflich.

[Ich habe keinen Grund zu lügen, meint Ihr nicht auch?]

[Was macht ein Hüter an diesem Ort ... Und warum tanzt Ihr dazu noch in dieser Kleidung?]

Er sah an sich hinunter und nickte. [Die Kleidung eines Hüters ist ungeeignet für etwas lebhaftere Aktivitäten wie das Tanzen. Aber sie kann auch praktisch sein. Zum Beispiel ...]

[Nein. Das meinte ich nicht ...]

»... wenn man jemanden töten will.«

Vias' Schuppen rieben gewaltig aneinander.

Er sah sie ruhig an und lächelte immer noch breit. Für einen kurzen Augenblick überlegte sie, ob sie so tun sollte, als hätte sie seine über die Stimme ausgesprochenen Worte nicht gehört. Aber dafür war ihr Schock zu offensichtlich gewesen.

Sie sandte ein hartes Nirm: [Was für ein faszinierender Scherz. Diesen Vorteil hat also die Kleidung der Hüter. Möchtet Ihr mir nicht nirmen, in welcher Hinsicht genau sie dabei so praktisch ist?]

Gallotek nirmte nichts. Stattdessen sprach er mit seiner Stimme weiter: »Wenn man jemanden sieht, der die Kleidung eines Hüters trägt, denkt man normalerweise, dass es sich bei dieser Person um einen Hüter handelt. Zumindest bis einem diese Person einen Xyker in den Rücken rammt.«

Beinahe hätte Vias einen geistigen Aufschrei ausgestoßen. Gallotek wusste Bescheid. *Hat er mich an jenem Tag gesehen?* Doch das war unmöglich. Alle Hüter waren bei der Herzentnahmezeremonie gewesen. Unter größter Mühe nahm sie sich zusammen und starrte ihn an. Schließlich erwiderte sie ebenso mit der Stimme: »Das klingt plausibel. Man könnte fast meinen, Euch ist so ein Fall bekannt.«

»Das stimmt in der Tat.«

»Ich nehme an, dass es Euch leidgetan hat, die Hüterkleidung ... als Werkzeug eines Verbrechens gesehen zu haben. Ist das so?«

»Nein. Wenn ich ehrlich sein darf, ich empfand vielmehr ein Gefühl von Zufriedenheit und Inspiration.«

Vias wurde hellhörig. Fieberhaft suchte sie nach den richtigen Worten und schaute sich um, ob es hier in der Galerie jemanden mit dem exzentrischen Hobby gab, auf Geräusche zu achten.

Gallotek schüttelte den Kopf und sagte: »Seid unbesorgt. Die Leute hier sind viel zu sehr damit beschäftigt, ein passendes Nirm zu finden, mit dem sie Radiol Sens brennende Künstlerseele mit einem Schlag zum Erlöschen bringen, ohne sie dabei zu offensichtlich zu beleidigen. Sicher gibt es auch welche unter ihnen, die sich überlegen, ob sie jenes Nirm später auch noch bei jemand anderem wiederverwenden könnten. Wie auch immer, niemand kümmert sich hier um Geräusche.«

»Ich ahne mittlerweile, wer mir das Schriftbrett geschickt hat. Wollt Ihr mir vielleicht erklären, was Ihr mit einem Gefühl von Zufriedenheit und Inspiration meint?«

Vias kam es so vor, als wäre Galloteks Lächeln auf einmal kühler geworden. Er berührte sein Kinn und wollte etwas sagen. Aber im nächsten Augenblick schloss er den Mund wieder. Dann blickte er zu einer Seite der Galerie. Vias knirschte mit den Zähnen, nachdem sie dort hingeschaut hatte.

[Das Stück beginnt wohl gleich. Wollen wir? Ich bin sehr gespannt, wie lange es dauert, bis Radiol Sen alle Kritiker zum Einschlafen gebracht hat. Aber es wäre schön, wenn wir unsere anregende Unterhaltung weiterführen könnten. Würdet Ihr Euch vielleicht morgen Zeit nehmen und mich im Herzturm besuchen, Vias Makerow?], fragte Gallotek.

Vias hatte für Kunst nicht viel übrig, und sie hatte Radiol Sen nie so sehr verachtet wie die Kritiker. Aber von diesem Augenblick an würde es schwierig sein, in Hatengrazu jemanden zu finden, der Radiol Sen im gleichen Maße hasste wie Vias. Während sie mühsam ihre sich sträubenden Schuppen anlegte, antwortete sie: [Ich werde Euch aufsuchen, verlasst Euch darauf.]

Ryun stand im Garten von Haus Pey.

Es wehte ein frischer Wind. Er nahm wahr, dass er von fünf Personen umgeben war.

Hwarit Makerow schrieb sehr konzentriert. Er hielt einen Pinsel in der Hand, aber das, worauf er schrieb, war kein Pergament. Es war hart und schuppig, weswegen er beim Schreiben große Mühe hatte. Ryun, der ihn nicht stören wollte, fragte Samo, was das sei.

[Die Haut von Josbi, was sonst?], antwortete sie lächelnd.

Ryun sah zum anderen Ende des Gartens. Dort lehnte Josbi an einer Holzsäule. Er schien seinen Rücken nicht zeigen zu wollen, weil er die Haut dort entfernt und Hwarit gegeben hatte. Als wolle er sagen, Ryun möge Verständnis für seine missliche Lage zeigen, zuckte er spitzbübisch mit den Schultern. Da fiel plötzlich sein linker Arm ab. Er hatte einen falschen Arm befestigt, weil Kaygon ihm den richtigen abgeschnitten und aufgegessen hatte. Als der Arm abfiel, wurde Josbi noch verlegener als zuvor und brachte Ryun dazu, sich vor Lachen zu krümmen.

Hwarit schäumte vor Wut: [Sei still! Du störst mich beim Schreiben!]

Ryun wusste, warum Geräusche wie ein Lachen Hwarit mittlerweile stören konnten. Seit Vias ihn getötet hatte, achtete er mehr auf sein Gehör. Plötzlich näherte sich Vias ihrem Bruder von hinten und erstach ihn mit einem Schwert.

[Verdammt, schon wieder? Lass mich endlich in Ruhe, damit ich mich auf mein Schriftstück konzentrieren kann!]

Ryun wurde neugierig, was Hwarit da schrieb. Er wusste, an wen er sich mit dieser Frage wenden musste. Den fünften Naga.

Doch ihn konnte er nicht fragen, denn er hatte seinen Gott verloren und war zu einem Duokxini geworden. Als Ryun Hwarit Hilfe suchend ansah, verwandelte dieser sich, dem Ganzen überdrüssig geworden, in den Drachen Ashwarital und verbrannte mit seinem Drachenfeuer die Duokxini-Hülle des fünften Nagas. Danach trat die Gestalt des fünften Nagas zum Vorschein.

Der Naga …

»Der Naga ist noch nicht aufgewacht.«

Ryun öffnete die Augen. Es war ungewohnt, von einer Stimme geweckt zu werden. Ebenso bemerkenswert war für ihn die Erfahrung, durch die Worte, er sei noch nicht aufgewacht, aus dem Schlaf gerissen zu werden. Jedoch hatte er keine Zeit, über diese Erfahrung nachzudenken. Denn er befand sich in einer ziemlich seltsamen Lage.

Er lag mit einer dicken Kette gefesselt auf dem Boden.

Während seine Schuppen aneinanderrieben, sah er sich überrascht um. Die Umgebung war hell und prunkvoll und erinnerte ihn an die Galerie eines renommierten Hauses, was für ihn eine weitere Überraschung darstellte. Erst nach einer Weile entdeckte er Bihyung und Tinahan und bekam einen Schock.

Die beiden lagen mit dem Rücken zueinander auf dem Boden. Auch sie waren gefesselt. Tinahan, der an Bihyungs Rücken gekettet war und somit gezwungenermaßen nicht auf dem Rücken, sondern auf der Seite lag, fluchte aufs Übelste. Warum er sich so verhielt, war Ryun ein Rätsel. Denn es wäre typisch für den Lekon gewesen, seine Fesseln einfach zu sprengen und so zum Ausdruck zu bringen, wie ihm gerade zumute war. Allerdings wurde dieses Rätsel bald von einer weiteren Stimme gelöst.

»Vorsicht, Lekon. Ihr könntet zwar die Ketten zerreißen, doch wir haben Euch so gefesselt, dass Ihr dem Dokebi dabei den Arm ausreißen würdet. Das gilt auch für Euch, Dokebi. Solltet Ihr leichtsinnigerweise auf die Idee kommen, die Kette mit einer Dokebi-Flamme zu schmelzen, würdet Ihr Euren Gefährten mit dem Kamm verbrennen.«

»Deshalb die Eisenkette statt eines Seils?«, fragte Bihyung bekümmert.

»Richtig. Um sie zu schmelzen, müsstet Ihr ein sehr heißes Feuer machen, nehme ich an.«

»Es macht nichts, wenn meine Arme oder sonst was angekokelt werden! Bihyung, bring das Zeug zum Schmelzen, sofort! Ich drehe euch den Hals um!«, tobte Tinahan voller Zorn.

490

»Äh … deine Arme würden nicht angekokelt werden, sondern wegschmelzen. Kannst du damit leben?«

»Was? Meine Arme kann ich danach nicht mehr benutzen? Dann stampfe ich die eben zu Tode!«

»An deinen Beinen hängen aber ebenso Ketten?«

»Ich picke sie zu Tode!«

Bihyung bewunderte den Kampfgeist des Lekons, geriet jedoch gleichzeitig in Panik. Denn wenn es Tinahan egal war, dass seine Arme oder Beine wegschmelzen würden, könnte er durchaus auch auf die Idee kommen, sich von den Fesseln zu befreien und dafür, wenn nötig, Bihyungs Arm auszureißen.

Kaum kam dem Dokebi der Gedanke, da sagte sein Gefährte tapfer: »Ich brauche deine Meinung, Bihyung. Was ist wichtiger für dich, die Ehre oder der Arm? Auf jeden Fall Ersteres, oder?«

Während der Dokebi schwitzend überlegte, was er darauf antworten sollte, mischte sich eine weitere Stimme in das Gespräch ein.

»Wie geht es Eurem Bein?«

Ryun schaute in die Richtung, aus der die Stimme gekommen war, und war entsetzt. Dort saß Kaygon, an eine Holzsäule gekettet. Im Gegensatz zu Bihyung und Tinahan, die zwar gefesselt waren, aber mehr oder weniger normal aussahen, war Kaygon übel zugerichtet worden. Sein Gesicht war geschwollen, und seine Kleidung hing nur noch in Fetzen an seinem Körper. Ryun konnte nicht nachvollziehen, wie man sich über Nacht so verändern konnte.

Kaygon sagte nonchalant: »Ryun, bist du wach? Und ist Euer Bein nun in Ordnung, Generaloberst?«

Ryun drehte wieder den Kopf. Er und seine Gefährten lagen in einer Halle mit hoher Decke. Etwas abseits von ihnen war eine Erhöhung. Dort stand ein großer Steinquader. Er sah merkwürdig aus. Hinten hatte er eine Art Rückenlehne, fein gearbeitet, und links und rechts befanden sich prächtige Armlehnen. Es sah aus wie ein Stuhl aus Stein. Im Vergleich zu den schön gearbeiteten Rücken- und Armlehnen war der Stein selbst aber rau und grob.

Davor stand Kitata Zaboro in Begleitung einiger Soldaten.

»Ehrlich gesagt, es fällt mir noch etwas schwer, richtig zu stehen. Seid Ihr sicher, dass Ihr ein Mensch seid? Wie konntet Ihr nur auf die Idee kommen, mich zu beißen?«, erwiderte Kitata mit verzogenem Gesicht.

Bihyung zog scharf die Luft ein. Beunruhigt fragte er sich, ob Kaygon seinen Speiseplan erweitert hatte. Aber dessen Antwort löste seine Sorge glücklicherweise auf: »Ich hatte keine andere Möglichkeit. Fünf Eurer Soldaten haben mich festgehalten. Und Ihr habt versucht, mich zu treten.«

Während Bihyung erleichtert ausatmete, rief Ryun, der die Lage nicht mehr ertrug: »Kay... Kay... Kay...«

Ryun war von Entsetzen gepackt, weil er die Worte kaum herausbrachte. Da wurde ihm klar, dass er ziemlich ausgekühlt war. Sofort hüllte Bihyung Ryun in eine Dokebi-Flamme. Nachdem Ryuns Körpertemperatur etwas gestiegen war, konnte er auch wieder sprechen.

»Kaygon, was ist passiert? Wie sind wir in diese Lage geraten?«

Der Lotse erwiderte so entspannt, als würde er über das Wetter plaudern: »Diese Herren hier sind in den Tempel eingedrungen und haben uns festgenommen, als wir geschlafen haben.«

»Aber warum haben sie dich so zugerichtet?«

»Weil ich ihnen mit ganzem Körpereinsatz gezeigt habe, wie wenig ich mit einer Entführung einverstanden bin.«

»Äh, und wie kommt es, dass du so hart gekämpft hast, während ich nicht einmal bemerkt habe, dass ich gefesselt werde?«

Auf diese Frage hin versuchten sowohl Bihyung als auch Tinahan, einen Blick auf Kaygon zu erhaschen. Ryun schloss daraus, dass auch die beiden nicht mitbekommen hatten, dass sie gefangen genommen wurden. Wie zu erwarten, machten die zwei, Rücken an Rücken gebunden, für eine kurze Weile ein kleines Aufheben, weil jeder ihn zuerst sehen wollte.

Dieser erklärte nach wie vor gelassen: »Im Morgengrauen haben sie aufgehört, unser Zimmer zu heizen. Du hast nichts mitbekommen, weil du eingefroren warst, Ryun. Du bist nur aufgewacht, weil die Sonne durch das Fenster in diese Halle scheint.«

Nun war dem Naga klar, warum er so gefroren hatte.

Kaygon fuhr fort: »Ich bin nach draußen gegangen, um rauszufinden, warum es plötzlich so kalt war, und da haben sie mich geschnappt. Tinahan, dir haben sie einen Streithammer über den Schädel gezogen, als du geschlafen hast.«

»Echt? Deswegen tut mir also der Hinterkopf ein bisschen weh. Ich dachte, das liegt daran, dass ich irgendwie komisch gelegen habe.«

Kitata und den Soldaten schauderte es bei diesen Worten.

»Und ich? Warum bin ich nicht aufgewacht? Haben sie bei mir ein Betäubungsmittel verwendet? Oder einen Giftpfeil? Oder ein mystisches Heilkraut von Wer-weiß-welchem-Berg?«, wollte Bihyung wissen.

»Du wurdest einfach im Schlaf gefesselt.«

»Im Schlaf?«

»Du hast geschlafen wie ein Stein, du hättest nicht einmal mitbekommen, wenn eine Elefantenherde über dich hinweggetrampelt wäre. Wahrscheinlich hast du so tief geschlafen, weil du dich nicht mehr um die Dokebi-Flamme kümmern musstest.«

Bihyung machte das außerordentlich glücklich, was Kitata und seine Soldaten wiederum nicht nachvollziehen konnten. Statt die Soldaten darüber aufzuklären, dass die Dokebis tiefen Schlaf als Beweis für einen ausgezeichneten Charakter ansahen, stellte Kaygon dem Generaloberst eine Frage: »Wärt Ihr so freundlich, uns zu sagen, was Ihr eigentlich von uns wollt? Ich gehe davon aus, dass Ihr etwas wollt, sonst hättet Ihr uns getötet, statt uns zu entführen, was Ihr offensichtlich sehr gründlich geplant habt, Generaloberst.«

»Ich hatte nie die Absicht, Euch und Eure Gefährten zu töten. Wir sind rechtschaffene Leute. Außerdem ist ein Dokebi unter Euch. Wir könnten ihn umbringen, aber dann würde seine Seele nur nach Zumunnuri zurückkehren und von seiner Ermordung berichten. Dagegen sind wir machtlos.«

»Eine unbegründete Befürchtung, Generaloberst.«

»Verzeihung?«

»Ich sagte, dass Eure Befürchtung unbegründet war. Wenn Ihr Bihyung nur deshalb nicht umgebracht habt, weil ihr Angst vor der Rache der Dokebis habt, kann ich Euch sagen, dass diese Sorge grundlos war. Sie hätten seinen Tod nicht gerächt. Wäre Bihyung als Toter nach Zumunnuri zurückgekehrt, hätten die Dokebis ihn als Ahn willkommen geheißen. Und Bihyung selbst hätte endlich das tun können, was er sich schon lange vorgenommen hat, wenn er ein Ahn wird, statt sich um Rache zu scheren.«

»Ja genau. Ich möchte ein Buch über Traumdeutung verfassen. Das ist doch eine würdevolle Arbeit für einen Ahn, meint Ihr nicht?«, sagte Bihyung und lachte.

Daraufhin brüllte Tinahan, als hätte er etwas vollkommen Unerhörtes gehört: »Verdammt noch mal, Kaygon! Wieso verrätst du diesen Leuten alles über uns?«

Auch Kitata Zaboro sah Kaygon fragend an. Aber der fuhr unverändert ruhig fort: »Das ist schon in Ordnung, Tinahan. Auch wenn ich ihm das verrate, wird er uns nicht töten. Es ist nicht schwer, zu erahnen, was er von uns will. Ich vermute mal, den Drachen.«

Ryuns Schuppen zogen sich zusammen, und er blickte sich hastig um. Ashwarital war nirgends zu sehen.

Kaygon fuhr fort: »Und wenn er nicht den Zorn eines Drachen auf sich ziehen will, wird er uns nicht einfach so umbringen.«

Von Kaygons Scharfsinn beeindruckt, nickte der Generaloberst. Er wollte etwas sagen, aber da schrie Bihyung plötzlich: »Was habt Ihr mit Nanui gemacht?«

»Nanui? Was soll ich mit der Schönheit Nanui ...«

»Ich rede von meinem Käfer! Mein Käfer heißt Nanui. Was habt Ihr mit ihm gemacht?«

Kitata und die Soldaten hatten die gleichen Gedanken über Bihyungs Sinn für Namensgebung, die einst auch Tinahan und Kaygon gehabt hatten. Tinahan kicherte, während Kitata sich an die Stirn fasste.

»Beeindruckend, nach welchen Kriterien Ihr Namen auswählt. Wenn es um Eure Schönheit geht, kann ich Euch beruhigen, sie ist im Pferdestall, und es geht ihr gut. Meine Soldaten haben ihr Zweige und Blumen zum Fressen gebracht. Kann ich jetzt von meinem Anliegen ...«

»Moment«, brüllte Tinahan. »Mein Eisenspeer! Was habt ihr Bastarde mit meinem Eisenspeer gemacht?«

Kitata stieß einen verzweifelten Schrei aus.

Kitata musste schwören, dass die sechs Soldaten zuerst sorgfältig ihre Hände gewaschen, danach Tinahans Eisenspeer äußerst behutsam mitgenommen hatten und er sehr sicher aufbewahrt wurde; er musste darüber hinaus erneut erklären, dass Nanui sehr gut behandelt wurde, auch wenn sie keinen Käferstall wie auf Zumunnuri zur Verfügung hatten; er beteuerte sicherheitshalber, dass auch Kaygons merkwürdiges Doppelklingenschwert ordentlich gelagert wurde. Erst dann durfte Kitata endlich sein eigenes Anliegen vorbringen. Und wie Kaygon vermutet hatte, ging es dabei um den Drachen. Kitata wollte, dass sie ihn ihm überließen. Ryuns Schuppen sträubten sich, und Kaygon schüttelte den Kopf.

»Er ist keine Drachenwurzel mehr, sondern ein Drache, von daher könnt Ihr nicht mehr zu einem Drachenmenschen werden, selbst wenn Ihr ihn esst.«

»Ich habe nicht vor, ihn zu essen.«

»Was wollt Ihr dann mit einem Drachen? Das ist ein gefährliches Wesen. Ihr scheint mir zwar ein etwas schwach ausgeprägtes Gespür für Gefahr zu haben, wenn ich bedenke, dass Ihr einen Dokebi bedroht habt. Dennoch muss selbst Euch klar sein, wie gefährlich ein Drache ist.«

»Ist der Drache dann nicht auch für die Feinde des Königs gefährlich?«

Kaygon runzelte die Stirn. Er seufzte, nachdem er Kitatas Gesichtsausdruck gelesen hatte. »Also auch Ihr?«

»Auch ich was?«

»Braucht auch Ihr einen Vogel, der Eure Tränen trinkt?«

Nur Bihyung hatte eine vage Ahnung, wovon Kaygon sprach, die anderen verstanden kein Wort von dem, was er sagte. Zum Glück fügte Kaygon hinzu: »Wünscht Ihr Euch den Drachen, damit er zu einer unbesiegbaren Waffe für Euren König wird? Täuscht mich meine Erinnerung, oder habt Ihr nicht die Dummheit Eures Neffen beklagt? Habt Ihr nur so getan? Oder habt Ihr Eure Meinung geändert, nachdem Ihr den Drachen gesehen habt?«

»Pass auf, was du sagst! Der Generaloberst ist mein treuer Gefolgsmann!«

Als die strenge Stimme durch die Halle posaunte, schauten die Anwesenden sich um. Sigrim Zaboro kam in Begleitung einiger Soldaten auf Kitata und seine Gefangenen zu.

Die Männer neigten den Kopf. Ohne sie zu beachten, ging König Würde auf den erhöhten Steinquader zu. Er trug kostbare Kleidung, aber sie war stellenweise versengt, wie Bihyung verwundert feststellte. Dann ließ er sich auf den Steinquader plumpsen.

Jetzt begriff Ryun, dass jener Stein ein Thron sein sollte, wobei er sich fragte, warum man so einen groben Klotz als Thron verwendete.

Als hätte er Ryuns Gedanken gelesen, sagte Kaygon: »Das ist wohl der Stein, den Byulbi angekratzt hat. Ein historisch bedeutungsvoller Gegenstand, aber er hat es doch sicher etwas unbequem?«

»Ein König trägt große Verantwortung. Kein Thron kann bequem sein.«

»Dieser Thron muss es besonders unbequem haben.«

König Würde wollte Kaygons Worten keine besondere Aufmerksamkeit schenken, aber dann fiel ihm die ungewöhnliche Formulierung auf. Auch die anderen sahen Kaygon verwundert an. Bihyung, der wohl versucht hatte, sich zusammenzunehmen, krümmte sich schließlich vor Lachen. Es sah so aus, als hätte er sich gerne über den Boden gerollt, aber weil er gefesselt war, beließ er es dabei, am ganzen Körper zu beben. Erzürnt verlangte König Würde eine Erklärung für das ungebührliche Verhalten des Dokebis.

Bihyung kam unter größten Mühen wieder zu Atem, dann sagte er: »Mein Gefährte will damit sagen, dass Ihr der Grund dafür seid, dass es der Thron unbequem hat, Eure Majestät?«

König Würde wurde erst blass, dann rot. Er beschimpfte Kaygon, bis die Venen an seinem Hals hervortraten, während der Lotse ihn gleichgültig ansah und schwieg. Schließlich wurde Tinahan sauer. Er fand, dass Sigrims Beschimpfung über Maßen andauerte, und als er es nicht länger ertragen konnte, stieß er ein Lekon-Krähen aus: »AUF-HÖÖÖÖR-EEEN!«

Und König Würde hörte auf.

Während allen anderen Tinahans Schrei noch in den Ohren hallte, sagte Kaygon: »Sigrim Zaboro.«

»Unterlass diese respektlose Anrede!«

»Haltet den Mund, Sigrim Zaboro! Viele sprechen von den Tugenden, die ein Mann in sich vereinen muss, um König zu werden, aber von einem König, der wie ein Räuber nachts seine Gäste überfällt und sie in Ketten legen lässt, habe ich noch nie gehört. Solange Ihr Euch nicht bei uns entschuldigt, werden wir Euch nicht einmal den Respekt entgegenbringen, den eine gewöhnliche Person verdient, von der Ehrerbietung für einen König ganz zu schweigen.«

Diese ruhige, aber strenge Bemerkung machte König Würde nur noch rasender.

»Ein König entschuldigt sich nicht!«

»Solltest du aber«, warnte Tinahan.

Der König fuhr zusammen. Er betrachtete die Eisenkette, die Tinahan und Bihyung aneinanderfesselte, und suchte anschließend Kitatas Blick. Dieser nickte und sagte: »Er kann diese Kette nicht sprengen, ohne den Arm des Dokebis auszureißen.«

König Würde, sich nun wieder in Sicherheit wiegend, grinste Tinahan höhnisch an und sagte dann zu Ryun: »Du, Naga! Zeig mir, wie man den Drachen zähmt!«

Dieser schluckte seine Wut hinunter und fragte: »Wo ist der Drache?«

»Im Moment auf dem Dach. Ich habe noch nie so eine Kreatur gesehen, die andere dermaßen in den Wahnsinn treibt. Als ich die Soldaten aufs Dach geschickt habe, hat er sie lediglich angestarrt und ist dann hoch in den Himmel geflogen. Nachdem die Soldaten verschwunden sind, ist er wieder runtergekommen. Darüber hinaus hat er sogar Feuer auf mich gespuckt! Beinahe hätte er den ganzen Palast abgefackelt.«

Bihyung kicherte erneut. Das erklärte also Sigrims versengte Kleidung. Ryun wiederum war froh, dass Ashwarital in Sicherheit war.

König Würde fuhr fort: »Die Leute sagen, dass der Drache dich gestern vor dem Riesentiger beschützt hat. Kannst du ihn gefügig machen?«

»Ich weiß nicht, ob gefügig machen der richtige Ausdruck ist. Es ist zwar wahr, dass ich ihn immer bei mir getragen habe, aber gestern hat er zum ersten Mal die Augen geöffnet.«

»Warum hat er dich dann beschützt?«

Ryun wollte keine passende Antwort einfallen, doch Kaygon kam ihm zu Hilfe: »Ein Drache ist ein weises Geschöpf. So weise, dass er in einer für ihn feindlichen Umgebung nicht aufkeimt. Daher erkennt er auch die Person, die ihn beschützt hat.«

»Ich glaube nicht, dass er so weise ist. Denn ich habe ihm viel versprochen. Aber er hat mich nicht einmal verstanden.«

»Sigrim Zaboro, Eltern versprechen ihrem Baby auch nicht, es zu belohnen, wenn es gut heranwächst. Es ist weniger als ein Tag vergangen, seit der Drache die Augen geöffnet hat.«

Es machte König Würde wütend, dass Kaygon so mit ihm sprach, aber weil Tinahan ihn immer noch mit weit aufgerissenen Augen anstierte, behielt er seinen Unmut für sich und meinte: »Was also soll ich tun? Ihm eine Amme und ein Kindermädchen zur Seite stellen?«

Bihyung gluckste wieder, aber Kaygon schüttelte den Kopf und sagte: »Ich denke nicht, dass Ihr etwas tun könnt. Der Drache gehört Euch nicht.«

König Würde war wie vor den Kopf gestoßen. Als ihm klar wurde, dass in der ganzen Aufregung die Frage nach dem Besitzer des Drachen noch ungeklärt geblieben war, wandte er sich wieder an Ryun: »Also gut, Naga. Wie bist du an diesen Drachen gekommen?«

»Ich habe Ashwarital aufblühen lassen und ihn eigenhändig ausgegraben. Dann habe ich beschlossen, ihn zu beschützen.«

»Ashwarital heißt er also. Und vor wem wolltest du ihn beschützen?«

»Vor den Nagas, die Drachen nicht leiden können, und vor den Menschen, die gierig nach Drachenwurzeln sind. Solange Ashwarital meiner Hilfe bedarf und ich dazu in der Lage bin, werde ich ihn schützen.«

»Und was passiert, wenn er ausgewachsen ist und dich nicht mehr braucht? Ehrlich gesagt, habe ich den Eindruck, dass er deinen Schutz schon jetzt nicht mehr nötig hat.«

»Ich lasse ihn ziehen, wenn er das möchte. Sonst werde ich sein Freund sein.«

Sichtlich erfreut fragte König Würde: »Ist das so? Du lässt ihn also ziehen, wenn er das möchte? Wenn dem so ist, frage ich dich: Würdest du dich von ihm trennen, wenn er bei mir bleiben will?«

Ryun betrachtete die angesengte Kleidung des Königs und meinte: »Ich glaube nicht, dass Ashwarital bei Euch bleiben möchte.«

König Würde räusperte sich unzufrieden. Nach kurzer Überlegung unterbreitete er einen weiteren Vorschlag: »Vielleicht möchtest du mir zusammen mit deinem Freund dienen? Ich sorge dafür, dass es dir und Ashwarital an nichts mangelt. Es wird ein besseres Leben, als du es dir vorstellen kannst.«

»Ich habe eine Mission. Ich muss mit meinen Gefährten zum Großtempel Hainsha reisen. Hat Große Tugend Godain Euch nichts gesagt?«

König Würde sah Kitata an. Dieser klärte Ryun auf: »Du scheinst zu glauben, dass Godain mit dieser Angelegenheit etwas zu tun hat. Abgesehen davon, dass er ein gütiger Mönch ist, kann ich um der Ehre meines langjährigen Freundes willen dieses Missverständnis nicht stehen lassen. Ryun, *ich* habe den Tempel überfallen und dich und deine Gefährten gefangen genommen. Godain ist äußerst empört ans Palasttor gekommen und wollte um eure Freilassung bitten. Aber wir haben ihm nicht geöffnet, deswegen blieb ihm nichts anderes übrig, als sich wieder in den Tempel zurückzuziehen.«

Ryun sah erneut Kaygon an. Als dieser nickte, sagte er zum König: »Dann sage ich es Euch noch einmal. Wir müssen zum Großtempel Hainsha.«

»Ihr alle? Oder sind die anderen bloß deine Begleiter?«

Diese Frage veranlasste Tinahan, das Profil des Nagas zu mustern. Ryun antwortete: »Wir alle.«

»Alle?«

»Ja, alle. Deswegen bitte ich Euch, uns freizulassen.«

König Würde verzog das Gesicht. Wenn es die Runde machte, dass er Gäste des Großtempels in seiner Stadt festgehalten hatte, war sein Ruf ruiniert. Aber er wollte auf keinen Fall den Drachen hergeben, der ihm mehr oder weniger in den Schoß gefallen war.

»Handelt es sich um eine dringende Angelegenheit?«

»Das weiß ich nicht. Ich weiß nur, dass ich dorthin muss. Wann ich da sein soll, hat man mir nicht gesagt.«

»Ich möchte dir Folgendes vorschlagen: Ich schreibe dem Großtempel einen Brief, dass ich euch in meine Obhut genommen habe. Dann würde der Großtempel eine Antwort schicken, nicht wahr? Solange bleibt ihr meine Gäste und entscheidet über euren weiteren Verbleib, wenn die Antwort eintrifft.«

Darauf wusste Ryun nichts zu sagen. Als ob er die Absicht des Königs durchschaut hätte, mischte sich Kaygon erneut ein: »Könnt Ihr uns einen Augenblick alleine lassen, damit wir uns beraten können?«

»Einverstanden. Ich statte in der Zeit dem Drachen einen weiteren Besuch ab. Nachdem ich mich umgezogen habe.«

Der König erhob sich und verließ die Halle. Kaygon forderte auch Kitata und die Soldaten auf zu gehen. Der Generaloberst sah ihn misstrauisch an und erwiderte: »Ihr könnt leise miteinander sprechen, wir werden etwas weiter weg stehen.«

»Leise zu sprechen, ist etwas schwierig. Nagas sind schwerhörig.«

Das fand Kitata nachvollziehbar, also entfernte er sich mitsamt seinen Leuten, aber nicht, ohne vorher noch einmal die Ketten, mit denen die Gefährten gefesselt waren, kontrolliert zu haben.

Als die vier alleine in der großen Halle waren, fragte Ryun Kaygon hastig: »Was willst du tun?«

Dieser betrachtete schweigend die gegenüberliegende Wand.

Tinahan, der bisher auf dem Boden gelegen und sich über seine missliche Lage beschwert hatte, ergriff das Wort: »Darf ich dich mal was fragen, Ryun? Warum hast du vorhin gelogen?«

»Was? Ich habe gelogen?«

»Ja. Du bist der Einzige, der zum Großtempel muss. Wir anderen sollen dich nur dorthin bringen.«

Ryuns Gesicht verhärtete sich. »Ich bin kein Eisenblut wie jemand, den ich namentlich nicht nennen will. Ich lasse meine Gefährten nicht im Stich.«

Tinahan lächelte, als würde er sich über Ryuns Worte freuen, sah jedoch gleichzeitig etwas beunruhigt zu Kaygon. Bihyung, der ebenso beunruhigt war, tat es ihm gleich.

»Möchtest du Sigrim Zaboro dienen, Ryun?«, fragte Kaygon.

»Ob ich jemandem dienen will, der uns entführt hat? Nein danke. Selbst wenn er mich unter anderen Umständen höflich darum gebeten hätte, hätte ich nicht zugesagt.«

»Absolut richtig! Zum Teufel noch mal genau richtig, Ryun!«, rief Tinahan erfreut aus.

Kaygons Miene blieb unbewegt. »Hast du vor, ihm Ashwarital zu überlassen?«

»Was?«

»Ich frage dich, ob du darüber nachdenkst, Sigrim Zaboro den Drachen zu geben. So etwas wie heute wird sich immer wieder zutragen, solange du Ashwarital bei dir hast. Das ist lästig und kann zu einer ernsthaften Gefahr für unser Leben werden. Daher schlage ich vor, dass du Sigrim den Drachen überlässt und im Gegenzug unsere Freilassung und eine angemessene Entschädigung verlangst.«

»Du bist wirklich ...«

Ryun sprach den Satz nicht zu Ende, stattdessen strafte er Kaygon mit einem bösen Blick. Dieser erwiderte nichts und wartete darauf, dass Ryun fortfuhr, der dies dann auch mühsam tat: »Ich habe keine Ahnung, was du denkst, aber für mich ist Ashwarital ein Freund. Er ist wegen mir aufgekeimt, und ich habe ihn eigenhändig ausgegraben. Wie ich zuvor auch dem Menschen gesagt habe, werde ich ihn schützen, bis er mich nicht mehr an seiner Seite haben möchte.«

»Es ist nicht leicht, einen Drachen aufzuziehen.«

»Das mag sein. Ich weiß nicht viel über Drachen, aber ...«

»Es spielt keine Rolle, ob du viel oder wenig über Drachen weißt. Wenn er erst einmal die Augen geöffnet hat, wächst ein Drache selbst unter den widrigsten Bedingungen heran. Selbst, wenn du dich gar nicht um ihn kümmerst. Und genau das macht es so schwer, einen Drachen aufzuziehen.«

»Wie bitte? Ich kann dir nicht folgen.«

»Ryun, du willst mir doch nicht erzählen, dass dir als Naga die Eigenschaften von Pflanzen unbekannt sind.«

»Was meinst du damit?«

Kaygon dachte kurz nach und erklärte: »Ein einfaches Beispiel: Jetzt hat Ashwarital zwei Beine und zwei Flügel. Aber stell dir vor, du ziehst ihn unter der Erde auf, dann werden seine Flügel wahrscheinlich verschwinden. Weil er sie dort nicht braucht, schließlich kann er unter der Erde nicht fliegen. Dafür werden seine Vorderbeine größer wie bei einem Maulwurf. Ziehst du ihn in der Wüste groß, dann kann es sein, dass er einen Wasserbeutel entwickelt wie die Höcker eines Kamels. Oder einen Schwanz, der bis Hunderte Meter unter die Erde geht und Wasser aufspürt. Und würdest du Ashwarital unter Wasser aufwachsen lassen, würden seine Beine und Flügel verschwinden, und er bekäme Flossen.«

Unvermittelt erhob sich Bihyung ohne sein Zutun eine Handbreit vom Boden, weil das Wort »Wasser« Tinahan in maximale Anspannung versetzt hatte und sein Gefieder sich sträubte.

Ryun nickte erstaunt. »So etwas hätte ich mir nie im Leben vorstellen können. Ich wusste nur, dass ein Drache mit der Zeit seine Form ein wenig verändert.«

»Dein Drache wird sich der Umgebung anpassen, in der du ihn großziehst. Von seinem Charakter brauchen wir gar nicht erst zu sprechen. Deswegen ist es so schwierig, einen Drachen aufzuziehen. Manche behaupten zwar, dass es ein Kinderspiel sei, weil ein Drache von alleine wächst, aber diese Leute haben nie das Gewicht der Verantwortung auf ihren Schultern gespürt. Wer kann schon wissen, ob man nicht versehentlich ein Monster erschafft. Einen ausgewachsenen Drachen kann man nicht mehr zähmen. In alten Zeiten, in denen es mehr Drachen gegeben hat als heute, haben die Weisen, die eine Drachenblume oder eine Drachenwurzel entdeckt haben, diese deswegen an Ort und Stelle gelassen und sind weitergegangen. Sie haben es nämlich für das einzig Richtige gehalten, deren Wachstum der Natur zu überlassen.«

»Ich konnte ihn nicht dort liegen lassen und weitergehen. Sonst hätten andere Nagas ...«

»Ich weiß. Ich habe auch nicht gesagt, dass es falsch war, die Drachenwurzel auszugraben, sondern nur, dass es schwer ist, einen Drachen großzuziehen. Und wenn du diese Verantwortung einmal übernommen hast, kannst du sie nicht wieder ablegen oder sie einem anderen übertragen.«

»Was? Ich kann diese Verantwortung nicht ablegen?«, fragte Ryun freudig.

Kaygon nickte. »Du hast ihn bereits aus der Erde herausgeholt und dafür gesorgt, dass er die Augen öffnet, von daher wäre es problematisch, wenn du ihn jetzt aufgeben würdest. Es wäre gut, wenn du bis zum Schluss für ihn verantwortlich bleibst. Falls du das möchtest. Ihn Sigrim Zaboro zu überlassen, wäre unverantwortlich.«

Ryun war nach dieser Erklärung hocherfreut, aber auch verständnislos: »Aber wieso hast du dann vorgeschlagen, dass ich Ashwarital Sigrim geben soll?«

»Um herauszufinden, wie es um dein Verantwortungsbewusstsein steht. Hättest du keines, hätte ich den Drachen weder in deiner noch in Sigrims Obhut gelassen. Stattdessen hätte ich Ashwarital in der Natur freigelassen.«

Zutiefst beeindruckt entgegnete Ryun: »Es tut mir leid, dass ich vorhin …«

»Wenn du jetzt darüber reden willst, dass du mich Eisenblut genannt hast und dich dafür entschuldigen willst, dann kannst du dir das sparen. Denn es stimmt, ich bin ein Eisenblut. Und davon wird sich vor allem der Anführer dieser Räuberbande gleich überzeugen können.«

Bihyung lächelte, weil er den Ausdruck »Anführer dieser Räuberbande« amüsant fand, aber das Lächeln hielt nicht lange an, weil Tinahan aufschrie: »Genau!«

Nachdem er mit diesem Schrei Bihyungs ganzen Körper zum Erzittern gebracht hatte, rief er Kaygon zu, während er wie eine Raupe loskroch: »Ich habe nicht vor, diesen Räubern auch nur noch eine weitere Sekunde zuzuhören, egal was sie sagen! Zu Brei sollten wir diese Typen schlagen! Obendrein leiden die auch noch am Königssyndrom. Du weißt ja, was ich von diesen Verrückten halte, nicht wahr? Ich sorge dafür, dass dieser alte Kerl das Wort König nie wieder in den Mund nehmen kann! Ich sorge dafür, dass ihm die Haare zu Berge stehen, wenn er auch nur das Wort Königsadler hört! Und hört er das Wort Königsfliege, soll er vor Angst direkt aus seinen Stiefeln kippen!«

Tinahans tapfere Worte heizten schließlich Bihyungs Fantasie an, und aus ihm begannen Wörter, die das Wort König enthielten, hervorzusprudeln, obwohl er wegen Tinahans Gebrüll immer noch bebte und unter Übelkeit litt: »Uuund auch bei Königsspinne, Königssalz, Königsameise, Königsblau, Königsbiene, Königs…«

»Ruhe!«

Bihyung klappte auf den scharfen Ruf des Lekons hin den Mund zu, und Kaygon wandte den Blick von der Wand ab, die er erneut angestarrt hatte.

»Zuerst müssen wir uns aus dieser misslichen Lage befreien.«

»Und wie machen wir das?«, wollte Tinahan wissen.

Kaygon zuckte mit den Schultern und beugte den Oberkörper vor. Daraufhin stiegen seine auf dem Rücken gefesselten Arme nach oben. In dieser Pose schlug er die Arme kräftig zu Boden.

Die Eisenkette hämmerte gegen den Steinboden und erzeugte ein lautes Klirren. Die anderen drei sahen ihm perplex zu, weil sie nicht verstanden, was er damit bezweckte. Er wiederholte dieselbe Bewegung ein paarmal.

Und den dreien stockte der Atem.

Kaygon streckte beide Hände nach vorne. Sie waren nicht mehr angekettet.

»Tschilp!«, entfuhr es Tinahan so würdelos wie einem Huhn, und auch Ryun schrie auf, doch bekam das niemand mit, weil er es mit einem Nirm tat. Bihyung stand eine Weile der Mund offen, dann sagte er: »Ich habe es immer gewusst! Du bist ein Zauberer?«

»Es gibt keine Zauberer, Bihyung.«

»Oh, ist das also ein Geheimnis? Ich schweige wie ein Grab. Aber mit welchen Zaubertricks hast du bei deinen Jagdausflügen in Kiboren so viele Tiere erlegt?«

»Erfahrung, Ausdauer und Glück.«

Anschließend öffnete er die rechte Faust. Die drei konnten zerdrückte Pflanzen in seiner Hand sehen. Während Bihyung etwas von einem Zauber murmelte, mit dem die Kette in eine Pflanze verwandelt worden war, rief Ryun: »Hichamma! Das ist also Hichamma.«

Kaygon nickte und machte sich an der Kette an seinen Beinen zu schaffen.

»Etwas Härteres als einen Shiktol zu finden, ist so gut wie unmöglich, und diese Pflanze ist der einzige Weg, einen Shiktol zu zerbrechen. Die guten Leute von Zaboro haben sich reichlich Gedanken gemacht, als sie bei uns eine Eisenkette verwendet haben, aber wenn sie erfahren, dass ich mich nur mithilfe dieser Pflanze befreien konnte, eben genau, weil sie Eisenketten verwendet haben, werden sie ziemlich dumm dastehen.«

»Wann in aller Welt hast du dir diese Pflanze besorgt?«

»Bei welchem König war es ... Ach ja, König Eiserne Faust. Während Tinahan König Eiserne Faust verprügelt hat, habe ich sie entdeckt und sie gepflückt. Wie ihr gesehen habt, erweist sie sich als ziemlich nützlich.«

Kaygon stand auf und befreite auch die anderen von ihren Ketten. Danach betrachtete er zutiefst besorgt Tinahan, der begann, die Eisenketten um seine Fäuste zu wickeln. Nachdem er damit fertig war, hämmerte er beide Fäuste zusammen. Es klirrte laut, und wilde Funken flogen umher. Der Lekon lächelte zufrieden.

Kaygon meinte mit ruhiger Stimme: »Tinahan.«

»Was denn, Kaygon?«

»Bitte schlag nicht über die Stränge.«

Tinahan grinste. Als Bihyung dieses Grinsen sah, vermutete er, dass der Lekon Kaygons Worte zwar respektieren, sie aber nach Gutdünken auslegen würde.

Gallotek ließ Vias nicht warten. Kaum hatte sie den Herzturm betreten, eilte ihr ein Novize entgegen. Er warnte sie vor: [Ihr müsst bis in den zweiunddreißigsten Stock hochsteigen.]

Vias fiel aus allen Wolken, denn sie hatte nicht gedacht, dass Gallotek so alt war.

Wenn keine Altershaut entstand, gab es beim Erscheinungsbild eines Nagas kaum Anzeichen, die sein Alter verrieten. Ein alter Naga konnte strahlend jung aussehen, wenn er sich erst vor Kurzem gehäutet hatte. Die Tiefe des Geistes und die Art des verwendeten Nirms waren da aufschlussreicher. Vias hatte Gallotek auf Ende vierzig geschätzt. Aber so ein junger Hüter konnte unmöglich im zweiunddreißigsten Stock wohnen.

Das zweiunddreißigste Geschoss lag so weit oben, dass die Herzflaschen, die in den Nischen in der Mauer des Turms aufbewahrt wurden, irgendwann verschwanden.

[Es gibt schon keine Flaschen mehr. Sind es nicht eigentlich Hunderttausende?], fragte Vias den Novizen erstaunt.

Dieser machte ihr keine Vorwürfe wegen ihrer Ignoranz hinsichtlich der Aufbewahrung von Herzen, die die wichtigste Aufgabe des Herzturms war. Frauen interessierten sich generell nicht für die Angelegenheiten der Männer und hielten dieses Desinteresse auch noch für eine Tugend.

[Das stimmt nicht ganz. Wenn ein Naga stirbt, wird sein Herz nicht weiter aufbewahrt. Es wird nach der Bestattungszeremonie entsorgt.]

[Wie erfahrt ihr vom Tod eines Nagas, der an einem weit entfernten Ort außerhalb der Stadt stirbt?]

[Wenn ein Naga stirbt, stirbt auch sein Herz. Das erkennt man sofort.]

[Ah, verstehe.]

Kurz danach wurde Vias noch etwas klar: Nachdem sie so viele Stufen erklommen hatte, würde sie in einem ziemlich elenden Zustand vor Gallotek erscheinen. Obwohl Gallotek über sie Bescheid wusste, wollte sie vermeiden, dass sie wie eine um Gnade ersuchende Verbrecherin vor ihn trat. Daher blieb sie im einunddreißigsten Stock stehen. Sie dachte, dass der Novize sich bei ihr nach dem Grund dafür erkundigen würde. Aber er blieb erstaunlicherweise still und wartete. *Mist! Er hat geahnt, dass ich hier eine Pause machen würde. Hat Gallotek ihm das gesagt? Oder ist dieser Junge alleine darauf gekommen?* Sie fragte den Novizen nicht danach.

Zum Glück nirmte er schließlich von sich aus: [Es ist eine Ehre, einer Person mit guten Manieren zu dienen. Hüter Gallotek tut es immer so leid, wenn er sieht, wie sehr sich seine Gäste mit den Treppen plagen. Deshalb pflege ich ihnen an dieser Stelle zu raten, ein wenig durchzuatmen. Aber bei Euch war das gar nicht nötig!]

Vias wäre beinahe in Gelächter ausgebrochen. Denn dass sie stehen geblieben war, stand sicherlich nicht in Zusammenhang damit, dass Gallotek sich Sorgen um seinen Gast machte. Sie ließ den Novizen jedoch in dem Glauben, und als sich ihre Atmung ausreichend normalisiert hatte, stieg sie weiter die Stufen hinauf. Im zweiunddreißigsten Stock gab es zwei Türen. Der Novize führte sie zur linken.

Das kam Vias eigenartig vor, deswegen erkundigte sie sich: [Steht einem einzelnen Hüter etwa keine ganze Etage zu?]

[Das gilt erst ab dem fünfzigsten Stock, Vias Makerow. Vom dreißigsten bis neunundvierzigsten Stockwerk teilen sich jeweils zwei Hüter eine Etage. Das hat natürlich nichts mit dem Rang zu tun. Je höher man wohnt, desto schwieriger wird es, den Turm hinauf- und hinunterzugehen, deswegen wohnen nur wenige Nagas weiter oben.]

Trotz dieser Erklärung dachte Vias, dass es unter Garantie ein Statussymbol war, in welchem Stock ein Hüter wohnte. Wer so weit oben lebte, würde nicht selbst die Stufen auf- und absteigen. Er würde andere für sich die Treppen hochsteigen lassen, so wie Gallotek es gerade mit ihr tat. Als sie jedoch daran dachte, dass er gestern Abend ebenso die Stufen hatte nehmen müssen, überkam sie Schadenfreude.

Bevor der Novize ihre Ankunft durch die Tür nirmen konnte, trat Vias abrupt vor und klopfte. Der Novize sah sie überrascht an. Aber aus dem Zimmer erreichte sie ein sanftes Nirm: [Kommt herein, Vias Makerow.]

Sie öffnete, ging hinein und ließ den ratlosen Novizen einfach stehen. Nachdem sie die Tür geschlossen hatte, sah sie sich im Zimmer um. Es war ein gewöhnlicher Raum. Gallotek saß am Schreibtisch vor dem Fenster. Er deutete auf einen Stuhl, und sobald Vias dort Platz genommen hatte, sagte er: »Vielen Dank, dass Ihr mir einen Besuch abstattet, Vias Makerow. Was kommt als Nächstes, nachdem Ihr schon an der Tür geklopft habt? Gesang? Applaus?«

Während er mit der Stimme sprach, musterte sie ihn und stellte fest, dass er sich nicht darum kümmerte, dass er wie ein Ungläubiger behandelt worden war. Und dass ihm auch nicht entgangen war, was sie mit dem Klopfen an der Tür beabsichtigt hatte. Sie resignierte.

[Gestern hatte ich den Eindruck, dass Ihr viel Interesse an Geräuschen hegt.]

»Oh, das stimmt. Ich habe sogar das hier«, erwiderte Gallotek und hob einen Stock hoch, der auf seinem Schreibtisch lag, und hielt ihn Vias hin. Er war ziemlich lang. Obgleich sie sich wunderte, warum er das tat, nahm sie den Stock entgegen und stellte fest, dass er nicht viel wog – er war aus Bambus. Das hatte sie nicht sofort erkannt, weil er eine seltsame Farbe hatte.

»Was denkt Ihr, was das ist?«, fragte Gallotek lächelnd.

Vias bestand weiter auf das Nirmen: [Das ist Bambus. Er hat durch Würmer einige Löcher davongetragen. Habt

Ihr Mitleid mit ihm gehabt und ihn ordentlich bearbeiten lassen?]

Gallotek schüttelte den Kopf. Vias gab ihm den Bambus zurück, und er hielt die Löcher zu, die sie für Wurmbefall gehalten hatte, und führte das oberste Loch zum Mund. Kurz schoss ihr die absurde Frage durch den Kopf, ob Gallotek vorhatte, dieses Baumstück zu essen, dann ertönten Klänge aus dem Bambus. Vias war erstaunt.

Der Bestie schwerer Atem, älter als ein Mythos
   und gigantischer als eine Bergkette – zweifellos
   ein weiser Narr.
Beim Anblick der Sterne, verstreut über den Sumpf,
   vergisst die Bestie kurz ihren drängenden Durst.
Der Wind, schnell, nicht eilig.
Ein Seufzer, ausgestoßen von einem Felsen, der von
   fließendem Wasser ausgehöhlt wird, oder der erste
   Schrei des Felsens, der nach unzähligen Jahren
   endlich zu fließendem Wasser wurde?

Vias brauchte eine Weile, um zu begreifen, dass der Bambus ein Musikinstrument war und Gallotek gerade darauf spielte. Er blies mit aller Kraft hinein. Ein klarer Klang, den ausschließlich harter Bambus und die innere, weiche Membran des Schilfrohrs erzeugen konnten, stieg in vollkommener Erhabenheit zur Decke hinauf.

Ein nicht trauriger Aufschrei, denn er ist nur allzu
   traurig.
Bohrt sich hindurch.
Stiller Donner und sanfter Blitz, die die Wolken teilen
   und das Mondlicht erklimmen.

Die Aufführung war zu Ende.

Gallotek nahm die Lippen vom Mundstück des Instruments und sah Vias an.

Sich darum bemühend, ihre Faszination nicht zu zeigen, nirmte sie: [Ihr habt ein interessantes Hobby. Der Bambus wurde wohl doch nicht von Würmern befallen.]

»Das ist ein Musikinstrument, das Flutwellen zerteilt und Stürme besänftigt. Man nennt es Degem.«

[Wollt Ihr damit sagen, dass dieser Bambus zaubern kann?]

Gallotek lachte laut. Er schien gerne zu lachen. »Ich will damit sagen, dass dieses Musikinstrument sowohl die Macht besitzt, Flutwellen zu zerteilen, als auch die Milde, Stürme zu besänftigen. Es gibt keine Zauberei. Der einzige Zauber, den ich mit diesem Instrument zustande bringe, ist, dass Frieden in mir einkehrt, wenn ich darauf spiele. Hat Euch die Musik gefallen?«

Vias wich der Frage aus. [Es war zweifellos ein besonderes Erlebnis, aber ich glaube nicht, dass Ihr Euch mit mir treffen wolltet, um mir das vorzuführen.]

»Natürlich nicht. Wir wollten über die Ermordung Eures Bruders sprechen«, sagte Gallotek und legte die Degem beiseite.

Vias grub die Finger tief in die Armlehnen des Stuhls. Sonst hätte sie Gallotek wohl eine heftige Ohrfeige gegeben. Bei diesem Anblick lächelte er erneut. Anschließend holte er ein Seil aus der Schublade seines Schreibtisches hervor und reichte es Vias, die ihn verständnislos anblickte.

»Fesselt mich damit.«

[Was zum Teufel soll so eine komische ...]

»Das ist mit Sicherheit nicht komisch, sondern unbedingt notwendig. Fesselt mich so fest Ihr könnt an den Stuhl. Beim Namen der *Göttin, die keine Fußspuren hinter-*

lässt schwöre ich Euch, dass Ihr mir noch dankbar sein werdet.«

Vias verstand absolut nichts, aber an einem Schwur im Namen der Göttin war nicht zu zweifeln. Sie band den Hüter so fest es ging an den Stuhl, aber er war nicht zufrieden damit. Er verlangte, dass sie ihn noch fester fesseln solle, und sie tat wie geheißen, sodass sich beinahe seine Schuppen ablösten. Als auch seine Beine an den Stuhl gebunden waren, bewegte er sich ein paarmal hin und her und schien endlich zufrieden zu sein.

»Vielen Dank. Das war wirklich ein absurder Vorschlag, nicht wahr?«

[Ja, absurder, als Ihr denkt.]

»Aber es ist wirklich notwendig. Nun tretet bitte zurück.«

Sie tat, was von ihr verlangt wurde, da sie unbedingt wissen wollte, worauf er hinauswollte. Als sie weit genug von ihm entfernt stand, lachte Gallotek wieder.

Dann änderte sich schlagartig sein Gesichtsausdruck.

Obwohl Vias bereits weit genug von ihm entfernt stand, tat sie einen Satz zurück. Noch nie hatte sie eine solche Mordlust im Gesicht eines anderen gesehen. Ihre sich sträubenden Schuppen erzeugten einen wilden, unangenehmen Klang.

Gallotek brachte den Stuhl, an den er gefesselt war, ins Wanken, als er nirmte: [Vias! Du verfluchte Mörderin!]

Sie wäre fast in Ohnmacht gefallen. Es war ein Nirm von Hwarit Makerow.

Das Nirm ihres verstorbenen Bruders ließ sie in eine Schockstarre verfallen. Als sie unter enormer Willensanstrengung endlich wieder zu sich fand, lächelte Gallotek sie wieder an. Er deutete mit dem Kinn auf das Seil und bat sie, die Fesseln zu lösen.

Doch sie rührte sich nicht vom Fleck. Den Rücken an die Wand gedrückt nirmte sie scharf: [Wollt Ihr mir erklären, was das Spielchen gerade sollte?]

»Ich glaube nicht, dass Ihr das wirklich für ein Spielchen haltet.«

Vias schwieg. Gallotek lächelte und fuhr fort, als bliebe ihm nichts anderes übrig: »Na gut, Ihr bekommt zuerst die Erklärung, anschließend bindet Ihr mich los. Das eben war die Seele Hwarits.«

Erneut war Vias schockiert. Ohne Gallotek aus den Augen zu lassen, sandte sie ihm ein Nirm, das sie selbst nicht glauben konnte: [Ein Seelenwandler?]

»Ja. Aber nun bin ich wieder Hüter Gallotek.«

[Das kann nicht sein! Unter den Nagas gibt es keine Seelenwandler!]

»Es ist keine wünschenswerte Einstellung bei einer Wissenschaftlerin, wenn sie von einer These überzeugt ist, die nicht bewiesen ist. Denkt noch einmal unvoreingenommen nach. Warum soll es unter den Nagas keine Seelenwandler geben?«

[Welcher Naga, der nicht vollkommen verrückt ist, würde die Seelen von Ungläubigen in sich aufnehmen wollen?]

»Wenn die Belohnung hoch genug ist? Das wäre doch vorstellbar.«

[Welche Belohnung? Ewiges Leben? Wer würde schon so eine Torheit begehen!]

»Torheit?«

[Wie soll das ein ewiges Leben sein, wenn man mit den Seelen anderer von einem Körper zum anderen wandert und irgendwann sogar sich selbst verliert? Von den Ungläubigen ist so eine Torheit zu erwarten, schließlich müssen sie den Tod fürchten. Aber von einem Naga?]

»Euer Nirm dreht sich nur um Nagas. Aber Ihr habt nicht unrecht. In der Regel werden Nagas so alt, dass sie des Lebens überdrüssig werden und sie, ohne Angst zu haben, sterben. Ihr wisst sicherlich auch, dass die Dokebis, die sich noch weniger um den Tod scheren als wir, gelegentlich Seelenwandler werden. Warum, glaubt Ihr, ist das so?«

Vias schwieg. Gallotek beantwortete seine Frage selbst: »Ja, die netten Dokebis tun das aus Mitgefühl, wenn ein Seelenwandler vor ihren Augen stirbt. Nicht weil es ihnen um ihr eigenes ewiges Leben geht, sondern weil sie die Bitten der zahlreichen Seelen nicht abschlagen können.«

[Wollt Ihr damit etwa sagen, dass Ihr Mitleid mit den Ungläubigen ...]

»Nein, nein, ich wollte Euch nur sagen, dass man auch aus einem anderen Grund zum Seelenwandler werden kann, nicht nur, weil man sich das ewige Leben wünscht. Die Belohnung, die ich erhalten habe, ist Wissen. Ob Ihr es glaubt oder nicht, in mir ist sogar ein Holzfäller aus Kashida, der vor dreihundert Jahren gestorben ist.«

Bei dem Wort »Holzfäller« sträubten sich Vias die Schuppen.

Gallotek warf einen Blick auf seinen Schreibtisch und fuhr fort: »Diese Degem wurde vor zweihundert Jahren von einem brillanten Instrumentenbauer hergestellt. Vor vierzig Jahren wurde er ein Teil des Seelenwandlers, und von ihm habe ich gelernt, das Instrument zu spielen. Er sagte mir, für einen Naga sei ich gar nicht schlecht. Jedoch frage ich mich häufig, ob das wirklich ein Kompliment war.«

[Wie seid Ihr einem Seelenwandler begegnet? Seid Ihr etwa über die Grenzlinie nach Norden gegangen?]

»Ich kann nachvollziehen, dass Ihr mehr über meine Vergangenheit erfahren wollt, aber das ist im Moment nicht von

Bedeutung. Im Augenblick ist nur wichtig, dass Ihr zwei Dinge akzeptiert: Ich bin ein Seelenwandler, und Hwarit ist ein Teil von mir. Besonders über Letzteres werden wir noch viel sprechen müssen. Es wäre jedoch besser, Ihr würdet mich vorher losbinden.«

Vias betrachtete Gallotek ziemlich lange, verschränkte die Arme und nirmte: [Ist Hwarit wirklich ein Teil von Euch?]

»Soll ich ihn Euch noch einmal zeigen?«

[Wie habt Ihr seine Seele aufgenommen?]

»Ich habe ihn gefunden, als er im Sterben lag.«

[Wollte er etwa Teil eines Seelenwandlers werden?]

»Nein, er wollte ein Bräutigam der Göttin werden.«

[Was meint Ihr damit?]

»Ich trage auch einige Frauen in mir. Eine von ihnen, die eine nicht zu verachtende Überzeugungskraft besitzt, ist vorgetreten. Er hat den Köder sofort geschluckt und mich für seine Göttin gehalten«, erzählte Gallotek und fuhr in einem Ton fort, als fände er das Ganze äußerst amüsant: »Nachdem er erfahren hat, dass er hinters Licht geführt wurde, hat er sich völlig in mir eingekapselt und kein Wort mehr gesagt. Als ich ihn jedoch gefragt habe, wer ihn umgebracht hat, konnte er nicht weiter schweigen. Mit welchem Detailreichtum er alles geschildert hat ... Ich hatte sogar das Gefühl, selbst gerade ermordet zu werden! Na ja, es wäre auch nicht unbedingt falsch, wenn ich sagen würde, dass ich tatsächlich ermordet worden bin.«

[Was wollt Ihr von mir?]

»Ich möchte, dass Ihr mich losbindet. Meine Arme tun weh.«

[Oh, Himmel, könnt Ihr mir bitte endlich verraten, was Ihr von mir wollt, weil ich Euch getötet habe?]

Gallotek brach wieder in Gelächter aus. Sein Lachen dauerte so lange, dass Vias sich in Geduld üben musste. Als er endlich aufhören konnte, sagte er: »Erinnert Ihr Euch daran, dass ich gestern sagte, ich hätte bei Eurer großen Tat ein Gefühl von Zufriedenheit und Inspiration empfunden?«

[Ja, ich erinnere mich daran. Was meintet Ihr damit?]

»Ich fasse mich kurz. Es gibt eine Gruppierung, zu der auch ich gehöre. Und wir bekämpfen die Feinde der Nagas.«

Vias wusste nicht, was sie darauf nirmen sollte, also fragte sie nur: [Feinde der Nagas?]

»Es gibt einige, die sich mit den Ungläubigen zusammengetan haben und den Nagas Schaden zufügen wollen. Diese Verräter haben einen Plan geschmiedet, und Teil dieses Plans ist, einen Naga zum Großtempel Hainsha zu schicken. Diesen Gesandten mussten wir finden, um ihren finsteren Plan zu vereiteln. Wir konnten ihn aber leider nicht ausfindig machen. Es versteht sich, dass wir sehr nervös wurden. Dann habt Ihr Euch als Hüter verkleidet und Hwarit Makerow getötet. Kurz darauf konnten wir eine Reihe von interessanten, ja, fast beeindruckenden Auftritten der Verräter beobachten. Erst da haben wir erfahren, dass die Person, nach der wir die ganze Zeit gesucht hatten, Hwarit Makerow war. Ihr habt uns eine Aufgabe abgenommen, die für uns äußerst schwierig gewesen wäre, und dafür sind wir Euch sehr dankbar.«

Vias konnte ihre Überraschung nicht verbergen. [Hwarit soll ein Verräter gewesen sein?]

»Genauer gesagt, war er ein willfähriges Werkzeug der Verräter. Habt Ihr an ihm nichts Eigenartiges bemerkt?«

[Nein, nicht wirklich. Auf so eine Idee wäre ich niemals gekommen. Dieser naive kleine Junge soll sich an so einem wagemutigen Unternehmen beteiligt haben? Ehrlich gesagt, kann ich schlichtweg nicht glauben, was Ihr mir gerade erzählt habt. Abtrünnige, die sich mit den Ungläubigen zusammengetan haben? Habt Ihr Beweise dafür?]

Gallotek lächelte nicht mehr. Er gab mit ernstem Gesichtsausdruck zu: »Leider nicht. Hätten wir Beweise, hätten wir die Verräter längst ihrer gerechten Strafe zugeführt. Trotzdem kann ich Euch versichern, dass es Nagas gibt, die ihr eigenes Volk verraten haben. Ich habe Hwarit damit konfrontiert, aber er gab keine Antwort und hielt seinen Geist fest versiegelt.«

[Das heißt, Ihr habt Euch selbst damit konfrontiert? Das klingt ziemlich widersinnig.]

»Nicht unbedingt. Seid Ihr mal in einen inneren Konflikt geraten? Ich meine, dass Ihr auf die eine Weise, aber gleichzeitig auch auf eine andere handeln wolltet. Bestimmt kennt Ihr solche Erfahrungen. Ich trage viele Seelen in mir. Es kommt vor, dass diese Seelen miteinander streiten.« Es klang wie ein Scherz, aber sein Gesichtsausdruck war nach wie vor ernst. »Der fürchterliche Plan der Abtrünnigen ist zwar vorübergehend vereitelt, aber solange wir nicht wissen, wer sie sind und sie bestrafen, können sie ihr Vorhaben jederzeit fortführen. Die Beweise, nach denen Ihr gefragt habt, suchen wir momentan fieberhaft. Und aus diesem Grund habe ich Euch zu mir gebeten.«

[Kommt Ihr jetzt endlich zum Punkt?]

»Ja. Es gibt eine Person, von der wir annehmen, dass sie zu den Verrätern gehört. Sie war stets an Hwarits Seite und hält sich im Augenblick bei Karindol auf. Vermutlich, um die Wahrheit über Hwarits Ermordung herauszufinden.«

Völlig verblüfft nirmte Vias: [Swachi!]

»Ja, dieser Mann und noch ein weiterer namens Karu. Die beiden haben bis zu Hwarits Tod im Haus Makerow gewohnt. Sie sind sogar mit ihm zurückgegangen, als die anderen Männer im Haus Pey geblieben sind. Erinnert Ihr Euch daran?«

Vias nickte.

Gallotek sprach weiter: »Wenn wir Swachi ins Visier nehmen, können wir einige nützliche Beweise in die Hände bekommen. Daher möchten wir einige Männer ins Haus Makerow entsenden. Was wir von Euch wollen, ist ganz einfach: Kümmert Euch um diese Männer und greift ihnen unter die Arme.«

Bei seinen Worten vergaß Vias alles andere. Sie bemühte sich, so zu tun, als würde sie sich nicht für Männer interessieren, und nirmte: [Wie viele sind es?]

»Fünf. Es müssen so viele sein, damit sie im Notfall Swachi überwältigen können.«

Vias bebte fast vor Freude, bewahrte aber ihre eiserne Haltung.

[Euch kann nicht unbekannt sein, was Karindol zurzeit treibt. Ein Mann muss nur an ihr vorbeilaufen, und schon zerrt sie ihn ins Haus Makerow. Warum kommt Ihr mit Eurer Bitte also ausgerechnet zu mir?]

»Wir können nicht ausschließen, dass Swachi Karindol auf seine Seite gezogen hat. In diesem Fall brauchen wir jemanden, der sich gegen Karindol behaupten kann. Männer können sich nicht gegen eine Frau stellen. Wir brauchen eine Frau aus dem Haus Makerow, die ihnen Schutz gewährt, falls Karindol sie hinauswerfen will. Selbst wenn Swachi sie nicht für sich gewonnen hätte, benötigen wir eine Verbündete, falls wir ihn gefangen nehmen müssen.«

Vias erklärte sich nicht sofort damit einverstanden. Stattdessen nirmte sie, als wäre sie unzufrieden: [Ich will aber nicht wegen einer Angelegenheit, die nicht bewiesen ist, Verschwörer in mein Haus holen.]

Gallotek wurde ruhelos. Er gab das Sprechen auf, auf das er bisher trotzig bestanden hatte, und sandte ein Nirm: [Vias Makerow, das ist eine Angelegenheit von äußerster Wichtigkeit. Es geht darum, die Identität der Naga-Verräter aufzudecken!]

Vias war berauscht von diesem kleinen Sieg, zeigte es aber nicht.

[Die Existenz solcher Verräter ist nicht bewiesen, oder?]

[Fünf Männer werden Euch dienen. Reicht Euch das nicht?]

[Sehe ich aus wie eine Frau, die für eine Handvoll Männer zu allem bereit ist?]

Ihre Unverschämtheit brachte Gallotek aus der Fassung. Ihm war durchaus bekannt, wie sehr es sie verbitterte, mit vierunddreißig noch kinderlos zu sein. Er nirmte etwas missmutig: [Ich habe Hwarits Seele, Frau Makerow.]

[Wollt Ihr mir etwa drohen? Das kümmert mich nicht. Wie wollt Ihr mich anzeigen, ohne offenzulegen, dass Ihr die Seele meines Bruders entführt habt, als er auf dem Weg zur Göttin war?]

Gallotek war nach wie vor am Stuhl festgebunden, doch nun bekam er das Gefühl, dass auch sein Geist gefesselt wurde. Er knirschte mit den Zähnen. Er hatte keinen Grund mehr zu lächeln.

[Wir könnten Euch einigen Schaden zufügen. Ihr wisst Dinge, die Ihr nicht wissen solltet. Unter uns gibt es einige, die es bedauern, dass Ihr nicht nur Euren Bruder, sondern ebenso Hüter Yubex getötet habt.]

[Mir Schaden zufügen? Mir wurde das Herz entnommen. Glaubt Ihr etwa, Ihr könntet mit mir das Gleiche machen wie ich mit dem alten Yubex?]

[Um Himmels willen, nein! Es ist nicht notwendig, gleich so brutal zu werden. Wir kennen einen besseren Weg. Euch wurde das Herz entnommen, genau deswegen kann Euer Herz uns einen guten Dienst erweisen!]

Vias war völlig perplex. Galloteks Wut war aus ihm herausgebrochen und er bereute augenblicklich, dass er etwas genirmt hatte, was er besser für sich behalten hätte.

[Wovon nirmt Ihr da?], fragte Vias eisig.

[Das braucht Ihr nicht zu wissen.]

[Oh, ich denke schon. Vor allem, wenn Ihr weiter meine Hilfe wollt.]

Gallotek sah sie an, als hätte sie etwas Eigenartiges gesagt, und nach einer Weile begann er behutsam ein Nirm zu formulieren.

Vias war bis ins Mark verstört. Sie sank auf ihren Stuhl zurück.

[Heißt das, ich sterbe sofort, wenn mein Herz zerstört wird?], fragte sie, als Gallotek geendet hatte.

[Sofort und unwiderruflich.]

[Warum habt Ihr mir nicht gleich damit gedroht?]

[Ich bitte Euch! Die Zerstörung des Herzens ist kein Richtschwert für alle Fälle. Stellt Euch vor, was die Leute mit uns anstellen würden, wenn herauskäme, dass wir ihnen jederzeit das Leben nehmen können, wenn wir wollen! Es geht nicht nur um die Sicherheit der Hüter. Wenn die Nagas von der Herzzerstörung erführen, wer würde sich dann noch das Herz herausnehmen lassen? Unser Volk würde zugrunde gehen. Ich habe Euch nur gedroht, weil ich wütend war, aber wenn Ihr meine Bitte abschlagt, kann ich Euch in Wirklichkeit nur darum bitten, alles zu vergessen, was ich Euch heute erzählt habe. Eine andere Möglichkeit bleibt mir nicht.]

Vias war zwar neugierig, was »Richtschwert für alle Fälle« bedeutete, konnte aber aus dem Kontext den Sinn erahnen.

Möglicherweise verwendete Gallotek als Seelenwandler einen Ausdruck, der bei den Nagas nicht existierte.

Sie erhob sich.

[Schickt Eure Männer zu mir.]

Sichtlich erfreut sah er zu Vias auf. Sie blickte auf ihn hinab und nirmte kühl: [Für heute lasse ich es dabei bewenden, aber irgendwann werde ich meine Belohnung einfordern. Ihr habt bestimmt etwas, was mir nützlich sein kann.]

Gallotek wurde wütend. Eine Frau, die ihren eigenen Bruder ermordet und einem Hüter des Herzturms das Leben genommen hatte, war so unverschämt, von einer Belohnung zu sprechen. Sie sollte dankbar dafür sein, dass man ihr Verbrechen nicht öffentlich machte. Überdies würde sie sage und schreibe fünf Männer bekommen. Aber Gallotek ließ seine Wut nicht die Oberhand gewinnen. Das würde ihm nicht helfen.

Als Vias sich zum Gehen wandte, wurde er nervös.

[Vias Makerow! Bitte löst das Seil, bevor Ihr geht], nirmte er.

Sie näherte sich ihm mit einer arroganten Haltung. Aber sie band ihn nicht los. Stattdessen nirmte sie etwas Merkwürdiges: [Würdet Ihr zuvor bitte noch einmal Hwarit nach vorne treten lassen?]

Gallotek verstand nicht, was sie damit bezweckte, aber er tat, wie geheißen. Sobald er zurücktrat, erschien Hwarit, der bereits in ihm gelauert hatte. Wie ein wütender Himmelsfisch preschte er in Galloteks Bewusstsein nach vorne.

[Du grausame Mörderin, ich bringe dich um!]

Vias schlug dem Seelenwandler ins Gesicht. Galloteks Kopf wurde ruckartig zur Seite geschleudert. Mühsam richtete er sich wieder auf und starrte Vias nirm- und verständnislos an.

Sie fasste mit der linken Hand fest Galloteks rechte und nirmte: [Obwohl du tot bist, hast du dir deinen frechen Charakter anscheinend bewahrt. Deinen zweiten Tod hast du dir redlich verdient.]

Hwarit brüllte wie ein wütender Himmelsfisch, musste aber gleich wieder in den Hintergrund verschwinden, weil Gallotek nach vorne trat. Dieser betastete mit der Zunge das Innere seines Mundraums. Wie erwartet war dort etwas aufgeplatzt.

Bis Vias das Seil gelöst hatte, nirmte er nichts. Denn er war völlig davon in Anspruch genommen, seine kochende Wut unter Kontrolle zu bringen.

»Das Fest ist vorbei! Geht nach Hause ... Moment, das hier ist ja dein Zuhause?«

Tinahan, der Sigrim Zaboro hin- und herschüttelte, war durch seine eigenen Worte kurz aus dem Konzept gebracht. Das befreite Sigrim vorübergehend von Tinahans Aufmerksamkeit. Ein Grund zur Freude war das jedoch nicht. Sein Peiniger hielt ihn nämlich gerade am linken Knöchel fest, und wenn er ihn vergaß und fallen ließ, würde er aus einer beachtlichen Höhe auf den Boden knallen. Und das würde seinen Nacken enorm in Mitleidenschaft ziehen. Es wäre klüger gewesen, nicht aufs Dach zu fliehen.

Sigrim sah sich zu einer Entscheidung gezwungen, die ein gewöhnliches Opfer nur schwer, um nicht zu sagen, nie treffen würde. Er musste die Aufmerksamkeit seines Peinigers wieder auf sich ziehen. Also fing er an, wie am Spieß zu brüllen.

»Das war nicht richtig, was ich gesagt habe. Lass uns noch mal von vorne anfangen. Das Fest ist vorbei! Ich werde jetzt gehen! Nein, nein, verdammt! Das klingt nicht gut! Ich muss nachdenken ...«

Wieder wurde Sigrim Dutzende Meter über dem Boden hängen gelassen. Er blickte nach unten, aber dort gab es nicht viel, was ihm Freude bereitete. Im Hof lagen seine Soldaten, schwer verletzt und mit kaputten Waffen. Kaygon und Bihyung liefen zwischen ihnen umher und rieten ihnen, aufzustehen und nicht so zu tun, als wären sie tot, denn das könne ihrer Würde doch nicht zuträglich sein, aber sie schienen diesem Rat unter keinen Umständen Folge leisten zu wollen. Der Lotse schüttelte den Kopf und blickte zum Dach, als hätte er sich plötzlich an etwas erinnert. Er seufzte, als er entdeckte, dass Sigrim in Tinahans Hand herumzappelte.

»Tinahan, übertreib es bitte nicht und komm langsam runter. Du wirst zukünftigen Generationen beträchtlichen Ärger einbrocken, wenn dir ein Missgeschick unterläuft und du ihn fallen lässt.«

»Ärger?«

»Es könnte sein, dass seine Nachfahren sich darüber den Kopf zerbrechen müssen, was sie mehr schätzen sollen: den Steinquader mit Byulbis Krallenspuren oder den Steinquader mit den Schädelresten des Maripgans.«

Die Rücken einiger Soldaten, die auf dem Bauch lagen, bebten. Offenbar war niemand gestorben. Kichernd stieß sich Tinahan vom Dach ab und sprang in die Höhe. Während Sigrim kreischte, als würde er gerade in die Hölle hinabgerissen, landete Tinahan sanft und sicher im Hof. Und dort ließ er sein Opfer endlich los. Der arme Sigrim saß auf dem Boden und begann, heftig zu würgen.

Kaygon drehte sich um, als interessiere er sich nicht für ihn. In der Ecke des Hofes stand Ryun mit Ashwarital auf der Schulter. Vor ihm saß Kitata auf dem Boden und hatte ein halb geschmolzenes Schwert vor sich. Um seinen Neffen aus der Gewalt des Lekons zu befreien, hatte Kitata versucht, eine Geisel zu nehmen. Seine Entscheidung war, für jedermann nachvollziehbar, auf Ryun gefallen. Aber Ashwarital war urplötzlich aus dem Himmel auf ihn herniedergestürzt und hatte den Plan vereitelt.

Kitata betrachtete die Überreste seines Schwerts, das einst so fein geschliffen gewesen war wie sein Stolz, aber nun nicht viel mehr war als eine Eisenstange. Als er Schritte vernahm, hob er den Kopf. Bekümmert sagte er zu Kaygon: »Vor Kurzem habe ich begriffen, dass die Natur einen schrecklichen Fehler begangen hat.«

»Und der wäre?«

»Sie hat die Lekons erschaffen.«

Ryun ließ den Blick über den Hof schweifen und stimmte Kitata in Gedanken zu.

Kaygon sagte lakonisch: »Auch ich habe begriffen, dass die Natur einen Fehler gemacht hat.«

»Nennt ihn mir.«

»Sie hat dumme Leute erschaffen, die einen reisenden Lekon verärgern und sich dazu noch an einen Drachen klammern, der ihnen niemals gehören kann.«

Kitata sah ihn traurig an.

»Generaloberst, ich kann Euch nur raten, Reisende beim nächsten Mal mit mehr Respekt zu behandeln, statt ihr Zimmer nicht mehr zu heizen oder ihnen gar einen Streithammer über den Kopf zu ziehen, während sie schlafen.«

»Das hört sich vernünftig an.«

Diese unerwartet nüchterne Entgegnung kam Kaygon sonderbar vor.

»Heißt das, Ihr habt all das nur getan, weil Euer Neffe es befohlen hat?«

Diese Frage ließ Kitata unbeantwortet. Der Lotse schaute zu Sigrim zurück. König Würde saß immer noch würgend auf dem Boden. Kaygon sagte: »Es ist Zeitverschwendung, wenn ich meine Worte an diesen Mann richte, dem es an jeglichem Verstand mangelt, deswegen sage ich es Euch: Kitata Zaboro, wenn Sigrim Zaboro das Königsspiel spielen will, ist das seine Entscheidung. Aber bevor man sich einer Herausforderung stellt, die bisher niemand gemeistert hat, obwohl sich so viele Leute seit Jahrhunderten danach sehnen, wäre es ratsam, darüber nachzudenken, ob es nicht etwas Nützlicheres gibt, dem man sich widmen könnte. Zaboro ist ein gutes Land. Aus Eurem Clan ist stets ein guter Maripgan hervorgegangen. Es gibt genug Dinge, die ein guter Maripgan in einem guten Land verwirklichen kann. Richtet ihm das bitte aus.«

»Wollt Ihr damit sagen, es gibt vieles, was er darf, aber das Königsspiel gehört nicht dazu?«

»Ich will damit sagen, dass es neben dem Königsspiel viele lohnenswerte Aufgaben gibt.«

Kitata schwieg kurz und fragte dann: »Ist es aber nicht ein König, der am dringendsten gebraucht wird?«

Kaygon sah ihn teilnahmslos an. »Habt auch Ihr Euch einen König gewünscht?«

»Ein wenig schon. Deswegen konnte ich meinen Neffen wohl nicht rechtzeitig aufhalten.«

»So ist das also. Dann möchte ich Euch etwas fragen. Was ist ein König?«

Als Bihyung diese Frage hörte, verharrte er reglos und lauschte.

Kitata blickte in den Himmel und sagte verträumt: »Der König ist das Feuer, das das Gold aus dem Sand heraus-

527

schmilzt. Er ist das Wasser, das aus Sand einen Turm errichtet. Der menschliche Wille ist nichts, wenn er in alle Winde verstreut ist, schafft aber selbst das Großartigste mit Leichtigkeit, wenn er sich sammelt. Der König ist die Person, die diesen Willen an einem Punkt konzentriert, so wie der Letzte Schmied, der das schwache Licht der Sterne sammelt und damit den Stahl schmiedet.«

»Falsch.«

»Falsch?«

»Versucht nicht, aus Eurem Maripgan einen König zu machen, solange Ihr nicht wisst, was ein König ist. Was Ihr nicht kennt, könnt Ihr nicht erschaffen. Aber Ihr könnt einen großartigen Maripgan aus ihm machen. Und das ist großartiger als ein großartiger König. Weil er sein Volk glücklich machen kann.«

»Glücklich? Was ist dann mit dem König? Wollt Ihr behaupten, dass ein König sein Volk unglücklich macht?«

Statt diese Frage zu beantworten, gab Kaygon Ryun ein Zeichen. Daraufhin gesellte sich dieser zu Tinahan und Bihyung. Bevor Kaygon sich umdrehte, um seinen Gefährten zu folgen, erklärte er dem Generaloberst trocken: »Es ist an der Zeit, aus dem Tagtraum zu erwachen. Die Abenddämmerung mutet warm an, aber der Weise kann die Kühle in ihr spüren. Bereitet Euch auf die kalte Nacht vor.«

Tinahan war von diesen Worten sehr beeindruckt und wiederholte sie sofort, um sie auswendig zu lernen, weswegen er nicht mitbekam, dass Kaygon ihm etwas sagen wollte, sich stattdessen an Bihyung wandte und nach kurzer Überlegung doch stumm blieb und in Gedanken versank.

»Ist etwas, Kaygon?«, fragte der Dokebi.

»Jetzt weiß ich, warum Nanui Ryun nicht aufsteigen ließ. Es lag wahrscheinlich am Drachen. Nanui hatte Angst vor dem Drachen.«

Hocherfreut sah Bihyung Ashwarital an, der auf Ryuns Schulter saß.

Kaygon fuhr fort: »Das bedeutet, dass Ryun jetzt auf Nanui direkt zum Großtempel fliegen könnte, wenn wenn der Drache nebenherfliegen würde.«

»Und du verlässt uns und gehst nach Hause zurück?«, fragte Bihyung betrübt. Auch die anderen beiden sahen Kaygon überrascht an.

Seufzend erwiderte er: »Ja. Aber ich bin nicht sicher, ob sich der Drache von ihm trennen lässt. Außerdem weiß ich nicht, wie der Käfer reagiert, wenn ein Drache in seiner Nähe herumfliegt. Wenn das Pferd verängstigt ist, gerät sein Reiter in Lebensgefahr. Von daher möchte ich den erfahrenen Reiter fragen, was passiert, wenn der Käfer hoch am Himmel Angst bekommt.«

Bihyung begann entsetzliche Katastrophen aufzuzählen. Selbst Tinahan zog ein Gesicht, und Ryun beschloss, unter keinen Umständen jemals auf dem Käfer zu reiten, egal, was auch passieren mochte. Nachdem Bihyung mit seiner Aufzählung fertig war, breitete er scheinbar hilflos die Arme aus und meinte: »Also, gehen wir weiter zu Fuß? Gibt es damit Probleme?«

Kaygon dachte kurz nach und sagte dann: »Ich denke, dass wir fürs Erste keine großen Probleme damit haben werden.«

Bihyung und Tinahan waren erleichtert. Aber der Dokebi fragte neugierig: »Fürs Erste? Das heißt, dass es bald Probleme geben wird?«

»Wir verlassen Zaboro und gehen in nordwestlicher Richtung nach Schrados. Denn Mehem wird kein angenehmer Ort für uns, wenn sie sich dort auf einen Krieg mit Zaboro vorbereiten, und wenn wir nach Petschiren wollen, müssen wir einen Fluss überqueren. Auf dieser Route würden sich einige Schwierigkeiten für uns ergeben.«

Bihyung warf Tinahan einen verstohlenen Blick zu, der sich auf das Dreifache aufgeplustert hatte, und sagte: »Dann also Schrados. Aber werden uns in Schrados Probleme erwarten?«

»Nein. Aber danach.«

»Was kommt danach?«

Kaygon sah Ryun unverwandt an, und das kam diesem eigenartig vor. Der Lotse holte tief Luft und sagte schließlich: »Die Zollstraße Siguriat.«

»Die Zollstraße Siguriat? Warum sollte das ein Problem sein? Wir zahlen einfach die Gebühr und passieren.«

»Natürlich. Aber ich habe keine Ahnung, und ich meine, absolut keine, welchen Betrag die Ziegenfreunde in Siguriat für einen Drachen in Rechnung stellen.«

Es war die Stunde, zu der man nur schwer sagen konnte, ob es Tag oder Nacht war, und bei der man auch nicht einfach einen Kompromiss eingehen und den Ausdruck »Dämmerung« verwenden konnte. Die Welt, von mehreren Schichten düsterer Farbe bedeckt, war kalt, tief und dunkel. Der Nebel, vage wie eine schöne Erinnerung, waberte beständig über die Erde.

Zu dieser Stunde saß Samo auf dem Boden und hatte den Blick Richtung Osten gewendet. Hinter ihr lag der Riesentiger mit seinem gewaltigen, lang ausgestreckten Körper. Sein Kopf war nach Westen gerichtet.

Sie waren sauer aufeinander.

Als er mit ihr vor dem Drachen geflohen war, hatte sie vor Schmerz nicht mal den kleinen Finger rühren können. Er hatte einen niedrigen Hügel ausgesucht und sie auf dessen Kuppe mitgenommen. Dort gab es einen breiten Felsen. Auf diesem hatte er sie abgelegt und im Auge behalten, während sie heilte.

Er hatte gesehen, wie Sonne und Mond die Plätze tauschten, und geduldig gewartet.

Er hatte sich nicht vom Fleck bewegt, als der Wind den Tau von den Grashalmen wehte und der Nebel erneut Tau auf sie legte.

Erst nach einigen Tagen hatte sich Samo erholt. Und dann war sie wütend geworden. Sie warf ihm vor, sich ungefragt in das Shozain-te-Shiktol eingemischt zu haben. Natürlich verstand er nichts von all dem. Aber er begriff, dass sie böse auf ihn war, und deswegen war er wiederum böse auf sie. Es war klar, dass sie nicht mehr am Leben wäre, wäre er, ein mehr als drei Tonnen schweres Raubtier, ernsthaft wütend auf sie. Er brachte seine unangenehme Gemütslage in einer äußerst gemäßigten Form zum Ausdruck. Doch das ärgerte Samo nur umso mehr. Er hatte mit den Hinterbeinen Erde auf sie gescharrt.

Mit emporgerecktem Kinn klopfte sie die Erde ab, setzte sich Richtung Osten und ignorierte ihn. Er legte sich hin und sah Richtung Westen.

Einander den Rücken zugewandt, verbrachten die beiden so mehrere Stunden.

Plötzlich bewegte sich sein Schwanz. Es sah so aus, als würde er eine Fliege vertreiben, aber der Schwanz schlug zielsicher gegen Samos Taille. Sie drehte sich blitzschnell um. Da ruhte jener Schwanz auf seinem Boden, als wäre nichts geschehen. Sie hätte ihn liebend gerne mit einem bösen Blick gestraft, aber sie konnte lediglich sein riesiges Hinterteil sehen. Weil das kein erquickender Anblick war, wandte sie sich wieder nach Osten.

Kurz darauf streckte sie eine Hand zur Seite und hob einen Stein auf. Sie zog ihren Shiktol hervor und legte ihn an den Stein, als wolle sie die Klinge schärfen. Doch sie legte ihn nicht diagonal, sondern senkrecht darauf. Dann zog sie die Klinge darüber.

Ein gespenstisches Kreischen hallte über den Hügel, während die scharfe Klinge des Shiktols den Stein in zwei Hälften zerteilte.

»Gwaong!« Mit diesem schwer definierbaren Brüllen machte der Riesentiger einen mehr als zehn Meter hohen Satz. Er drehte sich in der Luft um und landete hinter Samo auf dem Boden. Er sträubte sein Fell, fletschte die Zähne und starrte ihren Hinterkopf grimmig an. Sie tat jedoch ganz gelassen so, als würde sie weiterhin ihre Klinge schärfen. Er drehte sich wieder um und setzte sich, nicht ohne ein geräuschvolles Schnauben ausgestoßen zu haben.

Fünf Minuten später wälzten sich Samo und der Riesentiger auf dem Boden.

Das Bild, das die beiden abgaben, unterschied sich nicht wesentlich von einem Jungen, der mit seinem kleinen Hund herumtollte, abgesehen von den Körperproportionen. Nach einer Weile legte sich Samo keuchend auf den Bauch des auf der Seite liegenden Riesentigers. Die langen Haare seines Fells bedeckten sie fast vollständig, und zusammen mit der Wärme ihres schwarzen Löwenfells rief seine Körpertemperatur bei ihr ein Gefühl der Geborgenheit hervor.

Da er kein Nirm wahrnehmen konnte, teilte sie ihm, auch wenn er sie nicht verstand, über die Stimme mit: »Mir tut immer noch alles weh. Aber das ist es nicht, was mir Kopfzerbrechen bereitet.«

Wie sie gehofft hatte, reagierte der Tiger auf ihre Stimme. Er leckte mit seiner riesigen Zunge über ihr Gesicht. Keuchend schob sie die Zunge zur Seite.

»Mach mal langsam, ich verliere noch meine Schuppen. Mein Problem ist, dass ich dich immer mehr mag. Ich habe deinen Geist gar nicht gebändigt, nicht wahr?«

Der Riesentiger gab natürlich keine Antwort darauf.

Samo fuhr fort, während sie sich seine Fellhaare nach Lust und Laune um die Hand wickelte: »Es ist ein bisschen komisch, dass ich immer nur ›Riesentiger‹ zu dir sage. Wollen wir vielleicht einen Namen für dich finden? Ich weiß, dass die Kitalzer Jäger, obwohl sie euch gegenüber so kaltherzig waren, euch immer einen interessanten Namen gegeben haben. Keine Ahnung, ob auch mir etwas Gutes für dich einfällt.«

Im Osten dämmerte es langsam. Samo hätte etwas Sonnenlicht abbekommen und ihre Körpertemperatur erhöhen können, aber das tat sie nicht. Denn der Riesentiger und das Löwenfell wärmten sie genug. Sie sagte schläfrig: »Marunare.«

Sie lachte bei ihrem Einfall. Der Riesentiger hob den Kopf und betrachtete sie.

»Marunare.« Nachdem sie den Namen noch einmal ausgesprochen hatte, krümmte sie sich vor Lachen. Der Tiger starrte sie verständnislos an. Als sie sich endlich wieder beruhigt hatte, blickte sie in sein großes Gesicht und sagte: »Ja. Dieser Name passt zu dir, da du so flauschig bist. Du heißt Marunare.«

Der Riesentiger stand plötzlich auf, und Samo landete mit dem Hintern auf dem Boden. Verblüfft sah sie ihn an.

»Magst du diesen Namen nicht?«, fragte sie scherzhaft, aber der Tiger schaute zu ernst drein, und das verstörte sie. Sie musterte ihn und stellte fest, dass er auf den Horizont starrte. Sie folgte seinem Blick.

Am südlichen Horizont bewegte sich etwas. Die Taille des Tigers tätschelnd, vermittelte Samo ihm einige Begriffe. Er kauerte sich sogleich hin, damit sie auf seinen Rücken klettern konnte. Als sie auf ihm saß, blickte sie zum südlichen Horizont. Dann stöhnte sie.

»Oh ... nein!«

Sie packte Marunares Fell und übermittelte ihm wieder einige Begriffe. Er brüllte donnernd Richtung Süden, bevor er sich nach Norden wandte. Dann preschte er mit schwindelerregender Geschwindigkeit los.

Als Samo dem starken Wind ausgeliefert war, wurden ihre Schmerzen wieder stärker. Dennoch hatte sie nicht vor, die Geschwindigkeit des Riesentigers zu drosseln. Voller Angst blickte sie hinter sich. So etwas wie die Masse, die sich aus Tausenden von Personen gebildet hatte und sich fast über den ganzen Horizont erstreckte, hatte Samo noch nie gesehen. Und deswegen wusste sie auch genau, was das war.

Kitata Zaboro kam zu der Überzeugung, dass Kaygon recht hatte. Ein Maripgan war besser als ein König. Ein Untertan konnte den König nicht mit der Schwertscheide verprügeln, aber ein Onkel seinen Neffen, der zufällig der Maripgan war, sehr wohl. Sigrim erklärte außer sich: »Das ist eine unerhörte Rebellion!«, doch die Ratsmitglieder des Zaboro-Clans meinten zufrieden: »Kitata ist noch vollkommen im Besitz seiner Kräfte!« Dem stimmten Zaboros Einwohner, die die Entscheidung des Clans stets respektiert hatten, aus ganzem Herzen zu. »Das geht nur die Familie etwas an.« Das war der Unterschied zwischen einem König und einem Maripgan. Bei einem Maripgan folgten die Leute dem Clan. Damit einhergehend mischte sich die Bevölkerung nur ein, wenn sich die Clanmitglieder gegenseitig die Köpfe einschlugen oder Ähnliches.

Schließlich hatte Kitata Zaboro Sigrim so zugerichtet, dass dieser sich für etwa einen Monat auskurieren musste. Während einige junge Clanmitglieder ihn auf sein Zimmer brachten, stand Kitata auf der Stadtmauer und klagte: »So ein verdammter Bengel! Ich hatte Mitleid mit ihm, weil er so früh seine Eltern verloren hat, und habe mich deswegen um ihn gekümmert. Aber er ist immer noch ein kleiner Junge! Wäre er mein Sohn, hätte ich ihn längst zur Vernunft gebracht. Aber ich habe ihn zu sehr verwöhnt, und deshalb musste ich schließlich Hand an ihn legen!«

Die älteren Clanleute trösteten Kitata, dass er den Sohn seines verstorbenen Bruders gut erzogen hatte und dass sein Bruder ihm sicher sehr dankbar dafür wäre. Er würde ihn höchstens fragen, warum er erst jetzt Hand an Sigrim gelegt habe. Daraufhin schüttelte Kitata den Kopf und sagte: »Öffnet das Tor, wir wollen unseren Gast empfangen.«

Ratlos blickten die Clanmitglieder über die Mauer. Aber Kitata brüllte nach unten, ohne eine Erwiderung abzuwarten: »Hallo! Wir machen Euch das Tor auf!«

»Das müsst ihr nicht«, entgegnete ihm eine schöne Stimme, »aber was ist aus dem Menschen geworden, der mich gerade eben noch angeschrien hat, ich solle ihm meinen Riesentiger überlassen? Er scheint dein König zu sein.«

Augenblicklich wurde Kitata rot und knirschte mit den Zähnen.

Es war noch nicht lange her, dass Sigrim der Stadt großen Schaden zugefügt hatte, weil er einen Drachen rauben wollte, und sobald er den Riesentiger vor dem Tor gesehen hatte, hatte die Gier schon wieder Besitz von ihm ergriffen. Da war seinem Oheim vollständig der Geduldsfaden gerissen, und den Preis dafür hatte Sigrim direkt am ganzen Leibe zu spüren bekommen.

»Das war nur mein dämlicher Neffe. Er ist kein König, egal was er auch behauptet. Ich entschuldige mich in aller Form für ihn.«

Samo nickte, obwohl sie keine Ahnung hatte, wovon der Mensch sprach. »Wie auch immer ... Wie ich deinem Neffen schon sagte, marschieren just in diesem Moment Tausende Duokxinis auf eure Stadt zu. Ich glaube, dass sie spätestens heute Nacht hier ankommen.«

Kitata und die Clanmitglieder hörten das nun schon zum zweiten Mal, aber sie konnten sich einfach nicht vorstellen, was das bedeutete. *Tausende Duokxinis?* Das war zu absurd. Aber gerade deshalb neigten sie dazu, es zu glauben.

Samo fuhr ernst fort: »Ich habe keine Ahnung, ob jene unglücklichen Wesen diese Stadt angreifen wollen oder nicht, aber es schadet sicher nicht, Vorsicht walten zu lassen.«

»Es ist schwer zu glauben, was Ihr sagt, aber wenn ich ehrlich sein darf, ist es auch nicht seltsamer als eine Naga, die auf einem Riesentiger reitet.«

Samo schmunzelte.

Aus heiterem Himmel fragte Kitata: »Was ist aus dem Naga geworden, den Ihr verfolgt habt?«

»Er ist von hier fortgegangen, nicht wahr?«

Dank des Shiktols wusste sie bereits, dass Ryun Zaboro verlassen hatte. Was Kitata wiederum erstaunte.

»Seid Ihr gekommen, um uns vor den Duokxinis zu warnen, obwohl Ihr wusstet, dass der Naga nicht mehr hier ist?«

»Ich dachte, dass ihr gewarnt sein solltet. War das eine unnötige Einmischung meinerseits?«

»Nein! Keineswegs!«

»Dann ziehe ich nun weiter. Seid auf der Hut! Über Duokxinis kann man nichts mit Sicherheit sagen, außer, dass man

536

nichts mit Sicherheit über sie sagen kann. Versucht also, nicht allzu schockiert zu sein.«

Bevor Kitata ihr danken konnte, sandte sie Marunare ein paar Begriffe. Der Riesentiger rannte an der Stadtmauer entlang. Einige Stadtbewohner versuchten voller Begeisterung auf der Mauer mit ihm Schritt zu halten, mussten aber schnell aufgeben. Marunare, der wie der Wind um die Stadtmauer von Zaboro fegte, raste schließlich Richtung Norden davon.

DIE LEGENDE VOM TRÄNENVOGEL

wird fortgesetzt in:

PERSONENVERZEICHNIS

Der Rettungstrupp

Kaygon Draka: Mensch, Lotse und Anführer des Rettungstrupps

Tinahan: Lekon, Verteidiger des Rettungstrupps

Bihyung Slabl: Dokebi, Zauberer des Rettungstrupps

Ryun Pey: ein junger Naga aus der Stadt Hatengrazu, der über die Grenzlinie gebracht werden soll

Die Nagas

Samo Pey: Ryuns Schwester; wird ausgeschickt, um ihren Bruder zu töten

Hwarit Makerow: Ryuns bester Freund und Novize im Herzturm Hatengrazus

Vias Makerow: Hwarits Schwester, talentierte und ambitionierte Apothekerin

Hüter Serisma: an einer Verschwörung mit Großmeister Jutagi beteiligt

Swachi und Karu: Spione im Dienst von Hüter Serisma

Die Menschen

Orenol: junger Mönch im Großtempel Hainsha

Jutagi: Großmeister im Hainsha-Tempel, der mit Hüter Serisma zusammenarbeitet, um einen Naga nach Norden zu bringen

Sigrim Zaboro: Anführer des Zaboro-Clans, der über die gleichnamige Stadt herrscht

Kitata Zaboro: Sigrims Onkel und Generaloberst der Streitkräfte Zaboros

Die Dokebis

Bauh Moridol: amtierender Schlossherr von Zumunnuri

Sabin Hasuon: Kommandant der Schlosswache von Zumunnuri

AUSGEWÄHLTE BEGRIFFE

Arasit-Krieger: Krieger des altertümlichen Königreiches Arasit und treue Gefolgsmänner des legendären Königs Held. Sie kämpften gegen die Nagas, unterlagen ihnen jedoch. Für sie galt der einzigartige Erlass, dass sie ohne Erlaubnis des Königs keine Nachkommen zeugen dürfen.

Baragi: Das Doppelklingenschwert von Kaygon Draka. Die beiden unterschiedlich langen und schweren Klingen sind in einem Heft miteinander verbunden. Kaygon Draka zufolge gehörte dieses Schwert einst König Held.

Dokebis: Das auserwählte Volk des *Gottes, der sich selbst tötet*. Auch »die zweimal Sterbenden« genannt, denn bei Dokebis finden der Tod von Körper und Seele getrennt voneinander statt. Zuerst stirbt nur der Körper, und die Seele muss einen anderen lebendigen Dokebi finden, um als Seelenwesen, Dokebi-Ahn genannt, weiterexistieren zu können. Wie lange es dauert, bis eine Dokebi-Seele stirbt, ist nicht bekannt. Dokebi-Ahnen können keine körperlichen Tätigkeiten mehr ausüben, daher diktieren sie ihre Gedanken jüngeren Dokebis, die sie niederschreiben. Der erstaunliche Optimismus und Frohsinn der Dokebis kann auf diesen einzigartigen Tod zurückgeführt werden. Dokebis wissen nicht genau, wie man sich schlecht oder unbehaglich fühlt, und können jeder auch noch so misslichen Lage etwas Humorvolles abgewinnen.

Dokebis sind in der Lage, nach Belieben Flammen zu erschaffen und ihre Temperatur, Helligkeit, Größe und Form zu manipulieren. Zum Glück setzen die Dokebis diese Fähigkeit nicht ein, um anderen Schaden zuzufügen. Sie sind ein friedliebendes Volk, das große Angst vor Blut hat. Deswegen ist ihre Lieblingssportart der Shirem (Ringkampf). Dokebis können besondere Hüte herstellen, die ihre Träger unsichtbar machen. Diese Hüte werden von anderen Völkern als beeindruckende Waffen geschätzt – für Dokebis sind sie nur lustige Spielzeuge, bestens geeignet, um anderen Streiche zu spielen.

Drachen: Mächtige Wesen, die sowohl Merkmale von Pflanzen als auch von Tieren aufweisen. Wie Pflanzen brauchen sie nicht viel Nahrung, und sie vermehren sich, indem sie Sporen ausstoßen, die unter günstigen Bedingungen im Boden zu Drachenwurzeln und schließlich zu Drachenblumen heranwachsen. Die Umgebung beeinflusst den Körperbau eines Drachen, sodass ausgewachsene Drachen nur eine Gemeinsamkeit aufweisen: Sie können Feuer speien.

Duokxinis: Das Volk, das seinen Gott verloren hat. Sie haben ein deformiertes Äußeres und verhalten sich merkwürdig, weil ihnen ihr Gott nicht mehr vorgibt, wie sie aussehen, sprechen und sich verhalten sollen.

Geistesbändiger: Nagas, deren geistige Fähigkeiten so stark ausgeprägt sind, dass sie den Geist von Tieren beherrschen können.

Gott, der nirgendwo existiert: Er hält seine schützende Hand über die Menschen. Die meisten Städte der Menschen haben einen ihm geweihten Tempel, der wichtigste davon ist der Großtempel Hainsha.

Gott, der sich selbst tötet: Er hält seine schützende Hand über die Dokebis. Sein Tempel soll das Letzte Zimmer im Schloss Zumunnuri sein, das nur der Schlossherr, der die gesamte Struktur von Zumunnuri kennt, und die Dokebi-Ahnen betreten können.

Göttin, die keine Fußspuren hinterlässt: Sie hält ihre schützende Hand über die Nagas. Ihre Tempel sind die Herztürme in jeder Naga-Stadt. Ihre Priester werden Hüter genannt und sind ausschließlich Naga-Männer.

Göttin, die niedriger steht als alle anderen: Sie hält ihre schützende Hand über die Lekons. Der Standort des Tempels und die Identität ihrer Priester sind unbekannt.

Gregale-Turm: Auch »Ostwind-Turm«. Eine ehemalige Festung, die der legendäre König Held im Altertum erbauen ließ. Heute eine Ruine.

Grenzlinie: Breiter Streifen, in dem die Temperatur so stark abfällt, dass die wechselwarmen Nagas erfrieren.

Großer Expansionskrieg: Lange andauernder Krieg, der zu Zeiten König Helds ausgebrochen ist. Die Nagas haben ihn begonnen, um ihren Lebensraum zu erweitern, und in seinem Verlauf alle Länder südlich der Grenzlinie, also die Hälfte der Welt, erobert.

Großtempel Hainsha: Eine riesige Tempelanlage, die sich über den Berg Parem erstreckt. Sie liegt im Norden des Siguriat-Gebirges und ist dem Gott der Menschen, dem *Gott, der nirgendwo existiert*, gewidmet. Der Großtempel wurde in der Regierungszeit von König Held gegründet, aber erst nach der Gründung des Königreiches Arasit hat er sich als Hauptsitz des Ordens etabliert.

Hatengrazu: Die größte Stadt der Nagas in Kiboren, die von den Menschen »Stadt der Stille« und von den Nagas auch »Stadt der Unbarmherzigkeit« genannt wird.

Herzturm: Das Zentrum jeder Naga-Stadt. Er ist der Tempel für die *Göttin, die keine Fußspuren hinterlässt.* Dort leben die Hüter, die Diener und Bräutigame der Göttin, die auch die Herzentnahmezeremonie durchführen, der sich junge Nagas unterziehen, um so gut wie unsterblich zu werden. Die Herzen werden im Turm aufbewahrt.

Himmelsfisch: Gewaltige fliegende Kreaturen, die an Fische erinnern. Sie ziehen seit Tausenden von Jahren über den Himmel und tragen Ruinen auf ihren Rücken, die Abenteurer mit Reichtümern locken – doch noch ist es niemandem gelungen, auf den Rücken eines Himmelsfisches zu gelangen.

Karabora: Einsame Gegend am nordöstlichen Ende Kiborens und Kaygon Drakas Zuhause.

Kiboren: Das Reich der Nagas. Südlicher und wärmster Teil der Welt und von einem dichten Urwald bedeckt. Schäden an den Bäumen durch Naturgewalten oder Schädlinge werden von den Nagas bekämpft, Lichtungen werden aufgeforstet.

Kimm: Bezeichnung der Dokebis für Menschen. Ebenso der Name des legendären Menschen, der den Dokebis das Getreide geschenkt hat.

Kitalzer Jäger: Volksstamm aus Kitalzer, der vor Jahrhunderten verschwunden ist. Die Kitalzer Jäger bezeichneten sich als Nachkommen der Drachen und behaupteten selbstbewusst, dass sie jede Kreatur erlegen können, ausgenommen Himmelsfische und Drachen – letztere aus Respekt und nicht etwa, weil sie dazu nicht in der Lage gewesen wären. Sie hatten eine außergewöhnliche Jagdmethode, aber sie verfügten nicht über unerklärliche übermenschliche Fähigkeiten. Wirklich bemerkenswert war ihre Beharrlichkeit, wie die Episode mit dem Riesentiger Byulbi zeigt. Auf die Forderung Muras, dem Maripgan der Stadt Zaboro, jagten die Kitalzer Jäger den Riesentiger Byulbi. Nach einer selbstzerstörerischen Hatz über drei Generationen konnten sie ihn endlich fangen und nach Zaboro bringen. Ihre Beharrlichkeit scheint nur mit jener der Lekons vergleichbar, die stets nach ihrem Lebenstraum streben.

Königssyndrom: Ein Wahnsinn, der Menschen im Norden befällt. Sie halten sich für Könige, Nachfolger des legendären König Held, und scharen Untertanen um sich, mit denen sie planlos durch das Land ziehen.

Lekons: Das auserwählte Volk der *Göttin, die niedriger steht als alle anderen.* Die nach ihrem Lebenstraum strebenden Lekons haben den größten Körper unter den vier auserwählten Völkern, sind sehr stark und trotz ihrer Größe blitzschnell. Ihre beeindruckenden körperlichen Fähigkeiten werden oft mit dem Sprichwort beschrieben: »Sie brechen Felsen und fliegen am Himmel.« Lekons können zwar genau genommen nicht fliegen, verfügen aber über eine außergewöhnliche Sprungkraft, sodass sie problemlos über Bäume springen können, und über eine Geschwindigkeit, dass sie einem Gegenstand, den ein Mensch mit aller Kraft wirft, nachjagen und ihn fangen können. Ihr Schrei, das Lekon-Krähen, kann selbst einen Dokebi-Ahn bannen, der durch physische Gewalt nicht zu überwältigen ist. Der Schrei gleicht einem kleinen Orkan, und selbst Gehörlose treten einen Schritt zurück, wenn ein Lekon kräht. Das folgende Rätsel aus der Kalido-Region veranschaulicht die Zerstörungskraft des Lekon-Krähens ziemlich gut, auch wenn es ein klein wenig übertrieben sein mag:

Frage: In einem Haus hat es gebrannt, obwohl es darin nichts gibt, was ein Feuer entfachen könnte. Und es ist auch nicht niedergebrannt, obwohl es nicht mehr da ist. Warum? Ant-

wort: Ein Dokebi und ein Lekon sind an diesem Haus vor-
beigegangen. Der Dokebi hat aus Versehen ein Feuer ent-
facht. Der Lekon war so verblüfft, dass er »Feuer!« geschrien
hat. Von dem Brüllen des Lekons ist das Haus weggeflogen.

Lekons haben einen gewalttätigen Charakter – wenn ein
Lekon die Wahl zwischen Überreden und Drohen hat, entscheidet er sich stets für das Drohen. Jeder Lekon sucht
einmal im Leben den Letzten Schmied auf und bekommt
eine Waffe, die extra für ihn angefertigt wird. Die meisten
dieser Waffen sind so riesig und schwer, dass sie nur von
Lekons geführt werden können.

Hätten die Lekons Interesse an der Art und Weise, wie die
Welt funktioniert, hätte sich die Welt seit Ewigkeiten so
fügen müssen, wie es die Lekons für angemessen halten.
Doch das Hauptinteresse der Lekons gilt immer sich selbst.
Sie setzen sich ein Ziel, das sie ihren Lebenstraum nennen, und streben ihr Leben lang danach. Es gibt keine besonderen Kriterien oder speziellen Voraussetzungen für
die Wahl des Lebenstraums, aber in der Regel entscheiden
sich die Lekons für etwas, mit dem sie sich den Rest ihres
Lebens beschäftigen können.

Eigentlich sollte niemand so dumm sein, dieses furchterregende Volk zu verärgern, aber wer es doch getan hat,
sollte Seefahrer werden. Das ist die beste Möglichkeit, wenn
man den Rest seines Lebens auskosten will. Da die Lekons
das einzige unter den vier auserwählten Völkern sind, das
schwerer als Wasser ist, haben sie unvorstellbar große Angst
vor Wasser und nehmen dieses Wort nicht einmal in den
Mund, Verzeihung, in den Schnabel.

Letzte Schmiede: Sie befindet sich nördlich von Lahochin,
der nördlichsten Region der bekannten Welt. Dort formt
der Letzte Schmied Sternenlicht zu Lekon-Waffen.

Letzte Taverne: Ein großes Gasthaus, das auf einem dreißig Meter hohen Plateau am Rande der Punten-Wüste steht. Südlich davon gibt es kein weiteres Gasthaus mehr.

Menschen: Das auserwählte Volk des *Gottes, der nirgendwo existiert.* Nach ihrem König Suchende.

Nagas: Das auserwählte Volk der *Göttin, die keine Fußspuren hinterlässt.* Das Unglück des Königreiches Arasit, das sie zu Fall brachten, und die Herrscher über die Hälfte der Welt. Nagas können ihre Körpertemperatur nicht regulieren. Reisen sie nach Norden, wird es unweigerlich zu kalt für sie, sodass sie sich nicht mehr bewegen können. Diese Temperatur-Grenzlinie hat den Vormarsch der Nagas nach Norden aufgehalten und die anderen auserwählten Völker vor dem Untergang bewahrt. Das Königreich Arasit jedoch konnte die Grenzlinie nicht schützen.

Trotz dieser Einschränkung sind die Nagas kein schwaches Volk, denn sie tun sich selbst etwas an, das kein anderes Lebewesen auf der Welt wagen würde: Alle Nagas lassen sich ihr Herz entnehmen, wenn sie zweiundzwanzig Jahre alt werden. Durch diese Zeremonie werden sie unbesiegbar, denn die Herzlosen können so gut wie nicht sterben. Nur durch das Zufügen enormer physischer Verletzungen kann man einen Naga ohne Herz töten. Die Nagas haben eine erstaunliche Fähigkeit zur Regeneration und können ganze Körperteile nachwachsen lassen.

Nagas nehmen nur lebendige Nahrung zu sich, obwohl sie wie die anderen auserwählten Völker das Feuer nutzen können, und dieser grundlegende Unterschied zwischen ihnen und den anderen führte bald zu unlösbaren Konflikten. Für eine stetige Versorgung mit lebendiger Nahrung benötigen die Nagas Wälder, die anderen auserwählten Völker hingegen betreiben Ackerbau. Dieser unversöhnliche

Gegensatz führte zum Großen Expansionskrieg, in dem die Nagas in einem Zug alle auserwählten Völker im Süden beseitigten. Sie pflanzten einen Dschungel an, der ihre Heimat wurde. Die Dokebis, Lekons und Menschen lebten fortan in dem Gebiet nördlich der Grenzlinie, die die Nagas wegen der niedrigen Temperaturen nicht überschreiten können. Inzwischen besteht die Teilung der Welt schon so lange, dass sie von allen Völkern als gegeben angesehen wird.

Nirmen: Die telepathische Kommunikation der Nagas, mit der nicht nur Worte, sondern auch Emotionen übermittelt werden. Keines der anderen Völker kann Nirms vernehmen. Nagas hören nur schlecht, auch wenn sie nicht taub sind. Dass sie nicht völlig taub und stumm sind, liegt wahrscheinlich an der geschriebenen Sprache. Diese ist identisch mit der der anderen auserwählten Völker: Schriftzeichen, die auf Lautsprache basieren. Deswegen lernen die Nagas immer noch die Lautsprache.

Punten-Wüste: Nördlich an die Grenzlinie von Kiboren stoßende Wüste. Sie ist nicht so groß, dass man sie nicht durchqueren könnte, aber die Nagas tun das nie. Wüstenreisende kehren in die Letzte Taverne ein.

Schlangensprache: Eine Kommunikationsmethode der Nagas. Dabei werden zwei Krüge voller Schlangen verwendet, die miteinander in Resonanz stehen. Ein Geistesbändiger kann die Schlangen so manipulieren, dass sie bestimmte Muster zeigen, die von den Schlangen aus dem anderen Krug wiederholt werden. Diese Resonanz kann auf jede Entfernung erreicht werden, selbst über Tausende Kilometer.

Schwarzer Löwe: Von den Nagas ausgerottetes Wesen. Sein Fell erzeugt eine natürliche Wärme. Das Königreich Arasit trug den Schwarzen Löwen im Wappen.

Seelenwandler: Personen, die mehrere Seelen in sich tragen. Dabei wandert die Seele eines kürzlich Verstorbenen in einen lebendigen, bereits existierenden Körper. (Dass eine Seele in einen toten Körper wandert, ist unmöglich.) Ein Seelenwandler beherbergt ausschließlich Seelen der vier auserwählten Völker; es ist nicht möglich, die Seelen von Tieren aufzunehmen. Das kann bedeuten, dass nur Angehörige der vier auserwählten Völker Seelen haben – oder dass Tierseelen sich zu sehr von denen humanoider Lebewesen wie Lekons, Dokebis, Menschen und Nagas unterscheiden.

Shiktol: Schwert, das der Attentäterin bei einem Shozain-te-Shiktol zur Verfügung gestellt wird. Ein Shiktol hat eine ähnliche Form wie ein Xyker, ist aber wesentlich härter. Seine Klinge kann nur durch Hichamma-Blätter zerbrochen werden. Noch nie konnte jemand nördlich der Grenzlinie – also jemand, der kein Naga ist – einen Shiktol in seinen Besitz bringen. Ein Shiktol kommt nie zweimal zum Einsatz, denn die Attentäterin muss die Waffe zerbrechen, sobald das Attentat verübt ist.

Shozain-te-Shiktol: Das Recht auf Ernennung des Attentäters, das Recht auf Rache. Eine Bestrafungsmethode der Nagas, bei der das Haus des Opfers ein Familienmitglied aus dem Haus des Täters zur Attentäterin ernennt und dieser die Bestrafung des Täters auferlegt. Nach der Ernennung der Attentäterin kann das Shozain-te-Shiktol nicht mehr abgebrochen werden. Es endet erst dann, wenn entweder die Attentäterin oder der Straftäter tot ist. Zur Verfolgung und Hinrichtung wird der Attentäterin ein Shiktol zur Verfügung gestellt.

Sodrag: Droge der Nagas, die es ihnen erlaubt, auch in für sie zu kalten Gegenden für kurze Zeit normal zu agieren.

Ein Naga, der Sodrag in einer warmen Region einnimmt, kann sich um ein Vielfaches schneller bewegen als andere.

Xyker: Das traditionelle Schwert der Nagas. Obwohl es eine gebogene Klinge hat und somit zum Schneiden geeignet ist, kann es auch als Stichwaffe verwendet werden. Es ist erstaunlich scharf.

Zaboro: Stadt im Norden und Heimat des Zaboro-Clans, der ihre Herrscher stellt. Sie ist für ihre besonders hohe Stadtmauer bekannt, die aufgestockt wurde, nachdem der Riesentiger Byulbi darübergesprungen ist.

Zumunnuri: Das große Schloss der Dokebis. Der Legende zufolge wurde es mithilfe der fünf Töchter der Nacht – Verwirrung, Verlockung, Gefangenschaft, Verschleierung und Traum – errichtet. Die Gegend um Zumunnuri ist stets in Dunkelheit gehüllt. Die Anordnung der Zimmer, Kammern und Korridore entzieht sich dem gesunden Menschenverstand. Um sich innerhalb des Schlosses zu bewegen, muss man alle Regeln und Vorstellungen, die man von einem Gebäude hat, aufgeben. Nur dem jeweiligen Dokebi-Schlossherrn sind alle Zimmer bekannt – auch das Letzte Zimmer, in dem der Schlossherr und die Dokebi-Ahnen dem *Gott, der sich selbst tötet* Opfergaben darbringen.

VON FEUERSPEIENDEN DRACHEN UND SCHELMISCHEN DOKEBIS

LEE YOUNG-DO UND SEINE ERFOLGSSAGA »DIE LEGENDE VOM TRÄNENVOGEL«

Ein Nachwort von Hyuk-Sook Kim
und Manfred Selzer

Lee Young-do wurde einmal gefragt, was einen koreanischen Fantasy-Roman auszeichne. Darauf soll er trocken entgegnet haben: »Dabei handelt es sich um einen Fantasy-Roman, den ein Koreaner geschrieben hat.«

Man könnte auch antworten: »Das ist ein Roman, den Lee Young-do geschrieben hat.« Denn Lees erstes Buch *Dragon Raja*, 1997 als Fortsetzungsroman auf der beliebten Internetplattform Hitel veröffentlicht, gilt als Grundstein der modernen koreanischen Fantasy-Literatur. Mit ihm schlug Lee eine Brücke zwischen dem westlichen Fantasy-Genre und der koreanischen Literatur: In den Motiven, den Wesenheiten und der Magie erkennt man die Einflüsse von J. R. R. Tolkiens *Der Herr der Ringe* ebenso wie die des Pen-and-Paper-Rollenspiels *Dungeons & Dragons*.

»Fantasy« verstand man in Korea bis zu diesem Zeitpunkt als westliches Pendant zu den chinesischen *Wuxia*-Erzählungen, in denen Kampfkunstschulen miteinander im Wettstreit liegen, über Dächer schwebende Kung-Fu-Kämpfer nach Vervollkommnung streben und für Freiheit streiten. Mit Mittelerde waren die meisten Koreaner nicht vertraut, und *Game of Thrones* erschien in Korea erst im Jahr 2000. So wurde Lees *Dragon Raja* zur Blaupause für das Genre und führte viele koreanische Leserinnen und Leser erstmals in eine fantastische Welt ein – und das mit großem Erfolg: Auszüge aus der 1998 erschienenen gedruckten Ausgabe von *Dragon Raja* wurden sogar in ein Schulbuch aufgenommen.

Vier Jahre nach diesem Erfolg und weiteren Romanen sowie Kurzgeschichten erschien 2003 *Das Blut der Herzlosen*, der erste Band der *Legende vom Tränenvogel*. Diese Saga gilt als Lees zentrales und bestes Werk. Wieder veröffentlichte er die Bücher zuerst auf der Internetplattform Hitel, und das innerhalb weniger Monate. Dabei tauschte er sich mit seinen Leserinnen und Lesern über etliche Detailfragen aus – zum Beispiel warum die fast unsterblichen Nagas Apotheker brauchen. Weil Lee die jeweils neuen Kapitel stets weit nach Mitternacht postete, nannten ihn seine Fans den »Totenbeschwörer«, der jede Nacht seine Zombies vor die Monitore rief, und der Autor selbst scherzte nach jeder neu hochgeladenen Episode, dass er nun wieder in sein Grab zurückkehre. Es ist nicht zuletzt dieser Veröffentlichungsmethode und den zahlreichen Klicks der Fans zu verdanken, dass sich *Die Legende vom Tränenvogel* in Buchform schließlich millionenfach verkaufte. Und der Erfolg hält bis heute an: Die vierbändige Saga steht auf den koreanischen Fantasy-Bestenlisten regelmäßig ganz weit oben – noch vor George R. R. Martins *Game of Thrones* und Andrzej Sapkowskis *Witcher*-Reihe.

Wie ist Lee Young-do das gelungen? Der Autor zieht seine Leserschaft mit verschiedenen Motiven und Wesenheiten, die Koreanern aus Mythen, Fabeln und Volkssagen bekannt sind, tief in seine Welt, während er ihnen nach und nach neue Wunder und Geschöpfe vorstellt, die dem westlichen Fantasy-Genre entspringen. Das zeigt sich exemplarisch an den vier Völkern in *Die Legende vom Tränenvogel*, denen jeweils ein Element zugeordnet ist: Feuer, Wasser, Erde, Luft. Auf die daoistische Fünf-Elemente-Lehre wird zwar verzichtet, aber der scheinbar wild zusammengewürfelte Rettungstrupp, der nach Süden wandert, erinnert an *Die Reise nach Westen*, einen der vier großen chinesischen Klassiker aus dem 16. Jahrhundert, der auch in Korea bekannt ist.

Umgekehrt bringen die in der asiatischen Kultur verankerten Motive und Wesen für westliche Leserinnen und Leser frischen Wind in das Genre. Eines der vier Völker sind die Nagas, schlangenähnliche Wesen – sie entspringen der indischen Mythologie und haben dort die Fähigkeit, menschliche Gestalt anzunehmen. Und mit den Dokebis stellt uns der Autor ein genuin koreanisches Fabelwesen vor. Dokebis (koreanisch: *Dokkaebis*) sind Naturgeister, die am ehesten mit unseren Kobolden vergleichbar sind. In den traditionellen Erzählungen sehen sie immer wieder ein wenig anders aus, aber gemeinhin werden sie als Furcht einflößende gehörnte Wesen von beeindruckender Größe dargestellt. Die früheste Erwähnung der Dokebis – und Lee Young-dos Inspiration für den Namen eines seiner Protagonisten – findet sich in der Geschichte »Fräulein Dohwa und Junggeselle Bihyung« aus der *Legende der drei Königreiche* (koreanisch: *Samguk Yusa*), einer Sammlung koreanischer Volksmärchen, Mythen und historischer Aufzeichnungen aus dem 13. Jahrhundert. Anders, als ihr einschüchterndes Äußeres vermuten lässt, sind Dokebis nicht böse. Oft belohnen sie Menschen, die ein gutes Herz haben. Sie spielen allerdings nur allzu gerne Streiche, die meist ein gewaltiges Chaos verursachen.

Dokebis haben die Fähigkeit, Flammen zu erschaffen; Bi-hyung sieht das nicht als Zauberei an, auch wenn die restlichen Völker da anderer Meinung sind, was das Wesen der Dokebis als Naturgeister unterstreicht. Außerdem können Lees Dokebis nach ihrem Ableben als Geister weiter ihren Schabernack treiben. Die Legenden erwähnen auch den Dokebi-Hut, der sie unsichtbar werden lässt, und in einem Text wird ihre große Furcht vor Blut erwähnt. Deswegen lieben sie das Shirem (koreanisch: *Ssireum*), das koreanische Ringen, bei dem nur selten Blut fließt, und verlangen Wegzoll von Wanderern, indem sie sie zu einem Kampf herausfordern, wohl wissend, dass niemand sie darin schlagen kann. Allerdings haben sie in manchen Legenden nur ein Bein und können daher leicht durch einen Beinhaken zu Fall gebracht werden – nur Kaygon Draka scheint dies auch bei einem zweibeinigen Dokebi keine Mühe zu bereiten.

Seinen koreanischen Leserinnen und Lesern, die mit dem schelmischen Wesen der Dokebis vertraut sind, erleichtert Lee den Einstieg in das Fantasy-Genre durch Humor. Der häufigste Familienname in Korea ist »Kim«, deswegen nennen die Dokebis in *Die Legende vom Tränenvogel* das Volk der Menschen mit einem Augenzwinkern »Kimm«, weil der erste Mensch, der mit ihnen Kontakt aufnahm, diesen Namen trug.

Auch die Drachen in *Die Legende vom Tränenvogel* lassen erkennen, dass Lee gerne nordeuropäische mit asiatischer Mythologie verflicht. Seine Drachen können Feuer speien, ihre feinen Härchen erinnern aber an den Bart der asiatischen Drachen. Lee beschreibt sie nicht als bösartige Kreaturen, die von einem Helden bezwungen werden müssen, sondern als wandelbare Wesen, die sowohl zum Guten als auch Bösen neigen. In Asien wird Drachen, basierend auf dem chinesischen Daoismus, das Yang zugeordnet; das ergänzende Yin symbolisiert der Tiger. Auch wenn im modernen Korea die daoistische Philosophie keine große Bedeutung mehr hat, knüpft Lee Young-do damit an etwas an, womit auch die jüngeren Generationen durch Märchen, Fabeln und Geschichten in Kontakt kommen.

Im koreanischen Schöpfungsmythos spielt der Tiger eine wichtige Rolle, und in der Geschichte des Landes waren die Großkatzen zu allen Zeiten respektiert und gefürchtet. Da sie frei durch die Berge schlichen, stellten sie eine große Gefahr dar und sind gewissermaßen das Gegenstück zum westlichen bösen Wolf. Lee spinnt diesen Gedanken noch weiter: Der Riesentiger Marunare und der Drache Ashwarital stehen jeweils an der Seite von Samo und Ryun Pey – zwei majestätische Wesen, die sich in ihren Gegensätzen ergänzen, das weibliche Yin und das männliche Yang, neben zwei Geschwistern, die wieder zusammenfinden wollen, aber durch das Ungleichgewicht in der Welt voneinander getrennt bleiben.

Religion hat in *Die Legende vom Tränenvogel* eine große Bedeutung. Die vier Völker suchen die Nähe zu ihrem jeweiligen Gott auf ganz unterschiedliche Weise: die Dokebis über das ihnen gegebene Feuer, die Lekons über ihre individuell für sie geschmiedeten Waffen, die Nagas über die Hüter und die Menschen über ihre Tempel, wobei der Großtempel Hainsha das Zentrum ihres Glaubens darstellt. Auch wenn man nur wenige Details über den von den Mönchen praktizierten Glauben erfährt, ist die Nähe zum Buddhismus unverkennbar. Das mag auf den ersten Blick seltsam erscheinen, da im Buddhismus ja gerade kein allmächtiger Gott verehrt wird. Hier bedient sich Lee eines Kunstgriffs, denn der Gott der Menschen ist der *Gott, der nirgendwo existiert*. Bei der Namensgebung des Großtempels hat sich der Autor von dem in Korea bekannten Tempel Haeinsa inspirieren lassen.

Die westlichen Leserinnen und Leser lernen in *Die Legende vom Tränenvogel* unter anderem ein traditionelles koreanisches Brettspiel kennen: Yutnori. Es datiert zweitausend Jahre zurück und ähnelt unserem »Mensch, ärgere dich nicht«. Vier Holzstäbchen, die jeweils eine flache und eine runde Seite haben, dienen als Würfel, und je nachdem, wie diese landen, dürfen die eigenen Figuren gezogen werden. Dabei ist es möglich, andere Mitspieler aus dem Spiel zu werfen. In Lee Youngdos Romanen dient Yutnori als Grundlage für Metaphern und Gleichnisse, denn die Zahl Vier spielt eine wichtige Rolle: Es sind vier Völker, vier Götter, vier Elemente – und das alte Sprichwort lautet »Nur zu dritt kann man gegen einen antreten«.

Um einiges zynischer wird Lee bei der matriarchalischen Gesellschaftsform der Nagas. Korea ist durch den Einfluss des Konfuzianismus auch heute noch weitaus patriarchalischer geprägt, als man vermuten würde. Dieses Konzept dreht der Autor um und steigert es ins Extrem, um seinem Land den Spiegel vorzuhalten. Die im Koreanischen fest verankerten Höflichkeitsformen etwa, die an das Ende des Verbs gehängt werden, müssen von den Naga-Männern gegenüber den Naga-Frauen verwendet werden. Naga-Frauen wiederum müssen diese Respektsbekundung lediglich den Hütern gegenüber an den Tag legen. Naga-Männer sind also einzig vor dem Hintergrund der Religion etwas wert, und das auch nur, weil sie die »Bräutigame der Göttin« sind und ihnen dadurch eine bedeutende Rolle als Diener zukommt. Anhand der Gesellschaftsstruktur der Nagas – unterschiedlich bedeutende Häuser, innerhalb derer Frauen um Machtpositionen ringen – unterstreicht Lee Young-do, wie wichtig die gesellschaftliche Hierarchie beim kulturell fortschrittlichsten unter den vier auserwählten Völkern ist. Die Liebe der Nagas zur Kunst, etwa zum Tanz, ihr ungemein langes

Leben im Einklang mit der Natur, aber auch ihre Hybris, durch die Herzentnahme nach einer Beinahe-Unsterblichkeit zu greifen, lassen Parallelen zwischen dieser Hochkultur und Tolkiens Elben beziehungsweise den daran orientierten Elfen unzähliger anderer Fantasy-Werke erkennen.

Für koreanische Leserinnen und Leser sind Lees Nagas noch aus einem anderen Grund bedeutsam: Sie bewohnen den Süden. Die Zweiteilung der Welt in nördlich und südlich durch die Grenzlinie – ein breiter Streifen, der die Nagas vom Norden trennt – lässt natürlich an die Demilitarisierte Zone auf der koreanischen Halbinsel denken. Da die Nagas mit ihrem Großen Expansionskrieg viel Leid über die anderen Völker gebracht haben, musste sich Lee gegen die Kritik wehren, dass er sich als Nordkoreaner sehe, weil er den Süden als grausam darstelle.

Für den Autor selbst bleiben solche Interpretationen müßige Gedankenspiele: »Wenn ich ein Buch lesen würde, dessen Autor plötzlich auftauchen und mir sagen würde, ›Das hier bedeutet das und dies hängt mit dem zusammen, und an dieser Stelle musst du lachen‹, dann würde ich ihn fragen: ›Hast du denn nichts anderes zu tun?‹« Man begibt sich, so der Autor, in eine Fantasy-Welt, um daraus etwas für sich mitzunehmen oder dieser Welt etwas hinzuzufügen, wobei er Michael Endes *Die unendliche Geschichte* als Beispiel anführt.

Der außerordentliche Erfolg von *Die Legende vom Tränenvogel* in Korea ist ungebrochen. Zum zwanzigjährigen Jubiläum erschienen die Romane 2023 nicht nur in einer besonderen illustrierten Ausgabe, es gibt auch ein Yutnori-Spiel zum Buch sowie zahllose andere Fanartikel. Und die Begeisterung der koreanischen Fans hat längst die westliche Welt erreicht: Krafton Montreal Studios arbeitet an einer Umsetzung des Stoffes als Videospiel, zu dem es auch schon erste Konzepte, Skizzen und Trailer gibt. Angebote, seine Romane zu verfilmen, hat Lee allerdings bisher immer in aller Bescheidenheit abgelehnt. Eine Verfilmung würde der Geschichte in seinen Augen nichts Neues hinzufügen; ein Videospiel hingegen, bei dem die Spielerinnen und Spieler selbst in die Geschichte eintauchen, hätte das Potenzial, die Welt der *Legende vom Tränenvogel* mit neuer Farbe zu füllen.

Auch die Übersetzung der Romane ins Deutsche schafft unweigerlich etwas Neues, weil durch die Sprache eine Kultur in eine andere übersetzt werden muss. Das ist im Fall der *Legende vom Tränenvogel* besonders faszinierend, weil Lees gekonnte Verflechtung von nordeuropäischen Fantasy-Elementen mit asiatischen Volkssagen sein Werk so einzigartig und zugleich zugänglich macht. Dass der Kulturschock bei deutschen Leserinnen und Lesern ausbleibt, dürfte aber auch an anderen Einflüssen auf Lees Fantasy-Welt liegen: Nach seinen Leseempfehlungen gefragt, nannte er zwar den *Herrn der Ringe*, fügte aber gleich hinzu, dass an erster Stelle eigentlich *Das Nibelungenlied* zu nennen ist.

Lee Young-do will die Leserinnen und Leser mit seiner schlichten und direkten Sprache ohne große Schnörkel dazu animieren, sich ihre eigene Welt im Kopf zu bauen. Seine koreanischen Fans lieben aber auch zuweilen verwendete archaische Begriffe wie etwa »Zumunnuri« – das aus dem Proto-Koreanischen stammende Wort lässt sich mit »tausend Welten« übersetzen und könnte als Name für das Schloss der Dokebis nicht passender sein.

Für Lee Young-do mag Kaygons Reise mehr als zwanzig Jahre in der Vergangenheit liegen. Aber für die deutschen Leserinnen und Leser beginnt sie erst jetzt. Eine Reise voller Abenteuer, fabelhafter Wesen und Wunder.